U0906973

2017

湖北调查年鉴

Hubei Survey Yearbook

国家统计局湖北调查总队　编

Survey Office of the National Bureau of Statistics in Hubei

关注“湖北调查”

图书在版编目（CIP）数据

湖北调查年鉴. 2017 : 汉英对照 / 国家统计局湖北调查总队编. -- 北京 : 中国统计出版社, 2017.9
ISBN 978-7-5037-8260-2

Ⅰ. ①湖… Ⅱ. ①国… Ⅲ. ①统计资料－湖北－2017－年鉴－汉、英 Ⅳ. ①C832.63-54

中国版本图书馆 CIP 数据核字（2017）第 189290 号

湖北调查年鉴-2017

作　　者 / 国家统计局湖北调查总队
责任编辑 / 李　冲　冯诗萌
装帧设计 / 李雪燕
出版发行 / 中国统计出版社
地　　址 / 北京市丰台区西三环南路甲 6 号　邮政编码 /100073
电　　话 / 邮购（010）63376909　书店（010）68783171
网　　址 / http://www.zgtjcbs.com
印　　刷 / 三河市双峰印刷装订有限公司
经　　销 / 新华书店
开　　本 / 890mm×1240mm　1/16
字　　数 / 500 千字
印　　张 / 20.5　1.25 彩页
版　　别 / 2017 年 9 月第 1 版
版　　次 / 2017 年 9 月第 1 次印刷
定　　价 / 380.00 元

本书附同版本 CD-ROM 一张，光盘内容以书面文字为准。
如有印装差错，由本社发行部调换。

2017 年 6 月 15 日，国家发展改革委副主任兼国家统计局局长宁吉喆一行在副省长周先旺的陪同下接见总队处以上干部并合影

2017 年 3 月 28 日，湖北省常务副省长黄楚平到总队开展工作调研

2017 年 1 月 19 日，时任国家统计局副局长许宪春指导总队 2016 年度领导班子民主生活会

2017 年 4 月 18 日，国家统计局副局长鲜祖德、李晓超到局队调研第三次全国农业普查工作

2017 年 4 月 18 日，国家统计局副局长李晓超在总队主持召开价格统计调查工作座谈会

2016 年 8 月 22 日，总队召开落实国家统计局巡视反馈意见整改工作会议

2017 年 2 月 9-10 日，总队召开 2017 年湖北调查工作会议

2016 年 11 月 3-7 日，总队在武汉举办湖北调查系统领导干部“一岗双责”研修班

2017 年 7 月 6 日，总队长王跃新陪同国家统计局住户办一行到孝感调研电子记账工作

2016 年 11 月 1 日，国家统计局督导组对湖北调查系统“两学一做”开展情况进行检查督导

2017 年 4 月 18-19 日，国家统计局城市司司长赵茂宏一行到武汉调研 CPI 工作

2017 年 5 月 16-17 日，国家统计局农村司调研组到孝感调研夏粮生产形势

2017 年 1 月 12 日，总队长王跃新到黄梅调研并看望慰问记账户

2016 年 11 月 17-18 日，副总队长徐荣华到随州开展工作调研

2017 年 2 月 23 日，总队党组成员、武汉队队长陈小清到江夏区调研农产量遥感测量外业调查工作

2017 年 4 月 14 日，纪检组长刘凡到荆州调查队调研纪检和法规工作

2016 年 11 月 22 日，副总队长朱小明到孝感调研农民收入形势

2017 年 5 月 23-24 日，副总队长时明国到随州调研农业生产形势

2016 年 11 月 28-30 日，西藏调查总队总队长胡国亮一行到湖北交流调研

2017 年 4 月 19 日，总队和省统计局联合召开季度经济形势新闻发布会

2017 年 4 月 11 日，总队召开季度经济形势分析会

2017 年 6 月 30 日，总队隆重举行庆祝建党 96 周年大会暨主题党日活动

2017 年 2 月 28 日，副总队长徐荣华参加法规处党支部主题党日活动

2017 年 3 月 6 日，纪检组长刘凡参加咸宁队党支部主题党日活动

2016 年 9 月 20 日，第七届“中国统计开放日”宣传活动现场

2016 年 12 月 4 日，总队联合鄂州队开展法治宣传活动

2017 年 4 月 26-27 日，总队召开 2017 年全系统青联工作会议

2017 年 8 月 10 日，总队举办“情系‘三农’话调研”主题青年沙龙

2016 年 9 月 23 日，总队开展在职党员进社区义务服务日活动

2017 年 1 月 5 日，现代京剧《国调情》在松滋才知剧场举行首场公演

2017 年 3 月 2 日，总队开展健步走活动庆“三八”国际妇女节

2017 年 1 月 22 日，总队举行“十年情·创业心”迎春团拜会

《湖北调查年鉴-2017》

编委会和编辑人员

编 委 会

编辑工作人员

Hubei Survey Yearbook 2017

Editorial Board and Editorial Staff

I. Editorial Board

II. Editorial Staff

编者说明

一、《湖北调查年鉴—2017》是国家统计局湖北调查总队独立编辑出版的资料性年刊。本年鉴主要收录了 2006-2016 年全省农村、城市和企业等方面的各项统计调查数据，以及全国和各省（市、区）重要历史年份主要统计调查数据。

二、本年鉴统计调查数据分为 6 个篇章，即：1．综合；2．农业调查；3．企业调查；4．人民生活；5．价格调查；6．全国及各省、市、区主要指标。为方便读者使用，各篇章末附有主要统计指标解释。

三、国家统计局从 2012 年起，进行城乡住户一体化改革，城镇居民人均可支配收入和农村居民人均可支配收入指标的计算口径和范围均发生了变化。本年鉴涉及的范围为城镇常住居民人均可支配收入和农村常住居民人均可支配收入，与改革前的年份的指标数据存在一定程度不可比的情况，使用时务请斟酌。

四、第三次经济普查后，国家统计局于 2015 年对规下工业抽样框和样本进行了全部更换。本年鉴涉及规下工业企业指标的，与更换样本前年份指标数据存在一定程度不可比性，请酌情使用。

五、本年鉴所使用的度量衡单位均采用国际统一标准计量单位，并统一使用最新颁布实施的产品目录。

六、本年鉴中部分统计调查数据合计数或相对数由于单位取舍不同而产生的计算误差，均未做机械调整。

七、符号使用说明：年鉴各表中的“空格”表示该项统计指标数据不足本表最小单位数、数据不详或无该项数据；“#”表示其中的主要项；“*”或“①”表示本表下有注解。

Editor's Notes

Ⅰ. *Hubei Survey Yearbook 2017* is an annual statistical publication compiled by Survey Office of National Bureau of Statistics in Hubei, which reflects comprehensively the rural , urban and enterprise of Hubei province. It covers data from 2006 to 2016 and key statistical data in recent years and some historically important years at the national level and the local levels of province, autonomous region and municipality directly under the Central Government.

Ⅱ. The Yearbook contains 6 chapters: 1. General Survey; 2. Rural Survey; 3. Enterprise Survey; 4. People's Living Conditions; 5. Price Survey; 6. Main Statistics of Provinces (autonomous regions, municipalities)in the Whole Country. Explanatory Notes on Main Statistical Indicators is attached to the end of each chapter to help the readers to use the statistical data in this book.

Ⅲ. Since 2012， the calculation of the size and scope of the urban residents per capita disposable income and rural residents per capita disposable income have changed because of the reform of urban and rural residents integration by the National Bureau of Statistics. Indexes and data of the urban residents per capita disposable income and rural residents per capita disposable income are incomparable with the data before the reform. Please consider about it before use.

Ⅳ. After the Third Economic Census, sampling frame and samples of industrial enterprises below designated size were all changed by the National Bureau of statistics in 2015. Indicators of industrial enterprises below designated size in this yearbook are incomparable with the data before. Please use the data in accordance with the actual situation.

Ⅴ. The units of measurement used in this yearbook are internationally standard measurement units, and newly published and implemented Product Categories are uniformly used.

Ⅵ. Statistical discrepancies on totals and relative figures due to rounding are not adjusted in the Yearbook.

Ⅶ. Notations used in the yearbook： "blank space" indicates that the figure is not large enough to be measured with the smallest unit in the table, or data are unknown, or are not available; "#" indicates a major breakdown of the total; and "*"or "①"indicates footnotes at the end of the table.

目　录

Contents

一、综　合

Chapter 1　General Survey

二、农业调查

Chapter 2　Rural Survey

三、企业调查

Chapter 3　Enterprise Survey

四、人民生活

Chapter 4 People's Living Conditions

五、价格调查

Chapter 5 Price Survey

六、全国及各省、市、区主要指标

Chapter 6 Main Statistics of Provinces (autonomous regions, municipalities) in the Whole Country

综　合

Chapter 1

General Survey

资料整理：胡　艺

湖北经济民生发展状况综述

2016年，在省委、省政府的坚强领导下，全省上下面对严峻复杂的经济形势，积极践行五大发展理念，坚持“竞进提质、升级增效、以质为帅、量质兼取”总要求，统筹推进稳增长和供给侧结构性改革，全省经济保持了总体平稳、稳中有进的良好态势，民生状况持续改善。

一、农业生产保持平稳

（一）粮食生产有所下降，仍为历史第四高

2016年，湖北粮食生产由于遭受夏秋水灾及高温热害的轮番侵袭，粮食总产510.8亿斤，较上年减产29.8亿斤，减幅5.5%。这是2007年以来的第一个减产年份，但仍是历史上第四个高产年份。尽管今年是湖北省历史上少有的大灾之年，灾情强度超过1998年，但全省各级政府部门积极组织发动群众抗灾减灾、补种保产，多年积累的抗灾能力得到了极大发挥，有效地减轻了灾害造成的损失，粮食总产减幅低于1998年的6.0%（31.7亿斤）。

夏粮生产创新高。2016年，夏粮产量持平略增，产量为101.7亿斤，增产0.8亿斤，增幅为0.8%。

早、中稻因灾减产。2016年早、中稻产量分别为43.2亿斤和238.8亿斤，减产幅度分别为14.3%和2.9%。

双季晚稻种植面积下降影响总产减少。2016年双季晚稻单产提高了1.1个百分点，由于暴雨洪涝灾害结束时间较迟，部分退水困难地区错过了抢种补种的最佳时间，全省晚稻种植面积明显低于上年，2016年双季晚稻种植面积比上年减少107.6万亩，减幅14.9%，总产量为56.7亿斤，减幅13.9%。

（二）畜牧业生产总体平稳，生猪生产量减效增

2016年，湖北省生猪养殖结构变化明显，规模化养殖比重继续提高，全年呈量减效增态势；牛羊生产稳步发展，家禽生产保持平稳，禽蛋产量快速增长。2016年全省生猪出栏4223.61万头，下降3.2%；存栏2432.16万头，下降2.6%。存、出栏等主要指标降幅逐季收窄，全年出栏降幅分别比一、二、三季缩窄3.4、1.0、0.3个百分点。生猪价格全年维持高位运行，生猪价格上涨带来了可观的养殖效益，规模养殖场户出栏一头肥猪平均可盈利400元以上。2016年，全省牛出栏160.35万头，增长0.3%，羊出栏555.43万头，增长0.9%。家禽出笼52195.94万只，增长1.9%；禽蛋产量167.77万吨，增长1.5%。

二、价格总水平走势平稳

（一）消费价格水平温和上涨

价格总水平保持平稳。2016年，湖北居民消费价格总水平上涨2.2%，比上年涨幅提高0.7个百分点。其中，城市上涨2.1%,农村上涨2.2%。从月度数据看，1月份为全年最低值，上涨1.3%;4月份为全年最高值，上涨2.6%，其余月份均在1.8—2.4%的范围内波动，总体呈平稳态势。

八大类商品七类价格上涨。八大类商品服务价格中，除交通和通信价格下降2.8%外，其余七类均有不同程度上涨。其中食品烟酒价格上涨4.0%，居住价格上涨2.8%，其他用品和服务价格上涨2.8%，衣着价格上涨2.3%，教育文化和娱乐价格上涨2.2%。食品为价格上涨主因。2016年，全省食品烟酒类价格涨幅较上年扩大1.8个百分点，拉动价格总水平上涨约1.2个百分点，占全部价格涨幅的55%。

服务项目价格涨幅强劲。2016年，服务价格上涨3.0%，涨幅比上年扩大1.1个百分点，影响价格总水平上涨1.1个百分点。其中衣着加工服务、家政服务、养老服务、教育服务、车辆维修与保养价格分别上

涨 11.4%、8.3%、7.9%、3.9%和 2.9%。

涨幅比全国平均水平略高。2016 年湖北居民消费价格高出全国 0.2 个百分点，在 31 个省（市、区）中居第 6 位，在中部六省中位居第 1 位，比江西、河南、湖南、安徽、山西分别高出 0.2、0.3、0.3、0.4 和 1.1 个百分点。

（二）工业生产者价格持续回升

PPI 逐步走出下行通道，回升态势明显。受大宗商品价格回升及加快供给侧结构性改革推动，湖北工业生产者价格持续回暖。全年工业生产者价格下降 1%，降幅较上年缩小 1.9 个百分点。1-9 月份同比降幅逐月缩窄，从下降 3.1%到下降 0.2%，10 月份开始由负转正，10、11、12 月涨幅分别为 0.5%、1.6%、3.3%。

PPI 总水平优于全国，中部六省降幅并列最小。2016 年湖北工业生产者价格降幅比全国平均水平小 0.4 个百分点，在全国 31 个省（市、区）中位列第 7。在中部六省中，与河南并列降幅最小，湖南、江西、安徽、山西分别下降了 1.1%、1.4%、1.5%、3.2%。

石油、钢材、有色等行业价格回升对 PPI 影响显著。2016 年钢铁、有色价格转降为涨，有力拉升了 PPI 总水平；原油、成品油以及水泥行业价格虽仍呈降势，但价格反弹幅度较大，对总指数的下拉作用大幅减弱，以上五个行业在 2015 年对 PPI 降幅影响力占比达 74.2%，2016 年减弱至 9%。

（三）农产品生产者价格止跌回升

2016 年，湖北农产品生产者价格扭转上年跌势，上涨 6.2 个百分点。农林牧渔四大行业三涨一跌，农业、畜牧业、渔业产品全年累计分别上涨 0.9%、17.5%和 6.9%，林业产品下跌 0.4%。受灾情、粮食市场低迷和病虫害等影响，主要粮食作物价格持续下行，稻谷价格下跌 2.1%，小麦下跌 9.4%，玉米下跌 5.8%，跌幅均较上年有所加深。随着油菜籽产量减少和品质回升，油菜籽价格恢复性上涨 7.9%，受收储政策和灾害影响，棉花产量较低，棉花价格上涨 3.0%。受灾害天气和成本推动，蔬菜价格上涨 6.5%。受生猪存栏量偏低，限养和禁养等环保政策影响，生猪价格上涨强劲，上涨 25.1%。受生猪价格、强降雨和水灾等影响，淡水鱼价格上涨 6.9%。

（四）固定资产投资价格止跌微升

2016 年，湖北投资总量及增幅在全国位居前列，固定资产投资的稳定增长，基础设施投资增速的加快带动固定资产投资价格上涨，全年涨幅 0.1%。分季度来看，一季度下降 1.8%，二季度下降 0.6%，三季度上涨 0.5%，四季度上涨 2.2%，自三季度固定资产投资价格由降转涨，结束了自 2015 年二季度以来连续 5 个季度的下降态势。三大类价格“两升一降”，建筑安装工程价格上涨 0.2%，较上年由降转涨，其他费用价格上涨 0.7%，较上年增幅缩窄 0.5 个百分点，设备工器具购置价格下降 0.9%，较上年降幅扩大 0.4 个百分点。

三、规下工业发展稳中有进

增长平稳。2016 年，湖北规模以下工业增加值增长 3.2%。与上年增速相比，回落 4.3 个百分点。

企业经营状况基本面良好。2016 年，规模以下工业企业主营业务较上年增长 11.3%，应付职工薪酬增长 6.6%，从业人员期末数增长 5.1%。其中个体户工业发展态势良好，全年营业收入占规模以下工业的近四成，较上年增长 9.5%，资产总计增长 15.2%，有效支撑湖北省规模以下工业的回升势头。

供给侧结构性改革影响显现。部分制造行业发展较好，增速较快，如汽车制造业，全年主营业务收入增长 10.1%，利润总额同比增长 10.2%。受“三去一降一补”和湖北提前两年完成煤炭、钢铁行业去产能任务影响，相关行业经营状况下滑，煤炭开采和洗选业主营业务收入下降 0.7%，利润总额同比下降 4.4%，有色金属冶炼和压延加工业主营业务收入下降 1.9%，利润总额同比下降 26.4%。

政策扶持助力明显。近年来，国家出台了一系列支持小微企业发展的政策，特别是减税和金融支持上，政策扶持助力效果显著。2016 年，在受调查的 580 家企业中，有 37.6%的企业享受到了税收减免政策，规模以下工业企业实际缴纳税金总额26.5亿元，较上年下降17.9%，其中，所得税5.4亿元，较上年下降5.2%。同时，32.8%的企业表示资金紧张，较上年略有缓解。

四、民生状况持续改善

（一）居民收入稳步增长

2016年，湖北全体居民人均可支配收入21787元，较上年增长8.8%。城镇常住居民人均可支配收入29386元，增长8.6%；农村常住居民人均可支配收入12725元，增长7.4%。

居民收入总体保持平稳增长。2016年，湖北全体居民收入稳步增长，人均收入增幅较上年回落0.7个百分点。受宏观经济平稳运行及各项增资政策和扶贫政策的出台和落实，城镇居民收入保持稳定增长，比上年小幅回落0.2个百分点。2016年，农村居民人均收入增速低于城镇居民1.2个百分点，比上年下降1.8个百分点。

天气灾害影响农村居民收入增幅。2016年夏季湖北省严重洪涝灾害对工农业生产造成一定程度的损失，对农村居民收入产生直接和间接的影响。由于粮食减产和生猪出栏减少等原因，农村居民经营性净收入增幅较上年回落了0.6个百分点。洪涝灾害期间部分外出劳力回家救灾，及洪涝灾害造成了一些厂矿企业用工减少，也影响了农民工资性收入增长，农村居民工资性收入增幅较上年回落了2.5个百分点。

工资性收入仍是增收的首要来源。2016年，城乡居民人均工资性收入分别增长6.1 %、9.2 %，拉动城乡居民可支配收入分别增长3.5和2.9个百分点，对收入增长的贡献率分别为40.5%和38.6%。

政策性因素持续助力居民增收。2016年，城乡居民转移性收入对收入增长的贡献率分别为30.7 %、33.0%，分别比上年提高7.8和2.5个百分点，政策性因素助力居民增收效果显现。其中，2015年年末的机关事业单位发放改革性项目补助和工资改革兑现对2016年居民收入的翘尾影响依然存在；全省机关事业单位从2015年8月起陆续落实车改；精准扶贫力度加大、低保标准不断提高、新农合报销比例扩大等惠民政策不断强化，助推了城乡居民增收。

（二）居民生活水平不断提高

2016年全省居民人均生活消费支出15889元，增长11.0%，增幅比上年提高0.3个百分点。其中城镇常住居民人均生活消费支出20040元，增长10.2%；农村常住居民人均生活消费支出10938元，增长11.6%。八大类消费均呈增长态势，食品烟酒、衣着、居住、生活用品及服务、交通通信、教育文化娱乐、医疗保健、其他用品和服务支出分别增长9.5%、3.2%、12.1%、7.9%、12.1%、10.3%、22.0%、10.7%。消费结构更趋合理，食品烟酒、衣着、生活用品及服务等基本消费项目占消费支出的比例比上年分别下降0.4、0.5、0.2个百分点，而反映较高层次的消费项目，如交通通信、医疗保健消费支出比例较上年分别提高0.2、0.9个百分点。医疗保健支出增幅最快，增幅达22.0%。消费支出增速快于可支配收入增幅，城镇和农村居民生活消费支出增速比可支配收入增速分别快1.6和4.2个百分点。

（三）农民工状况进一步改善

规模稳中略增。据抽样调查数据推算，2016年湖北农民工（外出务工、在本地非农务工和非农自营活动时间达到或超过6个月以上的农村从业人员）总人数达1460.34万人，较上年增加6.74万人，增长0.46%。其中，外出农民工（本乡域以外）1080.91万人，较上年减少5.09万人，下降0.47%；本地农民工（本乡域以内）379.43万人，较上年增加11.83万人，增长3.22%。

收入增速放缓。2016年外出农民工月均收入为3758.8元，增长8.6%，增幅较上年减少2.6个百分点。

省内务工人数增加，省外减少。外出农民工在省内务工的人数为406.28万人，较上年增加15.88万人，增幅为4.1%；在省外务工的农民工人数为674.63万人，较上年减少20.97万人，减幅为3.0%。

就业环境仍需改善。外出农民工从事固定工作人群比重有较大提升，从事目前工作2-5年以上人群比例达到46.7%，较上年提高10.3%。单位或雇主提供伙食的达到47.9%，较上年略升1个百分点。综合参保率保持稳定，其中，养老保险、工伤保险、医疗保险、失业保险等参保率分别为 19.1%、27.4%、20.3%、15.1%，与上年相比，养老保险和失业保险参保率略有提高，工伤保险和医疗保险参保率则分别下降了 7 和 5.2 个百分点。日均工作时间为 8.7 小时，较上年略增 0.11 小时，其中每天工作 8 小时人群占比为 61.1%，较上年下降 4.3 个百分点。

（撰稿：胡　敏）

粮食产量减产仍为历史第四

据国家统计局湖北调查总队调查，并经国家统计局核定，2016 年湖北粮食生产由于遭受夏秋水灾及高温热害的轮番侵袭，粮食总产 510.8 亿斤，较上年减产 29.8 亿斤，减幅 5.5%。这是 2007 年以来的第一个减产年份，但仍是历史上第四个高产年份。

一、2016 粮食生产的基本情况及特点

（一）粮食种植结构呈现新的变化

一是夏粮面积趋于稳定。得益于湖北北纬 31° 以北 600 万亩优质中筋小麦生产基地的建设落实，南方小麦逐步向产量相对稳定的区域集中，全省夏粮种植区域和面积逐步趋于稳定。2016 年湖北夏粮面积 2100.9 万亩，比上年增加 16 万亩，增幅 0.77%，其中小麦面积 1662.4 万亩，比上年增加 22.3 万亩，增幅 1.36%。

二是中稻面积有所扩大。由于棉花收购价格大幅下跌，棉花种植收益已明显低于稻谷等粮食作物，加之 2016 年春夏雨水较多，鄂北旱改水面积增加，湖北中稻面积有所扩大。2016 年全省中稻面积 1962.3 万亩，比上年增加 37.8 万亩，增幅 1.96%。

三是玉米面积明显调减。受玉米价格大幅波动影响，2016 年以来我省市场玉米农户出售价格相比 2014 年下跌 25%以上，目前玉米种植收益的盈利状况和稳定性已低于中稻、大豆、花生、芝麻等作物，使有条件改种的地块纷纷改种水稻、花生等作物。2016 年全省玉米面积 992.6 万亩，重回千万亩以下，比上年减少 23.7 万亩，减幅 3.80%。

四是双季晚稻面积因灾大幅减少。2016 年梅雨季节的洪涝灾情一直持续到 7 月 21 日，由于积水不能排入长江而无处可排，等到大部分地方积水消退已近 8 月中旬，错过了晚稻种植期，加之晚稻秧田损失严重，重灾区与双季稻主产区重叠，很多地方晚稻面积难以落实。2016 年全省双季晚稻面积 616 万亩，比上年减少 107.6 万亩，减幅 14.87%。

（二）粮食作物单产变动的季节性和区域性特征明显

一是各季粮食中以早稻和玉米的单产减幅最大。在湖北五大粮食作物（小麦、早中晚稻和玉米）中，2016 年二平三减（最早一季的小麦和最晚一季的晚稻稳中略增）：小麦亩产 257.6 公斤，比上年略增 0.37%；晚稻亩产 460.4 公斤，比上年略增 1.10%；早稻亩产 349.7 公斤，比上年大减 12.1%；中稻亩产 618.5 公斤，比上年减产 3.1%；玉米亩产 299 公斤，比上年大减 7.3%。

二是产量变动的区域特征十分明显。2016 年长江流域梅雨期间的洪涝灾情影响范围较广且程度较深，但对鄂北主产区的襄阳、随州等地影响相对较轻，两地的全年粮食产量减幅在 1%—4%之间；而南方粮食主产区的江汉平原、鄂东、鄂南等地全年粮食产量减幅较大，一般超过 8%以上。

二、粮食减产的主要原因

（一）气象灾害频发。2016 年湖北的气象灾害与早稻、中稻和玉米的重要生产节点相伴。一是 5 月下旬至 6 月中旬湖北低温阴雨天气多，光照不足，主产区平均温度比常年平均偏低 1.0—1.5° C，光照较常年平均偏少 20 小时—50 小时，不利于早稻抽穗扬花、中稻早生快发和玉米拔节孕穗。二是梅雨期（6 月 18

日至 7 月 21 日）发生在湖北早稻和大部分中稻产区的连续 5 轮区域性大暴雨，累计降雨量为历史罕见。三是出梅后急转高温暴晒模式，对中稻和玉米生产极为不利。

（二）**受灾范围较广**。农业气象灾害年年都有，但我省 2016 年极不寻常。6 月底至 7 月中旬发生在鄂东、鄂南、江汉平原东部、鄂中丘陵等广大地区的洪涝灾情，全省 55 个县市降雨量超过 500 毫米，其中有 14 个县市超过 800 毫米，相当于多年平均年降雨量的 60%—90%，造成多地山洪暴发、库河渠决堤，平原湖区内涝严重，为 1954 年以来所仅见；7 月下旬至 8 月下旬的全域性高温热害，全省范围高温少雨，造成早熟中稻（约占全部中稻 30%）空壳率高，产量减少品质下降，且在十堰大部和襄北玉米产区形成明显旱灾。

（三）**灾情损失较大**。高强度大范围的洪涝和高温热害灾情，给全省粮食生产造成较大损失。据调查，仅梅雨期间的洪涝灾情就造成全省近 1500 万亩农田受灾，黄冈、武汉、咸宁等重灾区约 12%的早稻面积绝收，鄂东、鄂南、孝感、江汉平原东部 6.2%中稻面积、8.6%的玉米面积绝收。2016 年我省水稻减产 23.4 亿斤、玉米减产 7.2 亿斤，仅此两项就超过了全省全年粮食减产总量。

尽管 2016 年是湖北历史上少有的大灾之年，灾情强度超过 1998 年，但全省各级政府部门积极组织发动群众抗灾减灾、补种保产，多年积累的抗灾能力得到了极大发挥，有效地减轻了灾害造成的损失，粮食总产减幅低于 1998 年的 6.0%（31.7 亿斤）。

三、对湖北粮食生产的建议

（一）**灾后农田整理要加强**。在湖北洪涝重灾区，部分农田状况遭到较大破坏，且有小部分田块已难以恢复。需要各地政府部门统一进行必要的农田整理工作，并对失地农民进行妥善安置。

（二）**对种植大户的扶持力度要加大**。本次的洪涝灾情对部分种植大户造成了重大打击，一些大户依靠自身力量难以恢复元气。建议对规模化经营者实行生产过程补贴，如秸秆处理、用水、农机和专用设备等，制定有利于种粮大户、家庭农场发展和促进粮食生产全程机械化的政策措施。

（三）**长远规划要因地制宜切合实际**。水利基础设施建设与维护要持之以恒；要引导耕地向种田能手集中，促进粮食作物向有比较优势的区域集中；要在保护生态前提下，着手开发一批有资源优势和增产潜力的后备产区。

（撰稿：罗昭斌）

畜牧业生产平稳规模化提高

2016年，湖北省畜牧业生产继续向规模化、标准化养殖推进。主要表现为，生猪养殖结构变化明显，规模化养殖比重继续提高，全年呈量减效增态势；牛羊生产稳步发展，家禽生产保持平稳，禽蛋产量快速增长。

一、畜牧业生产主要特点

（一）生猪生产降幅逐季缩小，全年呈量减效增态势

2016年，湖北生猪市场承继2015年以来的萎缩之势，加之夏季部分地方受到洪涝灾害影响，全省生猪存出栏出现连续八个季度下降，生猪生产下滑趋势明显。2016年全省生猪出栏4223.61万头，同比下降3.2%；存栏2432.16万头，同比下降2.6%。分季度看，一季度生猪生产出现快速下滑，二、三、四季度在生猪价格持续坚挺的情况下，存、出栏等主要指标降幅逐季收窄，全年出栏降幅分别比一季度、上半年和前三季度分别缩窄3.4、1.0和0.3个百分点。从出栏量看，全省上半年和下半年生猪出栏分别同比下降90.33万头和49.29万头，下半年下降幅度大大低于上半年。

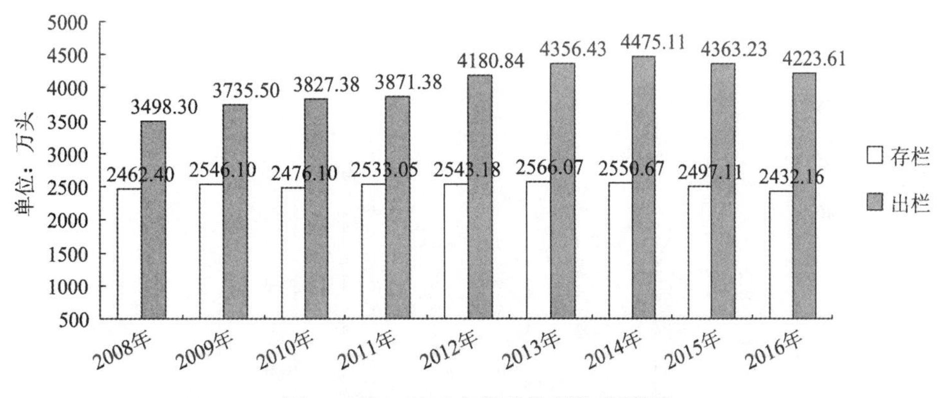

图1　2008-2016年湖北生猪生产情况

受市场供应偏紧影响，生猪生产价格维持高位，养殖效益较高。2016年全年生猪价格持续高位运行，延续了自2015年第二季度开始的上涨行情，于6月份达到最高点，生猪出栏价格最高超过20元/公斤，仔猪价格超过57元/公斤，分别比2015年生猪市场价格最低点上涨了七成多和近两倍。下半年，生猪价格有所回落，10月底开始企稳回升，总体上呈较高价位运行态势。全年生猪及仔猪均价保持在18元/公斤和47元/公斤左右的高位。生猪价格的上涨带来了可观的养殖效益，规模养殖场户出栏一头肥猪平均可盈利400元以上。

（二）牛羊养殖平稳增长，效益收窄

近几年，国家政策大力支持发展草牧业，湖北牛羊产业在总量上与以往相比有较大发展。2016年，全省牛羊生产继续保持稳定发展势头，全省牛出栏160.35万头，同比增长0.3%；羊出栏555.43万只，同比增长0.9%。牛羊存栏也较为稳定，其中牛存栏355.19万头，同比下降1.7%；羊存栏470.86万头，同比增长1.1%。

随着国内生产量的稳步提升和居民消费需求增长的放缓，全省牛羊生产价格随之下滑。2016年初以来，牛、羊出栏价格分别由2月份最高27.9元/公斤、28.5元/公斤下滑至8月底的26.0元/公斤和24.4元/公斤；

年底缓慢回升至 27.4 元/公斤、27.4 元/公斤。由于市场供应趋于饱和，牛、羊养殖利润空间收窄。2016 年，全省平均每头肉牛养殖利润为 1400 元左右，同比下跌 6.7%；每只肉羊利润为 330 元左右，同比下跌 14.3%。

（三）家禽生产稳中有升，价格波动较大

近两年来，湖北禽蛋生产持续较快增长，2014 年和 2015 年分别达到 155.06 万吨和 165.29 万吨，比上年分别增长 5.9%和 6.6%，“千湖之省”的禽蛋生产优势得到进一步发挥。2016 年，全省家禽出笼 52195.94 万只，同比增长 1.9%；存笼 33167.94 万只，同比下降 5.5%。禽蛋产量 167.77 万吨，增长 1.5%。全省家禽生产保持了稳中有升。

在禽蛋产业较快发展的同时，禽蛋价格出现了大幅波动。近两年，鸡蛋市场行情较好，带动禽蛋市场供应量大大增加，导致 2016 年全年价格呈下降趋势。从 3 月开始，鸡蛋出场价均在 7 元以下运行，7 月份有所回升，8 月底平均价格 7.7 元/公斤，9 月份价格从 8.1 元/公斤跌至 7.11 元/公斤，年末价格为 6.6 元/公斤。据测算，综合饲料、人工、水电等费用，鸡蛋平均成本价格为 6.4 元/公斤左右，蛋鸡养殖基本处于微利状态。

二、面临的主要问题

（一）能繁母猪存栏屡创新低

在前两年生猪养殖效益持续下滑的情况下，养殖户从 2015 年初加速淘汰母猪，2016 年全省母猪存栏下滑趋势明显，年末能繁母猪存栏 239.60 万头，同比下降 3.8%，一、二、三季度末同比降幅分别为 9.3%、5.0%和 4.9%。虽然下降幅度呈逐季收窄之势，但能繁母猪存栏数量创八年来新低。能繁母猪存栏量已低于 2008 年末 241.10 万头的最低水平，比 2013 年末的 264.53 万头历史最高水平低 24.93 万头。

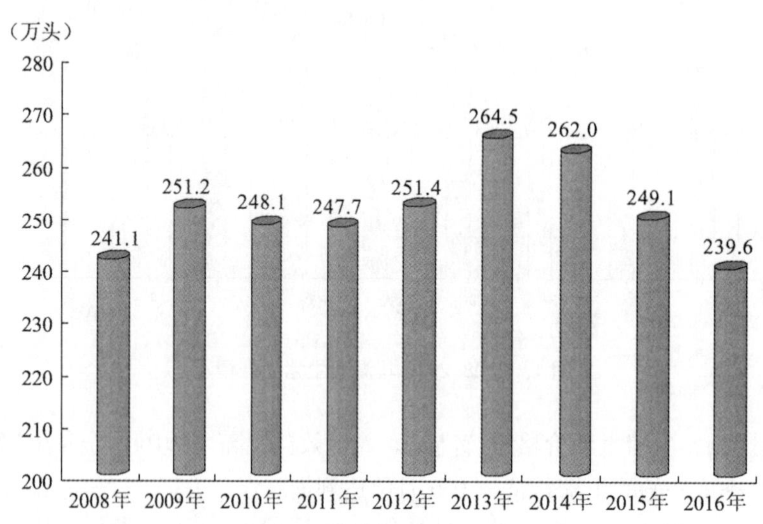

图 2 能繁母猪存栏量

（二）生猪价格行情上涨过快，影响生产稳定

在前期能繁母猪淘汰过多，恢复较慢的情况下，市场供求关系发生逆转，生猪价格快速走高，尤其是仔猪价格快速上涨，效益十分可观，出售一头仔猪获利最高可达 1000 元以上，导致部分养殖场户为了短期快速获利，没有对后备母猪进行正常生产储备。同时，母猪价格水涨船高，加上养殖者担忧上一轮生猪价格暴涨过后行情长期低迷再度重演，补栏意愿受到限制。面对此轮行情的快速上涨，对还没有彻底从前次低迷行情亏损中走出来的养殖户来讲，表现出相对谨慎是一种保守选择，这将对全省生猪产能的恢复带来不利影响。

（三）养殖业环保压力越来越大

国家环保政策的连续出台提高了畜禽养殖门槛，同时也抑制了部分养殖场的扩张。随着国家及湖北出台的《水污染防治行动计划》、《湖北省水污染防治行动计划工作方案》和《畜禽规模养殖污染防治条例》等一系列法律法规的实施，生猪养殖面源污染治理深入推进，养殖业环保压力越来越大。《湖北省水污染防治行动计划工作方案》明确要求，2016 年底前完成全省禁养区、限养区、适养区划定，2017 年底前依法关闭或搬迁禁养区内的畜禽养殖场（小区）和养殖专业户。据有关部门统计，仅生猪一个品种，目前在全省已划定的禁养区内，关闭或搬迁的养殖场户共 1581 家，涉及生猪存栏 65.93 万头。

（四）当前我省养殖方式还难以适应现代畜牧业发展要求

在传统畜牧业发展阶段，农户饲养几头猪和几十只家禽，畜禽排泄物可以通过土地消化吸纳。随着传统畜牧业向现代畜牧业过渡，农户散养模式逐渐被规模养殖取代，在这种形势下，一方面土地因较少使用有机肥导致土壤板结，另一方面畜禽养殖场的粪便等排泄物因土地不足得不到有效转化利用，造成环境污染，影响现代畜牧业的持续发展。目前，我省大型规模养殖场尚有条件通过无害化处理手段进行达标排放，但占全省绝大比重的中型规模养殖户大多难以达到无害化处理要求，这与现代畜牧业发展要求还有相当大的距离。

（五）养殖用地难、融资难和用电难问题依然存在

随着全省畜禽养殖规模化、标准化养殖进程加快，畜禽养殖用地的需求越来越大，用地难成了畜牧业健康稳步发展的主要瓶颈。同时，金融部门对畜禽养殖贷款一直持谨慎态度，中小规模养殖户几乎贷不到款。在用电方面，大多养殖场处于电路末端，电压低，供电质量不高。

三、几点建议

目前，湖北畜牧业生产离现代畜牧业所要求的规模化、标准化、集约化还有较大差距。在生猪生产稳量提质，牛羊生产发挥地方资源优势，实现畜牧业生产和环境保护有机融合等方面还有很长的路要走。建议如下:

（一）加大对全省畜牧业绿色发展示范县创建活动财政支持力度

农业部要求，示范县创建活动在区域分布方面，要重点突出南方水网地区。在畜种选择方面，要重点突出生猪养殖。在支持主体方面，要重点突出适度规模场户。在财政补贴方面，对有机肥生产使用、清洁能源生产等给予补贴；加大对养殖场粪便综合利用相关设施建设的贷款和贴息支持。由于我省地处南方水网地区，因此粪污废弃物治理难度加大，需要地方政府增加财政支持力度应对环境污染问题的解决。

（二）运用金融保险手段加大对生猪养殖业的扶持力度

一方面，针对全省生猪生产面临的自然风险，如 2016 年夏季暴雨灾害造成的养殖损失，由于政策支持资金有限，试点范围有限，不利灾后恢复生产。另一方面，针对全省生猪生产面临的市场风险，如 2013-2014 年生猪市场行情极端低迷，全省部分地区开展了生猪价格指数保险试点，这对降低参保生猪养殖场户的市场风险起到了较好作用，试点县生猪生产保持了基本稳定。但由于无省级财政项目资金支持以及恰逢生猪市场转暖，养殖户参保意愿不强，全省推广生猪价格指数保险难度较大。因此，应加强财政扶持力度和保险险种创新，由“保成本”增加到“保利润”，提高养殖户的参保意识和意愿，促进生猪市场的稳定发展。

（三）提升现代畜牧业经营水平，加快生态畜牧业发展

一是积极引导养殖企业采用先进技术和生产设备，推动养殖业向规模化、标准化和现代化方向发展，大力实施品牌战略，稳定提高畜牧业生产能力。发挥龙头企业带动作用，引导和支持中小规模养殖户建立专业合作经济组织，提高畜牧业经营水平。二是注重资源环境保护，加大种养结合力度，通过粪肥还田、生产沼气、制造有机肥等方法，综合利用畜禽养殖废弃物。加大现有畜禽养殖场技术改造力度，推行先进生产工艺，配套完善粪污深度处理设施，逐步实现畜禽粪便基本资源化利用，实现畜牧业可持续发展。

（四）切实破解制约畜牧业稳定发展难题

要明确畜牧业用地为农业用地的属性，尽快制定畜牧养殖用地规划。要加大畜牧业信贷扶持力度，帮助做好银企对接工作，优化银企沟通环境，为畜牧业量身定制各种金融产品。切实解决好畜禽养殖用电问题，落实好省政府关于对畜牧养殖场用电严格执行农业生产用电价格的政策，优化供电方案，对养殖场用电较集中或供电能力较紧张的地方，供电单位应加快配网建设，优先满足养殖场用电需求。

（撰稿：祁　炜）

规下工业稳步增长稳中有进

据国家统计局湖北调查总队抽样调查，经国家统计局核定，2016 年湖北规模以下工业（下称“规下工业”）增加值比上年增长 3.2%，呈现出企稳回升、稳中有进的发展态势。但成本上涨过快、需求不足等问题依然困绕着企业，需要进一步加以研究解决。

一、规下工业运行特点

(一) 增长速度企稳、加速上行。2016 年，湖北规下工业增速经历上半年低位运行后，从三季度开始逐季好转，呈现出企稳回升、加速上行的态势。具体来看，一季度和上半年增速均为 0.9%，前三季度为 1.3%。

(二) 企业主要经济指标增长较快。根据有效样本推算，2016 年规下工业企业主要经济指标实现较快增长。企业主营业务收入同比增长 11.3%，主营业务成本同比增长 13.8%；应付职工薪酬同比增长 6.6%；从业人员期末数同比增长 5.1%。

(三) 行业发展差异明显，反差较大。受“三去一降一补”和湖北提前两年完成煤炭、钢铁行业去产能任务影响，部分行业发展遇到瓶颈。例如，煤炭开采和洗选业主营业务收入下降 0.7%，利润总额同比下降 4.4%；有色金属冶炼和压延加工业主营业务收入下降 1.9%，利润总额同比下降 26.4%。而部分制造行业则发展较好，增速较快，为全年规下工业企稳回升作出了积极贡献，如我省支柱产业之一的汽车制造业，全年主营业务收入增长 10.1%，利润总额同比增长 10.2%。这种行业发展“两重天”的状况与全省规上工业的行业发展趋势相吻合。

(四) 扶持政策助力明显。近年来，国务院办公厅相继下发了《关于多措并举着力缓解企业融资成本高的指导意见》、《金融支持小微企业发展实施意见》，银监会又出台了《关于完善和创新小微企业贷款服务提高小微企业金融服务水平的通知》，初步缓解了规下工业企业融资难局面。据 580 家企业问卷调查，仅 32.8%的企业表示资金紧张（缺口 1%—20%）或很紧张（缺口 20%以上），占比较上年减少 0.9 个百分点。

同时，财政部和国家税务总局在近几年相继出台了《关于进一步支持小微企业增值税和营业税政策的通知》、《关于小微企业免征增值税和营业税有关问题的公告》等文件，极大减轻了企业税费负担，有力地促进了规下工业企业发展。580 家企业问卷调查表明，37.6%的企业享受到了税收减免政策，比前三季度提高 0.8 个百分点。2016 年，规下工业企业实际缴纳税金总额 26.5 亿元，同比下降 17.9%，其中，所得税 5.4 亿元，同比下降 5.2%。

(五) 个体工业户发展态势良好。2016 年个体工业户营业收入达 455.24 亿元，较上年 415.71 亿元增长 9.5%，有效支撑了全省规下工业的回升。同时，个体工业户从业人员期末数增长 1.9%，应付职工薪酬增长 3.8%，资产总计增长 15.2%。全年个体工业呈现出又好又快的发展局面。

二、当前规下工业企业发展面临的主要问题

（一）成本上涨过快，经营压力加大

2016 年规下工业企业主营业务成本较上年增长 13.8%，增幅比前三季提高 5.7 个百分点；580 家企业问卷调查也表明，48.5%的企业认为原材料成本上升过高，47.1%的企业认为用工成本上升过快，位居企业面临困难的前两位。自 2016 年下半年以来，荆门市马河镇关庙岗村肖湾煤矿煤炭出厂价格持续回升，块

煤价格同比上涨 25%，沫煤价格同比上涨 30%，企业营业收入、成本和利润分别上涨 11%、12.5%和 9.6%，成本增长幅度明显高于收入和利润，企业利润的增长空间被压缩。

全年企业应付职工人均薪酬为 30298.3 元，同比增长 6.6%，从业人员期末数同比增长 5.1%，应付职工薪酬增速快过人数增速 1.5 个百分点。造成用工成本上升快的主要原因有三：一是部分企业除了正常工资外还产生了各种额外开支，造成用工费用不断攀升。如黄石市协宏机器设备制造有限公司工人平均工资为 2300 元/月，在当地已属较高水平，但由于公司处于市郊，交通不便，老板每天开车接送员工上下班，每月油费和车辆运行开支无形中更加重了企业的用工成本。二是部分企业从业人员流动性大，导致企业不得不在人员维护上投入更高成本。三是部分企业“有活即招，无活即遣”的用工方式，也使得企业在有订单时紧急招人，付出的薪资相应地也会水涨船高。

原材料及用工成本的提高已成为规下工业企业的常态，给企业生产经营增加了很大的负担。

（二）部分行业受宏观经济运行影响较为突出

受全球经济不稳定因素增多和去产能、去库存等供给侧结构性改革影响，部分行业整体运行情况不佳，部分规下工业企业作为配套企业，受规上企业不景气的影响较为突出。其中，黑色、有色金属采矿业以及铁路、船舶、航空航天和其他运输设备制造业主营业务收入降幅均超过 70%，石油加工炼焦业、石油和天然气开采业以及非金属矿采业主营业务收入降幅接近 50%；同时，黑色金属冶炼和加工业与黑色、有色金属采矿业景气指数为 75，铁路、船舶、航空航天和其他运输设备制造业景气指数为 50，而石油加工和炼焦业的景气指数甚至为零，这些行业的景气指数远远低于全行业景气指数。比如鄂州市国安物资有限责任公司，上半年在购进原材料后，因受钢铁行业去产能影响，产品价格持续下降，加之本身的生产规模又较小，最终导致大订单无法完成而小订单又难以盈利，在接单上缺乏竞争力，影响了企业的生存与发展。

（三）需求不足依旧羁绊企业发展

调查问卷显示，45.9%的企业认为市场需求不足是当前面临的另一个突出问题。从企业产品订货量看，30.6%的企业订货量“低于正常水平”，63.4%的企业“处于正常水平”，仅 6%的企业“高于正常水平”。低于正常水平的企业比重较高于正常水平的企业比重多 24.6 个百分点。例如，赤壁市建秋竹木有限公司，所属行业从业门槛低，市场竞争激烈、需求有限，加之企业缺乏创新技术，竞争力不足，在经营一个季度之后被迫停产关闭。天门市鹏飞机械厂是一家专门生产成品油零配件的企业，受 2016 年国际原油价格低迷和国内成品油价格机制倒挂影响，需求大幅萎缩，企业订单锐减，企业发展遇到了不少挑战。

三、相关政策建议

（一）力促转型升级，突破市场需求瓶颈

一是主动转型升级。以当前社会新消费需求为导向，明确产业转型升级方向，大力发展新技术、新产品、新业态、新模式，不断优化产业结构，引导企业加大科技创新力度，推动传统产业多元化发展，积极适应新形势下的新需求，以需求促发展。二是出台政策鼓励企业积极向战略型新兴产业靠拢，逐步降低对高价劳动力的依赖，发展低排放、高效益的绿色新型工业；针对当前市场需求不足、成本增加过快等不利因素影响，各职能部门应优化产业布局，降成本、补短板，助力企业转型，引导企业多元化发展，大力调整产品结构，增强抵御市场风险能力。三是企业自身应深挖潜力，打造精品。从追求产品数量到追求产品质量、从走同质化经营路线到打造自身特色产品，走“专精特新”的发展路线，打造更具市场竞争力的“拳头”产品。四是更新生产经营理念，拓宽发展思路，摒弃传统的生产经营模式和理念，充分利用“互联网+”、“众创空间”等新型创业服务平台，建立多渠道的生产经营管理模式，不断降低产品营销成本；强化企业创新意识，提高科研成果转化率，加大与科研机构、大中院校的沟通和合作，升级技术水平，提升核心竞争力。

（二）落实各类帮扶政策，切实减轻企业负担

近几年党委政府为小微企业发展出台了各类优惠帮扶政策，也收到了良好效果，但是在政策落实过程

中，还存在政策普惠面不够宽、政策执行不够全面等问题。比如上文提到的税收优惠政策，虽然37.6%的企业享受到了税收减免政策，也比上季度提高个0.8百分点，但仍有一大半的企业并未享受。据调查，很多企业并不知晓相关优惠政策，或者知晓了觉得申报较为繁琐而放弃。我们建议有关职能部门今后能够利用各种渠道（传统媒介、新兴媒体等）加大政策宣讲力度，简化政策办理手续，更好服务于企业。另一方面，应严格落实国家和湖北 “三去一降一补”方案要求，进一步清理涉企收费，降低涉企收费标准；清理整顿金融服务乱收费，严禁各种提高利率行为，规范担保、评估、保险等中介机构的收费行为，降低企业融资成本；落实好国家和湖北出台的有关政策，适当降低困难企业社保费率，降低企业用工成本；结合国家的产业帮扶政策，对不同企业采取不同的税收优惠政策，降低企业生产经营成本；加大对“公路三乱”治理力度，充分运用现代物联网等新技术，切实降低企业流通成本；推动企业加强管理创新、营销创新和商业模式创新，降低产品营销成本。

四、对2017年规下工业发展趋势展望

2017年是实施“十三五”规划的重要一年，是供给侧结构性改革的深化之年，“三去一降一补”成效将会更加明显。我们认为2017年湖北规下工业走势会在2016年基础上稳中有进、持续回升。理由如下:

一是2016年景气指数“V”型回转，在上半年（97.5）落入最低点后，从三季度（100.8）开始逐季回升，全年景气指数为103.3，比上年提高3.1点。

二是企业对下季度企业生产形势预期较好。在受调查的580家企业中，有76.6%认为生产增速将持平或加快，比上年同期提高5个百分点。

三是新生小微工业企业较多，且都具有一定活力和特色。虽然2016年关闭了108家样本企业，但2016年新增的非目录企业达到207家，明显多于关闭的企业，而且，随着“大众创业、万众创新”政策效应的进一步发挥，2017年新增企业会更多，这些新增非目录企业必将为规下工业平稳增长提供有力支撑。

（撰稿：胡　宇）

新设小微企业发展平稳向好

湖北调查总队对全省新设立小微企业和个体户的跟踪调查表明，2016 年湖北新设立小微企业和个体户发展状态总体稳定，市场主体经营良好，市场需求不足和融资难、招工难等问题持续缓解。

一、样本单位发展状态平稳

2016 年，在我国宏观经济形势企稳向好、新旧产业和发展动能持续转换的关键时期，湖北新设立小微企业和个体户发展格局虽发生了一些变化，但 2521 家样本单位总体成长状况仍较平稳，取得了“十三五”时期发展的良好开局。

在全部样本单位中，正常营业 1012 家，占 40.1%；停业（歇业）310 家，占 12.3%；正在筹建 253 家，占 10%；关闭 312 家，占 12.4%；破产 10 家，占 0.4%；其他(含搬迁、兼并、与工商部门联合查找仍未找到)624 家，占 24.8%。第四季度有 127 家个体户转为企业，同时由企业转为个体户的仅有 16 家；筹建单位为 253 家，比 2015 年 4 季度减少了 61 家，大多数由筹建转为营业，表明市场主体成长状况稳定的基本面未发生根本改变。

二、正常营业单位状况良好

(一)经营规模不断壮大。2016 年，正常营业的 1012 家经营单位资产总值为 16.1 亿元，较上年增长 29.8%；营业收入 12.6 亿元，较上年增长 25.8%；从业人员 5706 人，较上年增长 2.9%。如京山华鑫康禽业有限公司，随着年关到来置办年货人群增加，企业产销两旺，四季度营业收入为 337 万元，同比增长 33.2%。

正常营业单位户均营业收入为 124.9 万元，较上年增长 22.7%；户均从业人员 5.43 人，较上年增长 3.9%；户均人均月薪酬为 2429 元，较上年增长 3.8%。

(二)经营状况稳中向好。问卷调查数据显示，在正常营业的 1012 家单位中，27 家单位认为本季度经营状况“很好”，占 2.7%，比上年同期提高 0.2 个百分点；288 家单位认为“比较好”，占 28.5%，比上年同期提高 6.8 个百分点；507 家单位认为“一般”，占 50.1%，比上年同期下降 3.8 个百分点；认为本季度经营状况“比较差”和“很差”的单位 190 家，占 18.7%，比上年同期降低 3.2 个百分点。表示经营状况“很好”、“比较好”以及“一般”的调查单位超过八成（81.3%），较上季度增加 3.2 个百分点，企业经营状况稳中有进。

(三)工业类单位发展最佳。在正常营业的 1012 家经营单位中，农业类单位有 104 家，占比 10.3%，占比较上年同期提高 1.1 个百分点；全年营业收入为 0.75 亿元，占 1012 家营业单位营业收入的 6%，占比较上年同期下降 1.2 个百分点；期末从业人员 651 人，占 1012 家营业单位从业人员的 11.4%，占比较上年同期提高 0.1 个百分点。工业类单位有 150 家，占比 14.8%，占比较上年同期提高 0.5 个百分点；营业收入为 4.2 亿元，占 1012 家营业单位营业收入的 33.3%，占比较上年同期提高 3.1 个百分点；期末从业人员 1409 人，占 1012 家营业单位从业人员的 24.7%，占比较上年同期提高 2 个百分点。服务业类单位有 758 家，占比 74.9%，占比较上年同期下降 1.6 个百分点；营业收入为 7.65 亿元，占 1012 家营业单位营业收入的 60.7%，占比较上年同期下降 1.9 个百分点；期末从业人员 3646 人，占 1012 家营业单位从业人员的 63.9%，占比较上年同期下降 2.1 个百分点。

根据问卷，在正常营业的单位中，农业类单位认为经营状况“很好”、“比较好”以及“一般”的共计 85 家，占同类单位比重为 81.7%；工业类单位认为经营状况“很好”、“比较好”以及“一般”的共计 126 家，占同类单位比重为 84%；服务业类单位认为经营状况“很好”、“比较好”以及“一般”的共计 611 家，占同类单位比重为 80.6%。

三、市场需求状况持续改善，融资、招工难现象持续缓解

近年来，随着国家一系列支持和帮扶小微企业发展的政策效应显现，小微企业和个体户的市场需求情况持续改善，企业融资、招工等方面所遇到的困难在持续缓解。据调查，认为市场需求比上季好的企业有 287 家，占 27.1%，比 2015 年提高 1.8 个百分点，比 2014 年提高 3.5 个百分点；认为与上季度基本相同的有 576 家，占 54.3%，比 2015 年提高 2.5 个百分点，比 2014 年提高 3.3 个百分点；认为比上季度差的有 197 家，占 18.6%，比 2015 年下降 3.6 个百分点，比 2014 年下降 5.1 个百分点。

融资方面，2016 年 4 季度，有融资需求但未获得融资的企业有 114 家，占 10.7%，较 2015 年下降 4.6 个百分点，较 2014 年下降 10.3 个百分点；用工方面，2016 年 4 季度，有招工需求但没有招到员工的企业仅为 32 家，占 3%，较 2015 年同期下降 2.3 个百分点，较 2014 年下降 3.9 个百分点。

四、优惠政策力度仍需加强，优惠政策覆盖面仍需扩大

据 2016 年四季度对企业享受优惠政策情况问卷，企业享受优惠政策情况在好转，但真正享受到这些优惠政策的单位仍不够多，优惠政策覆盖面依然偏窄。据 1074 家填报此问卷单位的调查结果，54.7%的单位表示未享受到任何优惠政策，虽比上年同期下降 1.5 个百分点，可依旧有超过一半企业未享受到各类优惠政策。这其中超过七成（72.6%）为服务业类单位，特别是批发和零售业类企业，占未享受总数的 36.3%，在所有行业中位居第一。同时，在享受到优惠政策企业中，43%的企业表示享受了税费减免的优惠，1.6%的企业表示享受了政府资金支持，0.4%的企业表示享受了贷款优惠，0.3%为其他。

五、两点建议

(一)持续强化各类帮扶政策，多措并举促进企业成长。一是继续加大财政金融支持。新设立小微企业和个体经营户大多规模小,经营层次低,资金、人才等生产经营要素缺乏,市场开拓能力弱。据 1806 家单位问卷调查,虽比上年同期下降 21 个百分点,但仍有 31.3%的调查单位希望政府能够进一步加大金融支持力度,切实解决生存和发展中的资金需求。二是继续营造公平市场环境，加大处罚违法违规行为。小微企业和个体经营户经营方式灵活多样,规范性相对较差,竞争环境不优。问卷调查还表明，24.3%的调查单位希望政府能加强经营行为的规范,营造公平市场环境，不过比上年同期下降了 15.5 个百分点。三是加大对新设立单位经营场所的支持。1806 家单位问卷调查结果虽比上年同期下降 21.5 个百分点,依旧有 23.8%的调查单位希望政府能加大对小微企业经营场所的支持,助推企业进一步做大。四是进一步简化审批和资质资格认证。注册资本登记制度实施后，简化了企业登记手续,给新注册企业和个体经营户提供了极大的便利,但仍有部分特殊行业和部分职业资格证等申办存在一定难度。1806 家单位问卷调查数据还显示，在比上年同期下降 16.1 个百分点的背景下，有 18.3%的调查单位希望政府能进一步简化各类审批资格认证程序。

（二）深化“三去一降一补”，鼓励创新创业，提升供给侧竞争力。市场需求有待提振，是影响产品销售的主要因素，也是影响小微企业和个体户经营持续健康发展的主因之一。究其根本，主要是供给侧不能满足市场需求。因此加大供给侧结构性改革力度，深化“三去一降一补”和持续增加更好的公共产品与服务是培育新市场、新需求和新经济增长点的现实需要。一要继续鼓励创新发展，通过创新提升产品档次、提高产品知名度。以创品牌促发展，紧抓企业技术创新，引进技术，更新设备，努力开发新产品，促进企业核心产品的升级换代，精心打造拳头产品，走品牌发展之路；还要大力做好产品推介，加大宣传力度，

通过传统媒介和新技术手段等各种方式提升品牌知名度、美誉度。二要全面落实各项创业扶持政策，让“大众创业万众创新”生根发芽、茁壮成长。全面加强创业辅导孵化基地建设，促进创业基地辅导、孵化功能发育，增强创业服务能力。用政府购买服务的方式，积极引导市场，市场调节企业，在同等条件下优先购买和使用小微企业或创业者提供的商品与服务；支持创业服务机构为创业者提供诸如创业培训、商业策划、技术支持、管理咨询、融资担保等各类服务，出台创业服务机构的政策扶持和资金奖励办法，借力市场之手，努力降低各类创业者的风险负担。三要持续降低各类市场准入门槛，完善各类服务形态。深化落实“放管服”，持续降低各类市场准入门槛，法无禁止皆可为。同时应努力构建小微企业和个体户服务体系，打通省、市、县（区、市）及社区服务资源的四级联动网络，整合各级各类服务资源，重点引导和发展金融服务、科技咨询、市场推广服务等优质中介机构，积极培育小微企业和个体户中介服务市场，为小微企业和个体户供给侧改革提供“一站式、保姆式”服务。

（撰稿：胡　宇）

农产品生产者价格止跌回升

2016 年，湖北农产品生产者价格止跌回升，价格总水平上升 6.2 个百分点，四个季度同比分别上涨 12.2%、9.4%、3.5%和 6.6%。分行业看，呈现“三涨一跌”的特点，农业、畜牧业、渔业产品价格上涨，林业产品价格下跌。

一、农产品生产者价格波动特征

2016 年湖北农产品生产者价格指数为 106.2，价格总体水平止跌回升。（图 1）

图 1　2010-2016 年湖北农产品生产者价格指数

（一）全年农产品价格大幅波动

分季度看，2016 年四个季度的农产品生产者价格均呈上升态势，但高开低走，环比波动明显。（图 2）

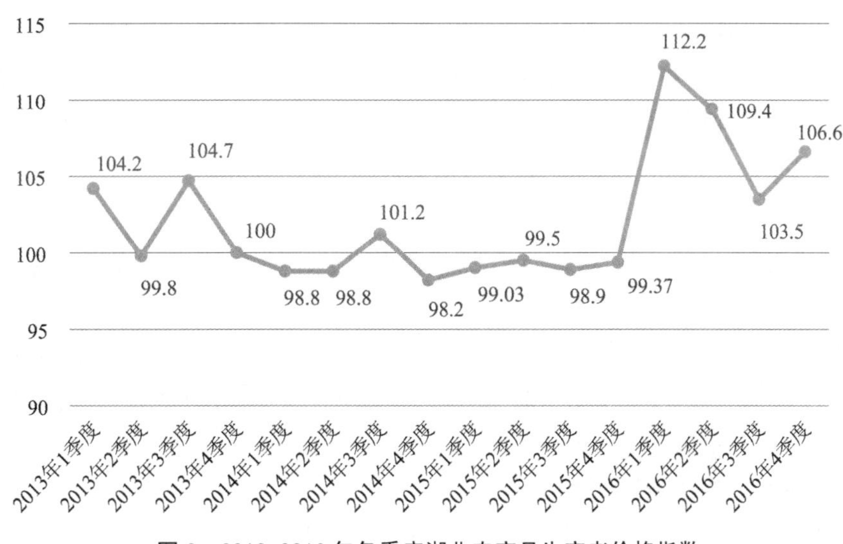

图 2　2013-2016 年各季度湖北农产品生产者价格指数

开年伊始，生猪价格大幅回升拉动农产品生产者价格进入上升通道，同比上涨 12.2%；二季度猪价持续上涨至最高点，但受大宗农产品价格疲软和蔬菜价格大幅回落影响，涨幅收窄；三季度，生猪价格出现明显回落，农价指数上涨幅度进一步缩小至 3.5 个百分点，为全年最低；四季度棉花、蔬菜等价格上涨带动农价指数回升，同比上涨 6.6%。

（二）农林牧渔四大行业“三涨一跌”

2016 年，湖北农业、畜牧业、渔业产品全年价格累计分别上涨 0.9%、17.5%和 6.9%。林业产品全年累计价格下跌 0.4%，与去年同期基本持平。

种植业产品价格总体逐步走高。一季度上涨 3.0%，二季度下跌 3.7%，进入下半年后止跌回升，三、四季度同比分别上涨 1.3%和 8.1%，涨幅扩大。

畜牧业产品价格走势受猪价影响明显，上半年指数持续攀升，二季度涨至最高点后涨幅呈现回落态势。

渔业产品价格先涨后跌，三季度指数到达最高点后开始下滑，但同比仍保持上涨。

林业产品价格除一季度上涨 1.4 个百分点，二、三、四季度一路走低，分别下跌 0.5、1.2、1.4 个百分点，跌幅加深。（如图 3）

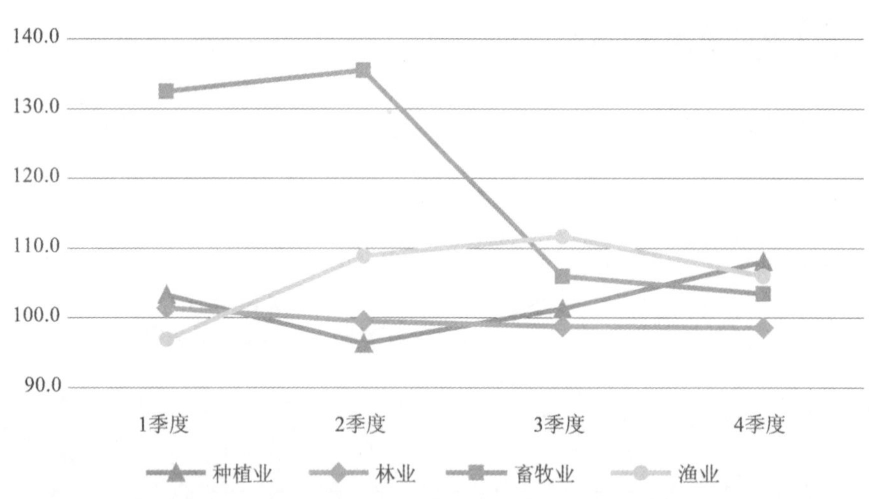

图 3　2016 年各季度湖北农林牧渔业产品价格指数变化情况

二、各类农产品价格走势和影响因素分析

（一）主要粮食作物价格持续下行

2016 年，稻谷价格累计下跌 2.1%，跌幅较上年加深 1 个百分点。其中，早、中、晚稻同比分别下跌 3.3%、2.0%、1.4%。究其原因：一是受严重的自然灾害影响稻谷质量下降，大部分地区的出售价格一直呈低开低走或低开平走趋势；二是国内粮食市场持续疲软，最低收购保护价对市场价格的支撑作用并不明显；三是收购点分布不均、数量有限、程序复杂，考虑到运输成本、时间成本等因素，部分农户选择以较低价格将稻谷卖给上门收购的个体粮商；四是进口持续增长，在国内供给充裕的情况下，进口粮食对国内市场造成一定的冲击。

2016 年，小麦价格累计下跌 9.4%，跌幅加深 7.4 个百分点。今年小麦生产病虫害较重，加之 5 月下旬降雨频繁，小麦品质下降，价格继续下滑。

2016 年，玉米价格累计下跌 5.8%，跌幅缩小 4.6 个百分点。市场大环境普遍低迷，正值玉米成熟期的特大暴雨又影响了玉米的生长，降低了玉米的品质。随着畜牧业养殖结构变化，生猪存栏扩张趋于理性，对饲料玉米消费的恢复增长带来一定压力。

（二）油菜籽、棉花价格呈恢复性上涨

2016 年，油菜籽价格逐步回暖，全年累计上升 7.9 个百分点。分季度看，一季度下跌 2.5%，二、三、四季度分别上涨 1.0%、14.2%、16.9%，涨幅逐步扩大。这主要是前期油菜籽价格较低所致，属于恢复性增长。2015 年，受国家取消油菜籽临时收储政策、市场供大于求以及油菜籽自身品质较低等多重因素影响，湖北油菜籽价格大幅下跌，农户种植意愿下降，油菜籽种植面积也相对减少。今年以来，随着油菜籽产量的减少以及品质的回升，价格开始呈现回升态势。

2016 年，棉花价格上涨 3%。“减棉扩粮”是近两年来湖北省农业种植结构调整的突出特点，受取消棉花收储政策和棉花市场持续疲软的影响，棉农种植意愿持续降低，棉花种植面积减少，加之今年洪涝灾害，棉花受损严重，产量较低，价格有所回升。

（三）蔬菜受灾害天气和成本推动影响价格上行

2016 年，蔬菜价格同比上涨 6.5%，其中一季度上涨 38.7%，二、三季度分别下跌 2.8%、0.8%，四季度上涨 13.8%，全年价格呈 V 字型走势。蔬菜价格上涨是由多方面原因共同造成的。今年一季度，海南、广东等南方蔬菜主产区遭遇寒潮天气，由于正值春节期间，需求旺盛，湖北省外调了大批蔬菜到南方，影响了本地蔬菜市场的供给平衡，拉升了菜价。同时，本省蔬菜产区气候也很不稳定，蔬菜的生长和采摘无法按时按量进行，蔬菜产量大幅下降。四季度，天气转寒，本地蔬菜陆续减少，部分大棚蔬菜价格涨幅较大。而且受此前寒潮天气的影响，局部地区遭遇风雪天气，蔬菜价格普遍上涨。另外，蔬菜采摘、运输和分拣等人工成本上涨很大，在蔬菜价格随天气大幅浮动的情况下，人工和流通环节的成本上涨，也加快了菜价上涨。

（四）生猪价格冲高后呈现回落

上半年，受生猪存栏量偏低，限养和禁养等环保政策的收紧导致生猪产能进一步下降等因素影响，全省生猪价格上涨势头强劲，一季度同比上涨 45 个百分点，二季度同比上涨 49.3 个百分点，价格水平达到最高点。进入下半年后，猪价涨幅明显回落。三季度同比上涨 11.2%，涨幅较 2 季度收窄 38.1 个百分点，四季度生猪价格同比上涨 5.2%，环比继续下降。随着养殖户集中出栏，部分程度上缓解了猪肉供应紧张的局面，加之猪肉价格的持续高企和替代品价格下跌等多重因素叠加，压缩了猪肉价格的上涨空间。

（五）家禽、禽蛋类产品持续下滑跌幅收窄

2016 年，全省家禽类产品价格同比下跌 4.4 个百分点，禽蛋类产品同比下跌 4.5 个百分点。指数最低点均出现在二季度，分别为 90.4%和 88.0%。进入下半年后，总体价格同比仍为下降态势，但跌幅逐渐收窄。从养殖情况看，市场养殖规模偏高是当前家禽、禽蛋价格下降的主要原因。家禽、禽蛋类产品养殖周期短，养殖成本相对较低，导致市场处于饱和状态，价格比同期下滑。

（六）渔业产品价格止跌回升

2016 年，湖北淡水鱼价格全年上涨 6.9%，除一季度延续上年的下跌态势外，二、三、四季度分别上涨 8.9、11.7 和 6.0 个百分点。淡水鱼价格回升的主要原因：一是猪肉价格持续高涨，部分消费者转而购买价格相对较低的鱼类产品，增加了对水产品的消费需求，淡水鱼价格普涨；二是今年汛期持续强降雨和水灾对水产养殖、供应造成一定冲击；三是去年淡水鱼市场价格较低，利润空间有限，养殖户积极性普遍不强，市场总体供应量少于往年，导致当前价格走高。

三、2017 年主要农产品价格走势

2017 年中央经济工作会议指出，要深入推进农业供给侧结构性改革，积极稳妥改革粮食等重要农产品价格形成机制和收储制度。就当前形势来看，由于库存水平依然偏高，我省粮食作物仍将持续供给充裕局面，对价格将形成一定压制作用，总体呈弱中趋稳态势。与此同时，国际主要大宗农产品价格都大大低于国内，国际农产品市场价格对我们的压力将长期存在，随着棉花、大豆、油菜籽和玉米等产品临时收储制度的取消，市场对主要农产品价格的导向和调节作用将日益加强。生猪价格仍将呈现小幅波动，但总体趋于稳定。蔬菜水果等农产品价格受天气等因素影响大，有较大的不确定性。

（撰稿：李筱霏）

工业生产价格走出下行通道

2016 年是“十三五”开局之年，也是推进供给侧结构性改革的攻坚之年。2016 年以来，随着国内经济趋稳向好、国际大宗商品价格加速回升以及深入推进供给侧结构改革，推动产业转型升级、提质增效成效的显现，湖北 PPI 逐步走出下行通道，回升态势明显：月度同比于 10 月份结束了自 2013 年 2 月以来持续下行 45 个月的低迷走势，止跌回升上涨 0.5%；全年平均虽下降 1%，但降幅较上年减小 2.3 个百分点。主要工业生产者价格走势特征如下：

一、工业生产者价格运行特征

（一）月度同比由负转正，环比年内 9 次上涨。从同比看，以 10 月份为分水岭，1—9 月 PPI 同比降幅逐步收窄，从 1 月份的-3.1%，收窄至 4 月份的-2.4%，7 月份的-1.2%，9 月份的-0.2%；10 月份由负转正，上涨 0.5%，11 月份继续上涨 1.6%，12 月份扩大涨幅至 3.3%。

从环比看“9 涨 1 平 2 降”，1 月份下降 0.4%，2 月份下降 0.3%，3 月份转降为涨，上涨 0.1%，成为环比价格持续下行 21 个月后的首次上涨。进入 7 月份以后，环比持续上涨，涨势加快：7、8 月份均上涨 0.1%，9 月份上涨 0.4%，10 月份上涨 0.5%，11 月份上涨 0.7%，12 月份扩大涨幅至 1.2%。

PPI 价格走势的新变化释放出当前市场需求回暖，工业行业供需矛盾有所缓解，工业领域整体呈现稳中有进、稳中提质的积极信号。

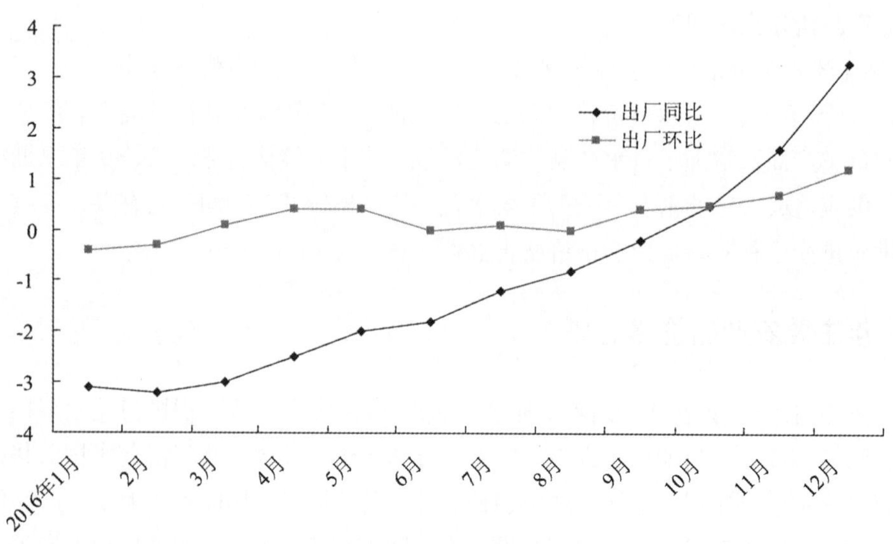

图 1　工业生产者价格涨跌幅度（%）

（二）生产资料价格降幅缩小，生活资料价格涨幅扩大。2016 年生产资料价格下降 1.6%，降幅与前三季度相比缩小 1.3 个百分点。其中，采掘工业价格下降 2.3%，加工工业价格下降 1.7%，原材料价格下降 1.1%；生活资料价格上涨 0.2%，涨幅与前三季度相比扩大 0.1 个百分点。其中，衣着价格上涨 0.7%，食品价格上涨 0.2%，一般日用品价格上涨 1.4%。

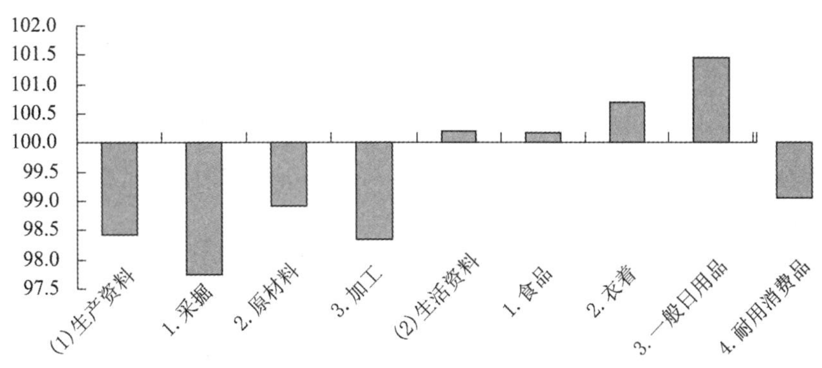

图 2　2016 年生产资料、生活资料价格走势

（三）工业大类行业月度同比上涨个数稳步增多，石油、钢材、有色等行业价格回升对全省 PPI 降幅收窄起到重要作用。从调查的 37 个工业大类行业来看，上涨行业个数稳步增加，从 1 月份 10 个，增加到 9 月份 17 个，12 月份的 27 个，其中 12 月份行业上涨面为 73.0%，与 1 月份相比大幅提升 46 个百分点。从主要的工业大类行业价格走势来看回暖迹象明显：黑色金属、有色金属价格月度同比先后于 5 月份、7 月份由负转正，全年平均呈现正增长态势；原油、成品油、水泥行业价格总体虽仍呈降势，但价格反弹幅度较大，对进一步收窄全年 PPI 降幅起到重要支撑作用。

从数据比对分析来看，2015 年湖北钢铁行业价格下降 12.1%，有色金属行业下降 7.6%，原油行业下降 42.1%，成品油行业下降 21.5%，水泥行业下降 4.6%，经测算，以上五个行业共影响 2015 年 PPI 总指数下降 2.45 个百分点，占当年 PPI 总降幅的 74.2%。而反观 2016 年相关行业数据，价格大幅回升，并对总指数走势产生较大影响：钢铁、有色转降为涨，拉升 PPI 总水平 0.06 个百分点；原油、成品油以及水泥行业价格虽仍呈降势，但降幅较上年均有不同程度收窄，对总指数的下拉作用也大幅减弱。经测算，以上五个行业合计影响 PPI 下降 0.09 个百分点（其中钢铁、有色行业为正向拉升影响），影响率仅占 PPI 总降幅的 9%，而 2015 年占到总降幅的 74.2%。具体见下表：

表 1　钢铁等相关行业价格变化及对当期总指数的影响

<table>
<tr><th>项目名称</th><th>2015 年平均</th><th>2016 年平均</th><th>2015 年对总指数影响</th><th>2016年对总指数影响</th><th>2015 年影响率占比</th><th>2016年影响率占比</th></tr>
<tr><td>总指数</td><td>-3.3</td><td>-1.0</td><td rowspan="6">下拉2.45个百分点</td><td></td><td rowspan="6">占总降幅74.2%</td><td rowspan="6">占总降幅 9%</td></tr>
<tr><td>石油和天然气开采业</td><td>-42.1</td><td>-10.3</td><td rowspan="3">下拉 0.15 个百分点</td></tr>
<tr><td>石油加工、炼焦和核燃料加工业</td><td>-21.5</td><td>-5.7</td></tr>
<tr><td>非金属矿物制品业</td><td>-4.6</td><td>-0.2</td></tr>
<tr><td>黑色金属冶炼和压延加工业</td><td>-12.1</td><td>0.4</td><td rowspan="2">拉升 0.06 个百分点</td></tr>
<tr><td>有色金属冶炼和压延加工业</td><td>-7.6</td><td>1.5</td></tr>
</table>

1.钢铁同比价格持续 52 个月降势后首次转正。2015 年湖北黑色金属冶炼及压延加工业价格持续低迷，全年下降 12.1%，成为影响 PPI 价格总水平下行的第一大行业。而随着国家坚持化解钢铁、煤炭过剩产能、淘汰落后产能的供给侧结构性改革推动以及前期价格过度下跌、房地产市场回暖等因素的影响，2016 年钢铁价格强劲反弹，全年平均上涨 0.4%，其中线材上涨 3.2%，钢筋上涨 6.7%。

2.有色金属价格强势反弹，环比“十涨二降”。受部分有色金属产品在前期价格下降较多，价位超低反弹以及市场需求逐渐回暖影响，2016 年湖北有色金属价格步入上行通道，上涨 1.5%。其中 7 月份同比转降为涨，上涨 4.2%；环比除 8、10 月份微降外，其余月份均呈涨势，累计涨幅 18.7 个百分点。

3.原油、成品油价格降幅大幅收窄，价格回升。今年以来，石油和天然气开采业价格波动剧烈，但总体仍呈大幅回升走势。受此影响，2016 年湖北石油和天然气开采业下降 10.3%，降幅较上年缩小 31.8 个百分点；石油加工炼焦及核燃料加工业下降 5.7%，降幅较上年缩小 15.8 个百分点。从具体产品看，汽油下降 1.8%，柴油下降 5.2 %，降幅分别较上年缩小 10.7 和 17.9 个百分点。

4.水泥价格降幅收窄，后期加速反弹。2016 年非金属矿物制品业价格接近转正临界点，全年下降 0.2%，降幅较上年缩小 4.4 个百分点。从环比看，进入 8 月份以来，受供给侧结构性改革持续发力，去产能效应继续显现以及原材料端煤炭、矿渣等成本价格不断走高影响，水泥价格持续上涨，8 月份上涨 1.9%，9 月份上涨 2.7%，10 月份上涨 1.3%，11 月份上涨 1.9%。

（四）PPI 降幅小于全国平均，中部六省降幅并列最小。2016 年湖北 PPI 下降 1.0%,降幅比全国平均水平小 0.4 个百分点，在全国 31 个省(市、区)中位列第 7 位。在中部六省中，湖北与河南 PPI 降幅均为 1%，并列最小。其余四省降幅排序依次为：湖南下降 1.1%，江西下降 1.4%，安徽下降 1.5%，山西下降 3.2%。

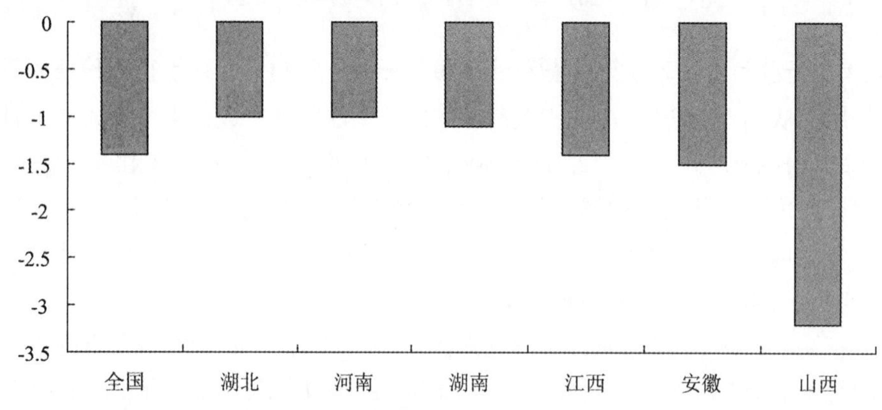

图 3　2016 年全国与中部六 PPI 涨跌幅度

（五）购进价格“七降二涨”，降幅较上年明显收窄。2016 年工业生产者购进价格下降 1.7%，降幅较上年收窄 5.5 个百分点。从具体类别来看，九大类原材料价格“七降二涨”，其中黑色金属材料类价格转降为涨，上涨 3.5%，农副食品类上涨 1.2%。下降类别中，燃料、动力类价格降幅最大，下降 5%，但与上年相比缩小 6.9 个百分点；化工原料类价格降幅其次，下降 2.7%，降幅与上年持平。

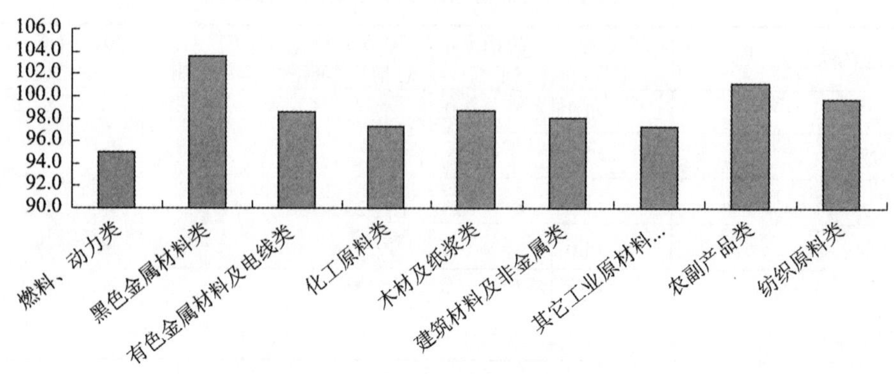

图 4　2016 年购进九大类分组价格走势

二、影响工业生产者价格变动的原因分析

（一）国内经济企稳向好，需求回暖助推价格上行。2016 年，面对复杂严峻的国内外形势，党中央、国务院保持定力，统揽全局，坚持稳中求进的工作总基调，坚定不移推进供给侧结构性改革，同时适度扩大总需求，国民经济运行呈现出总体平稳、稳中有进、稳中提质的良好态势。从国家统计局发布的统计数据来看：前三季度国内生产总值同比增长 6.7%，其中一、二、三季度均增长 6.7%；前三季度全国规模以上工业增加值同比实际增长 6%，增速与上半年持平。其中一季度增长 5.8%、二季度增长 6.1%、三季度增长 6.1%，工业企稳势头明显增强。另外，从中国制造业 PMI 指数来看,也同样印证国内经济企稳向好走势。1-11 月 PMI 指数中，有 7 个月 PMI 数值位于临界点以上，9 月份后涨速明显加快：8、9 月份均为 50.4%，

10 月份为 51.2%，11 月份扩大至 51.7%，升至两年来新高。

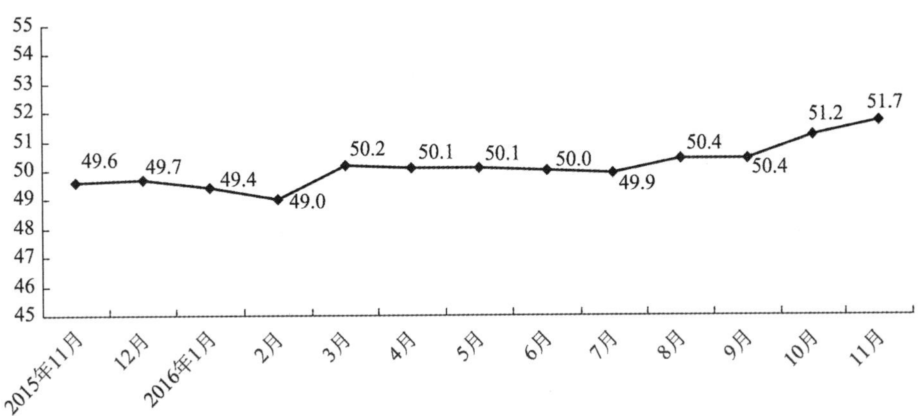

图 5 制造业 PMI 指数（经季节调整）

（二）国际大宗商品价格快速上涨的传导作用。2016 年，受欧美积极的货币政策、供需结构变动以及金融期货市场炒作等因素影响，石油、煤炭、铁矿石等国际大宗商品价格回升势头强劲。从原油走势看，国际原油 WTI 从年初最低 26 美元/桶涨至 6 月份最高 50 美元/桶左右。后期虽受英国脱欧事件及美元走强预期影响价格回落，但总体来看回升态势明显；从铁矿石走势看，中国钢铁工业协会的 CIOPI 指数显示，2016 年进口铁矿石价格指数持续走高，从 1 月份的 150 点，上涨到 9 月份的 210 点，12 月份的 284 点。另外，其他大宗商品如有色金属、煤炭、橡胶等产品价格也先后出现反弹，对企业生产成本的抬升和销售产品价格的上涨形成有力支撑。

（三）供给侧结构性改革成效显现。2016 年以来，湖北紧跟全国步伐，强力推进供给侧结构性改革，淘汰了一批过剩产能、落后产能，同时通过优化供给领域结构，提高产品质量等举措，有力促进了经济平稳发展和企业转型升级。2016 年湖北钢铁行业压减过剩产能 338 万吨，淘汰落后炼钢产能 416 万吨、炼铁产能 60 万吨，武钢在鄂分别压减生铁和粗钢产能 319 万吨、442 万吨；煤炭行业压减产能 1011 万吨。两个行业均提前两年超额完成与国家签订的三年目标任务。“去产能、去库存”重要举措的持续发力，为深化供给侧结构性改革赢得了主动，有力推动了相关行业价格的回升。

三、2017 年工业生产者价格走势预测

当前国际市场大宗商品价格回暖，原油、铁矿石等商品价格大幅反弹，全球经济基本面有所好转；国内随着供给侧结构性改革的不断深入，钢铁、煤炭、有色等行业去产能、去库存力度不断加大，对相关行业价格的回升将起到重要推动作用。但与此同时，我们也应该看到，当前经济运行中仍存在诸多不稳定、不确定的因素，国际经济环境复杂严峻，国内经济仍处于结构调整、转型升级的阵痛期，去产能、去库存的任务任重道远。

综上所述，预计 2017 年湖北 PPI 将继续延续回升走势，全年降幅进一步收窄并有望转正。

（撰稿：余　南）

固定资产投资价格止跌微涨

2016年，湖北把稳增长放在经济工作的首位，积极扩大有效投资，加大重大投资项目的推进力度，固定资产投资稳定增长，主要建筑材料价格回升明显，全年湖北固定资产投资价格上涨0.1%，与2015年相比由降转涨。

一、固定资产投资价格变动的主要特点

（一）固定资产投资价格先抑后扬，全年总体微涨

2016年湖北固定资产投资价格上涨0.1%。分季度来看，一季度下降1.8%，二季度下降0.6%，三季度上涨0.5%，四季度上涨2.2%，自三季度开始固定资产投资价格由降转涨，结束了湖北固定资产投资价格自2015年二季度以来连续5个季度的下降态势。

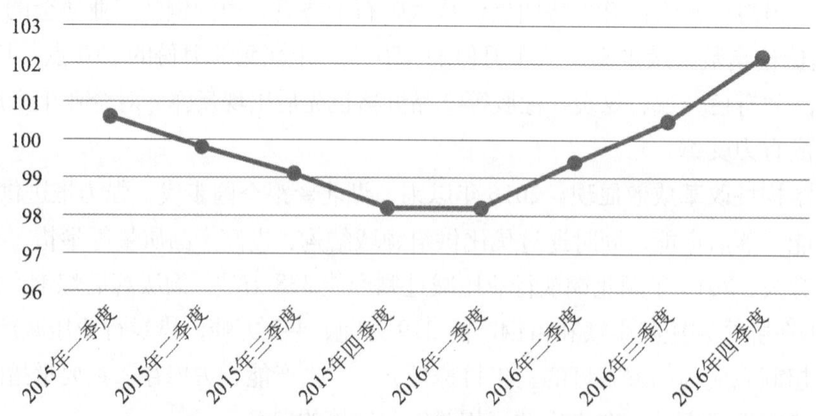

2015-2016年湖北固定资产投资价格指数走势图

（二）三大类价格指数“两升一降”

构成固定资产投资价格的三大类价格指数“两升一降”，其中，建筑安装工程价格指数上涨0.2%，其他费用价格指数上涨0.7%，设备工器具购置价格指数下降0.9%。与2015年相比，建筑安装、装饰工程价格由降转涨，其他费用价格涨幅回落0.5个百分点，设备、工器具购置价格降幅扩大0.4个百分点。三大类投资价格中建筑安装装饰工程价格影响程度最大，影响固定资产投资价格总水平上涨0.14%。

表1：2015年和2016年固定资产投资价格指数主要指标比较

指 标	指数（%）		涨跌幅度差
	2015年	2016年	
固定资产投资价格指数	99.4	100.1	0.7
建筑安装、装饰工程	99.1	100.2	1.1
设备、工器具购置	99.5	99.1	-0.4
其他费用	101.2	100.7	-0.5

1.建筑安装、装饰工程价格逐季回升

2016年构成固定资产投资实体的建筑安装、装饰工程价格上涨0.2%。其中一季度下降2.4%，二季度

下降 0.7%，三季度上涨 0.9%，四季度上涨 3.2%。从构成看，人工费价格持续高位运行，材料费价格和机械费价格略有下降，全年人工费上涨 3.7%，材料费下降 0.6%，机械费下降 0.8%。

表 2：2016 年建筑安装、装饰工程价格指数构成表

指　标	各季指数（%）				累计指数（%）
	一季度	二季度	三季度	四季度	
建筑安装、装饰工程费	97.6	99.3	100.9	103.2	100.2
人工费	102.8	103.3	103.8	104.8	103.7
材料费	96.1	98.2	100.2	103.1	99.4
机械费	97.9	99.3	99.5	100.2	99.2

人工费价格涨幅回落。2016 年建筑企业人工费价格上涨 3.7%，与 2015 年相比涨幅回落 1.5 个百分点，仍延续了前几年的上涨态势。分季度看，一季度上涨 2.8%，二季度上涨 3.3%，三季度上涨 3.8%，四季度上涨 4.8%，涨幅逐季走高；从构成上看，普通工人和工程技术人员均上涨 3.8%，工程管理人员上涨 2.9%。

材料费价格降幅收窄。2016 年材料费价格下降 0.6%，降幅比 2015 年收窄 2.2 个百分点，其中，一季度下降 3.9%，二季度下降 1.8%，三季度上涨 0.2%，四季度上涨 3.1%，三季度开始止跌回升。调查的七大建筑材料，2016 年价格呈“三涨四跌”涨四跌。具体来看，上涨的三类材料为：木材上涨 0.9%、地方建筑材料上涨 0.5%、电料上涨 0.5%；下跌的四类材料为：钢材下降 1.1%、水泥下降 1.8%、化工材料下降 0.8%、其他材料下降 0.2%。

由于钢材费用占材料费用比重四成，钢材价格的逐季走高，拉动了材料费价格的逐季回升。分季度看，一季度钢材价格下降 7.1%，二季度下降 3.0%，三季度上涨 0.7%，四季度上涨 4.9%，从一季度至四季度钢材价格涨跌幅度差达 12%，钢材价格的明显反弹是拉动材料费价格回升的重要因素。

机械费价格略有下降。2016 年机械费价格下降 0.8%，与 2015 年相比由涨转降。分季度看，一季度下降 2.1%，二季度下降 0.7%，三季度下降 0.5%，四季度上涨 0.2%。调查的九大类机械费价格“五涨三跌一平”，具体看，土石方及筑路机械下降 1.6%，打桩机械下降 0.9%，起重机械下降 0.8%，运输机械上涨 0.2%，混凝土及砂浆机械上涨 1.1%，加工机械上涨 1.2%，泵类机械上涨 0.4%，其他机械上涨 0.6%，船舶机械持平。

2.设备、工器具购置价格略有下降

受湖北工业品出厂价格总水平下降的影响，2016 年设备、工器具购置价格下降 0.9%，跌幅比 2015 年扩大 0.4 个百分点。分季度看，四个季度均呈下跌态势，一至四季度分别下跌 1.1%、1.0%、0.9%和 0.8%，跌幅呈逐月收窄态势。

3.其他费用投资价格平稳上涨

2016 年其他费用投资价格上涨 0.7%，与 2015 年相比涨幅回落 0.5 个百分点。分季度看，四个季度均呈上涨态势，一至四季度分别上涨 0.6%、0.7%、0.4%和 1.0%；从构成上看，土地取得费、前期工程费、施工工作费、建设单位其他费用均有不同程度上涨，分别上涨 0.6%、0.5%、1.0%和 0.6%。

二、影响固定资产投资价格变动的主要因素

（一）固定资产投资增长助推投资品价格上涨

2016 年，湖北省固定资产投资累计完成 29503.88 亿元，增长 13.1%，全省基础设施投资累计完成 8489.84 亿元，增长 29.3%。湖北投资总量及增幅在全国位居前列，固定资产投资的稳定增长，基础设施投资增速的加快，刺激投资品需求，助推投资品价格上升，影响固定资产投资价格水平上涨。

（二）房地产市场回暖拉动建筑用材料价格上升

2016 年以来，在“去库存、稳市场”为主基调的房地产市场背景下，湖北房地产市场逐渐回暖。2016 年，湖北房地产开发投资累计完成 4296.38 亿元，增长 1.1%，湖北商品房销售面积为 7427.16 万平方米，增长 18.9%，其中住宅销售面积增长 20.2%。全省商品房待售面积为 2373.46 万平方米，下降 10.5%，其中住宅待售面积下降 18.7%。受房地产市场回暖的影响，各项建筑用材料需求增加，价格上升较大，特别是钢材、水泥等建筑材料价格的强劲反弹成为拉动固定资产投资价格上行的主要因素之一。

（三）人工费价格持续上涨

2016 年，人工费保持了近几年连续上涨态势，是支撑固定资产投资价格总水平上行的重要因素。人工费价格持续上涨，究其原因，一是随着经济的发展和城镇化建设的需要，建筑行业人员的需求不断增大，建筑行业面临用工紧张问题；二是建筑行业专业性强，建筑工程施工中不断采用技术先进的机械及施工方法，对工人技术要求越来越高，技术工人紧缺已经成为常态；三是建筑安装行业人员就业选择更加多元化，许多懂管理、有技术的人员倾向于环境待遇更佳的地方，倒逼企业适度提高工资待遇，以稳定用工队伍。

三、2017 年湖北固定资产投资价格走势预测

2017 年，湖北将深化供给侧结构性改革,积极推进湖北经济转型升级,加大产业投资、招商引资力度，固定资产投资仍将保持稳定增长态势；继续深化“三去一降一补”，有力有序去产能，因城施策去库存，对相关建筑材料价格的回升将起到一定的推动作用；劳动力工资的刚性上涨将导致人工费用价格继续保持上升趋势。综合多种因素，预计 2017 年湖北固定资产投资价格将保持平稳上涨态势。

（撰稿：肖　强）

重点城市楼市积极回稳向好

房地产行业作为国民经济的重要行业，不仅与百姓生活息息相关，也与国民经济的健康发展有密切联系。2016 年以来，在“去库存、稳市场”为主基调的房地产市场背景下，湖北所调查的武汉、宜昌、襄阳三个重点城市房地产市场出现积极变化。武汉房地产市场量增价升，政府出台一系列政策进行了有效调控，呈现积极回稳向好态势，宜昌、襄阳积极化解房地产库存，取得了一定的成效。房地产新政的密集出台、购房需求的调整、政策效应的显现对房地产市场带来较大影响。

一、三个重点调查城市房地产价格走势情况

（一）新建住宅价格同比涨幅回升

2016 年，武汉、宜昌、襄阳新建住宅价格同比指数呈现涨幅扩大态势。武汉 1 月上涨 5.3%，此后连续 11 个月呈现阶梯型上涨态势，涨幅逐渐扩大，11 月涨幅最高达到 25.5%,12 月有所回落，较 11 月涨幅回落 1.3 个百分点；宜昌、襄阳分别于 4 月、8 月止跌回升，涨幅逐月递增，12 月涨幅最高分别为 5.1%、2.7%。

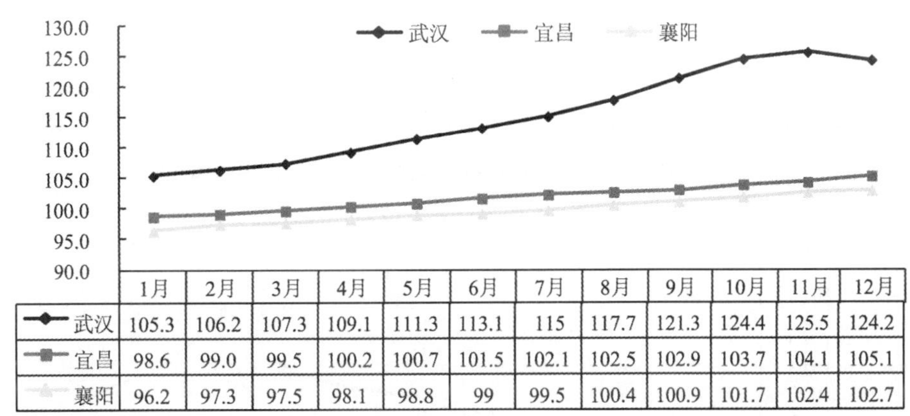

	1月	2月	3月	4月	5月	6月	7月	8月	9月	10月	11月	12月
武汉	105.3	106.2	107.3	109.1	111.3	113.1	115	117.7	121.3	124.4	125.5	124.2
宜昌	98.6	99.0	99.5	100.2	100.7	101.5	102.1	102.5	102.9	103.7	104.1	105.1
襄阳	96.2	97.3	97.5	98.1	98.8	99	99.5	100.4	100.9	101.7	102.4	102.7

图 1　2016 年武汉、宜昌、襄阳新建住宅价格同比指数走势

（二）新建住宅价格环比以涨为主

2016 年，武汉、宜昌、襄阳新建住宅月度环比价格指数以涨为主。武汉 1-11 月均呈上涨态势，涨幅在 0.9%-3.8%之间波动，12 月有所回落，下降 0.2%；宜昌除 1 月持平外，其余月份涨幅在 0.2%—0.8%之间波动；襄阳除 1 月、6 月下降 0.1%外，其余月份涨幅在 0.1%—0.5%之间波动。

（三）二手住宅价格与新建住宅走势基本一致

2016 年，三个重点调查城市二手住宅价格与新建住宅价格走势基本一致。从同比看，武汉呈阶梯性上涨态势，涨幅逐渐扩大，12 月涨幅最高达到 22.1%；宜昌全年涨幅较为平缓，涨幅在 1.1%—3.0%之间波动；襄阳 8 月由降转涨，8—12 月涨幅在 0.2%—0.6%之间波动。

从环比看，武汉全年均呈上涨态势，涨幅在 0.5%—3.7%之间波动，其中，9 月涨幅最高；宜昌“10 涨 2 平”，除 2、6 月保持平稳外，其余 0.1%—0.6%之间波动；襄阳“4 涨 6 平 2 降”，8 月涨幅最高达 0.4%。

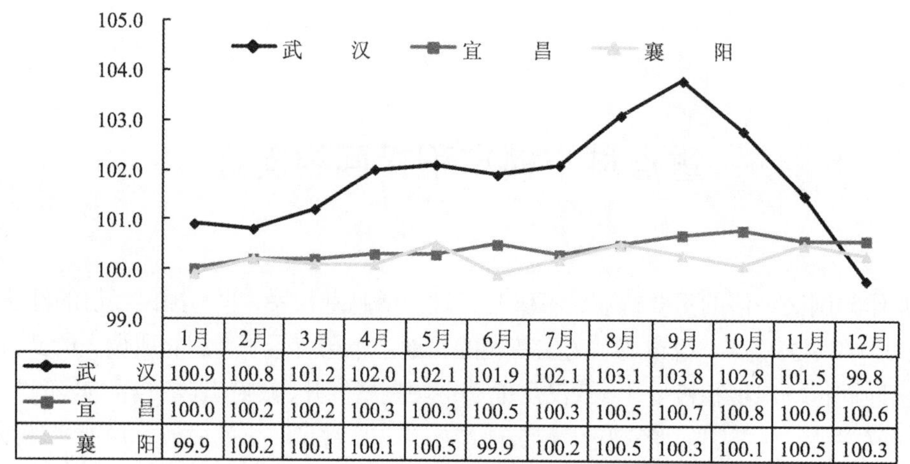

	1月	2月	3月	4月	5月	6月	7月	8月	9月	10月	11月	12月
武汉	100.9	100.8	101.2	102.0	102.1	101.9	102.1	103.1	103.8	102.8	101.5	99.8
宜昌	100.0	100.2	100.2	100.3	100.3	100.5	100.3	100.5	100.7	100.8	100.6	100.6
襄阳	99.9	100.2	100.1	100.1	100.5	99.9	100.2	100.5	100.3	100.1	100.5	100.3

图 2　2016 年武汉、宜昌、襄阳新建住宅价格环比指数走势

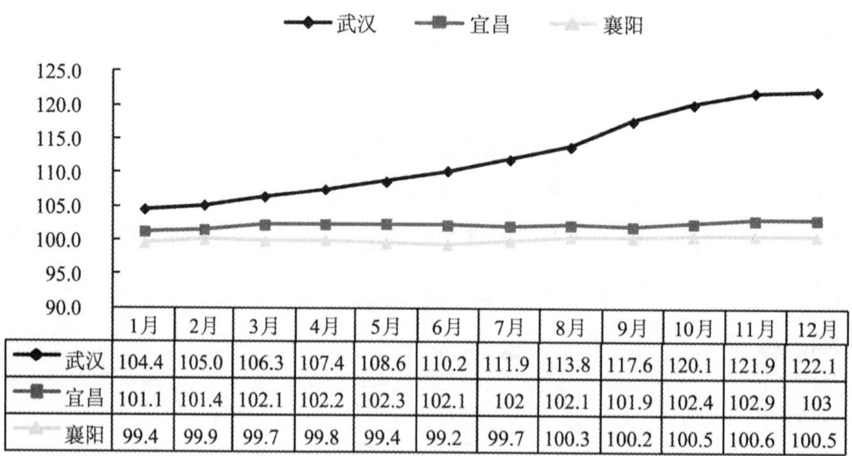

	1月	2月	3月	4月	5月	6月	7月	8月	9月	10月	11月	12月
武汉	104.4	105.0	106.3	107.4	108.6	110.2	111.9	113.8	117.6	120.1	121.9	122.1
宜昌	101.1	101.4	102.1	102.2	102.3	102.1	102	102.1	101.9	102.4	102.9	103
襄阳	99.4	99.9	99.7	99.8	99.4	99.2	99.7	100.3	100.2	100.5	100.6	100.5

图 3　2016 年武汉、宜昌、襄阳二手住宅价格同比指数走势

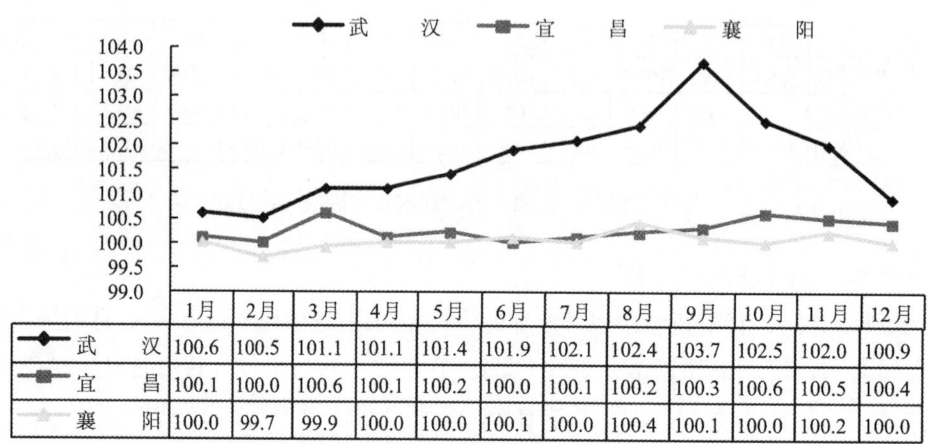

	1月	2月	3月	4月	5月	6月	7月	8月	9月	10月	11月	12月
武汉	100.6	100.5	101.1	101.1	101.4	101.9	102.1	102.4	103.7	102.5	102.0	100.9
宜昌	100.1	100.0	100.6	100.1	100.2	100.0	100.1	100.2	100.3	100.6	100.5	100.4
襄阳	100.0	99.7	99.9	100.0	100.0	100.1	100.0	100.4	100.1	100.0	100.2	100.0

图 4　2016 年武汉、宜昌、襄阳二手住宅价格环比指数走势

二、重点调查城市住宅销量及库存呈现向好态势

（一）新建住宅成交量增长显著

2016 年，武汉、宜昌、襄阳新建住宅成交套数较 2015 年分别增长 29.7%、22.3%、45.2%，新建住宅成交总面积分别增长 32.7%、25.6%、43.1%。从年度数据来看，武汉市 2016 年成交量与成交面积皆创历史新高，这也是自 2012 年以来，连续 5 年成交破纪录，新建商品住宅销售面积在 70 个大中城市中位列第

一。受年初“330 新政”等房地产新政的影响，宜昌、襄阳自 3 月份开始成交量增长明显，尤其是下半年销量屡创新高，市场成交快速攀升并达到高位水平。

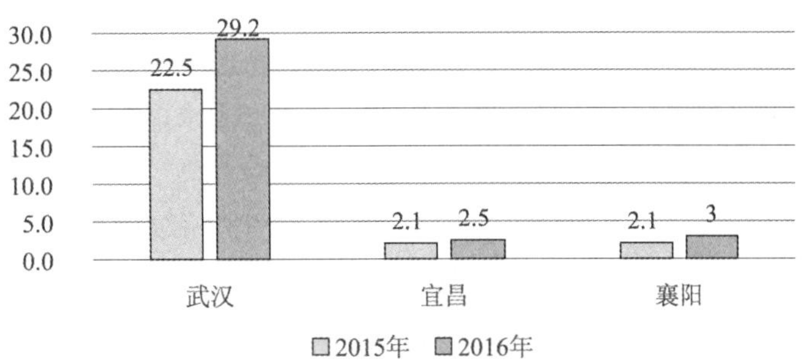

图 5　武汉、宜昌、襄阳新建住宅成交量（万套）对比

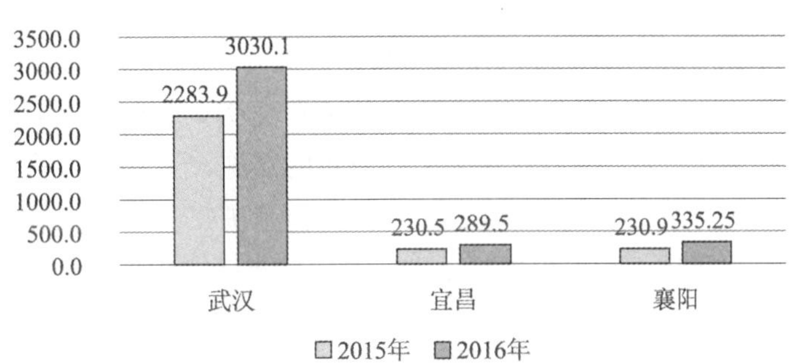

图 6　武汉、宜昌、襄阳新建住宅成交面积（万平方千米）对比

（二）二手住宅成交大幅增涨

武汉年初新政出台之后，二手房市场对新政的反应逐步显现，成交量、成交面积均呈上涨态势。随着宜昌、襄阳房地产市场新建住宅成交活跃和棚改工作的持续深入，二手房成交量、成交面积也出现了大幅上涨。2016 年，武汉、宜昌、襄阳二手住宅成交套数较 2015 年分别增长 17.9%、42.9%、82.4%；武汉、宜昌、襄阳二手住宅成交面积较 2015 年分别增长 16.6%、51.9%、102.2%。

（三）新建住宅库存压力减轻

截至 2016 年底，武汉新建住宅可售面积为 777.7 万平方米，较 2015 年下降 44.8%，按照武汉新建住宅存销比情况，仅需 3.2 个月的时间即可消化全部库存；宜昌市 2016 年底新建住宅可售面积为 170 万平方米，较 2015 年下降 31.5%，预计去化周期为 9 个月；襄阳市 2016 年底新建住宅可售面积为 207.21 万平方米，较 2015 年下降 60.3%，去化周期约为 7.5 个月。

三、影响房地产市场变动的主要因素

（一）政策调节有力，房地产市场回稳向好

针对武汉市房地产市场的过热现象，武汉市先后多次出台楼市调控政策，促进房地产市场持续健康发展。武汉 2016 年 9 月环比涨幅最高达到 3.8%，中心城区库存大幅减少，面对武汉市房地产市场过热的局面，10 月 3 日，武汉在中心城区实施限贷以及限购政策，10 月非限购区新建商品住宅成交套数占比高达 52.2%，在本年度首次超越中心城区，据以往数据统计，远城区成交套数占比保持在 1/4 左右。12 月 22 日，武汉出台扩大范围的限购新政，12 月新建商品住宅价格指数环比下降 0.3%，环比指数在 70 个大中城市中排名由 11 月份的第 5 名下降至第 66 名。房地产新政的密集出台，使得房地产市场更加成熟、理性。

（二）强劲刚需支撑，改善型需求纷纷入市

房地产市场持续回暖，导致消费者对未来房地产市场上涨的预期增加，由此激发了刚需和改善型需求的“追涨”心理。根据2016年12月网签数据显示，武汉市本市购房者购买住房面积占比71.1%，较11月提高13.7个百分点，较上年同期提高31个百分点。据武汉市融创公园壹号、江南花山郡、地铁时代常青城、百步亭•江南郡、喜瑞都、世纪天街等项目的销售经理反映，2016年12月首次购房的消费者占60%，表明刚需目前仍是武汉房地产市场主流。2016年，宜昌房地产市场在供给侧改革背景下，产品供应更加多元化和舒适化，与往年以高层住宅为主的产品销售相比，改善型需求逐渐成为市场主流。

（三）城市价值提升，对外吸引力不断凸显

近年来，武汉作为省会城市，经济社会快速发展，工业总产值持续增长，固定资产投资总量实现五年翻番，城建基础不断加强，航空、高铁、城铁、地铁等交通建设提速，区位优势不断显现，高新技术吸引力增强，新动力培育不断壮大。今年来，武汉市约六成新房皆被外地人买走，显现出武汉城市价值的提升，得到更多人认可。宜昌房地产市场发展遵循“绿色发展、转型跨越”的精神，充分发挥宜昌有山有水的生态优势，推进以人为核心的新型城镇化建设，逐渐成为外地人口选择的宜居城市。

（四）响应“去库存”，各级城市分化调整

2015年11月10日，中共中央总书记习近平在中央财经领导小组第十一次会议上强调“要化解房地产库存，促进房地产业持续发展”，为2016年房地产行业定调。2016年开年之际，武汉尚有1407.7万平米新建商品住宅库存可供消化6-8个月，随着武汉去库存政策的实施，至2016年8月份，库存量仅余767.56万平米，仅可消化3个月。2016年，宜昌、襄阳采取减少土地供应、棚改货币化安置、调整住房公积金政策、鼓励农民进城购房等多种措施，积极化解房地产库存，取得了一定的成效。

四、促进湖北房地产市场平稳发展的政策建议

（一）加强精准调控，完善监测监管

一是加大精准调控力度。针对省内热点城市，密切跟踪市场行情变化，及时调整调控政策，有效控制房地产投资投机行为，促进房地产市场持续健康发展。二是加强房地产市场管理。对房地产开发企业新建商品住房销售方案备案进行严格审核（包括预售许可和现房销售备案），适当控制高价楼盘的上市节奏，对上市房源定价不合理的，实行价格引导。三是强化房地产市场监测。推动房地产大数据工程建设，有关部门要对房地产市场特别是新建商品住房价格走势进行动态监测，适时提出有关建议，并加强宣传，正确解读房地产市场监管措施和调控政策，稳定市场预期，引导理性消费。

（二）控制土地供应，优化供应结构

一是加大房地产开发用地管理力度。注重分类施策、因城施策，根据各城市房地产市场供求状况，结合商品房存量、未开工住宅用地总量等指标，分析市场分化情况，合理确定住宅用地供应规模、布局和节奏。对住房供给过剩的地区，严格控制房地产用地供给量；对房地产待售面积和施工面积明显偏多的地区，依法调整未开发房地产用地的用途。二是加强土地交易资金监管力度。根据国家有关规定，银行贷款、信托资金、资本市场融资、资管计划配资、保险资金等不得用于缴付土地竞买保证金、定金及后续土地出让价款，违反规定的企业，取消竞买或竞得资格，不得参加国有建设用地使用权招标拍卖出让活动。

（三）调整发展思路，坚持“三个均衡”

一是坚持总量均衡。通过对城镇化发展水平的预测，合理确定满足未来经济和人口增长需求的用地和建筑规模，特别是住宅用地和住宅建筑供给总量要与规划确定的人口规模相匹配。二是坚持结构均衡。把房地产供给结构调整与城市用地功能结构优化结合起来，积极发展房产租赁行业，从财税、金融、户籍等方面改变“重售轻租”的现状，建立购租并举的住房制度。三是坚持时序均衡。土地供给要结合城市的经济发展阶段、市场供需关系进行宏观调控，合理确定各阶段的住房、商业商务用地的供应时序，防止出现阶段性供给过剩，影响土地价值的发挥。

五、湖北三个重点调查城市房地产市场走势展望

展望2017年，湖北省将继续延续 “保持房地产市场健康持续发展”的调控主基调，“房子是用来住的，不是用来炒的”将深入人心，房地产市场将进一步回稳向好。预计2017年，武汉房地产市场商品住宅销售价格将总体保持平稳态势，库存量将保持低位，有关部门将会出台多项公积金政策服务民众、拓展公租房房源、提升居住质量；宜昌、襄阳房地产市场商品住宅供求关系将逐步平衡，房地产市场发展更趋理性。

（撰稿：张文怡）

物价保持平稳通胀压力温和

2016 年，湖北居民消费价格总水平比上年上涨 2.2%，涨幅较上年扩大 0.7 个百分点，比全国平均水平高出 0.2 个百分点，在 31 个省（市、区）中居第 6 位。在保持经济稳中求进、继续实施积极的财政政策和稳健的货币政策，以及深化供给侧改革的大背景下，2017 年湖北市场物价水平有望保持温和上扬的态势。

一、2016 年湖北居民消费价格运行的主要特点

（一）价格总水平保持平稳

与上年相比，湖北省全年居民消费价格上涨 2.2%。涨幅虽然比上年扩大 0.7 个百分点，但价格总水平的上涨幅度总体不高。从时间序列分布看，价格水平波动不大，呈现小幅震荡。分季度看，一季度上涨 2.0%，二季度上涨 2.3%，三季度上涨 2.1%，四季度上涨 2.3%。分月看，1 月份价格水平上涨 1.3%，为全年最低值；4 月份价格水平上涨 2.6%，为全年最高值；其余月份均在 1.8%—2.4%的范围内窄幅震荡。2016 年湖北居民消费价格涨跌幅见图 1:

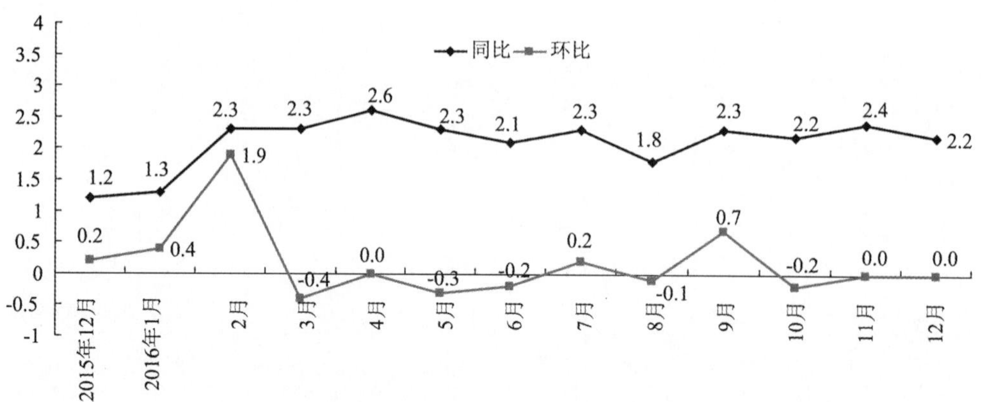

图 1 湖北居民消费价格涨跌幅情况

（二）八大类商品价格“七涨一降”

在调查统计的八大类商品服务价格中，除交通和通信价格下降 2.8%外，其余七个大类均有不同程度上涨。其中食品烟酒价格上涨 4.0%，居住价格上涨 2.8%，其他用品和服务价格上涨 2.8%，衣着价格上涨 2.3%，教育文化和娱乐价格上涨 2.2%，医疗保健价格上涨 1.9%，生活用品及服务上涨 0.4%。

（三）城乡价格走势趋同

2016 年，全省农村市场和城市市场价格水平分别上涨 2.2%和 2.1%，农村市场价格水平涨幅略高于城市。农村市场价格水平呈现“四高四低”格局，其中交通和通信、医疗保健、食品烟酒、衣着类的农村价格涨幅比城市分别高 1.4、0.6、0.3 和 0.3 个百分点；而其他用品和服务、居住、教育文化和娱乐、生活用品及服务的农村市场价格水平则比城市涨幅分别低 1.9、0.7、0.4、0.3 个百分点。

（四）新涨价因素增强

在 2016 年 2.2%的累计涨幅中，翘尾影响为 0.3 个百分点，比上年减小 0.3 个百分点；新涨价因素约为 1.9 个百分点，比上年增大 1.0 个百分点。

（五）涨幅略高于全国平均水平

2016 年，湖北居民消费价格涨幅比全国平均涨幅高 0.2 个百分点，在 31 个省（市、区）中居第 6 位，在中部六省位居第 1 位，比江西、河南、湖南、安徽、山西分别高出 0.2、0.3、0.3、0.4 和 1.1 个百分点。

与全国平均涨幅相比，湖北八大类商品价格呈现“四高三低一平”的特点。其中居住、衣着、教育文化和娱乐、食品烟酒价格涨幅比全国平均涨幅高 1.2、0.9、0.6 和 0.2 个百分点；医疗保健、交通和通信、生活用品及服务价格涨幅分别比全国平均涨幅低 1.9、1.5 和 0.1 个百分点；其他用品和服务价格涨幅则与全国平均涨幅持平。

二、影响湖北居民消费价格上涨的主要因素分析

（一）食品价格推动价格总水平上涨

2016 年，全省食品烟酒类价格上涨 4.0%，拉动价格总水平上涨约 1.2 个百分点，占全部涨价因素的 55%。其中食品类价格上涨 5.4%，涨幅比较突出。食品类中价格涨幅比较突出的类别主要体现在民众关注的“菜篮子”价格方面，如猪肉、鲜菜和水产品分别上涨了 16.4 %、16.2%、6.4%。

2016 年，湖北地区蔬菜和猪肉价格上涨明显，且波动较大。春节的节日效应、3 月初倒春寒和 7 月洪涝灾害导致鲜菜价格大幅上涨；上半年生猪市场供应偏紧，猪肉价格节节上扬，其中 5 月份猪肉同比价格涨幅高达 31.8%。下半年价格猪肉价格虽然有所回落，但全年涨幅仍处高位震荡。仅猪肉和鲜菜两项因素，拉动全省全年价格总水平上涨 0.85 个百分点。

（二）居住价格持续上行

2016 年，全省居住类价格上涨 2.8%，涨幅比上年扩大 2.2 个百分点，拉动价格总水平上涨 0.6 个百分点。受土地成本增加，建筑工人工资增长及原材料价格上涨等因素的影响，房价涨幅较大。房价上涨传导并带动了房屋租赁价格上扬，如全年私房房租价格上涨 5.9%，自有住房价格上涨 4.9%。

（三）医疗保健价格上涨明显

全省全年药品及医疗器具类价格上涨 3.7%；医疗服务类价格上涨 0.8%。需要特别指出的是，2016 年 11 月，湖北医疗改革在襄阳等部分城市开展试点，试点在行政区域内二级以上市属、区属公立医院、国有企业所办医院进行，医疗改革以“总量控制，结构调整、有升有降、逐步到位”为原则，取消药品加成（中药饮片除外），降低大型医用设备检查治疗价格，合理调整提升体现医务人员技术劳务价值的医疗服务价格，重点调整诊疗、手术、护理、床位、中医等服务项目价格，确保实现“财政保障可持续、医保基金可承受、群众负担不增加、医院收入不降低”四个平衡。但从试点的结果看，襄阳 11 月医疗保健类价格同比上涨 11.2%，其中药品及医疗器具类价格上涨 1.0%，医疗服务类价格上涨 19.6%。

三、对 2017 年价格走势的初步判断

2017 年，中央将继续实施积极的财政政策和稳健的货币政策，客观上有利于市场物价水平的基本稳定。虽然国际市场的大宗商品价格有所回升，但大幅反弹的动能不足。特别是国内产能过剩问题仍比较突出，消费品市场供大于求的局面将继续维持，消费品价格水平难以大幅度回升。这些因素客观上为市场价格水平的总体稳定提供了有利条件。但受资源性产品价格改革、医疗制度改革、部分农产品市场供求矛盾突出供给偏紧及部分服务项目价格自发上涨等因素的影响，湖北市场物价水平将呈现出温和上涨的走势。

（撰稿：熊承煦）

居民收入稳步增长消费提高

2016年湖北省经济呈现出“总体平稳、稳中有进、质效提升”的发展态势，为居民收入增长奠定了坚实基础。全体居民收入稳步增长，城镇居民收入增长与经济发展基本保持同步，农村居民收入受洪涝灾害影响，增速出现明显回落，城乡居民消费保持较快增长。2017年，随着供给侧结构性改革进一步深化，精准扶贫持续发力，在不出现重大自然灾害的情况下，预计全省城镇居民收入将继续保持中高速增长，农村居民收入增速将有所回升。

一、全体居民收入保持稳步增长

据国家统计局湖北调查总队对全省5600余户城乡居民家庭抽样调查，2016年我省全体居民人均可支配收入21787元，增加1761元，比去年增长8.8%，比上年回落0.7个百分点；比全国平均水平23821元少2034元，增速高0.4个百分点。其中，城镇常住居民人均可支配收入为29386元，增加2334元，增长8.6%，回落0.2个百分点；农村常住居民人均可支配收入为12725元，增长7.4%，回落1.8个百分点。由于快速城镇化对全体居民收入增长的贡献，我省全体居民收入增速分别快于城镇和农村居民收入增速。

从收入构成上看，全体居民人均工资性收入10819元，占可支配收入的49.7%，比去年降0.6个百分点，仍是居民收入的首要来源；人均经营净收入4781元，占21.9%，比去年降0.5个百分点；人均财产净收入1323元，占比6.1%， 比去年增加0.4个百分点；人均转移净收入4864元，占比22.3%，比去年增加0.7个百分点。

从收入增长来源看，工资性收入对人均可支配收入增长的贡献率最大，达42.0%，拉动收入增长3.7个百分点；经营净收入、财产净收入与转移净收入对可支配收入增长的贡献率依次为17.1%、10.3%和30.6% ，分别拉动收入增长1.5、0.9、2.7个百分点。与2015年相比，工资性收入对可支配收入的贡献率降低14.5个百分点，经营净收入、财产净收入、转移净收入的贡献率分别提高了1.9、6.7和5.9个百分点。（见表1）

表1 2016年全省全体居民人均可支配收入及构成

指标名称	2016年（元）	2015年（元）	增加额（元）	增幅（%）	占比（%）	贡献率（%）	拉动增长（%）
可支配收入	21787	20026	1761	8.8	–	–	–
一.工资性收入	10819	10079	740	7.3	49.7	42.0	3.7
二.经营净收入	4781	4480	301	6.7	21.9	17.1	1.5
三.财产净收入	1323	1143	180	15.7	6.1	10.3	0.9
四.转移净收入	4864	4324	540	12.5	22.3	30.6	2.7

二、城镇常住居民人均可支配收入平稳增长

调查显示，2016年全省城镇常住居民收入的四大主要收入来源全面增长，其中工资性收入人均增加946元，增长6.1%，经营净收入人均增加358元，增长9.4%，财产净收入和转移净收入人均增加314元和716元，分别增15.8%和12.6%。（见表2）

表 2 2016 年全省城镇常住居民人均可支配收入及构成

指标名称	2016 年（元）	2015 年（元）	增加额（元）	增幅（%）	占比（%）	贡献率（%）	拉动增长（%）
可支配收入	29386	27051	2334	8.6	–	–	–
一.工资性收入	16518	15572	946	6.1	56.2	40.5	3.5
二.经营净收入	4150	3792	358	9.4	14.1	15.3	1.3
三.财产净收入	2299	1985	314	15.8	7.8	13.5	1.2
四.转移净收入	6419	5702	716	12.6	21.9	30.7	2.6

（一）工资性收入是收入增长的首要来源。工资性收入对收入增长的贡献率是 40.5%，拉动收入增长 3.5 个百分点。2016 年，各级政府积极出台促进就业创业政策，城镇居民就业状况总体稳定，为工资性收入增长提供了有力保障。2016 年，全省新增就业人数 90.64 万人，完成全年目标的 129.49%；12 月末全省城镇登记失业率为 2.41%，低于去年同期的 2.64%。同时，全部市县级行政单位公车改革补贴基本发放或补发到位，养老金改革基本完成，行政事业单位工资调整在年前基本完成，这些措施有力地促进了工资净收入的上涨。

（二）经营净收入稳步增长。经营净收入对收入增长的贡献率为 15.3%，拉动收入增长 1.3 个百分点。经营性收入稳步增长主要得益于一是降费减税为企业降成本、减负担。2016 年养老保险单位费率由 20% 降至 19%，全年全省企业少缴养老保险费 20.4 亿元，“营改增”政策性减税 120 亿元以上，落实税收优惠 130 亿元以上。二是市场经营主体增加。全省各级政府积极营造良好的创业环境，通过降低注册门槛、发放创业补贴、提供金融支持等推动市场主体发展。2016 年全省新登记注册企业增长 22.8%，新增规模以上工业企业 1479 家。

（三）财产净收入增速最快。财产净收入对收入增长的贡献率为 13.5%，拉动收入增长 1.2 个百分点。财产性收入快速增长的主要因素，一是居民存款快速增长。截止 2016 年 11 月末，全省金融机构各项存款余额为 47375.88 亿元,比年初增加 6030 亿元，同比增长 14.2%，带动利息收入较快增长。二是房屋租金收入快速增长。城镇化进程加快，大量劳动力进城，带动租房需求增长，加上武汉市 2016 年商品住宅价格同比大幅上涨，拉高出租房屋财产性收入增幅达 16.6%。

（四）转移净收入较快增长。转移净收入对收入增长的贡献率为 30.7%，拉动收入增长 2.6 个百分点。主要增收来源，一是全省养老金标准上调 6.7%。9 月中旬发布养老金上调细则，4 季度基本发放到位。二是转移支付力度加大。最低生活保障和低收入者认定标准提高，受惠人数增加；低保、失业保险金标准均有提高；生育保险新政落实等促进了转移性收入增长。

三、农村常住居民人均可支配收入增速明显回落

调查显示，2016 年全省农村常住居民的四大主要收入来源呈现 “三增一降”的趋势，其中，人均工资性收入增加 340 元，增长 9.2%，经营净收入增加 253 元，增长 4.8%，转移净收入增加 291 元，增长 10.7%，财产净收入近 5 年首次出现负增长，下降 1.4%。（见表 3）

表 3 2016 年全省农村常住居民人均可支配收入及构成

指标名称	2016 年（元）	2015 年（元）	增加额（元）	增幅（%）	占比（%）	贡献率（%）	拉动增长（%）
可支配收入	12725	11844	881	7.4	–	–	–
一.工资性收入	4023	3683	340	9.2	31.6	38.6	2.9
二.经营净收入	5534	5281	253	4.8	43.5	28.6	2.1
三.财产净收入	159	161	-2	-1.4	1.2	-0.2	0.0
四.转移净收入	3009	2719	291	10.7	23.7	33.0	2.4

（一）工资性收入中高速增长。工资性收入对农村居民收入的贡献率为 38.6%，拉动收入增长 2.9 个百分点。增收的主要原因一是本地务工人数增加，工资水平有所上涨。据农民工监测调查，2016 年我省本地非农务工人数同比增长 5%，加上因土地流转从事农业雇工的人员，打工人数增长更多。二是务工收入水平也有所上涨，据多地调查，农民在本地务工工价上涨，季节性农忙用工普遍增加 20 元/天。三是自 2015 年 7 月起，全省统一按当地副乡镇长工资水平来确定村组人员的薪资报酬，对农民工资性收入增长有所拉动。

（二）经营净收入增速进一步回落。农民家庭经营净收入增速比上年回落 0.6 个百分点，对收入的贡献率为 28.6%，拉动收入增长 2.1 个百分点。由于夏季严重洪涝灾害，全省农业生产受到重大损失，虽然农产品综合价格上涨 6.2%，但仍然导致第一产业经营净收入增速明显回落，全年仅增长 1.9%，拉低经营性收入增速。得益于各级政府深入推进农业供给侧改革，农村二三产业融合发展，乡村旅游的蓬勃兴起，农民二三产业经营收入快速增长，分别增长 24.7%和 13.9%，对经营净收入增长的贡献率达到 55.2%，支撑了农民家庭经营净收入的增长。

（三）转移净收入增长最快。转移净收入对收入增长的贡献率为 33%，拉动收入增长 2.4 个百分点。一是各项扶贫政策精准发力，专项扶贫资金到位，有力促进了农村贫困人口增收。二是农民工外出务工人数保持稳定，寄带回收入增加。据农民工监测调查，我省外出农民工平均月收入水平同比增长 8%，寄带回收入比去年增长 8.2%。三是新农保领取人数增加，住院医疗报销比例提高，报销总额增长较快，失地农民保险政策开始实施等。另外由于洪灾灾害，农民得到的救助补贴明显增多。

（四）财产净收入近五年首次出现负增长。由于洪涝灾害使农业生产受到较大影响，农民土地流转和股息红利等收入不同程度减少，但由于财产净收入体量较小，对收入增长影响不大。

四、居民消费支出较快增长

2016 年全省居民人均生活消费支出 15889 元，增加 1573 元，增长 11.0%，比 2015 年提高 0.3 个百分点。其中城镇居民人均生活消费支出 20040 元，增长 10.2%；农村居民人均生活消费支出 10938 元，增长 11.6%。（见表 4）

表 4　2016 年湖北居民人均消费支出及构成

指标名称	2016 年（元）	2015 年（元）	增加额（元）	增幅(%)	占比（%）
消费支出	15889	14316	1573	11.0	–
1.食品烟酒	4926	4500	426	9.5	31.0
2.衣着	1107	1073	34	3.2	7.0
3.居住	3370	3007	363	12.1	21.2
4.生活用品及服务	938	869	69	7.9	5.9
5.交通通信	1931	1722	209	12.1	12.2
6.教育文化娱乐	1740	1578	162	10.3	10.9
7.医疗保健	1528	1252	276	22.0	9.6
8.其他用品和服务	349	315	34	10.7	2.2

全省居民生活消费支出呈现五大特点:

一是消费八大类均呈增长态势，食品烟酒、衣着、居住、生活用品及服务、交通通信、教育文化娱乐、医疗保健、其他用品和服务支出分别增长 9.5%、3.2%、12.1%、7.9%、12.1%、10.3%、22.0%、10.7%。

二是消费支出增速快于可支配收入增幅，城镇和农村居民生活消费支出增速比可支配收入增速分别快 1.6 和 4.2 个百分点。

三是农村居民生活消费支出增幅快于城镇居民，随着农村基础设施建设不断完善，收入水平不断提高，消费条件得以改善，消费增速较快，农村居民生活消费支出快于城市 1.4 个百分点。

四是医疗保健项目增幅最快，随着居民生活水平提高，城乡医疗保障制度不断完善，医疗保健支出保持较快增长，增幅达 22.0%。

五是消费结构更趋合理，食品烟酒、衣着、生活用品及服务等基本消费项目占消费支出的比例比 2015 年分别下降 0.4、0.5、0.2 个百分点，而反映较高层次的消费项目交通通信、医疗保健占比比 2015 年分别提高 0.2、0.9 个百分点。

五、2017 年居民收入形势展望

2017 年是全面建成小康社会、全面脱贫的关键之年，有效推进居民收入的较快增长意义尤为重要。但由于全国经济仍然面临较大的下行压力，出口仍存在很多不确定因素，全省制造业投资和民间投资乏力现状还需多方努力突破，城乡居民就业、工资水平提升和主要农产品价格都将受到一定影响，居民收入增长压力较大。

具体来看，对城镇居民来说，受宏观经济下行压力影响，企业经营成本上升，将对居民就业及工资增长产生冲击，再加上 2016 年行政事业单位政策性增资影响逐步减弱，收入增长的动力相对衰减，如果没有重大政策性措施出台，预计城镇居民收入增速将进一步放缓。对农村居民而言，农业供给侧结构性改革的继续深入，精准扶贫效果进一步显现，外出务工人数相对稳定等，为收入增长奠定了基础，但受劳动力总量和用工环境的双重制约，就业人口和工资水平已遭遇增长瓶颈；农产品价格面临国际市场冲击较大，同时成本又难以有效下降，依靠传统农业增产增收的难度加大，将对收入增速产生一定制约。在不发生大范围严重自然灾害的情况下，预计农村居民收入增速将有所回升。

（撰稿：李支立）

农民工规模呈稳中略增态势

2016 年，湖北农民工规模稳中略增，就业区域和行业相对稳定，收入水平增速放缓。农民工省外就业人数减少，就近就地转移增加的趋势渐显。外出农民工居住环境和保障条件还有较大的改善空间。

一、农民工总体情况

（一）**规模稳中略增**。据全省 3142 户农村住户监测数据推算，2016 年湖北农民工（外出务工、在本地非农务工和非农自营活动时间达到或超过 6 个月以上的农村从业人员）总量达到 1460.34 万人，比上年增加 6.74 万人，增长 0.46%。其中，外出农民工（本乡域以外）1080.91 万人，比上年减少 5.09 万人，下降 0.47%；本地农民工（本乡域以内）379.43 万人，比上年增加 11.83 万人，增长 3.22%。（见表 1）。

表 1　湖北农民工总量

单位：万人

年 份	2013	2014	2015	2016
全省总量（A+B+C）	1385.50	1410.82	1453.60	1460.34
外出农民工（A+B）	1081.90	1077.71	1086.00	1080.91
A 举家外出农民工	421.30	406.50	401.20	422.26
B 住户中外出农民工	660.60	671.21	684.80	658.65
C 本地农民工	303.60	333.11	367.60	379.43

（二）**占从业人数比例略有下降**。2016 年，外出农民工占农户从业人数的比重为 29.0%，比上年减少 0.8 个百分点。

（三）**收入水平增速趋缓**。2016 年外出农民工月均收入为 3758.8 元，比上年增长 8.6%，增幅比上年减少 2.6 个百分点。

二、外出农民工主要特征

经监测调查，2016 年湖北省 1080.91 万外出农民工，呈现出以下主要特征。

（一）**50 岁以下的减少，50 岁以上的增加**。50 岁以下的外出农民工占总量的 84.4%，比上年减少 1.3 个百分点。其中，16-34 岁的占 50.2%，比上年减少 1.1 个百分点；35-50 岁的占 34.2%，比上年下降 0.2 个百分点；50 岁以上占 15.6%，比上年提高 1.3 个百分点。

（二）**省内务工人数增加，省外务工人数减少**。外出农民工在省内务工的人数为 406.28 万人，比上年增加 15.88 万人，增幅为 4.1%；在省外务工的农民工人数为 674.63 万人，比上年减少 20.97 万人，减幅为 3.0%。

（三）**东部地区务工人数规模比例首现下降**。广东、浙江、北京、上海、江苏等东部经济发达地区仍为湖北省农民工省外务工的首选地区，但规模比例近年来首现下降。监测显示，2016 年湖北省在东部地区务工的农民工有 575.15 万人，比上年减少 32.52 万人；占外出农民工比例为 85.3%，占比较上年下降 2.1 个百分点。湖北外出农民工地区分布见表 2。

表 2　外出农民工地区分布

单位：万人、%

外出地区	2015 年		2016 年	
	人数	比重	人数	比重
合计	1086.00	100.0	1080.91	100.0
1.本省	390.40	35.9	406.28	37.6
（1）乡外县内	114.63	10.6	125.82	11.6
（2）县外省内	275.77	25.3	280.46	25.9
2.省外	695.60	64.1	674.63	62.4
东部地区	607.67	56.0	575.15	53.2
其中：广东	355.03	32.7	355.43	32.9
浙江	100.85	9.3	70.28	6.5
北京	21.72	2.0	26.78	2.5
上海	39.98	3.7	32.99	3.1
江苏	37.78	3.5	39.19	3.6
中部地区	37.76	3.5	46.34	4.3
西部地区	27.84	2.6	34.57	3.1
东北地区	19.8	1.8	17.95	1.7
其他地区	2.53	0.2	0.62	0.1

（四）二产业就业比例继续降低。外出农民工二产业就业比例为 66.5%，占比在 2015 年下降 2.1 个百分点的基础上又下降 1.4 个百分点。虽然，制造业依然是农民工从事的主要行业，占 43.9%，但占比在 2015 年下降 0.2 个百分点的基础上又下降 0.9 个百分点;其次是建筑业，占 20.8%，在 2015 年下降 1.9 个百分点的基础上又下降 0.4 个百分点。

（五）日均工作时间保持稳定。外出农民工日均工作时间为 8.70 个小时，与上年基本持平。其中，每天工作 8 小时以下的占 2.2%，比上年提高 0.9 个百分点；工作 8-10 小时的（不含 10 小时）占 71.2%，比上年减少 4.3 个百分点；工作 10 小时以上的占 26.6%，比上年提高 3.4 个百分点。（见表 3）

表 3　外出农民工日工作时间构成分布

单位：%

年份 / 工作时间	2015	2016
8 小时以下	1.3	2.2
8-10 小时	75.5	71.2
10 小时及以上	23.2	26.6

（六）月收入 3000 元以上占比提高一成。外出农民工月均收入在 3000 元以上的占 83.4%，比上年提高了 10.1 个百分点。其中，月均收入在 3000-5000 元的占 66.3%，比上年提高了 4.4 个百分点；月均收入在 5000 元以上的占 17.1%，比上年提高了 5.7 个百分点。（见表 4）

表 4　外出农民工月均收入水平分组构成

单位：%

收入水平＼年份	2015	2016
1500 元以下	0.5	0.4
1500-2000 元	2.8	1.5
2000-3000 元	23.4	14.7
3000-5000 元	61.9	66.3
5000 元以上	11.4	17.1

（七）就业环境进一步改善。一是从事工作的性质相对稳定，2016 年从事目前工作 2-5 年以上的比例为 46.7%，比上年提高 10.3 个百分点;二是由单位或雇主提供伙食的达到 47.9%，比上年提高 1 个百分点；三是综合参保率保持稳定，其中，养老保险、工伤保险、医疗保险、失业保险、生育保险等参保率分别为 19.1%、27.4%、20.3%、15.1%和 12.3%。

三、农民工面临的主要问题

（一）文化素质和劳动技能总体水平较低。一是总体文化素质不高，大专及以上文化程度占比仅为 9.6%；初中及以下文化程度占比高达 70.7%，仍是农民工的主体。二是从事管理和技术职业的比例偏低，2016 年在本乡域以外的 1080.91 万农民工中，只有 14.7%的职业属于管理人员和专业技术人员，其余都属于技术含量不高的一般工种。三是接受过技能培训的比例不高，2016 年接受过农业或非农技能培训的人员占外出农民工的 47.4%。

（二）外出务工存在一定程度的盲目性。2016 年外出农民工从业人员中，自发外出的占 63.1%；亲朋好友介绍的占 31.5%；中介组织介绍和政府及有关部门组织外出的仅分别占 2.1%和 0.9%。湖北农村劳动力外出务工仍以自发为主，集体或中介组织作用不明显。（见表 5）

表 5　农民工外出途径

单位：%

途径＼年份	2015	2016
自发外出	57.8	63.1
亲朋好友介绍	34.3	31.5
中介组织介绍	1.4	2.1
政府及有关部门组织	1.5	0.9
其他	5.0	2.4

（三）与雇主签订劳动合同比例有所下降。2016 年外出农民工与用人单位或雇主签订劳动合同的占 51.6%，比上年的 54.1%下降了 2.5 个百分点。

（四）住房条件和居住环境有待改善。39.1%的农民工住单位宿舍；15.4%住工地工棚或生产经营场所；39.0%租赁住房；自购住房的仅占 1.1%；回家居住及以其他形式解决住房问题的占 5.3%。另外，只有 5.8%

的外出农民工由单位（雇主）缴纳了住房公积金。

注：
东部地区：北京、天津、河北、上海、江苏、浙江、福建、山东、广东、海南
中部地区：山西、安徽、江西、河南、湖北、湖南
西部地区：内蒙古、广西、重庆、四川、贵州、云南、西藏、陕西、甘肃、青海、宁夏、新疆
东北地区：吉林、黑龙江、辽宁
其他地区：港澳台地区及国外

（撰稿：郁　雁）

附表 1：2015 年、2016 年分市州全体居民人均可支配收入

地 区	2016 年（元）	2015 年（元）	增速（%）
武汉市	35383	32478	8.94
黄石市	22984	21205	8.39
十堰市	17062	15723	8.52
宜昌市	22261	20465	8.78
襄阳市	22117	20271	9.11
鄂州市	22215	20478	8.48
荆门市	22187	20559	7.92
孝感市	20517	18995	8.01
荆州市	20533	18967	8.26
黄冈市	16224	14893	8.94
咸宁市	18699	17166	8.93
随州市	18480	17033	8.50
恩施州	13905	12666	9.78
仙桃市	21119	19501	8.30
潜江市	20909	19273	8.49
天门市	18862	17508	7.73
神农架	14981	13653	9.73

附表 2：2015 年、2016 年分市州城镇常住居民人均可支配收入

地 区	2016 年（元）	2015 年（元）	增速（%）
武汉市	39737	36436	9.06
黄石市	29906	27536	8.61
十堰市	26030	24057	8.20
宜昌市	29735	27275	9.02
襄阳市	28794	26282	9.56
鄂州市	26986	24774	8.93
荆门市	28920	26731	8.19
孝感市	27939	25753	8.49
荆州市	27666	25382	9.00
黄冈市	24796	22620	9.62
咸宁市	25839	23505	9.93
随州市	24799	22791	8.81
恩施州	24410	22198	9.96
仙桃市	26845	24641	8.94
潜江市	26985	24721	9.16
天门市	24475	22618	8.21
神农架	23452	21404	9.57

附表 3：2015 年、2016 年分市州农村常住居民人均可支配收入

地 区	2016 年（元）	2015 年（元）	增速（%）
武汉市	19152	17722	8.07
黄石市	12925	12004	7.67
十堰市	8514	7779	9.45
宜昌市	14057	12990	8.21
襄阳市	14762	13650	8.15
鄂州市	14813	13812	7.25
荆门市	15811	14716	7.44
孝感市	13554	12655	7.10
荆州市	14707	13728	7.13
黄冈市	11076	10252	8.04
咸宁市	12812	11940	7.30
随州市	14077	13022	8.10
恩施州	8728	7969	9.52
仙桃市	15462	14422	7.21
潜江市	15113	14076	7.37
天门市	14107	13178	7.05
神农架	8342	7578	10.08

1-1 土地面积与行政区划

项 目	Item	单位	unit	1990	2000
常住人口	Number of Usual Residents in the Households Surveyed	(万人)	(10 000 persons)	5439	5646
土地面积	Land Area	(万平方公里)	(10 000 sq.km)	18.59	18.59
耕地面积	Cultivated Area	(千公顷)	(1000 hectares)	3476.77	3282.96
行政区划	Adinimisrtative Division				
省辖市	Municipality	(个)	(unit)	8	12
自治州	Prefecture	(个)	(unit)	1	1
林区	Forest Zone	(个)	(unit)	1	1
县级市	City	(个)	(unit)	22	24
省辖行政单位	Adinimistrative Units under the Jurisdiction of Province	(个)	(unit)		3
县	County	(个)	(unit)	48	41
乡政府	Local Government	(个)	(unit)	1121	476
镇政府	Township Government	(个)	(unit)	844	853
办事处	Office	(个)	(unit)		
村民委员会	Village Communittee	(个)	(unit)	32765	32400
村民小组	Village Groups	(个)	(unit)	260847	259250

Land Area and Administrative Division

2005	2010	2011	2012	2013	2014	2015	2016
5710	5723	5758	5779	5799	5816	5852	5885
18.59	18.59	18.59	18.59	18.59	18.59	18.59	18.59
3161.17	3323.92	3361.86	3390.06	3409.91	3420.51	3436.24	3444.3
12	12	12	12	12	12	12	12
1	1	1	1	1	1	1	1
1	1	1	1	1	1	1	1
24	24	24	24	24	24	24	24
3	3	3	3	3	3	3	3
39	40	40	40	40	39	39	39
217	201	194	188	175	170	168	168
737	742	742	746	757	761	761	759
	211	297	298	300	302	304	307
26678	26018	26025	25991	25955	25606	25343	25063
212587	209598	206848	210432	210108	208966	208546	208050

1-2 市、州行政区划(2016年底)

Administrative Division of Municipalities and Prefecture (End of 2016)

单位：个 (unit)

地　区	Region	县级市 Cities	县 Counties	区 Districts	乡政府 Village Government	镇政府 Township Government	村民委员会 Village Community	村民小组 Village Groups
全　省	**Total**	**24**	**39**	**39**	**168**	**759**	**25063**	**208050**
武汉市	Wuhan Municipality			13	3	1	1895	16787
黄石市	Huangshi Municipality	1	1	4	1	27	800	7563
十堰市	Shiyan Municipality	1	4	3	34	72	1846	10063
荆州市	Jingzhou Municipality	3	3	2	13	89	2262	20181
宜昌市	Yichang Municipality	3	5	5	20	67	1388	8222
襄阳市	Xiangyang Municipality	3	3	3	4	74	2329	14837
鄂州市	Ezhou Municipality			3	3	18	324	4029
荆门市	Jingmen Municipality	1	2	2	2	50	1343	10001
孝感市	Xiaogan Municipality	3	3	1	23	72	2925	23345
黄冈市	Huanggang Municipality	2	7	1	16	99	4033	37411
咸宁市	Xianning Municipality	1	4	1	12	52	903	10005
恩施自治州	Enshi Prefecture	2	6		34	49	2360	23072
随州市	Suizhou Municipality	1	1	1		37	852	8362
仙桃市	Xiantao Municipality	1				15	624	4455
天门市	Tianmen Municipality	1			1	21	759	6641
潜江市	Qianjiang Municipality	1				10	353	2744
神农架林区	Shennongjia Forest Zone				2	6	67	332

注：乡政府、镇政府、村民委员会、村民小组数只涉及农村生产经营单位数。

Note: The number of village government, township government, village community and village groups only refers to the number of units run by village production operation.

1-3 各市、县(市、区)名称(2016年底)

Municipalities and Counties (End of 2016)

市	Municipality	县(市、区)数(个) Number of Counties (Unit)	市辖县 Counties	市辖区 Districts	县级市 Cities
武汉市	Wuhan Municipality	13		江岸区、江汉区、硚口区、汉阳区、武昌区、青山区、洪山区、东西湖区、汉南区、蔡甸区、江夏区、黄陂区、新洲区	
黄石市	Huangshi Municipality	6	阳新县	黄石港区、西塞山区、下陆区、铁山区、	大冶市
十堰市	Shiyan Municipality	8	郧西县、竹山县、竹溪县、房县	茅箭区、张湾区、郧阳区	丹江口市
荆州市	Jingzhou Municipality	8	江陵县、公安县、监利县	沙市区、荆州区	石首市、洪湖市、松滋市
宜昌市	Yichang Municipality	13	秭归县、远安县、兴山县、长阳县、五峰县	西陵区、伍家岗区、点军区、猇亭区、夷陵区	宜都市、当阳市、枝江市
襄阳市	Xiangyang Municipality	9	南漳县、谷城县、保康县	襄城区、樊城区、襄州区	老河口市、枣阳市、宜城市
鄂州市	Ezhou Municipality	3		鄂城区、华容区、梁子湖区	
荆门市	Jingmen Municipality	5	沙洋县、京山县	东宝区、掇刀区	钟祥市
孝感市	Xiaogan Municipality	7	孝昌县、云梦县、大悟县	孝南区	应城市、安陆市、汉川市
黄冈市	Huanggang Municipality	10	团风县、浠水县、蕲春县、黄梅县、英山县、罗田县、红安县	黄州区	麻城市、武穴市
咸宁市	Xianning Municipality	6	通山县、崇阳县、通城县、嘉鱼县	咸安区	赤壁市
恩施自治州	Enshi Prefecture	8	建始县、咸丰县、巴东县、宣恩县、来凤县、鹤峰县		恩施市、利川市
随州市	Suizhou Municipality	3	随县	曾都区	广水市
仙桃市	Xiantao Municipality	1			
天门市	Tianmen Municipality	1			
潜江市	Qianjiang Municipality	1			
神农架林区	Shennongjia Forest Zone				

1-4 部分主要调查指标
Part of the Main Survey Indicators

指　标	Item	单位	unit	1978	1990	2000	2005
主要农产品产量	Output of Major Farm Products	(万吨)	(10 000 tons)				
粮食	Grain			1725.63	2475.03	2218.49	2177.38
棉花	Cotton			36.67	51.73	30.43	37.50
油料	Oil-Bearing Crops			23.71	95.75	269.98	293.90
肉类产量	Output of Meat			64.00	146.85	271.19	342.63
水产品	Aquatic Products			11.00	70.98	234.34	318.21
家庭、生活	Family, People's Lvelihood and Environment						
家庭	Family						
城镇居民平均每户家庭人口	Average Household size in Urban Areas	(人)	(person)	4.32	3.47	3.14	2.98
农村居民平均每户家庭人口	Average Household size in Rural Areas	(人)	(person)	6.02	4.67	4.11	4.01
居住	Housing						
城镇居民人均住房面积	Per Capita Net Floor Space of Urban Residents	(平方米)	(sq.m)		9.80	13.90	29.92
农村居民人均住房面积	Per Capita Net Floor Space of Rural Residents	(平方米)	(sq.m)		25.73	30.11	36.05
生活	People's Livelihood						
城镇居民人均可支配收入	Per Capita Disposable Income of Urban Residents	(元)	(yuan)	325.00	1427.20	5524.50	8786.00
农村居民人均纯收入(可支配收入)	Per Capita Net Income of Rural Residents (Disposable Income)	(元)	(yuan)	110.52	670.80	2268.50	3099.20
物价(上年=100)	Price (prededing year = 100)						
商品零售价格总指数	General Retail Price Index			100.5	102.9	97.8	102.1
居民消费价格指数	General consumer Price Index			100.3	104.2	99.0	102.9
工业生产者出厂价格指数	Producer Price Indices for Industrial Products				109.0	101.7	104.5

1-4 续表 Continued

指 标	Item	单位	unit	2013	2014	2015	2016
主要农产品产量	Output of Major Farm Products	(万吨)	(10 000 tons)				
粮食	Grain			2501.30	2584.16	2703.28	2554.11
棉花	Cotton			45.97	35.95	29.76	18.85
油料	Oil-Bearing Crops			333.17	341.73	339.60	329.75
肉类	Output of Meat			430.08	440.44	431.93	424.18
水产品	Aquatic Products			410.37	433.00	455.80	470.84
家庭、生活	Family, People's Lvelihood and Environment						
家庭	Family						
城镇居民平均每户家庭常住人口	Average Household size in Urban Areas	(人)	(person)	2.91	2.85	2.85	2.86
农村居民平均每户家庭常住人口	Average Household size in Rural Areas	(人)	(person)	3.02	2.87	2.88	2.89
居住	Housing						
城镇居民人均住房面积	Per Capita Net Floor Space of Urban Residents	(平方米)	(sq.m)	36.91	38.16	40.10	41.75
农村居民人均住房面积	Per Capita Net Floor Space of Rural Residents	(平方米)	(sq.m)	52.44	54.78	55.61	55.67
生活	People's Livelihood						
城镇居民人均可支配收入	Per Capita Disposable Income of Urban Residents	(元)	(yuan)	22906.42	24852.28	27051.47	29385.80
农村居民人均纯收入(可支配收入)	Per Capita Net Income of Rural Residents (Disposable Income)	(元)	(yuan)	8866.95	10849.06	11843.89	12724.97
物价(上年=100)	Price (prededing year = 100)						
商品零售价格总指数	General Retail Price Index			102.6	100.9	100.5	100.8
居民消费价格指数	General consumer Price Index			102.9	102.0	101.5	102.2
工业生产者出厂价格指数	Producer Price Indices for Industrial Products			99.2	98.4	96.7	99.0

主要统计指标解释

户数 包括家庭户(含单身独居)和集体户。

人口数 指一定时点、一定地区范围内有生命的个人的总和。

市镇人口 指市人口和县辖镇人口。

乡村人口 指县辖乡的全部人口。

Explanatory Notes on Main Statistical Indicators

Households include family household (including single household) and collective households.

Total Population refers to the total number of people alive at a certain point of time within a given area.

Urban Population refers to city population and town population.

Country Population refers to the total population under the jurisdiction of country.

农业调查

Chapter 2

Rural Survey

资料整理：萧一啸　祁　炜　周雁峰

2-1 主要农作物播种面积、产量和单位面积产量(2016年)
Total Sown Areas, Output and Yield per Unit Area of Farm Crops (2016)

单位：千公顷、万吨、公斤/公顷 (1000 hectares,10000 ton,kg/hectare)

指 标	Item	播种面积 Total Sown Area	总产量 Total Output	单位面积产量 Yield per Unit Area
农作物总播种面积	**Total Sown Area of Farm Crops**	**7843.51**		
粮食作物总计	Grain Crops	4436.87	2554.11	5756.56
夏收粮食	Summer Grain	1400.60	508.67	3631.77
谷物	Cereals	1137.28	437.73	3848.94
小麦	Wheat	1108.27	428.22	3863.85
大麦	Barley	28.47	9.33	3276.75
蚕豌豆	Broad Bean and Peas	38.48	6.65	1728.17
薯类	Tubers	224.84	64.29	2859.15
马铃薯	Potato	224.84	64.29	2859.15
早稻	Early-season rice	412.08	216.13	5244.86
秋收粮食	Autumn Grain	2624.19	1829.31	6970.98
谷物	Cereals	2382.08	1774.76	7450.45
中稻	Semilate rice	1308.21	1193.76	9125.14
双季晚稻	Double-crop Late rice	410.68	283.63	6906.35
玉米	Corn//Maize	661.70	296.61	4482.54
豆类	Beans	145.78	22.14	1518.89
大豆	Soybean	134.83	20.90	1550.10
绿豆	Green Geans	8.77	1.14	1299.89
红小豆	Red Bean	2.18	0.25	1146.80
薯类	Tubers	96.33	32.42	3365.21
马铃薯	Potato	26.69	11.65	4365.60
油料作物	Oil-bearing Crops	1452.91	329.75	2269.61
花生	Peanuts	206.07	71.73	3480.96
油菜籽	Rapeseeds	1150.43	241.63	2100.34
芝麻	Sesames	85.60	14.42	1684.30
棉花	Cotton	202.51	18.85	930.60
麻类	Fiber Crops	8.07	2.07	2562.70
苎麻	Ramee	7.97	2.05	2577.04
糖料	Sugar	8.98	37.51	41766.04
甘蔗	Sugar Cane	8.90	37.34	41958.65
烟叶	Tobacco	49.02	8.99	1833.09
烤烟	Flue-cured Tobacco	44.62	7.89	1769.07
蔬菜(含菜用瓜)	Vegetables	1248.03	4001.70	32064.11

2-2 主要农作物播种面积
Total Sown Areas of Farm Crops

单位：千公顷 (1000 hectares)

指标	Item	2016	2015	2016年比2015年增加 Growth Rate in 2016 over 2015	
				绝对数 Absolute Figures	%
农作物总播种面积	**Total Sown Area of Farm Crops**	**7843.51**	**7952.36**	**-108.85**	**-1.4**
粮食作物总计	Grain Crops	4436.87	4466.03	-29.17	-0.7
夏收粮食	Summer Grain	1400.60	1389.92	10.68	0.8
谷物	Cereals	1137.28	1122.74	14.54	1.3
小麦	Wheat	1108.27	1093.43	14.83	1.4
大麦	Barley	28.47	28.78	-0.31	-1.1
蚕豌豆	Broad Bean and Peas	38.48	36.46	2.02	5.5
薯类	Tubers	224.84	230.72	-5.88	-2.5
马铃薯	Potato	224.84	230.72	-5.88	-2.5
早稻	Early-season rice	412.08	423.00	-10.92	-2.6
秋收粮食	Autumn Grain	2624.19	2653.11	-28.93	-1.1
谷物	Cereals	2382.08	2454.89	-72.81	-3.0
中稻	Semilate rice	1308.21	1283.04	25.17	2.0
双季晚稻	Double-crop Late rice	410.68	482.42	-71.74	-14.9
玉米	Corn//Maize	661.70	687.85	-26.15	-3.8
豆类	Beans	145.78	111.32	34.46	31.0
大豆	Soybean	134.83	100.26	34.57	34.5
绿豆	Green Geans	8.77	9.21	-0.45	-4.8
红小豆	Red Bean	2.18	1.85	0.33	17.6
薯类	Tubers	96.33	86.90	9.43	10.8
马铃薯	Potato	26.69	22.54	4.15	18.4
油料作物	Oil-bearing Crops	1452.91	1524.19	-71.28	-4.7
花生	Peanuts	206.07	199.12	6.95	3.5
油菜籽	Rapeseeds	1150.43	1232.13	-81.70	-6.6
芝麻	Sesames	85.60	86.35	-0.75	-0.9
棉花	Cotton	202.51	264.74	-62.23	-23.5
麻类	Fiber Crops	8.07	8.84	-0.77	-8.7
苎麻	Ramee	7.97	8.78	-0.81	-9.2
糖料	Sugar	8.98	8.50	0.48	5.6
甘蔗	Sugar Cane	8.90	8.46	0.44	5.2
烟叶	Tobacco	49.02	47.62	1.40	2.9
烤烟	Flue-cured Tobacco	44.62	42.84	1.78	4.2
蔬菜(含菜用瓜)	Vegetables	1248.03	1212.94	35.09	2.9

2-3 主要农作物产量
Output of Farm Crops

单位：万吨 (10000 tons)

指 标	Item	2016	2015	2016年比2015年增加 Growth Rate in 2016 over 2015	
				绝对数 Absolute Figures	%
粮食作物总计	Grain Crops	2554.11	2703.28	-149.17	-5.5
夏收粮食	Summer Grain	508.67	504.45	4.22	0.8
谷物	Cereals	437.73	430.88	6.86	1.6
小麦	Wheat	428.22	420.93	7.29	1.7
大麦	Barley	9.33	9.76	-0.43	-4.4
蚕豌豆	Broad Bean and Peas	6.65	6.23	0.42	6.7
薯类	Tubers	64.29	67.34	-3.05	-4.5
马铃薯	Potato	64.29	67.34	-3.05	-4.5
早稻	Early-season rice	216.13	252.29	-36.16	-14.3
秋收粮食	Autumn Grain	1829.31	1946.54	-117.23	-6.0
谷物	Cereals	1774.76	1891.96	-117.21	-6.2
中稻	Semilate rice	1193.76	1228.89	-35.13	-2.9
双季晚稻	Double-crop Late rice	283.63	329.54	-45.91	-13.9
玉米	Corn//Maize	296.61	332.89	-36.28	-10.9
豆类	Beans	22.14	22.50	-0.36	-1.6
大豆	Soybean	20.90	21.19	-0.29	-1.4
绿豆	Green Geans	1.14	1.22	-0.08	-6.6
红小豆	Red Bean	0.25	0.09	0.16	177.4
薯类	Tubers	32.42	32.08	0.34	1.0
马铃薯	Potato	11.65	9.86	1.79	18.2
油料作物	Oil-bearing Crops	329.75	339.60	-9.85	-2.9
花生	Peanuts	71.73	67.91	3.83	5.6
油菜籽	Rapeseeds	241.63	255.19	-13.56	-5.3
芝麻	Sesames	14.42	14.51	-0.09	-0.7
棉花	Cotton	18.85	29.76	-10.91	-36.7
麻类	Fiber Crops	2.07	2.19	-0.12	-5.5
苎麻	Ramee	2.05	2.17	-0.12	-5.5
糖料	Sugar	37.51	32.00	5.51	17.2
甘蔗	Sugar Cane	37.34	31.99	5.35	16.7
烟叶	Tobacco	8.99	8.68	0.30	3.5
烤烟	Flue-cured Tobacco	7.89	7.68	0.22	2.8
蔬菜(含菜用瓜)	Vegetables	4001.70	3851.96	149.74	3.9

2-4 主要农作物单位面积产量
Yield per Unit Area of Farm Crops

单位：公斤/公顷 (kg/hectare)

指　标	Item	2016	2015	2016年比2015年增加 Growth Rate in 2016 over 2015	
				绝对数 Absolute Figures	%
粮食作物总计	Grain Crops	5756.56	6052.97	-296.41	-4.9
夏粮	Summer Grain	3631.77	3629.31	2.45	0.1
谷物	Cereals	3848.94	3837.71	11.23	0.3
小麦	Wheat	3863.85	3849.60	14.25	0.4
大麦	Barley	3276.75	3392.40	-115.65	-3.4
蚕豌豆	Broad Bean and Peas	1728.17	1708.85	19.32	1.1
薯类	Tubers	2859.15	2918.66	-59.51	-2.0
马铃薯	Potato	2859.15	2918.66	-59.51	-2.0
早稻	Early-season rice	5244.86	5964.30	-719.44	-12.1
秋收粮食	Autumn Grain	6970.98	7148.09	-177.11	-2.5
谷物	Cereals	7450.45	7450.78	-0.33	0.0
中稻	Semilate rice	9125.14	9577.96	-452.82	-4.7
双季晚稻	Double-crop Late rice	6906.30	6830.98	75.32	1.1
玉米	Corn//Maize	4484.85	4839.60	-354.75	-7.3
豆类	Beans	1518.89	2021.11	-502.22	-24.8
大豆	Soybean	1550.10	2113.36	-563.26	-26.7
绿豆	Green Geans	1299.89	1324.50	-24.61	-1.9
红小豆	Red Bean	1146.80	486.30	660.50	135.8
薯类	Tubers	3365.21	3691.65	-326.45	-8.8
马铃薯	Potato	4365.60	4373.10	-7.50	-0.2
油料作物	Oil-bearing Crops	2269.61	2228.07	41.55	1.9
花生	Peanuts	3480.96	3410.34	70.62	2.1
油菜籽	Rapeseeds	2100.34	2071.11	29.23	1.4
芝麻	Sesames	1684.30	1680.65	3.65	0.2
棉花	Cotton	930.60	1124.12	-193.52	-17.2
麻类	Fiber Crops	2562.70	2475.00	87.70	3.5
苎麻	Ramee	2577.04	2476.54	100.50	4.1
糖料	Sugar	41766.04	37646.00	4120.04	10.9
甘蔗	Sugar Cane	41958.65	37818.09	4140.57	10.9
烟叶	Tobacco	1833.09	1823.44	9.65	0.5
烤烟	Flue-cured Tobacco	1769.07	1791.99	-22.92	-1.3
蔬菜(含菜用瓜)	Vegetables	32064.11	31757.18	306.93	1.0

2-5 分品种主要农作物播种面积(2000-2016年)

单位：千公顷

指 标	Item	2000	2004	2005	2006	2007
农作物总播种面积	**Total Sown Area of Farm Crops**	**7584.10**	**7155.90**	**7279.40**	**6900.60**	**7030.00**
粮食作物总计	Grain Crops	4156.16	3712.33	3926.82	3902.27	3981.43
夏收粮食	Summer Grain	1203.42	942.22	1052.12	1244.83	1306.45
谷物	Cereals	893.03	653.67	766.38	1062.26	1139.57
小麦	Wheat	845.10	602.90	716.20	1016.93	1096.25
大麦	Barley		49.70	49.10	43.91	42.15
蚕豌豆	Broad Bean and Peas	92.79	85.29	83.78	67.76	65.57
马铃薯	Potato	217.60	203.26	201.96	114.81	101.32
早稻	Early-season rice	393.50	351.10	365.00	342.38	343.17
秋收粮食	Autumn Grain	2559.20	2419.01	2509.70	2315.06	2331.81
谷物	Cereals	2043.22	1999.29	2107.26	2069.03	2076.88
中稻	Semilate rice	1097.60	1215.40	1282.30	1230.91	1233.39
双季晚稻	Double-crop Late rice	504.20	423.10	430.10	401.78	402.26
玉米	Corn//Maize	424.10	357.50	389.60	431.93	436.34
谷子	Millet	4.20	0.90	0.60	0.30	0.30
高粱	Jowar	7.30	2.20	3.10	3.50	2.90
豆类	Beans	266.01	218.82	206.23	142.17	137.05
大豆	Soybean	224.80	183.80	178.70	118.40	114.75
绿豆	Green Geans		24.50	23.20	18.79	18.22
薯类	Tubers	250.01	200.90	196.21	103.86	117.88
马铃薯	Potato	13.66	6.94	13.24	8.39	18.18
油料作物	Oil-bearing Crops	1503.40	1476.00	1460.20	1244.90	1171.70
花生	Peanuts	193.40	173.00	171.70	140.10	137.80
油菜籽	Rapeseeds	1158.90	1186.10	1178.70	1001.20	927.10
芝麻	Sesames	143.80	111.20	102.50	97.20	90.70
棉花	Cotton	318.10	408.30	390.30	496.40	514.22
麻类	Fiber Crops	22.80	23.30	23.60	24.80	25.80
黄红麻	Jute and Ambary Hemp	3.10	1.40	1.00	0.70	0.60
甘蔗	Sugar Cane	22.20	10.00	10.00	3.70	3.60
烟叶	Tobacco	74.60	55.60	58.40	35.70	32.70
烤烟	Flue-cured Tobacco	48.10	39.90	43.70	26.50	23.40
蔬菜(含菜用瓜)	Vegetables	968.60	1021.10	1004.80	817.60	918.10

Total Sown Areas of Farm Crops by Type (2000-2016)

(1000 hectares)

2008	2009	2010	2011	2012	2013	2014	2015	2016
7298.30	**7527.50**	**7997.60**	**8009.57**	**8078.90**	**8106.20**	**8112.30**	**7952.36**	**7843.51**
3906.69	4012.53	4068.37	4122.07	4180.05	4258.40	4370.34	4466.03	4436.87
1207.75	1227.25	1266.50	1304.26	1348.49	1392.93	1380.85	1389.92	1400.60
1031.04	1022.76	1029.25	1038.83	1089.13	1118.29	1099.85	1122.74	1137.28
1000.57	993.36	1000.11	1013.61	1065.50	1094.80	1074.33	1093.43	1108.27
29.78	28.63	28.38	24.54	23.13	22.99	24.99	28.78	28.47
70.37	66.28	63.99	64.28	61.05	58.48	63.67	36.46	38.48
106.33	138.21	173.26	201.15	198.31	216.16	217.33	230.72	224.84
341.11	357.38	358.60	346.37	351.77	385.61	412.40	423.00	412.08
2357.84	2427.90	2443.27	2471.44	2479.79	2479.85	2577.09	2653.11	2624.19
2111.66	2198.70	2214.15	2242.50	2261.85	2290.94	2375.67	2454.89	2382.08
1228.21	1271.44	1262.35	1281.58	1252.99	1265.65	1258.64	1283.04	1308.21
409.62	416.26	417.22	408.21	413.12	449.89	472.91	482.42	410.68
470.40	507.28	531.38	549.66	593.34	573.47	642.38	687.85	661.70
0.10	0.10	0.10	0.06	0.03	0.04	0.03	0.03	0.03
3.00	3.16	2.90	2.99	2.37	1.89	1.70	1.56	1.45
136.43	129.48	128.09	126.45	116.61	101.80	109.95	111.32	145.78
112.31	105.37	101.98	101.63	95.31	86.67	98.90	100.26	134.83
19.50	17.96	20.61	20.22	17.56	11.88	9.03	9.21	8.77
109.77	99.72	101.03	102.49	101.33	87.11	91.47	86.90	96.33
21.17	17.83	18.24	19.18	22.72	21.35	22.19	22.54	26.69
1365.60	1455.04	1448.70	1429.57	1501.50	1516.90	1542.50	1524.19	1452.91
176.00	183.73	189.30	192.17	239.80	200.40	198.50	199.12	206.07
1089.61	1165.88	1159.70	1141.38	1167.30	1226.30	1248.70	1232.13	1150.43
93.00	99.64	92.50	89.16	88.20	84.40	89.90	86.35	85.60
543.00	460.08	480.05	488.66	472.87	415.59	344.80	264.74	202.51
23.50	18.72	16.30	14.51	12.10	11.20	10.10	8.84	8.07
0.50	0.35	0.10	0.10	0.10	0.10	0.10	0.06	0.09
6.60	10.35	8.10	7.80	7.80	7.50	7.60	8.46	8.90
61.30	74.59	62.30	67.18	72.10	64.40	46.10	47.62	49.02
46.80	55.87	40.80	47.65	52.10	49.60	39.20	42.84	44.62
1015.96	1079.25	1020.84	1062.20	1138.70	1145.00	1173.50	1212.94	1248.03

2-6 分品种主要农作物产量

单位：万吨

指　　标	Item	2000	2004	2005	2006	2007	2008
粮食作物总计	Grain Crops	2218.53	2100.12	2177.38	2099.10	2185.44	2227.23
夏收粮食	Summer Grain	322.39	271.24	302.49	369.08	406.44	386.24
谷物	Cereals	243.89	190.77	223.50	325.53	366.74	338.95
小麦	Wheat	233.70	176.30	208.90	311.10	353.21	329.19
大麦	Barley		14.30	14.40	14.10	13.36	9.64
蚕豌豆	Broad Bean and Peas	16.93	16.52	16.97	13.36	13.00	14.91
马铃薯	Potato	61.57	63.95	62.02	30.19	26.70	32.38
早稻	Early-season rice	217.50	198.52	206.87	192.00	194.46	198.43
秋收粮食	Autumn Grain	1678.64	1630.36	1668.02	1538.02	1584.54	1642.56
谷物	Cereals	1501.30	1483.83	1525.80	1451.76	1498.84	1563.83
中稻	Semilate rice	971.98	1052.13	1075.40	1012.00	1056.24	1089.24
双季晚稻	Double-crop Late rice	307.78	251.03	253.05	233.90	235.16	246.05
玉米	Corn//Maize	216.70	179.10	194.90	203.80	205.08	226.42
谷子	Millet	1.00	0.30	0.20	0.20	0.30	0.10
高粱	Jowar	2.70	0.90	1.10	1.40	1.10	1.20
豆类	Beans	54.12	49.25	48.04	33.75	32.34	30.07
大豆	Soybean	45.80	40.50	43.40	26.60	25.54	25.98
绿豆	Green Geans		4.20	4.00	3.00	3.09	3.33
薯类	Tubers	123.22	97.28	94.18	52.51	53.36	48.66
马铃薯	Potato	7.80	3.45	6.08	6.81	11.40	9.12
油料作物	Oil-bearing Crops	287.16	314.38	293.90	254.45	254.75	285.74
花生	Peanuts	65.71	63.19	60.19	48.40	48.60	57.50
油菜籽	Rapeseeds	198.49	235.12	219.15	191.83	193.30	214.89
芝麻	Sesames	21.54	15.38	13.67	13.52	12.10	12.69
棉花	Cotton	30.43	39.54	37.50	55.20	55.73	51.34
麻类	Fiber Crops	5.15	5.10	4.86	5.37	5.32	4.76
黄红麻	Jute and Ambary Hemp	1.83	0.57	0.34	0.26	0.21	0.22
甘蔗	Sugar Cane	101.66	46.27	42.90	16.20	14.90	26.47
烟叶	Tobacco	13.73	9.82	11.14	6.82	5.90	11.80
烤烟	Flue-cured Tobacco	8.22	6.56	7.88	4.85	3.90	8.72
蔬菜(含菜用瓜)	Vegetables		2996.21	2916.91	2648.93	2655.35	2890.65

Output of Farm Crops by Type

(10000 tons)

2009	2010	2011	2012	2013	2014	2015	2016
2309.10	2315.80	2388.53	2441.81	2501.30	2584.16	2703.28	2554.11
398.54	420.62	425.84	447.44	501.00	505.60	504.45	508.67
342.42	353.72	354.58	380.52	425.73	430.70	430.88	437.73
331.67	343.07	344.78	370.78	416.80	421.60	420.93	428.22
10.62	10.47	9.63	9.54	8.70	8.91	9.76	9.33
14.67	14.01	11.97	8.94	10.43	11.19	6.23	6.65
41.45	52.89	59.29	57.98	64.84	63.71	67.34	64.29
208.32	199.63	197.06	208.87	222.75	238.67	252.29	216.13
1702.24	1695.55	1765.63	1785.50	1777.55	1839.89	1946.54	1829.31
1629.10	1620.78	1697.52	1726.21	1725.44	1785.15	1891.96	1774.76
1132.76	1102.79	1169.75	1170.87	1153.60	1167.89	1228.89	1193.76
250.84	255.39	250.10	271.64	300.28	322.91	329.54	283.63
244.12	261.02	276.20	282.56	270.75	293.65	332.89	296.61
0.01		0.04	0.02	0.02	0.01	0.01	0.01
1.29	1.40	1.43	1.12	0.78	0.70	0.63	0.60
29.78	30.25	27.57	23.27	21.28	25.23	22.50	22.14
25.59	25.68	23.87	20.56	19.58	23.93	21.19	20.90
3.78	3.51	3.10	2.51	1.54	1.19	1.22	1.14
43.36	44.52	40.54	36.02	30.84	29.51	32.08	32.42
8.55	8.71	8.82	10.51	9.25	9.01	9.86	11.65
314.05	311.80	304.72	319.66	333.17	341.73	339.60	329.75
62.62	64.45	68.74	74.34	68.11	69.06	67.91	71.73
236.51	232.57	220.39	230.03	250.47	257.16	255.19	241.63
14.21	13.93	14.59	14.36	13.60	14.53	14.51	14.42
48.05	47.18	52.58	54.53	45.97	35.95	29.76	18.85
3.82	3.26	2.89	2.64	2.61	2.53	2.19	2.07
0.14	0.07	0.03	0.02	0.01	0.01	0.01	0.01
34.43	32.36	32.49	31.08	28.72	30.41	31.99	37.34
15.21	12.38	14.10	14.61	12.70	8.81	8.68	8.99
10.90	7.83	9.65	9.91	9.46	7.20	7.68	7.89
2979.57	3131.50	3358.60	3506.38	3578.30	3671.50	3851.96	4001.70

2-7 分品种主要农作物单位面积产量

单位：公斤/公顷

指 标	Item	2000	2004	2005	2006	2007	2008
粮食作物总计	Grain Crops	5337.93	5657.15	5544.89	5379.18	5489.08	5701.07
夏收粮食	Summer Grain	2678.95	2878.73	2875.05	2964.90	3111.03	3198.01
谷物	Cereals	2731.04	2918.45	2916.31	3064.50	3218.23	3287.46
小麦	Wheat	2765.35	2924.20	2916.78	3059.21	3221.98	3290.02
大麦	Barley		2877.26	2932.79	3211.11	3169.63	3237.07
蚕豌豆	Broad Bean and Peas	1824.55	1936.92	2025.54	1971.66	1982.61	2118.80
马铃薯	Potato	2829.50	3146.22	3070.91	2629.56	2635.22	3045.24
早稻	Early-season rice	5527.32	5654.23	5667.67	5607.80	5666.58	5817.19
秋收粮食	Autumn Grain	6421.63	6602.19	6522.04	6510.10	6650.52	6821.13
谷物	Cereals	7053.74	7157.75	7008.45	6816.59	6996.96	7184.77
中稻	Semilate rice	8855.50	8656.66	8386.49	8221.56	8563.71	8868.52
双季晚稻	Double-crop Late rice	6104.32	5933.11	5883.52	5821.59	5845.97	6006.79
玉米	Corn//Maize	5109.64	5010.63	5002.82	4718.36	4700.00	4813.35
谷子	Millet	2380.95	3333.33	3333.33	7500.00	8214.30	8333.30
高粱	Jowar	3698.63	4090.91	3548.39	3971.40	3806.20	3828.40
豆类	Beans	2034.51	2250.71	2329.44	2373.92	2359.72	2204.06
大豆	Soybean	2037.37	2203.48	2428.65	2246.62	2225.71	2313.24
绿豆	Green Geans		1714.29	1724.14	1596.59	1695.94	1707.69
薯类	Tubers	4928.60	4842.21	4799.96	5055.84	4526.64	4432.91
马铃薯	Potato	5710.10	4971.18	4592.15	8116.81	6270.63	4307.98
油料作物	Oil-bearing Crops	1910.07	2129.95	2012.74	2043.94	2174.19	2092.41
花生	Peanuts	3397.62	3652.60	3505.53	3454.68	3526.85	3267.05
油菜籽	Rapeseeds	1712.74	1982.29	1859.25	1916.00	2085.00	1972.17
芝麻	Sesames	1497.91	1383.09	1333.66	1390.95	1334.07	1364.52
棉花	Cotton	956.62	968.41	960.80	1112.01	1083.78	945.49
麻类	Fiber Crops	2258.77	2188.84	2059.32	2165.32	2062.02	2025.53
黄红麻	Jute and Ambary Hemp	5903.23	4071.43	3400.00	3828.20	3615.30	4482.00
甘蔗	Sugar Cane	45792.79	46270.00	42900.00	43783.78	41388.89	40106.06
烟叶	Tobacco	1840.48	1766.19	1907.53	1910.36	1804.28	1924.96
烤烟	Flue-cured Tobacco	1708.94	1644.11	1803.20	1830.19	1666.67	1863.25
蔬菜(含菜用瓜)	Vegetables		29342.96	29029.76	32398.85	28922.23	28452.40

Yield per Unit Area of Farm Crops by Type

(kg/hectare)

2009	2010	2011	2012	2013	2014	2015	2016
5754.72	5692.21	5794.49	5841.58	5873.80	5912.95	6052.97	5756.56
3247.42	3321.12	3264.99	3318.08	3596.73	3661.51	3629.31	3631.77
3348.00	3436.68	3413.26	3493.80	3806.97	3915.99	3837.71	3848.94
3338.87	3430.32	3401.51	3479.87	3807.09	3924.31	3849.60	3863.85
3709.40	3689.22	3924.21	4124.51	3784.25	3565.43	3392.40	3276.75
2213.34	2189.40	1862.17	1464.37	1783.52	1757.50	1708.84	1728.17
2999.06	3052.64	2947.55	2923.71	2999.63	2931.49	2918.66	2859.15
5829.09	5566.93	5689.29	5937.69	5776.56	5787.34	5964.30	5244.86
6859.49	6763.98	6965.30	7043.36	6980.73	6952.89	7148.09	6970.98
7188.43	7075.74	7318.17	7403.83	7278.74	7258.86	7450.78	7450.45
8909.27	8736.01	9127.41	9344.61	9114.68	9278.98	9577.96	9125.14
6026.04	6121.23	6126.75	6575.33	6674.52	6828.15	6830.98	6906.35
4812.33	4912.12	5024.92	4762.19	4721.26	4571.28	4839.60	4482.54
1000.00	1666.70	6666.67	6666.70	5000.00	3333.33	3333.33	3333.33
4082.28	4793.10	4782.61	4725.70	4127.00	4093.60	4038.46	4137.93
2299.97	2361.62	2180.31	1995.54	2090.37	2294.68	2021.11	1518.89
2428.58	2518.14	2348.72	2157.17	2259.14	2419.62	2113.36	1550.10
2104.68	1703.06	1533.14	1429.38	1296.30	1317.83	1324.50	1299.89
4348.17	4406.61	3955.51	3554.72	3540.35	3226.19	3691.65	3365.21
4795.29	4775.22	4598.54	4625.88	4332.55	4060.39	4373.10	4365.60
2158.36	2152.27	2131.55	2129.00	2196.39	2215.43	2228.07	2269.61
3408.26	3404.65	3577.04	3100.10	3398.70	3479.09	3410.34	3480.96
2028.60	2005.43	1930.91	1970.60	2042.49	2059.42	2071.11	2100.34
1426.13	1505.95	1636.38	1628.30	1611.37	1616.24	1680.65	1684.30
1044.38	982.81	1076.00	1153.17	1106.14	1042.63	1124.12	930.60
2040.60	2000.00	1991.73	2187.10	2330.36	2504.95	2475.00	2562.70
4051.43	6209.10	3430.00	2722.20	1837.50	2485.15	2250.00	2577.04
33265.70	39950.62	41653.85	40100.00	38293.33	40013.16	37818.09	41958.65
2039.15	1987.16	2098.84	2025.50	1972.05	1911.06	1823.44	1833.09
1950.96	1919.12	2025.18	1903.70	1907.26	1836.73	1791.99	1769.07
27607.78	30675.72	31619.28	30793.10	31251.53	31286.75	31757.18	32064.11

2-8　产粮大县全年粮食总产量(2016)
The Grain Yield of the Major Grain Producing Counties(2016)

单位：千公顷、万吨、公斤/公顷　　(1000 hectares,10000 tons,kg/hectare)

地　区	Region	播种面积 Sown Area	总产量 Total Yield	单位面积产量 Unit Yield
蔡甸区	Caidian	22.16	11.29	5096.78
江夏区	Jiangxia	42.80	24.91	5818.56
黄陂区	Huangpi	68.55	40.40	5893.04
新洲区	Xinzhou	58.68	28.31	4824.99
大冶市	Daye	57.70	25.24	4374.72
阳新县	Yangxin	74.74	31.07	4156.80
竹山县	Zhushan	49.29	20.68	4195.06
竹溪县	Zhuxi	44.04	21.12	4796.54
郧阳区	Yunyang	58.91	21.03	3569.36
夷陵区	Yiling	41.46	19.36	4668.37
当阳市	Dangyang	73.01	48.84	6689.35
枝江市	Zhijiang	57.03	31.81	5578.16
襄阳市直	Xiangyang	54.55	37.02	6786.40
襄州	Xiangzhou	189.69	133.85	7056.39
南漳县	Nanzhang	75.05	44.59	5941.56
谷城县	Gucheng	51.74	27.82	5377.05
老河口市	Laohekou	60.91	37.12	6094.48
枣阳市	Zaoyang	202.29	135.84	6715.26
宜城市	Yicheng	90.85	69.49	7648.68
鄂州市直	Ezhou	58.69	31.12	5302.02
荆门市直	Jingmen	39.14	24.45	6246.10
京山县	Jingshan	120.35	69.04	5736.60
沙洋县	Shayang	104.96	75.19	7163.75
钟祥市	Zhongxiang	111.41	82.05	7364.66
孝南区	Xiaonan	42.85	18.89	4408.64
孝昌区	Xiaochang	48.06	25.60	5327.33
大悟县	Dawu	41.96	26.64	6348.67
云梦县	Yunmeng	36.32	20.35	5602.85
应城市	Yingcheng	58.06	31.89	5493.22
安陆市	Anlu	53.54	32.44	6058.98
汉川市	Hanchuan	79.60	50.14	6298.57
荆州市直	Jingzhou	60.55	28.20	4657.31
公安县	Gongan	101.84	63.25	6210.72

2-8 续表 Continued

单位：千公顷、万吨、公斤/公顷 (1000 hectares,10000 tons,kg/hectare)

地 区	Region	播种面积 Sown Area	总产量 Total Yield	单位面积产量 Unit Yield
监利县	Jianli	186.01	131.97	7094.78
江陵县	Jiangling	49.65	27.09	5456.19
石首市	Shishou	42.56	21.50	5051.69
洪湖市	Honghu	94.85	65.95	6953.08
松滋市	Songzi	72.75	33.55	4611.68
团风县	Tuanfeng	27.85	11.79	4233.99
红安县	Hong'an	55.26	20.49	3707.66
罗田县	Luotian	40.61	22.74	5600.01
英山县	Yingshan	30.93	12.80	4137.97
浠水县	Xishui	68.24	45.07	6604.09
蕲春县	Qichun	77.49	48.32	6235.82
黄梅县	huangmei	78.70	45.82	5822.37
麻城市	Macheng	82.77	48.86	5902.89
武穴市	Wuxue	57.76	29.81	5160.64
咸安区	Xian'an	37.15	16.96	4564.38
嘉鱼县	Jiayu	32.54	16.78	5158.17
通城县	Tongcheng	34.67	16.86	4862.98
崇阳县	Chongyang	43.78	18.34	4188.67
赤壁市	Chibi	42.20	19.36	4588.47
随县	Suixian	143.59	90.20	6281.56
曾都区	Zengdu	41.89	25.91	6186.82
广水市	Guangshui	60.34	41.29	6843.52
恩施市	Enshi	72.68	21.76	2994.08
利川市	Lichuan	100.93	33.28	3297.35
建始县	Jianshi	57.05	21.09	3697.16
巴东县	Badong	61.13	20.55	3361.04
咸丰县	Xianfeng	48.32	21.04	4353.00
仙桃市	Xiantao	108.10	72.45	6702.39
潜江市	Qianjiang	75.17	47.09	6264.47
天门市	Tianmen	126.78	63.35	4996.84

2-9 产粮大县夏收粮食产量(2016)

The Grain Yield of the Major Grain Producing Counties in the Summer(2016)

单位：千公顷、万吨、公斤/公顷 (1000 hectares,10000 tons,kg/hectare)

地　区	Region	播种面积 Sown Area	总产量 Total Yield	单位面积产量 Unit Yield
蔡甸区	Caidian	4.54	1.33	2929.52
江夏区	Jiangxia	4.75	0.87	1831.58
黄陂区	Huangpi	7.81	1.54	1971.83
新洲区	Xinzhou	11.14	2.63	2360.86
大冶市	Daye	10.13	3.16	3119.45
阳新县	Yangxin	8.87	2.11	2378.80
竹山县	Zhushan	14.17	5.45	3846.15
竹溪县	Zhuxi	12.54	4.85	3867.62
郧阳区	Yunyang	25.05	8.95	3572.85
夷陵区	Yiling	7.95	2.73	3433.96
当阳市	Dangyang	19.88	9.67	4864.19
枝江市	Zhijiang	19.03	6.30	3310.56
襄阳市直	Xiangyang	27.43	15.61	5690.85
襄州	Xiangzhou	105.67	68.96	6525.98
南漳县	Nanzhang	35.99	15.97	4437.34
谷城县	Gucheng	23.71	9.53	4019.40
老河口市	Laohekou	32.11	17.95	5590.16
枣阳市	Zaoyang	104.75	69.01	6588.07
宜城市	Yicheng	41.71	28.72	6885.64
鄂州市直	Ezhou	8.54	2.63	3079.63
荆门市直	Jingmen	10.63	4.48	4214.49
京山县	Jingshan	46.20	16.27	3521.65
沙洋县	Shayang	30.21	13.57	4491.89
钟祥市	Zhongxiang	37.71	17.93	4754.71
孝南区	Xiaonan	11.37	2.29	2014.07
孝昌区	Xiaochang	17.61	4.82	2737.08
大悟县	Dawu	14.83	4.19	2825.35
云梦县	Yunmeng	9.29	2.96	3186.22
应城市	Yingcheng	14.10	4.08	2893.62
安陆市	Anlu	20.37	7.59	3726.07
汉川市	Hanchuan	32.94	11.63	3530.66
荆州市直	Jingzhou	22.06	7.26	3291.02
公安县	Gongan	27.32	9.10	3330.89

2-9 续表 Continued

单位：千公顷、万吨、公斤/公顷 (1000 hectares,10000 tons,kg/hectare)

地 区	Region	播种面积 Sown Area	总产量 Total Yield	单位面积产量 Unit Yield
监利县	Jianli	24.80	7.76	3129.03
江陵县	Jiangling	15.21	5.45	3583.17
石首市	Shishou	5.53	1.52	2748.64
洪湖市	Honghu	25.54	10.02	3923.26
松滋市	Songzi	17.58	4.77	2713.31
团风县	Tuanfeng	4.10	1.28	3121.95
红安县	Hong'an	7.71	2.08	2697.80
罗田县	Luotian	11.82	3.61	3054.15
英山县	Yingshan	11.34	3.34	2945.33
浠水县	Xishui	6.39	1.90	2973.40
蕲春县	Qichun	10.38	3.78	3641.62
黄梅县	huangmei	20.47	4.95	2418.17
麻城市	Macheng	20.74	6.25	3013.50
武穴市	Wuxue	4.79	1.83	3820.46
咸安区	Xian'an	3.29	0.80	2431.61
嘉鱼县	Jiayu	5.60	1.51	2696.43
通城县	Tongcheng	3.65	0.49	1342.47
崇阳县	Chongyang	5.34	1.24	2322.10
赤壁市	Chibi	4.56	1.26	2763.16
随县	Suixian	67.82	31.69	4672.66
曾都区	Zengdu	22.07	9.20	4168.55
广水市	Guangshui	23.46	10.52	4484.23
恩施市	Enshi	27.30	6.33	2318.68
利川市	Lichuan	30.85	6.41	2077.80
建始县	Jianshi	23.18	6.10	2631.58
巴东县	Badong	21.42	6.01	2805.79
咸丰县	Xianfeng	15.82	2.62	1656.13
仙桃市	Xiantao	30.58	9.42	3080.44
潜江市	Qianjiang	30.09	10.61	3526.09
天门市	Tianmen	52.12	16.65	3194.55

2-10 主要畜禽生产情况
Number of Livestock or Poultry

指 标	Item	单位	Units	2008	2009	2010	2011
畜禽存栏	**Nunber of Livestock or Poultry in Stock**						
猪	Hogs	万头	10 000 heads	2462.40	2546.10	2476.10	2533.05
其中：能繁殖母猪	Sow	万头	10 000 heads	241.10	251.20	248.11	247.69
牛	Cattle and Buffaloes	万头	10 000 heads	317.50	334.00	325.99	320.50
羊	Sheep and Goats	万只	10 000 heads	376.20	413.20	401.66	421.98
活家禽	Poultry	万只	10 000 heads	26317.90	27828.60	27411.12	29812.34
畜禽出栏	**Number of Slaughtered Livestock or Poultry**						
猪	Hogs	万头	10 000 heads	3498.30	3735.50	3827.38	3871.38
牛	Cattle and Buffaloes	万头	10 000 heads	112.40	118.90	123.08	126.40
羊	Sheep and Goats	万只	10 000 heads	461.20	494.00	509.34	501.90
活家禽	Poultry	万只	10 000 heads	39548.80	43551.10	46665.00	45885.14
畜禽产品产量	**Output of Livestock or Poultry**						
猪肉	Pork	万吨	10 000 tons	260.40	279.90	286.95	290.54
牛肉	Beef	万吨	10 000 tons	16.10	17.00	17.69	18.17
羊肉	Mutton	万吨	10 000 tons	7.30	7.80	8.09	8.02
禽肉	Poultry	万吨	10 000 tons	55.60	61.40	65.80	64.32
禽蛋	Poultry Eggs	万吨	10 000 tons	124.10	128.90	132.59	137.03
牛奶	Cow Milk	万吨	10 000 tons	15.50	15.50	13.99	14.22

2-10 续表 Continued

指 标	Item	单位	Units	2012	2013	2014	2015	2016
畜禽存栏	**Nunber of Livestock or Poultry in Stock**							
猪	Hogs	万头	10 000 heads	2543.18	2566.07	2550.67	2497.11	2432.16
其中：能繁殖母猪	Sow	万头	10 000 heads	251.41	264.53	261.95	249.11	239.60
牛	Cattle and Buffaloes	万头	10 000 heads	333.64	344.07	352.25	361.33	355.19
羊	Sheep and Goats	万只	10 000 heads	435.06	462.91	469.89	465.70	470.86
活家禽	Poultry	万只	10 000 heads	32520.29	33105.47	34987.66	35098.35	33167.94
畜禽出栏	**Number of Slaughtered Livestock or Poultry**							
猪	Hogs	万头	10 000 heads	4180.84	4356.43	4475.11	4363.23	4223.61
牛	Cattle and Buffaloes	万头	10 000 heads	131.72	140.28	152.11	159.87	160.35
羊	Sheep and Goats	万只	10 000 heads	510.97	515.03	541.87	550.58	555.43
活家禽	Poultry	万只	10 000 heads	49866.39	52210.11	51635.80	51222.71	52195.94
畜禽产品产量	**Output of Livestock or Poultry**							
猪肉	Pork	万吨	10 000 tons	317.27	330.60	339.60	331.45	322.17
牛肉	Beef	万吨	10 000 tons	18.94	20.17	21.87	22.99	23.17
羊肉	Mutton	万吨	10 000 tons	8.15	8.22	8.61	8.81	8.89
禽肉	Poultry	万吨	10 000 tons	66.96	70.11	69.20	68.64	69.95
禽蛋	Poultry Eggs	万吨	10 000 tons	139.36	145.05	155.06	165.29	167.77
牛奶	Cow Milk	万吨	10 000 tons	15.34	15.40	16.10	16.85	16.86

2-11 生猪调出大县年末生猪存栏
Number of Hogs in Stock at End of Period by Regions

单位：万头 (10000 heads)

地 区	Region	2009	2010	2011	2012	2013	2014	2015	2016
江夏区	Jiangxia	45.89	53.23	56.97	58.05	60.25	59.96	58.83	56.99
黄陂区	Huangpi	44.29	46.28	47.24	48.51	51.57	52.05	52.37	50.83
大冶市	Daye		31.80	32.76	32.79	35.01	34.46	35.34	34.70
夷陵区	Yiling	45.43	48.98	50.32	51.02	54.18	55.16	53.77	52.07
宜都市	Yidu	48.13	46.94	45.28	46.00	47.83	47.13	46.03	44.62
当阳市	Dangyang	70.58	68.95	66.79	68.19	71.85	71.40	69.16	67.48
枝江市	Zhijiang	83.68	80.38	84.69	81.02	78.18	72.61	69.79	68.14
襄州区	Xiangzhou	51.97	51.40	51.92	51.35	51.76	52.68	52.87	51.35
南漳县	Nanzhang	41.62	48.62	51.24	52.22	51.43	52.57	52.82	51.20
老河口市	Laohekou	38.75	39.91	40.35	41.00	39.56	38.78	39.26	38.44
枣阳市	Zaoyang	67.77	66.50	65.65	63.20	63.93	64.29	62.35	60.62
宜城市	Yicheng	55.52	54.34	45.28	46.41	47.71	46.48	47.85	50.40
鄂州市	Ezhou	42.07	47.51	58.55	56.25	55.01	53.58	51.34	49.91
京山县	Jingshan	57.58	55.98	56.62	58.20	60.14	60.59	59.62	57.91
沙洋县	Shayang	50.40	49.45	48.07	49.42	46.85	48.90	48.11	46.79
钟祥市	Zhongxiang	96.83	91.56	80.86	76.70	79.24	76.66	76.41	77.40
安陆市	Anlu		38.29	39.44	39.52	39.04	38.96	40.24	39.47
公安县	Gong'an	43.20	52.27	54.48	54.36	55.81	55.50	53.62	52.28
监利县	Jianli	41.04	42.27	46.31	45.91	50.48	49.97	51.85	54.04
松滋市	Songzi	61.88	59.75	60.44	62.37	66.57	66.62	64.78	65.23
浠水县	Xishui		34.11	35.13	35.20	37.45	37.47	37.59	37.36
麻城市	Macheng		38.31	39.46	39.50	40.98	40.70	41.82	41.54
武穴市	Wuxue	56.86	65.00	64.71	64.71	67.02	67.11	67.62	69.81
通城县	Tongcheng	36.30	39.54	40.16	42.03	43.41	43.14	42.18	41.03
随县	Suixian		37.06	39.09	38.08	40.34	40.38	39.02	37.86
广水市	Guangshui		29.43	30.31	30.37	34.52	34.54	34.00	33.56
恩施市	Enshi	67.94	65.20	59.15	51.99	53.06	52.64	51.00	49.49
利川市	Lichuan		39.19	39.23	39.23	37.94	39.34	39.38	38.16
建始县	Jianshi		35.03	35.14	35.14	34.37	35.49	36.97	36.20
巴东县	Badong		39.62	39.78	39.78	38.39	37.95	37.34	36.51
仙桃市	Xiantao	49.28	48.39	48.63	49.45	52.84	53.11	51.95	50.73
潜江市	Qianjiang	37.93	46.77	53.02	54.02	58.29	57.86	56.32	55.14
天门市	Tianmen	69.09	66.77	65.41	66.24	70.21	68.55	65.67	63.75

2-12 生猪调出大县能繁殖母猪年末存栏
Number of Sows in Stock at End of Period by Regions

单位：万头 (10000 heads)

地　区	Region	2009	2010	2011	2012	2013	2014	2015	2016
江夏区	Jiangxia	4.82	5.14	5.40	5.49	6.11	6.13	6.09	5.85
黄陂区	Huangpi	4.13	4.73	4.38	4.44	5.05	5.03	4.97	4.78
大冶市	Daye		2.95	3.00	3.01	3.22	3.19	3.23	3.14
夷陵区	Yiling	5.50	5.88	5.25	5.32	5.93	5.95	5.72	5.49
宜都市	Yidu	3.31	3.24	4.09	4.21	4.32	4.26	4.10	3.93
当阳市	Dangyang	8.02	8.10	8.30	8.50	8.78	8.70	8.30	8.02
枝江市	Zhijiang	13.66	12.55	11.57	11.10	11.11	10.62	9.88	9.55
襄州区	Xiangzhou	6.44	6.36	6.12	5.97	6.47	6.48	6.41	6.16
南漳县	Nanzhang	4.90	5.07	5.70	5.82	6.21	6.25	6.26	6.01
老河口市	Laohekou	4.20	4.33	4.41	4.50	4.60	4.51	4.50	4.36
枣阳市	Zaoyang	7.76	7.41	7.12	7.22	7.12	7.14	6.82	6.57
宜城市	Yicheng	5.01	4.84	4.95	5.06	4.95	4.85	4.87	5.08
鄂州市	Ezhou	4.74	4.73	6.09	5.81	6.20	6.12	5.87	5.65
京山县	Jingshan	5.21	4.75	4.61	4.72	5.18	5.17	5.01	4.82
沙洋县	Shayang	5.04	4.86	4.76	4.80	5.01	4.91	4.66	4.49
钟祥市	Zhongxiang	9.69	9.35	7.86	7.97	8.01	7.83	7.58	7.61
安陆市	Anlu		3.82	3.89	3.90	3.87	3.82	3.89	3.78
公安县	Gong'an	3.60	4.63	4.56	4.58	5.16	5.17	4.92	4.75
监利县	Jianli	3.42	3.52	3.97	4.07	4.66	4.70	4.80	4.95
松滋市	Songzi	6.90	6.66	6.80	6.87	7.41	7.40	7.19	7.20
浠水县	Xishui		3.33	3.40	3.40	3.77	3.75	3.71	3.65
麻城市	Macheng		3.63	3.70	3.70	3.85	3.84	3.86	3.79
武穴市	Wuxue	5.06	4.66	5.34	5.49	5.81	5.79	5.79	5.92
通城县	Tongcheng	4.21	3.63	3.50	3.59	3.82	3.80	3.70	3.56
随县	Suixian		3.65	3.76	3.76	3.99	3.98	3.79	3.64
广水市	Guangshui		2.88	2.89	2.89	3.20	3.21	3.16	3.09
恩施市	Enshi	7.73	7.39	6.60	6.61	6.50	6.49	6.30	6.05
利川市	Lichuan		3.88	3.89	3.89	4.35	4.34	4.28	4.11
建始县	Jianshi		3.35	3.36	3.36	3.67	3.68	3.78	3.66
巴东县	Badong		3.87	3.87	3.87	3.91	3.92	3.85	3.73
仙桃市	Xiantao	4.73	4.93	5.31	5.30	5.61	5.55	5.35	5.17
潜江市	Qianjiang	5.03	5.65	6.64	5.79	6.45	6.38	6.12	5.93
天门市	Tianmen	6.19	6.41	5.70	5.67	6.09	5.98	5.65	5.43

2-13 生猪调出大县生猪出栏
Number of Slaughtered Hogs by Regions

单位：万头 (10000 heads)

地 区	Region	2009	2010	2011	2012	2013	2014	2015	2016
江夏区	Jiangxia	81.30	86.54	90.75	91.84	96.71	102.23	102.78	99.20
黄陂区	Huangpi	81.90	86.92	90.41	91.04	96.32	99.31	100.60	97.30
大冶市	Daye		49.06	50.04	50.14	50.24	51.52	53.29	52.10
夷陵区	Yiling	90.04	95.72	96.35	96.54	99.25	103.24	101.35	97.80
宜都市	Yidu	68.13	74.27	73.42	73.86	75.02	76.60	75.40	72.80
当阳市	Dangyang	97.30	98.83	102.85	100.38	105.47	107.66	105.18	102.20
枝江市	Zhijiang	97.55	103.98	105.81	106.76	111.40	109.62	106.26	103.30
襄州区	Xiangzhou	113.49	112.52	114.72	107.95	108.92	112.61	113.71	110.10
南漳县	Nanzhang	88.18	93.80	97.52	100.93	104.21	105.61	106.80	103.20
老河口市	Laohekou	54.60	59.51	60.41	61.43	65.27	65.53	66.85	65.20
枣阳市	Zaoyang	108.38	110.52	113.48	113.82	118.78	116.88	114.16	110.60
宜城市	Yicheng	65.01	75.72	76.89	77.74	80.49	79.77	83.58	87.70
鄂州市	Ezhou	90.95	91.66	95.77	92.81	96.60	98.75	95.28	92.30
京山县	Jingshan	92.67	94.87	96.58	97.45	99.40	102.56	101.70	98.40
沙洋县	Shayang	76.44	86.05	87.40	88.27	92.12	96.16	95.22	92.30
钟祥市	Zhongxiang	119.88	121.56	120.22	117.82	123.24	126.57	127.15	128.30
安陆市	Anlu		64.40	65.69	65.89	68.91	70.33	73.16	71.50
公安县	Gong'an	65.10	74.40	78.85	79.80	84.19	83.72	81.58	79.20
监利县	Jianli	51.30	55.92	61.83	62.76	66.21	68.57	71.82	74.50
松滋市	Songzi	112.79	115.12	118.74	115.06	124.04	128.36	125.66	126.10
浠水县	Xishui		54.08	55.16	55.33	60.18	64.34	65.05	64.40
麻城市	Macheng		59.04	60.22	60.34	61.92	63.13	65.40	64.70
武穴市	Wuxue	83.00	91.43	95.05	95.81	97.79	100.61	102.25	105.10
通城县	Tongcheng	66.19	68.61	70.38	70.94	72.88	74.16	73.05	70.80
随县	Suixian		74.39	78.24	78.10	81.89	83.24	80.95	78.30
广水市	Guangshui		49.77	50.77	50.92	56.52	58.02	57.55	56.60
恩施市	Enshi	77.88	82.59	85.34	85.60	88.76	91.25	89.05	86.10
利川市	Lichuan		58.86	60.04	60.22	65.50	67.58	68.16	65.80
建始县	Jianshi		57.16	58.31	58.54	61.82	59.09	62.03	60.50
巴东县	Badong		64.29	65.58	65.71	67.71	68.45	67.85	66.10
仙桃市	Xiantao	114.75	116.84	118.40	99.93	104.66	102.78	101.20	98.50
潜江市	Qianjiang	90.65	98.36	95.09	95.85	101.26	104.86	102.81	100.30
天门市	Tianmen	90.15	99.16	103.06	103.68	107.80	110.74	106.94	103.40

2-14 生猪调出大县猪肉产量
Output of Pork by Regions

单位：万吨 (10000 tons)

地 区	Region	2009	2010	2011	2012	2013	2014	2015	2016
江夏区	Jiangxia	6.10	6.67	6.99	7.08	7.45	7.73	7.77	7.50
黄陂区	Huangpi	6.14	7.23	7.52	7.57	8.01	8.10	8.11	7.84
大冶市	Daye		3.75	3.86	3.87	3.88	3.89	4.02	3.93
夷陵区	Yiling	6.99	7.51	7.56	7.58	7.75	7.91	7.76	7.49
宜都市	Yidu	5.11	5.77	5.70	5.74	5.83	5.84	5.74	5.55
当阳市	Dangyang	7.34	7.65	7.96	7.78	8.17	8.19	8.01	7.78
枝江市	Zhijiang	7.44	8.11	8.25	8.33	8.69	8.38	8.12	7.89
襄州区	Xiangzhou	8.20	7.90	8.06	7.86	8.01	8.44	8.61	8.33
南漳县	Nanzhang	6.20	6.58	6.84	7.17	7.59	7.85	8.01	7.74
老河口市	Laohekou	4.09	4.46	4.55	4.63	4.92	4.94	5.04	4.91
枣阳市	Zaoyang	7.97	8.22	8.44	8.47	8.84	8.82	8.62	8.35
宜城市	Yicheng	5.03	5.86	5.95	6.02	6.23	6.06	6.35	6.66
鄂州市	Ezhou	7.04	7.14	7.46	7.20	7.50	7.51	7.24	7.02
京山县	Jingshan	7.85	7.95	8.10	8.17	8.27	8.33	8.03	7.77
沙洋县	Shayang	5.51	6.21	6.31	6.42	6.70	7.12	7.11	6.90
钟祥市	Zhongxiang	9.60	9.86	9.75	9.38	9.81	9.85	9.89	9.98
安陆市	Anlu		4.83	4.98	4.99	5.22	5.33	5.54	5.42
公安县	Gong'an	4.88	5.58	5.92	5.99	6.32	6.28	6.12	5.95
监利县	Jianli	3.84	4.19	4.63	4.70	4.98	5.17	5.42	5.62
松滋市	Songzi	9.35	9.61	9.91	9.11	9.82	9.94	9.73	9.76
浠水县	Xishui		4.08	4.20	4.21	4.58	4.85	4.90	4.85
麻城市	Macheng		4.38	4.51	4.52	4.64	4.76	4.93	4.88
武穴市	Wuxue	6.15	6.78	7.05	7.11	7.25	7.56	7.69	7.90
通城县	Tongcheng	4.81	4.99	5.12	5.20	5.34	5.53	5.52	5.35
随县	Suixian		5.77	6.07	5.92	6.21	6.31	6.14	5.94
广水市	Guangshui		3.82	3.93	3.95	4.38	4.39	4.36	4.29
恩施市	Enshi	6.45	6.44	6.65	6.67	6.92	6.93	6.77	6.54
利川市	Lichuan		4.35	4.48	4.50	4.89	5.12	5.16	4.98
建始县	Jianshi		4.28	4.41	4.42	4.67	4.46	4.68	4.57
巴东县	Badong		4.80	4.95	4.96	5.11	5.17	5.12	4.99
仙桃市	Xiantao	7.94	9.68	9.81	8.32	8.71	8.37	8.08	7.86
潜江市	Qianjiang	6.32	8.22	7.95	8.02	8.47	8.52	8.11	7.91
天门市	Tianmen	6.76	7.44	7.74	7.78	8.09	8.31	8.03	7.76

2-15 中晚稻中间消耗
Mid-consumption of Middle-season and Late Rice

单位：元/亩 (yuan/mu)

指 标	Item	2010	2011	2012	2013	2014	2015	2016
平均每单位产值	**Output Value Per Unit**	**1166.15**	**1327.20**	**1364.96**	**1288.00**	**1398.80**	**1400.14**	**1188.22**
平均每单位中间消耗	**Intermediate Consumption Per Unit**	**319.92**	**408.69**	**399.42**	**401.18**	**390.90**	**443.84**	**438.56**
物质消耗	**Material Consumption**	**214.59**	**279.57**	**272.18**	**260.29**	**259.85**	**301.26**	**292.49**
用种量	Seed Quantity	41.04	67.79	65.78	67.82	67.37	81.01	81.01
饲料	Forages		0.02	0.21				
肥料	Fertilizers	105.90	128.49	131.46	130.15	135.10	123.21	134.40
燃料	Fuels	3.47	9.99	4.70	4.62	2.52	28.94	15.98
农膜	Farm Plastic Film	1.34	0.80	1.58	1.94	1.80	1.37	1.30
农药	Pesticides	48.04	61.04	59.50	54.47	50.56	53.81	52.45
养殖用药	Pesticides for Cultivation							
水费	Water Fee	6.72	5.26	4.00	0.51	0.42	1.79	2.15
用电量	Electricity Consumption	7.34	4.77	1.90	0.72	1.53	8.63	2.88
棚架材料费	Scaffold Material Cost			0.02			0.19	0.97
小农具	Small Farm Implements	0.46	0.97	0.87	0.07	0.51	1.13	0.82
办公用品	Office Supplies						0.08	0.07
其他	Others	0.27	0.44	2.16		0.05	1.13	0.45
生产服务支出	**Cost of Production Services**	**105.33**	**129.12**	**127.25**	**140.89**	**131.05**	**142.58**	**146.07**
修理费	Repair Fee	0.65	1.00	0.67	0.34	0.87	6.68	6.20
外雇运输费	Transport Fee	2.84	3.03	3.22	4.00	1.88	9.46	9.76
生产性邮电费	Post and Telecommunication Fee						0.03	
外雇排灌费	Irrigation and Drainage Fee	7.05	5.49	6.81	10.04	8.48	7.68	8.71
外雇机械作业费	Mechanical Work Fee	90.24	118.16	114.23	126.38	117.51	116.17	119.07
配种费	Breeding Fee							
防疫费	Epidemic Prevention Fee							
技术咨询费	Technical Advisory Expense	1.60					0.42	0.13
上交管理费	Administrative Expense			0.18				
其他	Others	2.95	1.43	2.16	0.14	2.33	2.14	2.20

2-16 小麦中间消耗
Mid-consumption of Wheat

单位：元/亩 (yuan/mu)

指　　标	Item	2010	2011	2012	2013	2014	2015	2016
平均每单位产值	**Output Value Per Unit**	**644.85**	**479.76**	**433.48**	**634.07**	**653.68**	**516.80**	**519.20**
平均每单位中间消耗	**Intermediate Consumption Per Unit**	**237.05**	**248.89**	**220.33**	**255.31**	**278.29**	**272.99**	**312.06**
物质消耗	**Material Consumption**	**158.71**	**174.90**	**132.85**	**170.72**	**175.01**	**190.50**	**208.71**
用种量	Seed Quantity	35.67	57.15	43.56	48.97	52.55	56.30	64.61
饲料	Forages							
肥料	Fertilizers	79.54	96.85	75.50	98.83	98.03	102.82	105.31
燃料	Fuels	24.27	4.85	1.74	5.25	4.50	10.11	12.32
农膜	Farm Plastic Film				0.29			
农药	Pesticides	19.20	15.91	11.37	16.30	18.29	19.08	23.43
养殖用药	Pesticides for Cultivation							
水费	Water Fee			0.30	0.32	0.27	0.60	0.90
用电量	Electricity Consumption	0.02	0.06		0.33	0.87	0.83	0.79
棚架材料费	Scaffold Material Cost					0.04		
小农具	Small Farm Implements	0.01	0.03	0.38	0.42	0.46	0.56	0.07
办公用品	Office Supplies						0.02	0.01
其他	Others		0.04				0.18	1.28
生产服务支出	**Cost of Production Services**	**78.34**	**73.99**	**87.49**	**84.59**	**103.28**	**82.49**	**103.35**
修理费	Repair Fee	0.35	0.02	0.27	0.49		1.57	1.27
外雇运输费	Transport Fee	0.04	0.44	1.29	0.97	2.84	3.60	4.69
生产性邮电费	Post and Telecommunication Fee						0.02	
外雇排灌费	Irrigation and Drainage Fee		0.02				1.04	0.25
外雇机械作业费	Mechanical Work Fee	77.40	70.05	84.73	83.13	100.44	71.35	87.25
配种费	Breeding Fee							
防疫费	Epidemic Prevention Fee							
技术咨询费	Technical Advisory Expense						0.14	0.01
上交管理费	Administrative Expense	0.02						
其他	Others	0.53	3.46	1.20			4.77	9.89

2-17 玉米中间消耗
Mid-consumption of Corn

单位：元/亩 (yuan/mu)

指　标	Item	2010	2011	2012	2013	2014	2015	2016
平均每单位产值	**Output Value Per Unit**	**715.02**	**835.93**	**834.42**	**923.15**	**924.72**	**835.62**	**735.46**
平均每单位中间消耗	**Intermediate Consumption Per Unit**	**156.11**	**278.49**	**229.67**	**244.82**	**276.64**	**317.71**	**375.08**
物质消耗	**Material Consumption**	**147.00**	**254.51**	**213.32**	**204.86**	**220.47**	**240.56**	**266.84**
用种量	Seed Quantity	38.80	64.76	52.26	60.63	60.79	62.93	63.36
饲料	Forages		0.59	0.52				
肥料	Fertilizers	85.40	157.64	141.87	124.07	133.82	143.42	168.88
燃料	Fuels	10.02	18.07	3.18	2.11	2.27	8.51	7.49
农膜	Farm Plastic Film	0.22	0.14	3.30	0.03	0.31	3.48	2.44
农药	Pesticides	12.53	8.41	9.96	17.42	22.26	20.74	21.86
养殖用药	Pesticides for Cultivation							
水费	Water Fee							0.01
用电量	Electricity Consumption		0.07	0.02	0.29	0.93	0.24	0.32
棚架材料费	Scaffold Material Cost							
小农具	Small Farm Implements	0.02	0.04		0.18	0.09	0.83	2.06
办公用品	Office Supplies							
其他	Others		4.78	2.22	0.13		0.41	0.42
生产服务支出	**Cost of Production Services**	**9.11**	**23.98**	**16.34**	**39.96**	**56.17**	**77.15**	**108.24**
修理费	Repair Fee		0.22		0.64	0.04	0.95	0.44
外雇运输费	Transport Fee	0.50	0.53	0.47	1.84	1.20	3.37	9.98
生产性邮电费	Post and Telecommunication Fee							
外雇排灌费	Irrigation and Drainage Fee				0.19		0.79	5.22
外雇机械作业费	Mechanical Work Fee	8.62	21.94	14.76	34.37	51.24	71.77	88.49
配种费	Breeding Fee							
防疫费	Epidemic Prevention Fee							
技术咨询费	Technical Advisory Expense						0.06	
上交管理费	Administrative Expense							
其他	Others		1.29	1.11	2.92	3.69	0.21	4.11

2-18 油菜籽中间消耗
Mid-consumption of Rapeseeds

单位：元/亩 (yuan/mu)

指 标	Item	2010	2011	2012	2013	2014	2015	2016
平均每单位产值	**Output Value Per Unit**	**505.70**	**537.95**	**652.74**	**718.02**	**636.23**	**461.07**	**484.80**
平均每单位中间消耗	**Intermediate Consumption Per Unit**	**133.57**	**176.68**	**160.40**	**227.75**	**215.40**	**240.47**	**251.85**
物质消耗	**Material Consumption**	**111.97**	**124.07**	**127.70**	**157.56**	**142.30**	**170.03**	**150.11**
用种量	Seed Quantity	15.75	18.44	17.43	24.09	22.87	21.82	19.81
饲料	Forages		0.02					
肥料	Fertilizers	68.78	91.40	95.19	115.32	101.75	108.80	104.24
燃料	Fuels	11.76	1.26	1.64	1.01	1.11	13.64	4.07
农膜	Farm Plastic Film		0.02					
农药	Pesticides	14.02	13.00	12.52	16.51	16.42	24.90	21.67
养殖用药	Pesticides for Cultivation							
水费	Water Fee	0.27	0.17		0.09		0.02	
用电量	Electricity Consumption	1.05	0.37		0.20	0.15	0.08	0.27
棚架材料费	Scaffold Material Cost							
小农具	Small Farm Implements	0.08			0.33	0.04	0.58	
办公用品	Office Supplies							
其他	Others	0.25		0.93			0.19	0.05
生产服务支出	**Cost of Production Services**	**21.60**	**52.01**	**32.71**	**70.19**	**73.10**	**70.44**	**101.75**
修理费	Repair Fee	0.12	0.10	0.34			0.72	1.92
外雇运输费	Transport Fee	0.79	0.39		1.08	1.48	0.03	0.41
生产性邮电费	Post and Telecommunication Fee							
外雇排灌费	Irrigation and Drainage Fee	0.27	0.42			0.84		0.56
外雇机械作业费	Mechanical Work Fee	19.27	43.47	25.76	69.11	70.78	69.27	98.19
配种费	Breeding Fee							
防疫费	Epidemic Prevention Fee							
技术咨询费	Technical Advisory Expense						0.14	0.03
上交管理费	Administrative Expense	0.73	0.15					
其他	Others	0.41	7.48	6.61			0.28	0.64

2-19 棉花中间消耗
Mid-consumption of Cotton

单位：元/亩 (yuan/mu)

指　标	Item	2010	2011	2012	2013	2014	2015	2016
平均每单位产值	**Output Value Per Unit**	**1743.30**	**1699.31**	**1834.63**	**1550.69**	**1190.25**	**1244.16**	**1350.77**
平均每单位中间消耗	**Intermediate Consumption Per Unit**	**338.90**	**468.16**	**380.55**	**405.33**	**375.54**	**354.27**	**392.76**
物质消耗	**Material Consumption**	**315.25**	**419.29**	**354.47**	**369.16**	**339.23**	**292.77**	**334.66**
用种量	Seed Quantity	70.57	60.48	61.42	56.67	53.39	51.95	53.98
饲料	Forages							
肥料	Fertilizers	148.52	265.88	207.92	201.48	187.19	151.56	178.89
燃料	Fuels	12.62	14.90	6.81	4.22	0.26	2.60	1.88
农膜	Farm Plastic Film	8.18	6.56	4.39	5.95	5.38	8.56	5.95
农药	Pesticides	64.62	69.93	72.03	97.05	89.38	74.79	91.56
养殖用药	Pesticides for Cultivation							
水费	Water Fee	3.46	0.06	1.25				
用电量	Electricity Consumption	4.75	0.29		0.04	0.05	1.31	1.85
棚架材料费	Scaffold Material Cost							
小农具	Small Farm Implements	0.48	1.17	0.66	0.62	0.58		
办公用品	Office Supplies							
其他	Others	2.03			3.14	3.00	2.00	0.56
生产服务支出	**Cost of Production Services**	**23.65**	**48.87**	**26.08**	**36.17**	**36.31**	**61.50**	**58.09**
修理费	Repair Fee	1.53	0.64	0.57	0.33	0.61		
外雇运输费	Transport Fee	0.22	1.99	0.17	0.40		2.71	8.79
生产性邮电费	Post and Telecommunication Fee							
外雇排灌费	Irrigation and Drainage Fee	3.70	2.45	0.19	0.55	3.73		
外雇机械作业费	Mechanical Work Fee	14.21	43.67	23.79	34.90	31.66	58.79	49.30
配种费	Breeding Fee							
防疫费	Epidemic Prevention Fee							
技术咨询费	Technical Advisory Expense	0.86						
上交管理费	Administrative Expense	1.08		0.37				
其他	Others	2.07	0.13	0.98		0.31		

2-20 活鸡中间消耗
Mid-consumption of Live Chickens

单位：元/只 (yuan/head)

指　　标	Item	2010	2011	2012	2013	2014	2015	2016
平均每单位产值	**Output Value Per Unit**	**39.02**	**20.22**	**46.95**	**31.63**	**40.12**	**29.48**	**44.87**
平均每单位中间消耗	**Intermediate Consumption Per Unit**	**21.30**	**15.91**	**23.58**	**17.55**	**24.02**	**19.68**	**18.26**
物质消耗	**Material Consumption**	**20.59**	**15.74**	**23.44**	**17.14**	**23.71**	**19.03**	**17.57**
用种量	Seed Quantity	2.51	2.90	3.23	2.43	4.60	2.21	2.91
饲料	Forages	17.56	12.33	19.98	13.65	17.99	15.68	13.03
肥料	Fertilizers							
燃料	Fuels		0.06	0.04	0.41	0.51	0.09	0.14
农膜	Farm Plastic Film							
农药	Pesticides							
养殖用药	Pesticides for Cultivation	0.38	0.24	0.18	0.43	0.43	0.51	0.54
水费	Water Fee		0.03		0.05	0.01	0.19	0.39
用电量	Electricity Consumption	0.02	0.09	0.02	0.15	0.17	0.32	0.53
棚架材料费	Scaffold Material Cost							0.02
小农具	Small Farm Implements							0.01
办公用品	Office Supplies						0.02	
其他	Others	0.12	0.09		0.04	0.01	0.02	0.01
生产服务支出	**Cost of Production Services**	**0.71**	**0.17**	**0.15**	**0.41**	**0.32**	**0.65**	**0.68**
修理费	Repair Fee		0.05				0.04	0.01
外雇运输费	Transport Fee		0.01	0.03	0.01	0.02	0.15	0.04
生产性邮电费	Post and Telecommunication Fee							
外雇排灌费	Irrigation and Drainage Fee							
外雇机械作业费	Mechanical Work Fee							
配种费	Breeding Fee							
防疫费	Epidemic Prevention Fee	0.56	0.10	0.11	0.30	0.26	0.30	0.60
技术咨询费	Technical Advisory Expense				0.01	0.02	0.09	0.01
上交管理费	Administrative Expense						0.02	
其他	Others	0.15	0.01	0.02	0.11	0.02	0.06	0.03

2-21 生猪中间消耗
Mid-consumption of Live Hogs

单位：元/头 (yuan/head)

指 标	Item	2010	2011	2012	2013	2014	2015	2016
平均每单位产值	**Output Value Per Unit**	**1161.58**	**1737.52**	**1793.50**	**1780.86**	**1543.00**	**1682.35**	**2098.73**
平均每单位中间消耗	**Intermediate Consumption Per Unit**	**1119.28**	**1246.00**	**1230.57**	**1132.91**	**1121.16**	**1113.76**	**1069.94**
物质消耗	**Material Consumption**	**1083.16**	**1213.21**	**1214.29**	**1113.95**	**1097.81**	**1088.16**	**1035.84**
用种量	Seed Quantity	192.79	254.29	334.47	227.02	174.70	50.24	100.45
饲料	Forages	844.26	903.17	850.62	860.25	893.85	995.83	895.90
肥料	Fertilizers							
燃料	Fuels	0.20	4.15	7.30	0.27	3.46	0.61	1.23
农膜	Farm Plastic Film							
农药	Pesticides							
养殖用药	Pesticides for Cultivation	21.98	34.72	15.66	21.08	17.70	20.20	18.10
水费	Water Fee	0.19	0.79	1.11	1.19	1.90	4.74	3.49
用电量	Electricity Consumption	22.32	6.84	4.07	4.15	6.22	15.19	14.82
棚架材料费	Scaffold Material Cost							0.24
小农具	Small Farm Implements		0.12	0.03			0.29	0.42
办公用品	Office Supplies	1.23		0.02	0.01		0.08	0.04
其他	Others	0.18	9.14	1.03			1.00	1.15
生产服务支出	**Cost of Production Services**	**36.12**	**32.79**	**16.29**	**18.96**	**23.35**	**25.60**	**34.11**
修理费	Repair Fee	13.34	2.64	0.52	0.28	0.18	3.63	2.36
外雇运输费	Transport Fee	0.84	3.20	0.60	2.08	0.92	1.02	1.85
生产性邮电费	Post and Telecommunication Fee						0.01	0.01
外雇排灌费	Irrigation and Drainage Fee							
外雇机械作业费	Mechanical Work Fee							
配种费	Breeding Fee	0.01	0.02	1.29	3.21	1.46	1.90	5.64
防疫费	Epidemic Prevention Fee	5.45	22.66	10.06	9.43	15.76	14.21	19.73
技术咨询费	Technical Advisory Expense			0.40	2.48	0.78	1.34	0.66
上交管理费	Administrative Expense	0.40			0.10		0.10	0.07
其他	Others	16.08	4.27	3.43	1.39	4.26	3.41	3.80

主要统计指标解释

粮食产量 指全社会的产量。包括国有经济经营的、集体统一经营的和农民家庭经营的粮食产量，还包括工矿企业办的农场和其他生产单位的产量。粮食除包括稻谷、小麦、玉米、高粱、谷子及其他杂粮外，还包括薯类和豆类。其产量计算方法，豆类按去豆荚后的干豆计算；薯类（包括甘薯和马铃薯，不包括芋头和木薯）1963 年以前按每 4 公斤鲜薯折 1 公斤粮食计算，从 1964 年开始改为按 5 公斤鲜薯折 1 公斤粮食计算。城市郊区作为蔬菜的薯类（如马铃薯等）按鲜品计算，并且不作粮食统计。其他粮食一律按脱粒后的原粮计算。1989 年以前全国粮食产量数据主要靠全面报表取得，1989 年开始使用抽样调查数据。

猪、牛、羊肉产量 指当年出栏并已屠宰、除去头蹄下水后带骨肉（即胴体重）的重量。包括全社会范围内的产量。1996 年前为各级逐级上报数据。1996 年第一次农业普查以后，由于畜牧业产品年报数据与普查数据之间存在一定的差距，国家统计局农调总队对畜牧业年报数据与普查数据进行衔接。1999 年以后，国家统计局开展了猪、牛、羊、禽等主要畜禽品种的抽样调查，并用抽样数据作为国家定案数据使用。未开展抽样调查的品种，仍使用各级统计部门逐级上报数据。

期初（末）畜禽存栏头（只）数 指报告期初（末）农村各种合作经济组织和国营农场、农民个人、机关、团体、学校、工矿企业、部队等单位以及城镇居民饲养的大牲畜、猪、羊、家禽等畜禽的存栏数。数据上报方式及数据调整情况同猪、牛、羊肉产量。

当年出栏头数 指农林牧渔企业生产单位饲养的，供屠宰并已出栏的全部牲畜头数。包括交售给国家，集市上出售的部分。

常用耕地 是指耕地总资源中专门种植农作物并经常进行耕种、能够正常收获的土地。包括当年实际耕种的熟地；弃耕、休闲不满三年，随时可以复耕的地；开荒利用三年以上的土地。在统计口径上包括南方小于 1 米、北方小于 2 米宽的沟、渠、路和田埂。不包括临时种植农作物的坡度在 25 度以上的陡坡地；在河套、湖畔、库区临时开发的成片或零星土地；也不包括已列为国家和省（区、市）退耕计划但临时耕种的土地。常用耕地是国家需要重点保护的耕地，是反映我国农业综合生产能力的一个重要指标。

农作物播种面积 指实际播种或移植有农作物的面积。凡是实际种植有农作物的面积，不论种植在耕地上还是种植在非耕地上，均包括在农作物播种面积中。在播种季节基本结束后，因遭灾而重新改种和补种的农作物面积，也包括在内。它是反映我国耕地面积利用情况的一个重要指标。目前，农作物播种面积主要包括粮食、棉花、油料、糖料、麻类、烟叶、蔬菜和瓜类、药材和其他农作物九大类。

农林牧渔业中间消耗 指在一定时期内农林牧渔业生产过程中所消耗的物质产品和劳务价值。中间消耗包括物质产品消耗和生产服务支出两个部分。

Explanatory Notes on Main Statistical Indicators

Grain Output refers to the total output in the whole country including grains produced by state farms, collective units, rural households, as well as by farms affiliated to industrial and mining enterprises and other production units. Grain includes rice, wheat, corn, sorghum, millet and other miscellaneous grains as well as tubers and bean. Output of beans refers to dry beans without pods. The output of tubers (sweet potatoes and potatoes, not including taros and cassava) was converted into that of grain at the ratio 4:1, i.e. 4 kilograms of fresh tubers was equivalent to 1 kilogram of grain up to 1963. Since 1964 the ratio for conversion has been 5:1. Tubers supplied as vegetables (such as potatoes) in cities and suburbs are calculated as fresh vegetables and their output is not included in the output of grain. Output of all other grains refers to husked grain. Data on grain production before 1989 were obtained through Comprehensive Statistical Reporting System. Since 1989, data from sample surveys are used.

Output of Pork, Beef, and Mutton refers to the meat of slaughtered hogs, cattle, sheep and goats with head, feet, and offal taken away. Data refers to the production of the whole country. The first agriculture census of China in 1996 revealed some discrepancy between the production of animal products from the annual reports and that from the census. Efforts were made by the Rural Socio-economic Survey Organization of NBS to adjust the output value of animal husbandry to make the figures from the annual reports consistent with the census data. Since 1999, NBS conducted sample survey for the major animal husbandry products, such as hogs, cattle, sheep and goats and fowls, and the data from sample surveys are used as national finalized data. Those products, which are not covered by the sample survey, are still reported by statistical agencies level by level.

Number of Livestock or Poultry in Stock at Beginning (or End) refers to the total number of large animals, pigs, sheep, fowls, etc. raised by rural cooperative organizations, state farms, rural individuals, government agencies, schools, industrial and mining enterprises, army, and urban residents at the beginning (or end) of the reference period. Data reporting system and data adjustment are the same as that in the output of pork, beef and mutton.

Number of Livestock Slaughtered refers to the total number of animals for butchering by farming, forestry, animal husbandry and fishery, including parts of selling to country and markets.

Regularly Cultivated Land refers to farmland among the total land resources, which is exclusively used for farming and is under regular cultivation with harvest in normal years. Included are currently cultivated land, land that has been abandoned or put in idle for less than 3 years and could be re-used for cultivation at any time, and new-claimed land that has been put into cultivation for more than 3 years. According to statistical coverage, it includes the gouges, dykes, roads and ridges of field with 1 meter wide in Southern areas and 2 meters wide in Northern areas. Excluded under this category are steep slope land over 25 degrees under temporary cultivation, land (large or small plots) that is claimed along river bends, lake sides or banks of reservoirs, as well as land that has been designated under the "Green for Grain" programme of the state and provincial governments but is still temporarily under cultivation. The regularly cultivated land is the key protection land of the nation, an important indicator reflecting the comprehensive productivity of agriculture of China.

Sown Area of Crops refers to area of land sown or transplanted with crops regardless of being in cultivated area or non-cultivated area. Area of land re-sown due to natural disasters is also included. This is an important indicator that can reflect the utilization condition of the cultivated land in China. At present, the sown area of crops mainly include the following 9 categories of crops: grain, cotton, oil-bearing crops, sugar crops, fiber crops, Tobacco, Vegetables and melons, medicinal materials and other farm crops.

Intermediate consumption of Farming, Forestry, Animal Husbandry and Fishery refers to the value input and consumption in the process of agriculture production and various physical products during a certain period. It is classified into intermediate material consumption and intermediate service consumption.

企业调查

Chapter 3

Enterprise Survey

资料整理：胡　宇　潘　路

3-1 规模以下工业主要指标
Main Indicators of Industrial Enterprises below Designated Size

单位：亿元 (100 million yuan)

指　标	Item	2013	2014	2015	2016
总体估计量	**Population Estimator**				
单位数合计(万个)	Number of Units(10000 units)	18.81	18.74	13.51	14.71
期末从业人数(万人)	Number of Employed Persons at the Year-end(10000 persons)	115.99	111.29	78.76	72.17
工业总产值(当年价格)	Gross Industrial Ouptput Value(current prices)	2364.03	2431.8	1438.35	1296.35
企业子总体估计量	**Population Estimator Of Enterprise**				
企业数(万个)	Number of Enterprises(10000 units)	3.32	3.2	2.8	4.4
期末从业人数(万人)	Number of Employed Persons at the Year-end(10000 persons)	66.76	61.77	41.66	34.27
工业总产值(当年价格)	Gross Industrial Ouptput Value(current prices)	1485.67	1419.28	980.31	807.61
主营业务收入	Revenue from Principal Business	1470.96	1405.23	970.6	799.61
应交税金	Payable Tax	45.95	45.51	43.75	29.96
工资总额	Total Wages	137.89	143.82	127.88	107.84
折旧	Depreciation	73.97	69.73	96.16	88.09
个体子总体估计量	**Population Estimator Of Individual**				
个体单位数(万个)	Number of Individuals(10000 units)	15.49	15.54	10.71	10.31
期末从业人数(万人)	Number of Employed Persons at the Year-end(10000 persons)	49.23	49.52	37.1	37.9
营业收入	Business Income	869.67	1002.49	453.5	483.9

注：以上数据是以湖北为总体进行抽样调查推估而得，其中工业总产值为抽样核心指标，抽样误差较小；而其他指标不是抽样核心指标，抽样误差可能较大。同时，2015年因全部更换了新样本和抽样框，故2015年数据和之前的数据不具备可比性。
Note: The above data are surveyed and projected base on samples for Hubei,The projected value of the indicators are certain sampling error. Meanwhile, due to replace of all the new samples and sampling frames in 2015, the data of 2015 and previous data are not comparable.

3-2 历年规模以下工业主要经济指标(2008-2016)
Main Indicators of Industrial Enterprises below Designated Size (2008-2016)

年　份 Year	单位数合计 Number of Units 万个 (10000 units)	企业 Enterprise	个体 Self-employed Individuals	从业人员合计 Number of Staff and Workers (万人) (10000 persons)	企业 Enterprise	个体 Self-employed Individuals	工业增加值合计(亿元) Total of Industrial Value-added (100 million yuan) 本期 Current	增幅(%) Rate of Increase (%)
2008	18.85	2.23	16.62	107.66	53.56	54.10	429.40	4.4
2009	19.39	2.57	16.82	107.47	52.70	54.77	452.71	8.5
2010	18.49	3.57	14.92	99.09	50.10	48.99	495.84	10.4
2011	19.03	4.23	14.80	133.05	83.03	50.02	735.30	8.5
2012	19.12	3.91	15.21	130.84	79.67	51.17	854.14	6.8
2013	18.81	3.32	15.49	115.99	66.76	49.23	744.00	6.8
2014	18.74	3.20	15.54	111.29	61.77	49.52	765.30	5.6
2015	13.51	2.80	10.71	78.76	41.66	37.10	528.80	7.5
2016	14.71	4.40	10.31	72.17	34.27	37.90	435.50	3.2

注：规模以下工业部分所有指标均为抽样调查数据，指数均按可比价格计算。2011年以前工业增加值为企业年营业收入在500万元以下推算数，2011年工业增加值为样本企业年营业收入在2000万元以下推算数。
Note: Data in this table were the figures of Sample Survey, the indices was calculated on the basis of constant coverage.Before 2011, industrial value-added was calculated according to all industrial enterprises with renenue from principal business below 5 million yuan,while according to the sample of corporate below 20 million yuan.

3-3 规模以下工业企业按类型分组主要指标(2016年)

单位：亿元

分　组	Item	企业数(个) Number of Enterprises (Units)
总　计	**Total**	**44104**
按登记注册类型分组	By Status of Registration	
内资企业	Domestic Funded Enterprises	43842
国有企业	State-owned Enterprises	389
集体企业	Collective-owned Enterprises	565
股份合作企业	Cooperative Enterprises	83
联营企业	Joint Ownership Enterprises	175
有限责任公司	Limited Liability Corporations	8590
股份有限公司	Share-holding Corporations Ltd.	745
私营企业	Private Enterprises	30649
其他企业	Other Enterprises	2646
港、澳、台商投资企业	Enterprises with Funds from Hong Kong, Macao and Taiwan	146
与港澳台商合资经营企业	Joint Venture Enterprises with Funds from Hong Kong, Macao and Taiwan	23
与港澳台商合作经营企业	Cooperative Enterprises with Funds from Hong Kong, Macao and Taiwan	
港澳台商独资经营企业	Enterprises with Sole(exclusive) Investment from Hong Kong, Macao and Taiwan	123
港澳台商投资股份有限公司	Share-holding Corporations Ltd. with Investment from Hong Kong, Macao and Taiwan	
外商投资企业	Enterprises with Foreign Investment	116
中外合资经营企业	Joint Venture Enterprises with Foreign Investment//Joint-venture Enterprises	59
中外合作经营企业	Cooperative Enterprises with Foreign Investment//Cooperative Enterprises	18
外资企业	Enterprises with Sole(exclusive) Foreign Investment//Enterprises with Sole Funds	39
外商投资股份有限公司	Share-holding Corporations Ltd. with Foreign Investment	

注：部分企业有“企业数”而无“经济指标”是因为该类别或行业的样本企业生产状态或为“转产”或为“停产”或为“关闭”等，但参与了汇总。特说明。

Note: Several enterprises have "number of enterprises" without "economic indicators" due to the production status of sample enterprises are “conversion”or“stopping production”or “abandoning production”, but calculate in the statistical report.Please pay attention.

Main Indicators of Industrial Enterprises below Designated Size by Type (2016)

(100 million yuan)

工业总产值 Gross Industrial Output Value	营业收入 Business Revenue	期末从业人员（人） Number of Engaged Persons (Person)	资产总计 Total Assets	主营业务成本 Cost of Principal Business	应付职工薪酬 Wages Payable
807.61	**799.61**	**34.27**	**1089.44**	**630.82**	**107.84**
804.59	796.62	34.21	1083.46	628.23	107.61
10.72	10.61	0.52	29.78	7.73	1.48
21.67	21.45	2.03	30.54	18.64	7.25
0.20	0.19	0.02	0.52	0.15	0.08
12.32	12.20	0.15	14.00	8.55	0.62
162.04	160.44	6.26	220.90	129.19	22.49
6.08	6.02	0.34	27.09	4.75	1.16
566.86	561.25	24.25	736.05	440.28	72.48
24.70	24.46	0.64	24.58	18.94	2.05
0.05	0.05	0.001	0.53	0.03	0.02
0.05	0.05	0.001	0.53	0.03	0.02
2.97	2.94	0.06	5.45	2.56	0.21
2.97	2.94	0.06	5.45	2.56	0.21

3-4 规模以下工业企业分行业主要指标(2016年)

单位：亿元

分　组	Item	企业数(个) Number of Enterprises (Unit)
总　计	**Total**	**44104**
煤炭开采和洗选业	Mining and Washing of Coal	258
石油和天然气开采业	Extraction of Petroleum and Natural Gas	15
黑色金属矿采选业	Mining and Processing of Ferrous Metal Ores	162
有色金属矿采选业	Mining and Processing of Non-ferrous Metal Ores	84
非金属矿采选业	Mining and Processing of Non-metal Ores	1882
开采辅助活动	Mining of Auxiliary Activities	25
其他采矿业	Mining of Other Ores	222
农副食品加工业	Processing of Food from Agricultural Products	3081
食品制造业	Manufacture of Foods	1357
酒、饮料和精制茶制造业	Manufacture of Liquor, Beverage and Tea	2020
烟草制品业	Manufacture of Tobacco	5
纺织业	Manufacture of Textile	1317
纺织服装、服饰业	Manufacture of Textile and Apparel	1685
皮革、毛皮、羽毛(绒)及其制品业	Manufacture of Leather, Fur, Feather and Its Products	502
木材加工及木、竹、藤、棕、草制品业	Processing of Timber, Manufacture of Wood, Bamboo, Rattan, Palm and Straw Products	1103
家具制造业	Manufacture of Furniture	1014
造纸及纸制品业	Manufacture of Paper and Paper Products	602
印刷业和记录媒介的复制	Printing, Reproduction of Recording Media	1347
文教、工美、体育和娱乐用品制造业	Manufacture of Culture and Education ,Art and Craft,Sport Activities, Entertainment	488
石油加工、炼焦及核燃料加工业	Processing of Petroleum, Coking, Processing of Nuclear Fuel	56
化学原料及化学制品制造业	Manufacture of Raw Chemical Materials and Chemical Products	1898
医药制造业	Manufacture of Medicines	292
化学纤维制造业	Manufacture of Chemical Fibre	25
橡胶和塑料制品业	Manufacture of Rubber and Plastics	1695
非金属矿物制品业	Manufacture of Non-metallic Mineral Products	6339
黑色金属冶炼及压延加工业	Smelting and Pressing of Ferrous Metals	291
有色金属冶炼及压延加工业	Smelting and Pressing of Non-ferrous Metals	314
金属制品业	Manufacture of Metal Products	2195
通用设备制造业	Manufacture of General Purpose Machinery	2457
专用设备制造业	Manufacture of Special Purpose Machinery	2390
汽车制造业	Manufacture of Automobile	2807
铁路、船舶、航空航天和其他运输设备制造业	Manufacture of Railway, Shipbuilding, Aerospace, and Other Transport Equipment	200
电气机械及器材制造业	Manufacture of Electrical Machinery and Equipment	1789
计算机、通信及其他电子设备制造业	Manufacture of Computer, Communication and Other Electronic Equipment	556
仪器仪表制造业	Manufacture of Measuring Instrument	427
其他制造业	Other Manufacture	346
废弃资源综合利用业	Comprehensive Utilization of Waste Resources	222
金属制品、机械和设备修理业	Metal product, Machinery and Equipment Repair	255
电力、热力的生产和供应业	Production and Supply of Electric Power and Heat Power	1296
燃气生产和供应业	Production and Supply of Gas	210
水的生产和供应业	Production and Supply of Water	875

Main Indicators of Industrial Enterprises below Designated Size by Sector (2016)

工业总产值 Gross Industrial Output Value	营业收入 Business Revenue	期末从业人员（人） Number of Engaged Persons (Person)	税金总额 Total Tax	#所得税 Income Tax	利润总额 Total Profit
807.61	**799.61**	**34.27**	**29.96**	**5.90**	**64.35**
6.15	6.09	0.51	0.45	0.01	0.49
0.47	0.47	0.01	0.04	0.01	0.03
0.32	0.32	0.03	0.02	0.002	0.02
0.03	0.03	0.01	0.01	0.0001	0.001
26.81	26.54	1.27	0.66	0.24	1.72
0.87	0.86	0.03	0.01	0.001	0.12
13.72	13.58	0.21	0.93	0.01	2.19
71.25	70.54	2.05	0.49	0.07	2.93
18.48	18.30	1.27	0.45	0.22	1.84
24.84	24.59	1.57	0.38	0.08	4.25
32.47	32.15	1.25	0.84	0.12	2.47
12.93	12.80	2.22	0.31	0.03	1.74
1.78	1.76	0.96	0.06	0.004	-0.48
5.41	5.36	0.22	0.06	0.02	0.69
24.86	24.61	1.52	0.19	0.03	2.48
14.27	14.13	0.58	0.46	0.12	1.55
18.07	17.89	0.79	2.30	0.08	1.18
4.00	3.96	0.33	0.42	0.001	0.08
0.29	0.29	0.01	0.002	0.0004	-0.01
11.53	11.42	0.54	0.45	0.12	0.36
5.32	5.27	0.27	0.08	0.03	0.38
0.14	0.14	0.01	0.002	0.0002	0.04
75.16	74.42	1.59	1.38	0.08	4.25
111.25	110.15	2.81	4.04	0.42	13.55
12.57	12.45	1.26	1.64	0.05	0.24
2.30	2.28	0.14	0.09	0.02	0.17
33.76	33.43	2.13	1.91	0.35	4.22
18.62	18.44	1.58	0.49	0.14	1.78
62.10	61.49	1.74	3.79	0.93	4.63
78.50	77.72	2.60	2.43	0.42	5.32
0.75	0.74	0.08	0.06	0.001	-0.32
35.41	35.06	1.61	1.72	0.86	2.41
2.25	2.23	0.18	0.05	0.002	-0.42
25.92	25.66	0.36	0.48	0.03	0.07
6.87	6.80	0.15	0.13	0.01	0.27
3.57	3.53	0.07	0.09	0.0004	0.14
5.26	5.21	0.17	0.12	0.01	0.19
20.02	19.82	0.96	2.24	1.32	1.99
3.46	3.43	0.11	0.18	0.02	0.65
15.81	15.65	1.07	0.51	0.04	1.14

3-4 续表

单位：亿元

分　组	Item	应付职工薪酬 Wages Payable
总　计	**Total**	**107.84**
煤炭开采和洗选业	Mining and Washing of Coal	2.07
石油和天然气开采业	Extraction of Petroleum and Natural Gas	0.06
黑色金属矿采选业	Mining and Processing of Ferrous Metal Ores	0.09
有色金属矿采选业	Mining and Processing of Non-ferrous Metal Ores	0.01
非金属矿采选业	Mining and Processing of Non-metal Ores	4.50
开采辅助活动	Mining of Auxiliary Activities	0.09
其他采矿业	Mining of Other Ores	0.74
农副食品加工业	Processing of Food from Agricultural Products	4.85
食品制造业	Manufacture of Foods	2.19
酒、饮料和精制茶制造业	Manufacture of Liquor, Beverage and Tea	2.78
烟草制品业	Manufacture of Tobacco	
纺织业	Manufacture of Textile	4.09
纺织服装、服饰业	Manufacture of Textile and Apparel	5.18
皮革、毛皮、羽毛(绒)及其制品业	Manufacture of Leather, Fur, Feather and Its Products	0.94
木材加工及木、竹、藤、棕、草制品业	Processing of Timber, Manufacture of Wood, Bamboo, Rattan, Palm and Straw Products	0.48
家具制造业	Manufacture of Furniture	1.90
造纸及纸制品业	Manufacture of Paper and Paper Products	2.56
印刷业和记录媒介的复制	Printing, Reproduction of Recording Media	3.42
文教、工美、体育和娱乐用品制造业	Manufacture of Culture and Education ,Art and Craft,Sport Activities, Entertainment	0.82
石油加工、炼焦及核燃料加工业	Processing of Petroleum, Coking, Processing of Nuclear Fuel	0.02
化学原料及化学制品制造业	Manufacture of Raw Chemical Materials and Chemical Products	1.87
医药制造业	Manufacture of Medicines	0.75
化学纤维制造业	Manufacture of Chemical Fibre	0.04
橡胶和塑料制品业	Manufacture of Rubber and Plastics	8.33
非金属矿物制品业	Manufacture of Non-metallic Mineral Products	9.76
黑色金属冶炼及压延加工业	Smelting and Pressing of Ferrous Metals	4.31
有色金属冶炼及压延加工业	Smelting and Pressing of Non-ferrous Metals	0.34
金属制品业	Manufacture of Metal Products	7.68
通用设备制造业	Manufacture of General Purpose Machinery	4.62
专用设备制造业	Manufacture of Special Purpose Machinery	8.42
汽车制造业	Manufacture of Automobile	7.64
铁路、船舶、航空航天和其他运输设备制造业	Manufacture of Railway, Shipbuilding, Aerospace, and Other Transport Equipment	0.38
电气机械及器材制造业	Manufacture of Electrical Machinery and Equipment	6.40
计算机、通信及其他电子设备制造业	Manufacture of Computer, Communication and Other Electronic Equipment	1.11
仪器仪表制造业	Manufacture of Measuring Instrument	1.99
其他制造业	Other Manufacture	0.58
废弃资源综合利用业	Comprehensive Utilization of Waste Resources	0.16
金属制品、机械和设备修理业	Metal product, Machinery and Equipment Repair	0.69
电力、热力的生产和供应业	Production and Supply of Electric Power and Heat Power	2.54
燃气生产和供应业	Production and Supply of Gas	0.33
水的生产和供应业	Production and Supply of Water	3.11

Continued

(100 million yuan)

本年折旧 Depreciation This Year	资产总计 Total Assets	固定资产原价 Original Value of Fixed Assets	固定资产净值 Net Value of Fixed Assets
88.09	**1089.44**	**671.31**	**519.33**
0.49	31.88	16.19	14.84
0.06	1.62	0.66	0.56
0.06	1.20	1.00	0.37
0.002	0.11	0.03	0.02
1.35	22.28	17.21	12.55
0.12	4.36	2.19	2.04
0.25	14.44	5.19	4.96
3.25	44.68	27.03	22.55
1.70	30.45	15.85	12.12
3.13	27.55	19.37	15.40
3.00	30.65	20.14	16.72
1.01	10.40	7.57	5.46
0.02	3.22	2.27	2.25
1.20	8.30	6.00	4.70
1.24	49.35	28.33	25.47
0.79	15.04	13.15	10.10
3.69	29.78	14.65	8.60
2.98	6.10	3.82	1.09
0.001	0.30	0.05	0.02
1.19	27.35	8.13	6.99
0.23	9.22	6.63	6.32
0.01	0.09	0.11	0.06
14.23	74.72	50.78	37.26
5.94	101.38	74.39	46.23
1.36	10.98	7.97	6.73
0.13	3.88	1.01	0.85
3.02	41.83	19.00	14.81
1.73	33.04	20.66	13.38
3.72	82.53	37.33	30.83
7.74	91.20	34.77	26.25
0.13	3.16	2.89	1.42
5.93	65.19	32.69	26.11
3.41	4.56	4.22	1.07
1.29	22.21	15.60	13.50
0.57	6.92	2.25	1.70
0.22	4.13	1.42	1.15
0.22	6.56	2.77	2.10
5.74	104.87	99.70	82.81
0.29	11.16	3.89	3.20
6.65	52.75	44.40	36.74

3-5 规模以下服务业企业样本调查单位主要指标(2016年)
Major Indicators for Sample Units of Services Enterprises below Designated Size(2016)

项　目	Item	单　位	Unit	指标值 Value
单位数	Number of Enterprises	个	unit	1819
固定资产原价	Original Value of Fixed Assets	千元	1000 yuan	5555478
资产总计	Total Assets	千元	1000 yuan	25419061
负债合计	Total Liabilities	千元	1000 yuan	15188827
营业收入	Business Revenue	千元	1000 yuan	4878185
营业成本	Operating Costs	千元	1000 yuan	3150919
营业税金及附加	Operating Tax and Extra Charges	千元	1000 yuan	81089
销售费用	Selling Expenses	千元	1000 yuan	343963
管理费用	Management Expenses	千元	1000 yuan	772976
财务费用	Financing Expenses	千元	1000 yuan	71740
营业利润	Operating Profit	千元	1000 yuan	252077
应付职工薪酬(本年贷方累计发生额)	Payroll Payable	千元	1000 yuan	933471
应交增值税	Value Added Tax Payable	千元	1000 yuan	96306
从业人员平均人数	Average Number of Employed Persons	人	person	26667

注：规模以下服务业企业是指辖区内一定规模以下的服务业行业法人单位(营业收入在1000万元以下而且从业人员平均人数在50人以下)。具体包括：交通运输、仓储和邮政业，信息传输、软件和信息技术服务业，物业管理与房地产中介服务业，租赁和商务服务业，科学研究和技术服务业，水利、环境和公共设施管理业，居民服务、修理和其他服务业，教育，卫生和社会工作，文化、体育和娱乐业等行业。2016年全省共调查有效样本企业1819家。

Note: 'Service Enterprises below Designated Size' refers to service industry corporations below a certain size in the area (operating income bellow 10 million yuan and the average number of employees bellow 50). Specific include: transportation, storage and postal industry, information transmission, software and information technology services industry, property management and real estate intermediary services, leasing and business services, scientific research and technical services, water conservancy, environment and public facilities management industry and residents service, repair and other services, education, health and social work, culture, sports and entertainment industry. In total of 1819 effective samples are surveyed in 2016.

3-6 规模以下交通运输、仓储和邮政业企业样本调查单位主要指标(2016年)
Major Indicators for Sample Units of Transport, Storage and Postal Enterprises below Designated Size(2016)

项　目	Item	单　位	Unit	指标值 Value
单位数	Number of Enterprises	个	unit	325
固定资产原价	Original Value of Fixed Assets	千元	1000 yuan	993051
资产总计	Total Assets	千元	1000 yuan	2043373
负债合计	Total Liabilities	千元	1000 yuan	1016799
营业收入	Business Revenue	千元	1000 yuan	907890
营业成本	Operating Costs	千元	1000 yuan	600582
营业税金及附加	Operating Tax and Extra Charges	千元	1000 yuan	17387
销售费用	Selling Expenses	千元	1000 yuan	56556
管理费用	Management Expenses	千元	1000 yuan	112735
财务费用	Financing Expenses	千元	1000 yuan	15076
营业利润	Operating Profit	千元	1000 yuan	58228
应付职工薪酬(本年贷方累计发生额)	Payroll Payable	千元	1000 yuan	148779
应交增值税	Value Added Tax Payable	千元	1000 yuan	18153
从业人员平均人数	Average Number of Employed Persons	人	person	4848

3-7 规模以下信息传输、软件和信息技术服务业企业样本调查单位主要指标(2016年)

Major Indicators for Sample Units of the Information Transmission, Technology Services and Software Enterprises Information below Designated Size (2016)

项目	Item	单位	Unit	指标值 Value
单位数	Number of Enterprises	个	unit	207
固定资产原价	Original Value of Fixed Assets	千元	1000 yuan	326575
资产总计	Total Assets	千元	1000 yuan	1252476
负债合计	Total Liabilities	千元	1000 yuan	249871
营业收入	Business Revenue	千元	1000 yuan	613961
营业成本	Operating Costs	千元	1000 yuan	422132
营业税金及附加	Operating Tax and Extra Charges	千元	1000 yuan	7235
销售费用	Selling Expenses	千元	1000 yuan	37050
管理费用	Management Expenses	千元	1000 yuan	78725
财务费用	Financing Expenses	千元	1000 yuan	8827
营业利润	Operating Profit	千元	1000 yuan	33056
应付职工薪酬(本年贷方累计发生额)	Payroll Payable	千元	1000 yuan	94649
应交增值税	Value Added Tax Payable	千元	1000 yuan	10579
从业人员平均人数	Average Number of Employed Persons	人	person	2066

3-8 规模以下房地产业企业样本调查单位主要指标(2016年)

Major Indicators for Sample Units of Real Estate Enterprises below Designated Size(2016)

项目	Item	单位	Unit	指标值 Value
单位数	Number of Enterprises	个	unit	150
固定资产原价	Original Value of Fixed Assets	千元	1000 yuan	805864
资产总计	Total Assets	千元	1000 yuan	3423129
负债合计	Total Liabilities	千元	1000 yuan	2211960
营业收入	Business Revenue	千元	1000 yuan	481741
营业成本	Operating Costs	千元	1000 yuan	377976
营业税金及附加	Operating Tax and Extra Charges	千元	1000 yuan	15051
销售费用	Selling Expenses	千元	1000 yuan	22117
管理费用	Management Expenses	千元	1000 yuan	117895
财务费用	Financing Expenses	千元	1000 yuan	5388
营业利润	Operating Profit	千元	1000 yuan	-71271
应付职工薪酬(本年贷方累计发生额)	Payroll Payable	千元	1000 yuan	83985
应交增值税	Value Added Tax Payable	千元	1000 yuan	22743
从业人员平均人数	Average Number of Employed Persons	人	person	2761

3-9 规模以下租赁和商务服务业企业样本调查单位主要指标(2016年)
Major Indicators for Sample Units of Leasing and Business Services Enterprises below Designated Size(2016)

项　目	Item	单 位	Unit	指标值 Value
单位数	Number of Enterprises	个	unit	225
固定资产原价	Original Value of Fixed Assets	千元	1000 yuan	1070933
资产总计	Total Assets	千元	1000 yuan	13498665
负债合计	Total Liabilities	千元	1000 yuan	9530000
营业收入	Business Revenue	千元	1000 yuan	540906
营业成本	Operating Costs	千元	1000 yuan	338050
营业税金及附加	Operating Tax and Extra Charges	千元	1000 yuan	11228
销售费用	Selling Expenses	千元	1000 yuan	25450
管理费用	Management Expenses	千元	1000 yuan	97702
财务费用	Financing Expenses	千元	1000 yuan	3156
营业利润	Operating Profit	千元	1000 yuan	68652
应付职工薪酬(本年贷方累计发生额)	Payroll Payable	千元	1000 yuan	94781
应交增值税	Value Added Tax Payable	千元	1000 yuan	11312
从业人员平均人数	Average Number of Employed Persons	人	person	2875

3-10 规模以下科学研究和技术服务业企业样本调查单位主要指标(2016年)
Major Indicators for Sample Units of the Scientific Research and Technical Services Enterprises below Designated Size(2016)

项　目	Item	单 位	Unit	指标值 Value
单位数	Number of Enterprises	个	unit	147
固定资产原价	Original Value of Fixed Assets	千元	1000 yuan	424747
资产总计	Total Assets	千元	1000 yuan	1047303
负债合计	Total Liabilities	千元	1000 yuan	415498
营业收入	Business Revenue	千元	1000 yuan	606531
营业成本	Operating Costs	千元	1000 yuan	401633
营业税金及附加	Operating Tax and Extra Charges	千元	1000 yuan	6672
销售费用	Selling Expenses	千元	1000 yuan	23455
管理费用	Management Expenses	千元	1000 yuan	115592
财务费用	Financing Expenses	千元	1000 yuan	6206
营业利润	Operating Profit	千元	1000 yuan	39326
应付职工薪酬(本年贷方累计发生额)	Payroll Payable	千元	1000 yuan	103576
应交增值税	Value Added Tax Payable	千元	1000 yuan	7901
从业人员平均人数	Average Number of Employed Persons	人	person	2225

3-11 规模以下水利、环境和公共设施管理业企业样本调查单位主要指标(2016年)

Major Indicators for Sample Units of the Water Conservancy, Environment and Public Facilities Management Enterprises below Designated Size(2016)

项　目	Item	单　位	Unit	指标值 Value
单位数	Number of Enterprises	个	unit	129
固定资产原价	Original Value of Fixed Assets	千元	1000 yuan	647505
资产总计	Total Assets	千元	1000 yuan	1901894
负债合计	Total Liabilities	千元	1000 yuan	965395
营业收入	Business Revenue	千元	1000 yuan	372936
营业成本	Operating Costs	千元	1000 yuan	251290
营业税金及附加	Operating Tax and Extra Charges	千元	1000 yuan	5092
销售费用	Selling Expenses	千元	1000 yuan	16447
管理费用	Management Expenses	千元	1000 yuan	45580
财务费用	Financing Expenses	千元	1000 yuan	10886
营业利润	Operating Profit	千元	1000 yuan	21645
应付职工薪酬(本年贷方累计发生额)	Payroll Payable	千元	1000 yuan	64633
应交增值税	Value Added Tax Payable	千元	1000 yuan	7689
从业人员平均人数	Average Number of Employed Persons	人	person	1928

3-12 规模以下居民服务、修理和其他服务业企业样本调查单位主要指标(2016年)

Major Indicators for Sample Units of Resident Services, Repair Services and other Services Enterprises below Designated Size(2016)

项　目	Item	单　位	Unit	指标值 Value
单位数	Number of Enterprises	个	unit	135
固定资产原价	Original Value of Fixed Assets	千元	1000 yuan	210837
资产总计	Total Assets	千元	1000 yuan	331088
负债合计	Total Liabilities	千元	1000 yuan	120589
营业收入	Business Revenue	千元	1000 yuan	256723
营业成本	Operating Costs	千元	1000 yuan	160087
营业税金及附加	Operating Tax and Extra Charges	千元	1000 yuan	4073
销售费用	Selling Expenses	千元	1000 yuan	15489
管理费用	Management Expenses	千元	1000 yuan	32875
财务费用	Financing Expenses	千元	1000 yuan	5148
营业利润	Operating Profit	千元	1000 yuan	31039
应付职工薪酬(本年贷方累计发生额)	Payroll Payable	千元	1000 yuan	53457
应交增值税	Value Added Tax Payable	千元	1000 yuan	5631
从业人员平均人数	Average Number of Employed Persons	人	person	1878

3-13 规模以下教育企业样本调查单位主要指标(2016年)
Major Indicators for Sample Units of Education Enterprises below Designated Size(2016)

项 目	Item	单 位	Unit	指标值 Value
单位数	Number of Enterprises	个	unit	114
固定资产原价	Original Value of Fixed Assets	千元	1000 yuan	210258
资产总计	Total Assets	千元	1000 yuan	269592
负债合计	Total Liabilities	千元	1000 yuan	80335
营业收入	Business Revenue	千元	1000 yuan	209470
营业成本	Operating Costs	千元	1000 yuan	117016
营业税金及附加	Operating Tax and Extra Charges	千元	1000 yuan	3811
销售费用	Selling Expenses	千元	1000 yuan	8247
管理费用	Management Expenses	千元	1000 yuan	36602
财务费用	Financing Expenses	千元	1000 yuan	2475
营业利润	Operating Profit	千元	1000 yuan	19837
应付职工薪酬(本年贷方累计发生额)	Payroll Payable	千元	1000 yuan	61786
应交增值税	Value Added Tax Payable	千元	1000 yuan	2883
从业人员平均人数	Average Number of Employed Persons	人	person	2079

3-14 规模以下卫生和社会工作企业样本调查单位主要指标(2016年)
Major Indicators for Sample Units of Health and Social Work Enterprises below Designated Size(2016)

项 目	Item	单 位	Unit	指标值 Value
单位数	Number of Enterprises	个	unit	201
固定资产原价	Original Value of Fixed Assets	千元	1000 yuan	585720
资产总计	Total Assets	千元	1000 yuan	1105275
负债合计	Total Liabilities	千元	1000 yuan	279727
营业收入	Business Revenue	千元	1000 yuan	569269
营业成本	Operating Costs	千元	1000 yuan	323092
营业税金及附加	Operating Tax and Extra Charges	千元	1000 yuan	4795
销售费用	Selling Expenses	千元	1000 yuan	91857
管理费用	Management Expenses	千元	1000 yuan	70433
财务费用	Financing Expenses	千元	1000 yuan	5793
营业利润	Operating Profit	千元	1000 yuan	43823
应付职工薪酬(本年贷方累计发生额)	Payroll Payable	千元	1000 yuan	142480
应交增值税	Value Added Tax Payable	千元	1000 yuan	1572
从业人员平均人数	Average Number of Employed Persons	人	person	3762

3-15 规模以下文化、体育和娱乐业企业样本调查单位主要指标(2016年)
Major Indicators for Sample Units of Cultural, Sports, Entertainment Enterprises below Designated Size(2016)

项 目	Item	单 位	Unit	指标值 Value
单位数	Number of Enterprises	个	unit	186
固定资产原价	Original Value of Fixed Assets	千元	1000 yuan	279988
资产总计	Total Assets	千元	1000 yuan	546266
负债合计	Total Liabilities	千元	1000 yuan	318653
营业收入	Business Revenue	千元	1000 yuan	318758
营业成本	Operating Costs	千元	1000 yuan	159061
营业税金及附加	Operating Tax and Extra Charges	千元	1000 yuan	5745
销售费用	Selling Expenses	千元	1000 yuan	47295
管理费用	Management Expenses	千元	1000 yuan	64837
财务费用	Financing Expenses	千元	1000 yuan	8785
营业利润	Operating Profit	千元	1000 yuan	7742
应付职工薪酬(本年贷方累计发生额)	Payroll Payable	千元	1000 yuan	85345
应交增值税	Value Added Tax Payable	千元	1000 yuan	7843
从业人员平均人数	Average Number of Employed Persons	人	person	2245

主要统计指标解释

国有企业 是指企业全部资产归国家所有,并按《中华人民共和国企业法人登记管理条例》规定登记注册的非公司制的经济组织。不包括有限责任公司中的国有独资公司。

集体企业 指企业资产归集体所有，并按《中华人民共和国企业法人登记管理条例》规定登记注册的经济组织，是社会主义公有制的组成部分。包括城乡所有使用集体投资举办的企业，以及部分个人通过集资自愿放弃所有权并依法经工商行政管理机关认定为集体所有制的企业。

股份合作企业 指以合作制为基础，由企业职工共同出资入股，吸收一定比例的社会资产投资组建，实行自主经营，自负盈亏，共同劳动，民主管理，按劳分配与按股分红相结合的一种集体经济组织。

有限责任公司 指根据《中华人民共和国登记管理条例》规定登记注册，由两个以上，五十个以下的股东共同出资，每个股东以其所认缴的出资额对公司承担有限责任，公司以其全部资产对其债务承担责任的经济组织。

有限责任公司包括国有独资公司以及其他有限责任公司。国有独资公司是指国家授权的投资机构或者国家授权的部门单独投资设立的有限责任公司。其他有限责任公司是指国有独资公司以外的其他有限责任公司。

股份有限公司 指根据《中华人民共和国公司登记管理条例》规定登记注册,其全部注册资本由等额股份构成并通过发行股票筹集资本,股东以其认购的股份对公司承担有限责任,公司以其全部资产对其债务承担责任的经济组织。

固定资产原价 指固定资产的成本，包括企业在购置、自行建造、安装、改建、扩建、技术改造某项固定资产时所发生的全部支出总额。根据会计“固定资产”科目的期末借方余额填报。

资产总计 指企业过去的交易或者事项形成的、由企业拥有或者控制的、预期会给企业带来经济利益的资源。资产一般按流动性（资产的变现或耗用时间长短）分为流动资产和非流动资产。其中流动资产可分为货币资金、交易性金融资产、应收票据、应收账款、预付款项、其他应收款、存货等;非流动资产可分为长期股权投资、固定资产、无形资产及其他非流动资产等。根据会计“资产负债表”中“资产总计”项目的期末余额数填报。

负债合计 指企业过去的交易或者事项形成的，预期会导致经济利益流出企业的现时义务。负债一般按偿还期长短分为流动负债和非流动负债。根据会计“资产负债表”中“负债合计”项目的期末余额数填报。

Explanatory Notes on Main Statistical Indicators

State-owned Enterprises refer to non-corporation economic units where the entire assets are owned by the State and which have registered in accordance with the Regulation of the People's Republic of China on the Management of Registration of Corporation Enterprises. Excluded from this category are sole State-funded corporation in the limited liability Corporations.

Collective-owned Enterprises refer to economic entities registered in accordance with the Regulation of the People's Republic of China on the Management of Registration of Legal Enterprises, where assets are owned collectively. Collective enterprises constitute and integral part of the socialist economy with public ownership. They include urban and rural enterprises invested collectively, and some enterprises registered in industrial and commercial administration agency as collective units where funds are pooled together by individuals who voluntarily give up their right of ownership.

Share-holding Cooperative Enterprises refer to economic units set up on a cooperative basis, with funding partly from employees of the enterprise and partly from outside investment, where the operation and management is decided by all the members who also participate in the production, and the distribution of income is based both on work(labour input)and on shares(capital input).

Limited Liability Corporations refer to economic units registered in accordance with the Regulation of the People's Republic of China on the Management of Registration of Corporations, with capital from 2 to 49 investors, each investor bears limited liability to the corporation depending on his/her holding of shares, and the corporation bears liability to its debt to the maximum of its total assets.

Limited Liability Companies, including wholly state-owned companies and other limited liability companies. Wholly state-owned company is a state authorized investment institution or a separate investment set up by state authorized department. Other Limited Liability Companies refer to limited liability companies except the wholly state-owned companies.

Share-holding Corporations Ltd. Refer to economic units registered in accordance with the Regulation of the People's Republic of China on the Management of Registration of Corporations, with total registered capitals divided into equal shares and raised through issuing stocks. Each investor bears limited liability to the corporation depending on the holding shares, and the corporation bears liability to its debt to the maximum of its total assets.

Original Value of Fixed Assets refers to the cost of fixed assets, or the total expenditure of an enterprise spent on certain fixed assets, through purchase, construction, installation, transformation, expansion or technical upgrading. It is reported according to the year-end debit balance of fixed assets of accounting records.

Total Assets refer to all resources that are owned or controlled by enterprises through previous trades or transactions with expectation of making economic profits. Classified by the degree of liquidity, total assets include current assets, and non-current assets. Current assets can be classified into monetary assets, trading financial assets, notes receivable, accounts receivable, advanced payments, other prepaid money and inventories. Non-current assets can be divided into long-term equity investment, fixed assets, intangible assets and other non-current assets. Data on this indicator can be obtained by the year-end figures of total assets in the Assets and Liability Table of accounting records of enterprises.

Total Liabilities refer to payable liabilities of enterprises that accumulated from previous trades or transactions with expectation of economic profits leaking out. In terms of payment, it can be divided into liquid liabilities and long-term liabilities. Data on this item is obtained from the year-end figures on total liabilities from the Assets and Liability Table fof the accounting record of the enterprises.

人民生活

Chapter 4

People's Living Conditions

资料整理：徐　菁　黄　蓉　郁　雁
　　　　　盛　坤　李文立

4-1　城镇居民家庭人均收支及恩格尔系数(1981-2016年)
Per Capita Annual Income and Expenditure & Engle's Coefficient of Urban Households(1981-2016)

年　份 Year	城镇居民家庭人均可支配收入 Per Capita Annual Disposable Income of Urban Households		城镇居民家庭人均消费性支出 Average Urban Household Consumption Expenditure		恩格尔系数(%) Engel's Coefficient (%)
	绝对数(元) Value(yuan)	比上年±% Growth Rate Over Preceding Year(%)	绝对数(元) Value(yuan)	比上年±% Growth Rate Over Preceding Year(%)	
1981	456.40	10.3	422.70	14.5	57.1
1982	481.40	5.5	430.70	1.9	57.6
1983	511.20	6.2	465.00	8.0	58.7
1984	590.60	15.5	516.40	11.1	56.4
1985	704.20	19.2	644.20	24.7	50.4
1986	851.30	20.9	751.50	16.7	51.6
1987	951.80	11.8	836.10	11.3	53.0
1988	1128.10	18.5	1058.80	26.6	50.9
1989	1262.60	11.9	1130.70	6.8	53.7
1990	1427.20	13.0	1220.30	7.9	53.5
1991	1592.90	11.6	1380.20	13.1	52.0
1992	1874.20	17.7	1577.70	14.3	50.6
1993	2438.70	30.1	2097.60	33.0	44.9
1994	3346.00	37.2	2733.10	30.3	47.8
1995	4016.70	20.0	3433.80	25.6	48.9
1996	4350.20	8.3	3713.50	8.1	46.6
1997	4673.20	7.4	3855.60	3.8	46.0
1998	4826.40	3.3	4074.40	5.7	43.9
1999	5212.80	8.0	4340.60	6.5	41.1
2000	5524.50	6.0	4644.50	7.0	38.3
2001	5856.00	6.0	4804.80	3.5	37.5
2002	6789.00	15.9	5608.91	16.7	37.2
2003	7322.00	7.9	5963.30	6.3	38.2
2004	8022.80	9.6	6398.50	7.3	39.3
2005	8785.94	9.5	6736.56	5.3	39.0
2006	9802.65	11.6	7397.32	9.8	38.8
2007	11485.80	17.2	8701.18	17.6	39.7
2008	13152.86	14.5	9477.51	8.9	42.2
2009	14367.48	9.2	10294.07	8.6	40.4
2010	16058.37	11.8	11450.97	11.2	38.7
2011	18373.87	14.4	13163.77	15.0	40.7
2012	20839.59	13.4	14495.97	10.1	40.3
2013	22906.42	9.9	15749.50	8.6	39.7
2014	24852.28	9.6	16681.41	8.8	32.3
2015	27051.47	8.8	18192.28	9.1	32.0
2016	29385.80	8.6	20040.03	10.2	31.4

注：①1992年前可支配收入为生活费收入；
②2014年起使用城乡一体化住户收支与生活状况调查数据，与之前的分城镇和农村住户调查的范围、方法、指标口径有所不同(此后相关表同)；
③2014年起，城镇居民人均可支配收入改为城镇常住居民人均可支配收入；
④2014年起，食品消费支出包括食品和烟酒。

Note: ①Disposable income is equal to living expenses before 1992;
②Survey data of income and expenditure of urban and rural household integration was used since 2014, and the scope of the investigation, the method and index are different(But these indexes are same in the Thereafter related tables);
③Since 2014, the per capita disposable income of urban household was changed to the per capita disposable income of urban household;
④Since 2014, consumption expenditure on food including food，alcohol and tobacco.

4-2 按收入五等份分组城镇居民家庭基本情况(2016年)

项目	Item	总计 Total
家庭居住人口数(人/户)	Household Size(person/household)	2.86
现住房总建筑面积(平方米/人)	Total Floor Space for Current Housing(sq.m/person)	44.45
现住房房屋来源(%)	Source of Current Housing (%)	
租赁公房	Rental Public Housing	3.42
租赁私房	Rental Privately Housing	5.36
自建住房	Self Built Housing	30.67
购买商品房	Commercial Housing	29.63
购买房改住房	Privately Owned House After Housing Reform	22.34
购买保障性住房	Affordable Housing	3.27
拆迁安置房	Removal and Resettlement Housing	2.08
继承或获赠住房	Inheritance or Gift of Housing	0.30
免费借用房	Free Housing	1.01
雇主提供免费住房	Free Housing Provide by Employers	0.71
其他来源	Other sources	1.20
本住户居住空间样式(%)	Residential space style (%)	
单栋楼房	Single building	30.54
单栋平房	Single One-storey House	5.51
四居室及以上单元房	Four Bedroom and Above Apartment	3.71
三居室单元房	Three Bedroom Apartment	24.65
二居室单元房	Two Bedroom Apartment	27.89
一居室单元房	One Bedroom Apartment	5.61
筒子楼或连片平房	Tube-shaped Apartment or Gathered One-storey House	1.75
其他	Others	0.34
现有住房按市场价估计值(元/户)	Existing Housing at Market Value Estimates(yuan/household)	394537.88
租赁房房租(元/户)	Rental Housing Rent(yuan/household)	466.73
住户主要饮用水来源情况(%)	Main Source of Drinking Water	
经过净化处理的自来水	Tap Water After Purification Treatment	95.75
受保护的井水和泉水	Protected Wells and Springs	2.74
不受保护的井水和泉水	Unprotected Wells and Springs	0.60
江河湖泊水	Rivers and lakes	0.34
收集雨水	Rainwater Collected	
桶装水	Bottled Water	0.47
其他水源	Other Water Sources	0.09
住户厕所类型(%)	Type of Household Toilet	
水冲式卫生厕所	Hygiene Water Flush Toilet	92.27
水冲式非卫生厕所	Unhygiene Water flush toilet	0.85
卫生旱厕	Hygiene Toilet with No Flush Facilities	1.87
普通旱厕	Common Toilet with No Flush Facilities	3.44
无厕所	No Toilet	1.56
住户洗澡设施情况(%)	Household Bathing Facilities	
统一供热水	Unified Supplied Hot Water	4.72
家庭自装热水器	Home Self Installed Water Heater	86.27
其他	Others	2.57
无洗澡设施	No Bathing Facilities	6.43

Basic Conditions of Urban Households by Five Equal Parts of Income(2016)

低收入户 Low Income Households	中低收入户 Lower Middle Income Households	中等收入户 Middle Income Households	中高收入户 Upper Middle Income Households	高收入户 High Income Households
3.37	3.19	2.80	2.66	2.26
43.64	42.42	43.49	43.61	50.63
2.27	3.85	1.63	2.55	6.79
4.46	6.04	5.62	5.22	5.46
53.06	36.43	32.31	17.39	14.18
21.22	27.65	28.53	35.51	35.25
11.94	20.84	24.84	28.85	25.21
0.68	2.46	2.30	5.07	5.86
1.66	1.24	2.60	3.04	1.88
0.03	0.01	0.61	0.60	0.26
2.66	0.46	0.32	0.89	0.72
0.27	0.10	0.05	0.38	2.74
1.75	0.92	1.17	0.50	1.65
49.37	34.54	32.51	20.90	15.40
11.25	5.22	4.80	3.96	2.30
1.47	4.61	2.56	1.95	7.94
17.56	23.46	22.19	27.69	32.35
15.29	23.94	32.35	38.25	29.64
2.21	4.75	3.62	5.84	11.63
2.03	3.00	1.66	1.31	0.74
0.83	0.47	0.30	0.10	
279970.97	285439.13	355711.99	424135.13	627014.96
475.07	434.66	417.62	645.51	360.95
90.08	95.55	97.42	97.69	98.02
6.46	2.99	1.51	1.66	1.08
2.03	0.53	0.13	0.19	0.14
0.22	0.27	0.50	0.04	0.69
1.13	0.63	0.35	0.26	
0.08	0.03	0.08	0.17	0.06
81.47	91.62	94.40	96.29	97.55
2.28	1.00	0.70	0.09	0.19
5.53	1.50	0.90	0.77	0.67
8.40	3.86	2.63	1.72	0.61
2.32	2.02	1.37	1.13	0.98
3.88	3.31	4.39	6.21	5.81
80.60	85.25	88.44	88.21	88.87
3.63	2.98	2.39	2.59	1.27
11.89	8.45	4.77	2.99	4.05

4-2 续表

项　目	Item	总　计 Total
住户主要取暖设备状况(%)	Household Main Heating Equipment Status	
由市政或小区集中供暖	Central Heating by Municipal or District	4.00
自行供暖	Self Heating	58.53
无取暖设备	No Heating Equipment	37.47
主要炊用能源状况(%)	The Main Cooking Energy Situation	
柴草	Firewood	3.20
煤炭	Coal	0.93
罐装液化石油气	Canned Liquefied Petroleum Gas	46.46
管道液化石油气	Pipeline Liquefied Petroleum Gas	2.03
管道煤气	Pipe Gas	1.07
管道天然气	Natural Gas Pipeline	38.08
电	Electric	6.30
燃料用油	Fuel Oil	0.11
沼气	Biogas	0.02
其他	Others	0.08
无炊用行为	No Cooking Behavior	1.71
通信设备使用情况	Communications Facilities	
固定电话(部/百户)	Fixed-line Telephone(set/100 household)	28.70
移动电话(部/百户)	Mobile Phone(set/100 household)	233.48
接入互联网的计算机(台/百户)	Network-connected Telephone(set/100 household)	61.86
期末拥有房屋面积(平方米/户)	Housing Area at the End of the Term (m2 / Household)	
自有现住房面积	Owned Housing Area	115.41
出租住房面积	Rental Housing Area	7.27
出租商用建筑物面积	Commercial Building Area	0.70
偶尔居住房面积	Occasional lived Housing Area	0.98
空宅或其他用途房面积	Empty House or Other Use Forms Area	1.45

Continued

低收入户 Low Income Households	中低收入户 Lower Middle Income Households	中等收入户 Middle Income Households	中高收入户 Upper Middle Income Households	高收入户 High Income Households
1.68	2.39	4.13	5.52	6.28
50.31	52.40	57.58	62.46	69.87
48.01	45.20	38.29	32.02	23.84
10.74	2.54	1.24	1.15	0.33
1.94	1.42	0.55		0.75
56.25	59.23	47.74	40.53	28.58
1.43	1.96	2.82	1.23	2.69
0.39	0.94	1.23	1.42	1.39
22.81	26.64	39.99	48.87	52.07
6.02	7.04	5.24	6.02	7.20
0.14		0.19	0.20	
		0.11		
	0.22	0.19		
0.28		0.69	0.59	6.99
24.24	25.52	26.07	32.94	34.75
247.91	246.81	233.38	230.10	209.26
44.87	54.09	59.42	66.47	84.42
137.24	120.91	113.87	105.16	99.91
4.71	4.07	6.39	4.85	16.34
0.17	0.33	0.03	1.52	1.44
0.77	0.68	0.40	1.56	1.50
1.07	0.89	1.57	0.85	2.89

4-3 城镇居民家庭人均收入与支出情况

单位：元

项　目	Item	2011
家庭总收入	**Total Income**	**20193.27**
可支配收入	Disposable Income	18373.87
工资性收入	Wages Income	12622.44
经营净收入	Net Operation Income	1906.73
财产净收入	Property Net Income	357.15
利息收入	Interest Income	53.91
股息与红利收入	Dividend and Bonus	55.19
保险收益	Insurance Proceeds	0.77
出租房屋收入	Rental Income	162.64
转移净收入	Transferred Net Income	5306.95
养老金或离退休金	Pensions and Retirement Pay	4484.67
社会救济救助收入	Social Relief	89.85
赡养收入	Supporting Income	204.45
借贷收入	**Lending and Loaning Income**	**3763.38**
提取储蓄存款	Saving Deposit	3220.02
借入款	Borrowed funds	297.30
收回借出款	Recalled Loan	9.14
收回储蓄性保险本金	Recalled Endowment Assurance	1.33
住房贷款	Accomadation Loan	230.42
汽车贷款	Automobile Loan	2.57
教育贷款	Rerurned Education Loan	1.72
其他贷款	Other Loans	0.56
其他借贷收入	Other Income on Loan	0.31
家庭总支出	**Total Expenditures**	**18123.42**
生活消费支出	Expenditure for Consumption	13163.77
食品	Food	5363.68
衣着	Clothing	1677.91
居住	Residence	1489.67
家庭设备用品及服务	Expenditure for Consumption	1172.11
交通和通信	Transportation, Post and Communications	915.72
教育文化娱乐服务	Recreation, Education and Cutural Services	1382.20
医疗保健	Medicine and Medical Service	814.81
其他商品和服务	Miscellaneous Commodities and Services	347.68
购房与建房支出	Expenditure on House-purchase and Building	879.03
购房	Puchase of the House	874.52
建房	House Building	4.50
转移性支出	Transferred Income	2384.97
社会保障支出	Social Security Expentiduture	1673.00
个人交纳的养老基金	Personal Paid Pension Fund	834.38
个人交纳的住房公积金	Personal Paid Housing Accumulation Fund	545.46
个人交纳的医疗基金	Personal Paid Medical Care Fund	250.08
个人交纳的失业基金	Personal Paid Unemployment Fund	29.94
其他社会保障支出	Others	13.15
财产性支出	Property Expenditure	22.65
储蓄性商业保险支出	Commercial Insurance for Savings	136.82
借贷支出	**Lending and Loaning Expenditure**	**5067.40**
存入储蓄款	Savings	4423.85
借出款	Lending Funds	55.94
归还借款	Returned Loan	244.17
购买有价证券	Purchase of Securities	49.57
其他投资支出	Other Investment Expenditure	15.19
归还住房贷款	Returned Accomadation Loan	130.54
归还汽车贷款	Returned Automobil Loan	8.65
归还教育贷款	Returned Education Loan	0.10
归还其他贷款	Returned Others Loan	0.18
其他借贷支出	Others	2.39

注：①2014年起可支配收入是常住居民可支配收入，其中财产性收入、转移性收入及其中项都是净收入；
②2014年起股息与红利收入只包括红利收入；
③2014年起食品支出包括食品和烟酒；
④2014年起借贷收入是家庭总收入的其中项之一，借贷支出是家庭总支出的其中项之一。

Per Capita Annual Income and Expenditures of Urban Households

(yuan)

2012	2013	2014	2015	2016
22903.85	**25180.49**	**27538.89**	**30057.39**	**32239.85**
20839.59	22906.42	24852.28	27051.47	29385.80
14191.04	15571.83	14215.35	15571.59	16517.54
2158.33	2340.01	3515.07	3792.21	4150.24
476.23	535.76	1922.42	1985.26	2299.27
84.92	59.08	60.57	60.72	101.69
85.05	112.53	140.00	89.58	82.05
1.26	6.46	4.11	1.82	4.02
219.45	297.18	240.34	253.63	295.74
6078.25	6732.89	5199.44	5702.40	6418.75
5218.56	5779.62	5275.66	5813.50	6481.11
97.42	109.24	98.51	95.83	116.90
244.02	398.47	663.27	386.36	374.14
3732.56	**2599.86**	**1279.24**	**856.29**	**977.71**
3120.09	2060.68	929.24	558.84	714.52
362.93	274.60	266.21	179.07	97.34
33.02	72.13	33.99	51.16	67.24
2.84	0	0.35	0.17	2.38
201.37	46.39	36.12	39.50	50.51
3.23	88.41	0.83	15.02	17.89
0	2.83	4.54	1.52	0.71
5.32	36.47	7.23	4.69	16.85
0.25	0.83	0.73	6.33	10.28
20107.11	**20419.53**	**23175.07**	**24798.38**	**27376.26**
14495.97	15749.50	16681.41	18192.28	20040.03
5837.93	6259.22	5390.63	5828.55	6294.26
1783.41	1881.85	1463.90	1523.08	1557.43
1371.15	1456.30	3575.10	3742.72	4176.70
978.26	1059.22	1024.67	1099.31	1163.77
1476.98	1745.05	1802.35	2155.38	2391.87
1651.92	1922.83	1894.84	1972.20	2228.38
1029.55	1033.46	1187.81	1482.05	1792.04
366.78	391.57	342.11	388.98	435.59
978.94	351.77	564.59	326.23	896.73
964.07	248.24	383.08	192.70	632.43
14.87	103.53	181.51	133.53	264.30
2708.76	2873.77	1407.82	1603.91	1638.14
1898.46	1420.81	1072.32	1264.16	1314.35
950.64	711.17	766.13	886.12	952.34
611.71	423.95			
274.45	222.56	242.79	318.08	306.14
44.21	44.78	45.72	44.75	35.29
17.45	18.35	17.68	15.21	20.59
24.98	23.69	26.87	59.36	78.70
151.85	80.70	85.36	91.36	150.91
5995.09	**4979.64**	**1128.48**	**835.71**	**699.14**
5264.62	4237.54	662.06	288.59	105.50
108.93	66.75	24.55	44.84	30.35
226.96	116.85	120.77	118.92	116.53
56.95	4.83	2.16	1.83	0.03
9.87	82.09	2.40	6.22	17.52
160.32	363.21	279.18	325.02	345.25
8.46	11.44	23.91	35.84	66.95
2.40	2.15	0	0.12	
0.91	13.24	1.86	11.28	14.76
3.83	0.86	11.58	3.05	2.24

Note: ①Since 2014, disposable income is a permanent resident disposable income, in which property income, transfer income, and the item is the net income;

②Dividends and bonus income in 2014 only included the bonus income;

③Since 2014, food expenditure including food and tobacco;

④Since 2014, lending income is one of a family's total income, loan expenditure is one of the family's total expenditures.

4-4 按收入五等份分组城镇居民家庭人均收入与支出情况(2016年)

单位：元

项　目	Item	低收入户 Low Income Households
总收入	**Total Income**	**14611.07**
可支配收入	Disposable Income	11449.27
工资性收入	Wages Income	6031.53
工资	Wage	5869.99
实物福利	Physical Benefits	33.99
其他	Others	127.55
经营净收入	Net Business Income	2322.45
第一产业经营净收入	Net Income of the First Industry	392.85
第二产业经营净收入	Net Income of Second Industries	62.43
第三产业经营净收入	Net Income of Third Industries	1867.18
财产净收入	Property Net Income	1055.35
利息净收入	Net Interest Income	26.46
红利收入	Dividend Income	7.84
储蓄性保险净收益	Net Income of Savings Insurance	
转让承包土地经营权租金净收入	Net Income of Renting and Transfer Land Management Right	11.07
出租房屋财产性收入	Property Income of Rental Housing	89.69
出租机械、专利、版权等资产的收入	Rental Machinery, Patents, Copyrights and Other Assets	1.16
房屋虚拟租金	Virtual Rent of House	942.30
转移净收入	Transfer Net Income	2039.94
转移性收入	Transfer Income	2971.12
养老金或离退休金	Pension or Pension	1740.80
社会救济和补助	Social Relief and Subsidies	188.21
政策性生活补贴	Policy Oriented Living Allowance	13.80
报销医疗费	Reimbursement of Medical Expenses	121.80
家庭外出从业人员寄回带回收入	Income of Family Members Sent Back	615.13
赡养收入	Maintenance Income	217.85
其他经常转移收入	Other Frequent Transfer Income	23.18
从政府和组织得到的实物产品和服务折价	Discounts on Physical Products and Services Received from the Government and Organizations	34.05
现金政策性惠农补贴	Cash for the Policy of Agricultural Subsidies	16.30
转移性支出	Expenses on Transfers	931.18
个人所得税	Individual Income Tax	1.06
社会保障支出	Social Security Expenditure	822.72
外来从业人员寄给家人的支出	Expenditure of Employees from Other Provinces Send Home	0.92
赡养支出	Maintenance Expenses	53.25
其他转移性支出	Other Transfer Expenses	53.22
借贷性所得	Loan Income	885.60
提取储蓄存款	Dissaving	544.27
借入款	Borrowed Money	220.47
收回借出款	Recovered Loan	40.97
收回储蓄性保险本金	Recovered Deposit Insurance Principal	
住房贷款	Housing Loan	
汽车贷款	Auto Loan	
教育贷款	Educational Loan	1.93
其他贷款	Other Loans	64.55
其他借贷所得	Other Borrowings	13.41

注：2014年起为城镇常住居民人均可支配收入，其中各项均为净收入。
Note: Data since 2014 are about per capita disposable income of urban household , which are net income.

Per Capita Annual Income and Expenditures of Urban Households by Five Equal Parts of Income(2016)

(yuan)

中低收入户 Lower Middle Income Households	中等收入户 Middle Income Households	中高收入户 Upper Middle Income Households	高收入户 High Income Households
22513.31	**30326.37**	**39494.35**	**66043.53**
20534.69	28148.19	37037.73	61156.98
11705.19	15125.60	19797.99	36812.58
11505.49	14576.76	18834.14	34103.70
49.26	65.58	68.73	482.16
150.44	483.27	895.13	2226.72
3375.15	3660.09	3995.59	8753.05
249.97	328.46	457.57	167.75
140.90	191.87	577.42	2125.79
2984.28	3139.76	2960.60	6459.51
1471.81	2170.07	2628.77	5082.84
48.30	39.23	93.23	375.30
48.79	69.36	85.21	251.43
	0.22	13.29	9.49
14.86	13.81	41.72	10.74
178.94	289.81	232.99	846.67
1.42	17.49		19.11
1189.01	1726.96	2169.21	3537.53
3982.55	7192.43	10615.38	10508.52
5088.53	8678.89	12314.79	14057.10
3764.32	7330.24	10669.25	11416.34
148.96	53.02	45.39	127.84
13.52	74.23	10.89	67.88
183.05	262.66	487.23	1172.18
614.15	519.18	495.28	363.73
237.27	328.98	493.85	713.46
55.98	43.52	50.08	159.22
53.86	56.11	52.27	35.70
17.40	10.94	10.56	0.75
1105.98	1486.47	1699.41	3548.58
3.75	17.98	69.80	462.27
964.63	1281.51	1414.43	2458.09
1.70		9.45	86.17
61.54	107.77	94.43	286.59
74.36	79.21	111.31	255.45
655.75	1438.07	807.30	1186.06
572.33	1130.32	413.31	1002.31
74.53	62.50	22.92	72.65
0.69	54.34	176.74	86.33
0.97			13.58
1.35	179.97	77.02	2.90
1.26	6.75	85.62	2.47
			1.51
4.61			2.11
	4.19	31.70	2.19

4-4 续表

单位：元

项 目	Item	低收入户 Low Income Households
总支出	**Total Expenditures**	**17706.85**
消费支出	Expenditure for Consumption	12206.66
食品烟酒	Food	4115.75
衣着	Clothing	811.63
居住	Residence	2715.51
生活用品及服务	Household Facilities Articles and Services	614.83
交通通信	Medicine and Medical Services	1316.82
教育文化娱乐	Traffic and Communications	1520.76
医疗保健	Education, Culture and Recreation Articles and Services	876.70
其他用品和服务	Miscellanecus Commodities and Services	234.65
生产经营费用支出	Production and Operating Expenses	1630.64
第一产业经营费用支出	First Industry Operating Expenses	396.15
第二产业经营费用支出	Second Industrial Operating Expenses	6.15
第三产业经营费用支出	Third Industrial Operating Expenses	1228.34
财产性支出	Expenses on Properties	46.38
转移性支出	Expenses on Transfers	931.18
个人所得税	Individual Income Tax	1.06
社会保障支出	Social Security Expenditure	822.72
外来从业人员寄给家人的支出	Expenditure of Employees from Other Provinces Send Home	0.92
赡养支出	Maintenance Expenses	53.25
其他转移性支出	Other Transfer Expenses	53.22
部分商业保险支出	Part of Commercial Insurance Expenses	52.06
意外伤害保险	Accident Injury Insurance	15.22
商业医疗保险(含大病保险)	Commercialized Health Care Insurance	15.34
其他非储蓄性商业保险	Other Non Savings Commercial Insurance	6.21
其他储蓄性商业保险	Other Savings Commercial Insurance	15.29
购房与建房支出	Purchase and Housing Expenses	460.96
购房	Purchase	172.97
建房	House Building	287.99
借贷性支出	Borrowing Expenses	355.57
存入储蓄款	Savings Deposit	71.41
借出款	Loan	8.35
归还借款	Return Loan	161.17
购买有价证券	Purchase Securities	0.00
其他投资支出	Other Investment Spending	
归还住房贷款	Return of Housing Loans	87.12
归还汽车贷款	Return of Auto Loan	10.81
归还教育贷款	Return Education Loan	
归还其他贷款	Return Other Loans	15.94
其他借贷支出	Other Borrowing Costs	0.75

Continued

(yuan)

中低收入户 Lower Middle Income Households	中等收入户 Middle Income Households	中高收入户 Upper Middle Income Households	高收入户 High Income Households
19329.28	**25654.27**	**30969.47**	**50908.75**
14323.92	18835.84	23867.55	36702.10
5094.16	6243.74	7717.04	9626.00
1109.43	1435.88	1851.65	3102.45
2945.33	3860.14	5027.18	7465.33
853.70	1019.89	1426.06	2288.09
1250.48	2214.89	2706.83	5426.28
1644.69	2057.64	2500.41	3988.13
1167.15	1558.54	2185.91	3857.11
258.98	445.12	452.47	948.72
582.19	370.69	490.94	740.19
157.13	126.73	150.98	47.05
1.65	7.21	63.73	144.13
423.42	236.75	276.24	549.01
23.19	33.34	50.11	292.80
1105.98	1486.38	1699.39	3548.44
3.75	17.98	69.80	462.27
964.63	1281.51	1414.43	2458.09
1.70		9.45	86.17
61.54	107.77	94.43	286.59
74.36	79.12	111.29	255.31
118.96	87.98	228.80	330.80
17.52	6.32	37.37	37.78
43.24	46.20	36.45	114.48
11.05	12.25	75.98	67.20
47.15	23.22	79.00	111.33
334.31	1083.14	397.18	2674.49
296.35	929.36	376.19	1716.19
37.95	153.78	20.99	958.31
302.03	580.05	946.90	1619.14
34.22	118.53	114.49	227.84
4.70	18.19	66.78	71.24
67.02	53.96	99.45	214.21
0.14			
0.15	45.18	25.25	24.49
192.43	312.60	529.69	769.09
3.01	25.96	110.29	239.30
0.38	4.52		62.50
	1.10	0.94	10.47

4-5 按收入五等份分组城镇居民家庭主要生活用品购买量(2016年)

项目	Item	计量单位	Unit	总计 Total
食品烟酒	Food, Alcohol and Tobacco			
食品	Food			
谷物	Cereals	公斤/人	kg / person	57.43
大米	Rice	公斤/人	kg / person	38.81
面粉制品	Flour Products	公斤/人	kg / person	11.04
其他谷物制品	Other Cereal Products	公斤/人	kg / person	2.39
薯类	Tubers	公斤/人	kg / person	8.13
豆类	Beans	公斤/人	kg / person	11.18
食用植物油	Edible Vegetable Oil	公斤/人	kg / person	12.16
食用动物油	Edible Animal Oil	公斤/人	kg / person	0.21
蔬菜和食用菌	Vegetables and Edible Fungi	公斤/人	kg / person	108.42
鲜菜	Fresh Vegetables	公斤/人	kg / person	104.13
干菜及菜制品	Dried Vegetables and Vegetable Products	公斤/人	kg / person	2.24
肉类	Meat	公斤/人	kg / person	27.75
猪肉	Pork	公斤/人	kg / person	19.93
牛肉	Beef	公斤/人	kg / person	2.34
羊肉	Mutton	公斤/人	kg / person	1.04
其他肉类及制品	Other Meats and Products	公斤/人	kg / person	4.44
禽类	Poultry	公斤/人	kg / person	7.33
鸡	Chicken	公斤/人	kg / person	4.12
鸭	Duck	公斤/人	kg / person	0.96
水产品	Aquatic Products	公斤/人	kg / person	18.74
鱼类	Fish	公斤/人	kg / person	15.43
蛋类	Eggs	公斤/人	kg / person	8.34
奶类	Milk	公斤/人	kg / person	10.58
干鲜瓜果类	Dried and Fresh Melons and Fruits	公斤/人	kg / person	47.10
鲜瓜果	Fresh Melons & Fruits	公斤/人	kg / person	42.80
坚果类	Nuts and Processed Products	公斤/人	kg / person	3.35
糖果糕点类	Sweets and Cakes	公斤/人	kg / person	5.82
卷烟	Cigarettes	盒/人	box / person	23.65
啤酒	Beer	公斤/人	kg / person	2.98
白酒	Distilled Spirit	公斤/人	kg / person	3.27
水电燃料	Water, Electricity and Fuels			
水	Water	吨/人	ton/ person	39.90
电	Electric	度/人	degree / person	608.84
煤炭	Coal	公斤/人	kg / person	7.18
管道天然气	Natural Gas Pipeline	立方米/人	m2 / person	30.23
罐装液化石油气	Canned Liquefied Petroleum Gas	公斤/人	kg / person	11.72

Per Capita Annual Purchase of Major Items of Life of Urban Households by Five Equal Parts of Income(2016)

低收入户 Low Income Households	中低收入户 Lower Middle Income Households	中等收入户 Middle Income Households	中高收入户 Upper Middle Income Households	高收入户 High Income Households
52.09	57.82	60.27	64.31	53.74
36.45	39.39	41.94	41.89	34.15
9.46	10.44	10.43	13.47	12.19
2.03	2.02	2.47	2.76	2.87
6.57	8.22	8.43	9.51	8.40
9.80	11.57	11.54	13.07	10.05
10.54	12.06	13.06	13.87	11.63
0.28	0.25	0.18	0.16	0.13
84.12	108.84	119.79	127.22	108.49
80.81	104.81	115.19	122.20	103.66
1.90	2.16	2.42	2.21	2.65
21.25	26.11	30.37	32.96	30.49
16.42	19.42	21.29	22.94	20.72
1.29	1.99	2.74	3.10	3.04
0.61	0.74	1.11	1.53	1.46
2.93	3.95	5.24	5.40	5.27
5.67	6.87	7.65	9.36	7.68
3.33	3.93	4.27	5.07	4.28
0.68	0.83	1.10	1.36	0.94
14.50	17.67	21.52	22.67	18.59
12.64	14.83	17.85	17.90	14.59
6.40	7.74	9.09	10.15	9.04
5.79	7.83	10.99	14.21	16.84
34.13	44.56	49.74	58.54	53.55
30.77	40.64	45.38	53.05	48.74
2.66	3.11	3.43	4.16	3.68
4.28	5.19	5.87	7.29	7.26
21.31	23.47	25.71	23.85	24.62
3.18	2.70	3.56	3.11	2.20
2.95	3.14	3.66	3.38	3.34
29.34	34.91	42.30	46.66	51.83
462.72	519.79	652.41	709.61	779.71
9.81	8.09	5.67	7.49	3.49
12.37	18.44	30.02	41.82	60.04
11.74	12.97	12.41	12.01	8.80

4-5 续表

项　目	Item	计量单位	Unit	总 计 Total
耐用消费品	Durable Consumer Goods			
洗衣机	Washing Machine	台/百户	set/100 households	4.90
电冰箱(柜)	Refrigerator	台/百户	set/100 households	4.96
空调器	Air Conditioner	台/百户	set/100 households	5.05
吸尘器	Vacuum cleaner	台/百户	set/100 households	0.18
抽油烟机	Exhaust Fans	台/百户	set/100 households	2.49
微波炉	Microwave Oven	台/百户	set/100 households	1.09
非太阳能热水器	Non solar water heater	台/百户	set/100 households	4.56
太阳能热水器	Solar heater	台/百户	set/100 households	0.64
燃气炉具	Gas stove	台/百户	set/100 households	4.41
洗碗机	Dishwasher	台/百户	set/100 households	0.08
消毒碗柜	Disinfection Cupboard	台/百户	set/100 households	0.28
汽车	Motor Vehicles	辆/百户	set/100 households	1.44
摩托车	Motorcycles	辆/百户	set/100 households	0.86
自行车	Bicycles	辆/百户	set/100 households	3.29
电动自行车	Electric bicycle	辆/百户	set/100 households	2.05
电话机	Telephone Sets//Telephone	部/百户	set/100 households	1.07
移动电话机	Mobile Telephone	部/百户	set/100 households	30.56
彩色电视机	Color TV Set	台/百户	set/100 households	4.78
家用台式电脑	Home desktop computer	台/百户	set/100 households	1.15
家用笔记本电脑	Notebook computer	台/百户	set/100 households	1.48
交通工具用燃料	Fuel for transportation			
汽油	Gasoline	升/人	L/person	46.29
柴油	Diesel Oil	升/人	L/person	0.23

Continued

低收入户 Low Income Households	中低收入户 Lower Middle Income Households	中等收入户 Middle Income Households	中高收入户 Upper Middle Income Households	高收入户 High Income Households
3.12	4.75	3.51	5.20	7.92
4.25	5.19	3.39	3.83	8.11
3.48	5.53	5.48	6.32	4.43
	0.14	0.04	0.34	0.38
1.29	2.79	2.02	3.94	2.41
0.53	0.52	0.39	1.91	2.12
2.86	4.31	6.38	4.60	4.66
0.82	0.34	1.15	0.17	0.70
3.60	6.42	4.16	4.35	3.54
0.06				0.33
	0.38	0.05	0.13	0.83
0.88	0.44	1.65	1.32	2.89
1.51	0.66	0.61	1.03	0.51
3.05	3.37	3.25	3.75	3.04
2.12	1.73	2.11	3.21	1.08
0.34	2.31	0.70	1.15	0.85
26.13	24.97	33.06	32.57	36.04
4.25	4.58	3.30	5.06	6.73
0.28	0.97	0.45	3.12	0.91
0.78	1.11	0.91	2.02	2.58
19.98	25.54	32.89	45.28	82.52
0.72	0.69	1.33	0.42	0.60

4-6 按收入五等份分组城镇居民家庭人均购买商品支出(2016年)

单位：元

项　目	Item	总　计 Total	低收入户 Low Income Households
购买生活消费品及服务	**Purchase Consumer Goods and Services**	**15424.93**	**9527.00**
食品烟酒	Food, Alcohol and Tobacco	5514.21	3592.76
食品	Food	3647.86	2590.93
谷物	Cereals	318.32	260.16
大米	Rice	199.30	179.06
面粉制品	Flour Products	75.85	52.75
其他谷物制品	Other Cereal Products	18.14	11.40
薯类	Tubers	34.13	25.08
豆类	Beans	72.52	59.75
食用油	Oil and Fats	169.12	140.12
蔬菜和食用菌	Vegetables and Edible Fungi	642.97	466.16
肉类	Meat	884.54	632.53
猪肉	Pork	547.57	439.21
牛肉	Beef	127.63	71.82
羊肉	Mutton	47.68	27.37
禽类	Poultry	177.08	125.41
鸡	Chicken	96.14	71.07
鸭	Duck	21.03	13.87
鹅	Goose	1.05	0.81
其他禽类及制品	Other Poultry and Products	58.87	39.65
水产品	Aquatic Products	315.48	206.91
鱼类	Fish	228.39	165.67
虾类	Shrimp	41.01	17.87
蟹类	Crab	7.68	2.35
蛋类	Eggs	105.41	79.82
鲜蛋	Fresh Eggs	93.39	71.35
蛋制品	Egg Products	12.02	8.47
奶类	Milk	200.11	135.94
鲜奶	Milk	58.48	28.46
酸奶	Yogurt	36.93	17.59
奶粉	Milk Powder	82.39	71.23
其他奶制品	Others	22.31	18.66
干鲜瓜果类	Dried and Fresh Melons and Fruits	370.10	225.01
鲜瓜果	Fresh Melons & Fruits	282.64	173.46
瓜果制品	Melon and Fruit Products	17.96	10.49
坚果类	Nuts and Processed Products	69.50	41.06
糖果糕点类	Sweets and Cakes	123.12	74.68
饮料	Beverages	95.19	68.73
茶叶	Tea	33.59	17.78
咖啡	Coffee	4.68	0.30
卷烟	Cigarettes	378.78	251.32

Per Capita Annual Expenditures on goods of Urban Households by Five Equal Parts of Income(2016)

(yuan)

中 低 收入户 Lower Middle Income Households	中 等 收入户 Middle Income Households	中 高 收入户 Upper Middle Income Households	高收入户 High Income Households
11340.28	**15016.94**	**18917.96**	**26341.59**
4557.75	5817.55	7081.10	7519.46
3182.22	3917.26	4620.66	4412.09
292.87	329.08	383.48	351.63
190.55	211.96	225.51	195.61
63.55	76.00	99.27	100.04
13.10	16.54	25.84	28.17
33.94	35.59	42.23	36.77
67.97	78.01	87.90	73.31
157.73	175.86	200.22	183.84
580.96	708.93	790.43	741.06
777.41	972.23	1101.33	1050.08
514.94	587.60	644.58	593.11
105.85	143.43	168.91	173.92
32.27	50.14	69.82	70.52
155.72	182.55	237.75	206.78
87.11	99.98	123.20	109.99
16.66	22.85	31.18	23.73
0.93	0.38	1.60	1.74
51.03	59.34	81.78	71.31
257.01	343.14	435.80	384.79
194.16	255.47	294.74	259.00
25.98	37.66	74.47	61.62
4.03	6.31	12.94	16.30
96.45	114.88	130.86	114.92
87.19	101.81	114.37	100.25
9.26	13.07	16.49	14.67
165.18	230.78	249.17	249.53
37.11	68.05	90.47	83.86
25.04	33.61	56.64	63.52
82.43	105.16	71.48	83.68
20.62	23.96	30.58	18.47
296.26	380.06	501.07	524.99
224.96	292.42	377.17	403.95
13.44	16.75	26.98	26.37
57.85	70.89	96.92	94.67
98.95	123.80	161.74	183.41
69.94	90.98	123.07	142.38
18.48	32.68	49.81	60.34
1.29	3.36	11.03	10.14
340.37	412.54	430.01	522.08

4-6 续表 1

单位：元

项目	Item	总计 Total
酒类	Liquor	201.51
啤酒	Beer	16.20
白酒	Distilled Spirit	166.03
果酒	Fruit Wine	5.83
其他酒	Other Alcohols	13.45
饮食服务	Catering Services	1190.37
食堂用餐	Dining Room	31.34
其他在外饮食	Others Outside the Diet	1154.11
衣着	Clothing and Other Articles of Daily Use	1385.75
衣类	Clothing	1078.58
鞋类	Footwear	307.17
居住	Housing	1323.05
租赁房房租	Rent	168.83
住房维修及管理	Housing Maintenance and Management	508.15
水电燃料及其他	Water, Electricity, Fuels and Others	646.07
水	Water	91.64
电	Electric	361.05
燃料	Fuels	174.75
煤炭	Coal	7.27
管道天然气	Natural Gas Pipeline	75.44
罐装液化石油气	Canned Liquefied Petroleum Gas	88.03
取暖费	Heating Fee	2.92
生活用品及服务	Daily Necessities and Services	1081.44
家具及室内装饰品	Furniture and Interior Decoration	154.72
家用器具	Household Appliances	276.72
耐用消费品	Durable Consumer Goods	223.60
洗衣机	Washing Machine	30.82
电冰箱(柜)	Refrigerator	36.40
空调器	Air Conditioner	54.43
吸尘器	Vacuum Cleaner	0.37
抽油烟机	Exhaust Fans	8.07
微波炉	Microwave Oven	2.28
非太阳能热水器	Non Solar Water Heater	24.55
太阳能热水器	Solar Heater	4.20
燃气炉具	Gas Stove	9.93
洗碗机	Dishwasher	1.66
消毒碗柜	Disinfection Cupboard	1.32
小家电	Small Household Electrical Appliances	53.12
家用纺织品	Home Textiles	93.85
家庭日用杂品	Household Articles for Daily Use	303.85
个人用品	Personal Items	203.88

Continued

(yuan)

低收入户 Low Income Households	中低收入户 Lower Middle Income Households	中等收入户 Middle Income Households	中高收入户 Upper Middle Income Households	高收入户 High Income Households
127.23	153.96	204.91	275.42	288.28
15.38	14.10	18.51	18.77	14.48
106.77	128.98	166.82	227.80	233.15
0.91	2.87	5.86	12.78	9.13
4.17	8.00	13.73	16.07	31.52
554.47	810.78	1191.37	1631.01	2153.96
13.71	16.94	25.79	23.57	93.52
533.81	790.85	1161.15	1601.55	2056.46
748.13	1005.48	1342.13	1665.60	2595.33
569.23	780.29	1040.09	1283.93	2063.06
178.90	225.20	302.03	381.67	532.27
1085.96	1004.91	1146.92	1580.34	2033.89
143.03	144.24	153.29	251.61	164.15
458.62	301.45	301.62	576.42	1041.54
484.32	559.21	692.01	752.30	828.20
65.51	81.03	97.76	104.46	123.07
271.70	307.27	386.92	419.42	469.33
130.80	151.82	179.59	209.28	226.17
10.49	8.11	5.50	6.64	4.17
31.39	45.03	75.26	106.71	147.26
86.77	95.46	95.11	91.95	66.43
0.10	0.53	4.43	6.60	4.31
571.57	814.29	968.44	1343.96	2049.71
65.07	98.71	102.85	207.34	369.40
146.12	217.99	245.51	350.27	506.90
118.81	185.99	195.22	276.88	406.10
17.13	22.51	17.61	29.62	80.54
20.33	29.32	26.19	27.59	93.23
29.18	52.31	58.73	80.63	59.56
	0.14	0.08	0.20	1.79
3.03	9.57	3.50	13.94	12.40
0.77	0.45	1.42	4.12	6.01
10.31	21.13	32.08	30.47	34.47
5.57	2.14	6.53	1.68	4.99
6.05	10.35	10.94	8.42	15.69
0.05				10.37
	0.59	0.12	0.21	7.07
27.32	32.00	50.29	73.39	100.80
39.91	74.23	77.17	133.48	176.46
189.50	251.61	313.63	365.37	463.97
114.13	138.65	188.96	231.28	414.98

4-6 续表 2

单位：元

项 目	Item	总 计 Total
家庭服务	Domestic Service	48.43
交通通信	Transport and Communications	2021.35
交通工具	Transport Facility	665.82
汽车	Motor Vehicles	615.76
摩托车	Motorcycles	13.29
自行车	Bicycles	7.28
电动自行车	Electric Bicycle	18.36
其他交通工具	Other Means of Transportation	11.14
交通费	Traffic Expense	262.67
飞机	Aircraf	27.25
火车	Train	64.07
长途汽车	Coach	33.24
市内公共交通	City Public Transport	76.63
出租汽车费	Rental Car Charge	34.87
其他交通费	Other Transportation Expenses	26.61
交通工具用燃料	Fuel for Transportation	274.40
汽油	Gasoline	270.95
柴油	Diesel Oil	1.27
交通工具使用及维修	Vehicle Maintenance	156.75
通信工具	Communication Facility	181.17
电话机	Telephone Sets//Telephone	1.40
移动电话机	Mobile Telephone	169.99
通信服务	Communication Services	480.52
固定电话费	Fixed Telephone Charge	19.85
移动电话费	Mobile Phone Charge	321.82
上网费	Internet Access Fee	131.60
邮费	Postage	2.46
教育文化娱乐	Educational and Cultural Recreation	2074.14
教育	Education	1223.52
学前教育	Pre-school Education	160.67
小学教育	Primary School Education	182.06
初中教育	Junior High School Education	153.19
高中教育	Senior High School Education	184.10
中专职高教育	Secondary Vocational Education	11.12
大专及以上教育	College Degree and above	434.54
成人教育	Adult Education	97.85
文化娱乐	Cultural Recreation	850.62
文娱耐用消费品	Entertainment and Durable Consumer Goods	111.90
彩色电视机	Color Tv Set	39.17
照相机	Camera	3.81
家用台式电脑	Home Desktop Computer	12.85

Continued

(yuan)

低收入户 Low Income Households	中 低 收入户 Lower Middle Income Households	中 等 收入户 Middle Income Households	中 高 收入户 Upper Middle Income Households	高收入户 High Income Households
16.83	33.11	40.32	56.22	117.99
1044.27	1099.87	2014.70	2334.56	4398.54
360.59	123.14	762.89	616.83	1805.43
307.85	91.79	705.01	546.26	1767.33
21.62	7.78	11.05	14.75	9.355897
3.80	5.85	4.11	12.53	12.27
16.12	12.97	20.30	29.53	13.69
11.20	4.75	22.42	13.75	2.78
117.63	198.01	247.69	294.51	551.25
1.60	6.00	14.45	21.16	117.92
26.53	53.83	54.03	69.55	140.72
25.91	25.91	36.56	39.97	42.39
38.05	66.96	74.74	92.99	131.35
11.89	20.03	42.21	40.22	74.47
13.66	25.28	25.71	30.62	44.41
116.15	181.32	223.91	363.14	599.45
113.37	176.12	222.80	360.61	593.41
1.18	1.52	0.37	1.01	2.45
63.33	83.28	120.87	190.23	403.54
96.56	107.54	166.24	241.04	358.24
0.81	0.87	0.57	3.71	1.33
90.88	98.78	158.19	223.32	339.18
290.02	406.59	493.10	628.82	680.63
11.85	12.37	16.87	31.90	31.78
198.77	281.90	330.94	415.66	441.36
74.43	105.35	139.79	172.59	195.87
1.57	2.45	1.66	2.98	4.22
1444.58	1584.24	1930.24	2394.24	3498.74
1144.53	1097.93	1160.28	1228.51	1586.83
124.15	143.70	173.74	193.06	185.03
173.34	153.90	144.99	216.47	239.52
132.23	128.56	191.08	90.39	244.77
202.06	185.88	157.97	182.80	188.42
30.35	1.94	3.25	14.85	0.05
410.89	445.40	403.94	410.54	521.13
71.51	38.55	85.31	120.40	207.91
300.05	486.31	769.96	1165.73	1911.90
53.76	86.15	107.50	139.40	208.18
26.25	34.16	22.01	41.38	84.16
	0.19	8.42	2.66	10.16
2.85	11.92	6.01	27.46	20.62

4-6 续表 3

单位：元

项　目	Item	总 计 Total
家用笔记本电脑	Notebook Computer	18.56
中高档乐器	Middle or High-grade Musical Instrument	3.90
健身器材	Health Equipment	2.71
其他文娱用品	Other Entertainment Products	129.82
书、报、杂志及音像制品	Books, Newspapers, Magazines and Audio-visual Products	24.94
文具纸张	Stationery Paper	25.97
体育户外用品	Outdoor Sports Products	9.08
游戏用品和玩具	Games and Toys	26.68
园艺花卉及有关产品	Garden Flowers and Related Products	7.92
宠物及有关产品	Pets and Related Products	5.71
其他文娱用品及维修	Other Recreational Supplies and Maintenance	29.53
文化娱乐服务	Cultural and Recreational Services	608.90
团体旅游	Group Tourism	397.75
景点门票	Attractions Tickets	39.25
体育健身活动	Sports Fitness Activity	17.34
电影、话剧、演出票	Movies, Plays, Performances Tickets	19.01
有线电视费	Cable TV Fee	93.64
其他文化娱乐服务	Other Cultural Entertainment Services	41.92
医疗保健	Health Care	1631.19
医疗器具及药品	Medical Apparatus and Medicine	461.16
医疗服务	Medical Service	1170.03
门诊医疗总费用	Total Medical Expenses	320.42
住院医疗总费用	Total Hospitalization Expenses	849.60
其他用品和服务	Other Supplies and Services	393.80
其他用品	Other Supplies	199.81
首饰及手表	Jewelry and Watches	81.29
其他杂项用品	Other Miscellaneous Items	118.52
其他服务	Other Services	193.99
旅馆住宿费	Hotel Accommodation	31.25
美容美发洗浴	Beauty Salon	63.93
其他杂项服务	Other Miscellaneous Services	98.81

Continued

(yuan)

低收入户 Low Income Households	中低收入户 Lower Middle Income Households	中等收入户 Middle Income Households	中高收入户 Upper Middle Income Households	高收入户 High Income Households
6.06	10.22	8.11	33.67	44.14
0.24	3.78	6.04	2.64	8.44
0.75	0.53	3.93	3.45	6.29
83.25	100.89	123.56	156.28	216.55
10.96	18.82	26.09	34.24	42.13
25.05	25.63	26.42	26.07	27.12
3.02	5.93	7.25	9.87	23.87
15.44	21.33	22.07	33.50	48.68
4.68	4.70	7.30	10.39	15.07
2.52	3.46	3.58	8.23	13.31
21.57	21.02	30.85	33.97	46.38
163.04	299.27	538.89	870.05	1487.17
53.02	136.63	339.23	595.15	1117.21
10.21	27.34	28.79	53.22	95.99
4.90	9.60	17.34	13.24	51.44
4.51	7.63	19.10	33.77	39.13
72.58	87.65	95.33	115.76	105.71
17.82	30.42	39.11	58.90	77.70
822.93	1034.67	1394.46	2097.10	3416.05
276.31	290.55	421.79	629.41	826.00
546.62	744.12	972.67	1467.69	2590.05
224.83	222.25	331.03	382.80	513.09
321.80	521.88	641.64	1084.88	2076.95
216.79	239.06	402.49	421.07	829.88
139.74	142.88	181.49	210.08	378.97
46.00	52.75	81.15	99.79	152.17
93.75	90.13	100.35	110.29	226.80
77.05	96.18	221.00	210.99	450.91
5.73	14.22	14.69	43.41	99.34
25.90	37.98	48.87	81.93	154.40
45.42	43.98	157.43	85.64	197.17

4-7 按收入五等份分组城镇居民家庭人均食品消费量(2016年)

项　目	Item	计量单位	Unit	总　计 Total
粮食	Grain	公斤	kg	97.01
谷物	Cereals	公斤	kg	84.01
小麦	Wheat	公斤	kg	18.53
稻谷	Rice	公斤	kg	60.98
玉米	Corn//Maize	公斤	kg	1.22
薯类	Tubers	公斤	kg	1.68
豆类	Beans	公斤	kg	11.32
植物油	Vegetable Oil	公斤	kg	12.65
动物油	Animal oil	公斤	kg	0.21
蔬菜及菜制品	Vegetable and vegetable products	公斤	kg	116.82
鲜菜	Fresh Vegetables	公斤	kg	112.52
干菜及菜制品	Dried vegetables and vegetable products	公斤	kg	2.24
肉类	Meat	公斤	kg	28.11
猪肉	Pork	公斤	kg	20.28
牛肉	Beef	公斤	kg	2.35
羊肉	Mutton	公斤	kg	1.05
禽类	Poultry	公斤	kg	7.44
鸡	Chicken	公斤	kg	4.23
鸭	Duck	公斤	kg	0.96
鹅	Goose	公斤	kg	0.05
水产品	Aquatic Products	公斤	kg	18.80
鱼类	Fish	公斤	kg	15.49
蛋类及蛋制品	Eggs and egg products	公斤	kg	8.61
奶和奶制品	Milk and dairy products	公斤	kg	10.59
干鲜瓜果类	Dried and Fresh Melons and Fruits	公斤	kg	47.18
糖果糕点类	Sweets and cakes	公斤	kg	5.83
茶叶	Tea	公斤	kg	0.32
酒	Liquor	公斤	kg	6.37
白酒	Distilled Spirit	公斤	kg	3.29
啤酒	Beer	公斤	kg	2.98

Per Capita Annual Consumption on Food of Urban Households by Five Equal Parts of Income(2016)

低收入户 Low Income Households	中低收入户 Lower Middle Income Households	中等收入户 Middle Income Households	中高收入户 Upper Middle Income Households	高收入户 High Income Households
96.56	98.11	98.15	105.09	85.36
84.91	84.70	84.86	90.06	73.60
15.97	19.07	17.21	22.33	18.90
65.39	61.82	63.06	62.05	49.38
0.99	1.22	1.25	1.45	1.28
1.42	1.75	1.71	1.91	1.69
10.23	11.66	11.58	13.11	10.07
11.82	12.63	13.31	14.02	11.51
0.30	0.27	0.18	0.16	0.13
102.77	117.93	124.14	131.14	110.72
99.44	113.89	119.51	126.11	105.91
1.92	2.18	2.44	2.21	2.62
21.98	26.54	30.57	33.13	30.63
17.13	19.85	21.48	23.09	20.83
1.30	1.99	2.74	3.10	3.04
0.62	0.75	1.11	1.53	1.47
5.88	6.98	7.75	9.42	7.73
3.54	4.04	4.36	5.12	4.32
0.68	0.82	1.10	1.37	0.94
0.03	0.05	0.02	0.07	0.08
14.64	17.68	21.51	22.75	18.65
12.78	14.84	17.85	17.97	14.64
6.90	8.05	9.31	10.29	9.11
5.79	7.82	11.00	14.22	16.87
34.32	44.63	49.66	58.67	53.60
4.29	5.19	5.88	7.29	7.26
0.19	0.21	0.33	0.44	0.52
6.18	5.90	7.38	6.64	5.75
2.97	3.15	3.67	3.38	3.35
3.18	2.70	3.54	3.10	2.20

4-8 按收入五等份分组城镇居民家庭每百户耐用消费品拥有量(2016年)

Ownership of Major Durable Consumer Goods Per 100 Urban Households by Five Equal Parts of Income(2016)

项 目	Item	低收入户 Low Income Households	中低收入户 Lower Middle Income Households	中等收入户 Middle Income Households	中高收入户 Upper Middle Income Households	高收入户 High Income Households
摩托车(辆)	Motorcycle (set)	45.62	42.25	25.72	22.08	16.84
助力车(辆)	Man-drawn Vehicle(set)	34.94	30.73	29.00	26.62	15.50
家用汽车(辆)	Household Automobile(set)	16.22	17.32	19.83	25.15	39.62
洗衣机(台)	Washing Machine(set)	89.17	95.15	95.94	96.32	94.26
电冰箱(台)	Refrigerator(set)	96.80	98.94	98.13	100.56	96.05
彩色电视机(台)	Color TV (set)	118.88	114.54	116.31	119.28	119.31
家用电脑(台)	Household Computer(set)	56.60	65.75	73.14	79.47	97.14
组合音响(套)	Hi-Fi Stereo Component System(set)	3.12	3.09	4.49	4.25	9.91
摄像机(架)	Video Camera(set)	1.60	2.06	3.85	4.77	8.89
照相机(架)	Camera(set)	8.86	9.78	17.84	24.02	33.48
中高档乐器(件)	Medium Upscale Musical Instrument(piece)	1.81	2.30	3.14	5.18	6.25
微波炉(台)	Microwave Oven(set)	31.93	39.67	51.02	62.01	66.61
空调器(台)	Air Conditioner(set)	105.89	120.34	134.02	153.81	183.94
热水器(台)	Shower(set)	88.34	88.78	96.35	96.33	93.57
消毒碗柜(台)	Disinfectant Machine(set)	3.92	4.62	7.14	10.75	15.54
洗碗机(台)	Dishwasher(set)	0.44	0.70	1.61	2.09	1.27
排油烟机(台)	Kitchen Ventilator(set)	51.35	58.85	65.49	69.47	73.49
健身器材(套)	Healthy Equipment(set)	2.31	1.10	3.01	4.25	5.93
固定电话(部)	Telephone(set)	24.24	25.52	26.07	32.94	34.75
移动电话(部)	Hand Telephone(set)	247.91	246.81	233.38	230.10	209.26
接入有线电视网络的电视机(台)	Cable Television(set)	87.42	90.45	94.80	98.58	96.28
接入互连网的计算机(台)	Network-connected Computers(set)	44.87	54.09	59.42	66.47	84.41
接入互连网的移动电话(部)	Network-connected Hand Telephone(set)	143.44	148.22	135.44	140.47	140.74

4-9 城镇居民家庭平均每百户耐用消费品拥有量
Ownership of Major Durable Consumer Goods Per 100 Urban Households

项　目	Item	2011	2012	2013	2014	2015	2016
摩托车(辆)	Motorcycle (set)	21.85	21.90	22.22	31.64	30.41	30.50
助力车(辆)	Man-drawn Vehicle(set)	18.80	20.05	18.61	22.83	24.25	27.35
家用汽车(辆)	Household Automobile(set)	9.69	12.48	13.28	13.65	17.68	23.63
洗衣机(台)	Washing Machine(set)	97.47	98.55	90.15	88.04	91.02	94.17
电冰箱(台)	Refrigerator(set)	99.37	100.36	94.71	93.24	95.21	98.10
彩色电视机(台)	Color TV (set)	132.01	132.52	117.13	116.59	116.90	117.66
家用电脑(台)	Household Computer(set)	75.49	81.91	73.48	69.95	74.05	74.43
组合音响(套)	Hi-Fi Stereo Component System(set)	28.90	27.15	11.10	11.75	8.29	4.97
摄像机(架)	Video Camera(set)	7.91	8.51	6.85	6.24	5.09	4.23
照相机(架)	Camera(set)	36.53	40.50	33.21	28.35	25.44	18.80
中高档乐器(件)	Medium Upscale Musical Instrument(piece)	6.45	6.65	3.22	2.81	3.23	3.74
微波炉(台)	Microwave Oven(set)	62.82	65.56	52.99	44.98	47.61	50.25
空调器(台)	Air Conditioner(set)	135.56	144.04	122.03	119.26	128.43	139.62
热水器(台)	Shower(set)	93.51	96.27	85.63	84.27	87.40	92.68
消毒碗柜(台)	Disinfectant Machine(set)	16.89	16.19	9.60	8.91	9.77	8.40
洗碗机(台)	Dishwasher(set)	1.10	0.73	1.93	2.03	1.83	1.22
健身器材(套)	Healthy Equipment(set)	4.25	4.53	2.34	3.33	3.82	3.32
固定电话(部)	Telephone(set)	61.19	59.32	39.22	41.71	33.91	28.70
移动电话(部)	Hand Telephone(set)	193.76	204.35	207.61	212.26	223.13	233.48
接入有线电视网络的电视机(台)	Cable Television(set)	106.91	103.82	94.93	90.27	94.06	93.51
接入互连网的计算机(台)	Network-connected Computers(set)	62.51	68.87	63.31	55.84	59.83	61.86
接入互连网的移动电话(部)	Network-connected Hand Telephone(set)	30.28	38.01	93.72	94.12	112.70	141.66

4-10 市、州城镇居民人均可支配收入
Per Capita Disposable Income of Urban Households by Regions

单位：元 (yuan)

地　区	Region	城镇居民人均可支配收入				城镇常住居民人均可支配收入			
		2010	2011	2012	2013	2013	2014	2015	2016
武汉市	Wuhan	20806.32	23738.09	27061.00	29821.22	30285.80	33270.16	36436	39737
黄石市	Huangshi	14665.50	17003.00	19417.00	21329.58	22967.57	25207.83	27536	29906
十堰市	Shiyan	12652.52	14171.97	16011.26	17694.04	20184.53	22143.23	24057	26030
宜昌市	Yichang	14281.55	16451.41	18774.98	20934.10	22826.37	25025.46	27275	29735
襄阳市	Xiangyang	13332.67	15351.65	17532.00	19329.03	21956.62	24112.76	26282	28794
鄂州市	Ezhou	14787.95	17008.14	19306.60	20878.16	20813.07	22763.25	24774	26986
荆门市	Jingmen	13600.63	15526.06	17677.80	19820.34	22469.89	24627.00	26731	28920
孝感市	Xiaogan	13796.20	15887.83	18091.00	19818.69	21438.83	23490.53	25753	27939
荆州市	Jingzhou	13285.45	14946.97	17010.00	18705.90	21063.13	23128.16	25382	27666
黄冈市	Huanggang	12832.00	14731.21	16765.39	18431.87	18851.40	20729.00	22620	24796
咸宁市	Xianning	12968.21	14874.52	16913.00	18580.62	19671.33	21591.25	23505	25839
随州市	Suizhou	13824.25	15870.32	18171.00	19806.39	19131.87	20958.96	22791	24799
恩施州	Enshi	11406.15	13174.00	15058.00	16639.09	18328.90	20245.00	22198	24410
仙桃市	Xiantao	13021.12	15052.00	17280.00	19065.02	20429.12	22502.68	24641	26845
潜江市	Qianjiang	13879.14	15560.86	17450.85	19187.21	20540.57	22609.00	24721	26985
天门市	Tianmen	12209.85	13885.75	15685.00	17112.34	18703.38	20622.34	22618	24475
神农架林区	Shennongjia	11146.00	12312.00	13567.00	14937.27	18132.72	19810.00	21404	23452

注：2013年前分城镇和农村开展住户调查，为城镇居民人均可支配收入。2014年起使用城乡一体化住户收支与生活状况调查数据，为城镇常住居民人均可支配收入。

Note: Before 2013, the urban and rural household were investigated separately, and the data is for per capita disposable income of urban household. Since 2014, survey data of income and expenditures of urban and rural household integration has been used, and the data is for per capita disposable income of urban household.

4-11 农村居民家庭人均收支及恩格尔系数(1982-2016年)
Per Capita Annual Income and Expenditure & Engle's Coefficient of Rural Households(1982-2016)

年 份 Year	农村居民家庭人均纯收入(元) Per Capita Annual Disposable Income of Rural Households (yuan)	比上年±% Growth Rate Over Preceding Year (%)	农村居民家庭人均生活消费支出(元) Average Rural Households Consumption Expenditure (yuan)	比上年±% Growth Rate Over Preceding Year (%)	#食品消费支出(元) #Food Expenditure (yuan)	比上年±% Growth Rate Over Preceding Year (%)	恩格尔系数(%) Engel's Coefficient (%)
1982	286.07	31.6	226.96	23.5	140.64	22.6	62.0
1983	299.24	4.6	252.47	11.2	156.03	10.9	61.8
1984	392.29	31.1	305.03	20.8	186.56	19.6	61.2
1985	421.24	7.4	334.63	9.7	197.86	6.1	59.1
1986	445.13	5.7	373.53	11.6	217.19	9.8	58.2
1987	460.66	3.5	408.69	9.4	234.79	8.1	57.5
1988	497.84	8.1	450.62	10.3	258.09	9.9	57.3
1989	571.84	14.9	540.13	19.9	321.72	24.7	59.6
1990	670.80	17.3	607.58	12.5	376.18	16.9	61.9
1991	626.92	-6.5	615.40	1.3	369.18	-1.9	60.0
1992	677.82	8.1	611.84	-0.6	373.39	1.1	61.0
1993	783.18	15.5	722.09	18.0	446.62	19.6	61.9
1994	1170.06	49.4	1012.95	40.3	657.16	47.1	64.9
1995	1511.22	29.2	1245.10	22.9	753.91	14.7	60.6
1996	1863.62	23.3	1630.41	30.9	974.42	29.2	59.8
1997	2102.20	12.8	1660.13	1.8	928.54	-4.7	55.9
1998	2172.24	3.3	1699.43	2.4	918.95	-1.0	54.1
1999	2217.08	2.1	1572.90	-7.4	863.47	-6.0	54.9
2000	2268.50	2.3	1555.61	-1.1	827.25	-4.2	53.2
2001	2352.16	3.7	1649.18	6.0	856.25	3.5	51.9
2002	2444.06	3.9	1745.63	5.8	872.49	1.9	50.0
2003	2566.76	5.0	1801.63	3.2	930.98	6.7	51.7
2004	2890.01	12.6	2088.98	15.9	1076.35	15.6	51.5
2005	3099.20	7.2	2430.19	16.3	1192.26	10.8	49.1
2006	3419.35	10.3	2732.46	12.4	1278.80	7.3	46.8
2007	3997.41	16.9	3090.00	13.1	1479.04	15.7	47.9
2008	4656.38	16.5	3652.57	18.2	1711.34	15.7	46.9
2009	5035.26	8.1	3725.40	2.0	1668.35	-2.5	44.8
2010	5832.27	15.8	4090.78	9.8	1763.05	5.7	43.1
2011	6897.92	18.3	5010.74	22.5	1954.62	10.9	39.0
2012	7851.71	13.8	5726.73	14.3	2154.01	10.2	37.6
2013	8866.95	12.9	6279.52	9.7	2308.45	7.2	36.8
2014	10849.06	11.9	8680.93	10.6	2724.10	6.1	31.4
2015	11843.89	9.2	9803.15	12.9	2952.69	8.4	30.1
2016	12724.97	7.4	10938.30	11.6	3295.30	11.6	30.1

注：①2014年起使用城乡一体化住户收支与生活状况调查，与之前的分城镇和农村住户调查的范围、方法、指标口径有所不同，部分指标变化在0411—0425各表后注释。
②2014年起农民人均纯收入改为农村常住居民人均可支配收入。
③2014年起食品消费支出包括食品和烟酒。

Note: ①Survey data of income and expenditure of urban and rural household integration was used since 2014, and the scope of the investigation, the method and index are different(But these indexes are same in the Thereafter related tables);
②In 2014 the per capita disposable income of rural household was changed to the per capita disposable income of rural household;
③Since 2014, consumption expenditure on food including food, alcohol and tobacco.

4-12 农村居民家庭基本情况
Basic Conditions of Rural Households

项 目	Item	2011	2012	2013	2014	2015	2016
调查户数(户)	Number of Households Surveyed(household)	3300	3300	2096	2522	2540	2549
调查户常住人口(人)	Number of Permanent Residents Per Households (person)	13120	13140	7921	7233	7309	7360
平均每户整半劳动力(人)	Average Full-Time and Part-Time Labors Per Household (person)	3.12	3.12	2.88	2.03	2.04	2.05
平均每个劳动力负担人口(人)	Average Person Supported by Each Labor (person)	1.27	1.28	1.31	1.41	1.41	1.41
劳动力文化程度状况(%)	Education Attainments(%)						
不识字或识字很少	Few Illiteracy and Illiteracy	5.2	4.0	6.1	8.4	7.6	7.7
小学程度	Primary School	23.0	24.2	29.1	34.1	33.9	33.3
初中程度	Junior School	54.2	54.0	48.0	44.2	45.3	45.8
高中程度	Senior Secondary School	15.7	14.8	13.2	11.0	10.6	10.5
大专及以上	Junior College and Above	1.9	3.1	3.5	2.3	2.6	2.7
期末实际经营的土地面积(亩/人)	Land Area Dealing in Actually at the End of Term (mu/person)	3.27	3.48	3.78	5.50	4.98	5.18
耕地	Farmland	1.62	1.71	1.78	2.41	2.73	2.88
山地/林地	Woodland	1.23	1.41	1.78	2.77	1.92	1.94
园地	Gardening Land	0.11	0.11	0.07	0.10	0.09	0.11
养殖水面	Aquatic Space	0.31	0.26	0.16	0.22	0.24	0.25
期末住房情况	Housing Conditions at the Year-end						
住房面积(平方米/人)	Dwelling Space(sq.m/person)	44.24	44.98	41.84	54.78	55.61	57.67
住房价值(元/人)	Value of Houses(yuan/person)	15563	19453	26808	38264	43442	50766
住房类型(%)	Housing Styles(%)						
楼房面积	Building Space	71.72	73.17	72.14	62.64	63.48	63.77
砖瓦平房面积	Bungalow Space	23.08	21.74	26.74	35.93	34.26	33.83
住房结构(%)	Housing Structure(%)						
钢筋混泥土结构面积	Reinforced Structure	56.28	59.27	76.06	67.91	70.70	73.57
砖木结构面积	Brick and Wood Structure	33.91	31.26	18.81	25.30	22.41	20.85
期内新建(购)住房情况	Newly-built Houses Within the Year						
新建(购)住房面积(平方米/人)	Newly-built House Space(sq.m/person)	1.98	1.37	1.60	2.01	1.41	0.88
新建(购)住房价值(元/人)	Value in Each Squre Meter(yuan/person)	1478	998	1709	2259	2024	1775

4-13 按收入五等份分组农村居民家庭基本情况(2016年)
Basic Conditions of Rural Households by Five Equal Parts of Income(2016)

项目	Item	低收入户 Low Income Households	中低收入户 Lower Middle Income Households	中等收入户 Middle Income Households	中高收入户 Upper Middle Income Households	高收入户 High Income Households
家庭常住人口(人)	Number of Permanent Residents Per Households(person)	1636.50	1600.00	1446.83	1434.06	1242.33
就业劳动力(人)	Number of Employed Persons	1036.92	1053.92	1029.50	1070.92	1030.33
劳动力文化程度状况(人)	Education Attainments(person)					
文盲或半文盲	Few Illiteracy and Illiteracy	119.50	119.67	71.00	56.00	34.92
小学程度	Primary School	429.17	404.75	369.33	315.33	222.50
初中程度	Junior Secondary School	385.75	445.75	482.50	527.08	547.92
高中程度	Senior Secondary School	87.25	71.75	89.08	136.50	163.25
大专及以上	Junior College and Above	15.25	12.00	17.58	36.00	61.75
人均年末住房面积(平方米)	Per Capita Housing Area at the Year-end(sq.m)	51.11	51.60	58.96	60.37	69.87
人均年末经营耕地面积(亩)	Per Capita Arable Land Area Business at the year-end(mu)	1.73	1.82	2.49	3.17	5.95
人均主要农产品消费量(公斤)	Per Capita Consumption of Major Farm Products(kg)					
粮食	Grain	122.03	130.04	140.35	147.43	151.20
蔬菜及制品	Fresh Vegetables and Related Products	107.94	115.67	128.00	129.53	140.71
食用油	Edible Oil	12.75	13.85	16.84	17.01	18.13
水果	Fruits	17.84	21.43	26.81	30.04	39.07
猪肉	Pork	16.55	18.59	21.70	23.49	29.03
牛羊肉	Butcher	0.73	0.95	1.16	1.60	2.09
家禽	Poultry	2.99	3.82	4.67	5.61	6.57
蛋类及制品	Eggs and Related Products	6.32	7.13	7.78	9.40	10.56
水产品	Aquatic Products	9.03	9.86	12.24	14.35	16.76
卷烟(盒)	Cigarette(Boxes)	31.03	37.28	38.39	41.19	59.84
酒 类	Liquor and Drinks	8.86	10.27	12.27	12.45	16.36

4-14 农村居民家庭人均总收入及构成
Per Capita Total Income and Composition of Rural Households

单位：元、% (yuan、%)

项 目	Item	2011	2012	2013	2014	2015	2016
总收入(元)	**Total Income(yuan)**	**9387.20**	**10525.66**	**11896.06**	**14836.14**	**15819.16**	**16807.81**
工资性收入	Wages Income	2703.05	3189.84	3868.21	3298.61	3682.91	4023.04
家庭经营收入	Household Business Income	6134.62	6718.36	7022.00	8699.22	8928.74	9242.06
农业	Farming	3682.89	4056.77	4049.41	4663.10	4927.80	4875.69
林业	Forestry	79.26	88.49	140.80	272.35	292.41	345.81
牧业	Animal Husbandry	1013.07	1044.46	1077.50	1610.39	1235.80	1199.91
渔业	Fishery	389.88	423.50	403.93	476.41	696.02	654.65
工业	Industry	135.22	144.59	60.66	204.82	160.40	167.05
建筑业	Construction	167.18	177.49	307.83	188.27	110.67	261.24
交通、运输、邮电业	Transport and Telecommunications Industries	277.54	322.49	328.76	353.50	461.56	472.43
批发和零售贸易、餐饮业	Wholesale and Retail Trade, Catering Industry	273.17	317.95	401.46	572.30	646.44	886.04
社会服务和文教卫生业	Social Services and Cultural and Educational Sector	91.43	113.54	177.96	211.73	189.00	141.72
农林牧渔服务业	Agriculture, Forestry, Animal Husbandry and Fishery Services				133.44	171.08	189.94
其他行业	Other Industry	23.55	26.87	10.54	12.93	37.56	47.59
财产性收入	Property Income	84.45	65.87	99.13	135.33	166.91	170.07
转移性收入	Transferred Income	465.09	551.59	906.73	2702.98	3040.61	3372.64
总收入构成(%)	**Composition of Total Income(%)**						
工资性收入	Wages Income	28.8	30.3	32.5	22.2	23.3	23.9
家庭经营收入	Household Business Income	65.4	63.8	59.0	58.6	56.4	55.0
财产性收入	Property Income	0.9	0.6	0.8	0.9	1.1	1.0
转移性收入	Transferred Income	5.0	5.2	7.6	18.2	19.2	20.1

4-15 农村居民家庭人均现金收入及构成
Per Capita Cash Income and Composition of Rural Households

单位：元、%　　(yuan、%)

项　目	Item	2011	2012	2013	2014	2015	2016
现金收入(元)	**Cash Income(yuan)**	**8232.92**	**9337.04**	**10819.88**	**13243.58**	**13958.40**	**15145.85**
工资性收入	Wages Income	2696.32	3186.99	3858.97	3282.57	3663.96	4000.55
家庭经营现金收入	Cash Income from Household Business	5011.97	5546.68	5959.60	7328.03	7336.22	7921.93
农业	Farming	2807.96	3096.78	3179.27	3614.71	3658.73	3873.47
林业	Forestry	80.14	88.34	142.91	163.40	172.04	241.80
牧业	Animal Husbandry	773.47	837.81	891.19	1404.35	1039.15	995.89
渔业	Fishery	380.89	418.62	395.83	468.59	689.58	644.76
工业	Industry	135.22	144.59	60.66	204.82	160.40	167.05
建筑业	Construction	167.18	177.49	307.83	188.27	110.67	261.24
交通、运输、邮电业	Transport and Telecommunications Industries	277.54	322.49	328.76	353.50	461.56	472.43
批发和零售贸易、餐饮业	Wholesale and Retail Trade, Catering Industry	273.17	317.95	401.46	572.30	646.44	886.04
社会服务和文教卫生业	Social Services and Cultural and Educational Sector	91.43	113.54	177.96	211.73	189.00	141.72
农林牧渔服务业	Agriculture, Forestry, Animal Husbandry and Fishery Services				133.44	171.08	189.94
其他行业	Other Industry	23.55	26.87	10.54	12.93	37.56	47.59
财产性收入	Property Income	63.91	58.91	99.26	135.33	166.91	170.07
转移性收入	Transferred Income	460.73	544.46	902.05	2497.66	2791.31	3053.31
现金收入构成(%)	**Composition of Cash Income(%)**						
工资性收入	Wages Income	32.8	34.1	35.7	24.8	26.2	26.4
家庭经营现金收入	Cash Income from Household Business	60.9	59.4	55.1	55.3	52.6	52.3
财产性收入	Property Income	0.8	0.6	0.9	1.0	1.2	1.1
转移性收入	Transferred Income	5.6	5.8	8.3	18.9	20.0	20.2

4-16 农村居民家庭人均纯收入(可支配收入)及构成
Per Capita Net Income of Rural Households (Disposable Income) and Composition

单位：元、% (yuan、%)

项　目	Item	2011	2012	2013	2014	2015	2016
全年纯收入(元)	**Net Income(yuan)**	**6897.92**	**7851.71**	**8866.95**	**10849.06**	**11843.89**	**12724.97**
工资性收入	Wages Income	2703.05	3189.84	3648.20	3298.61	3682.91	4023.04
家庭经营纯收入	Net Income from Household Business	3731.34	4123.49	4616.55	5009.34	5281.41	5534.01
财产性收入	Property Income	84.45	65.87	84.13	125.44	160.78	158.60
转移性收入	Transferred Income	379.08	472.51	518.07	2415.66	2718.79	3009.32
纯收入构成(%)	**Composition of Net Income(%)**						
工资性收入	Wages Income	39.2	40.6	41.1	30.4	31.1	31.6
家庭经营纯收入	Net Income from Household Business	54.1	52.5	52.1	46.2	44.6	43.5
财产性收入	Property Income	1.2	0.8	0.9	1.2	1.4	1.2
转移性收入	Transferred Income	5.5	6.0	5.8	22.3	23.0	23.6

注：2014年起为农村常住居民人均可支配收入、工资性收入、家庭经营净收入、财产净收入、转移净收入。

Note: Since 2014, indexes are per capita disposable income of rural household, wage income, net income from household business, property net income, transferred net income.

4-17 按收入五等份分组农村居民家庭人均收入情况(2016年)
Per Capita Income of Rural Households by Five Equal Parts of Income(2016)

单位：元、% (yuan、%)

项　目	Item	低收入户 Low Income Households	中低收入户 Lower Middle Income Households	中等收入户 Middle Income Households	中高收入户 Upper Middle Income Households	高收入户 High Income Households
总收入(元)	**Total Income(yuan)**	**8129.33**	**10101.61**	**14223.49**	**20209.68**	**36449.02**
工资性收入	Wages Income	1400.25	2808.23	3441.60	5492.24	8139.83
家庭经营收入	Household Business Income	5039.51	4458.10	6875.32	10491.93	22570.66
财产性收入	Property Income	38.86	64.57	86.35	219.99	527.16
转移性收入	Transferred Income	1650.71	2770.70	3820.22	4005.52	5211.37
总收入构成(%)	**Composition of Total Income(%)**					
工资性收入	Wages Income	17.22	27.80	24.20	27.18	22.33
家庭经营收入	Household Business Income	61.99	44.13	48.34	51.92	61.92
财产性收入	Property Income	0.48	0.64	0.61	1.09	1.45
转移性收入	Transferred Income	20.31	27.43	26.86	19.82	14.30
可支配收入(元)	**Disposable Income(yuan)**	**3309.89**	**8034.90**	**11593.48**	**16191.61**	**28873.43**
工资性收入	Wages Income	1400.3	2808.2	3441.6	5492.2	8139.8
家庭经营净收入	Net Income from Household Business	510.0	2637.2	4571.0	6926.3	15623.6
财产净收入	Property Net Income	35.3	59.8	70.7	209.0	500.7
转移净收入	Transferred Net Income	1364.3	2529.7	3510.1	3564.1	4609.3
可支配收入构成(%)	**Composirion of Disposasle Income(%)**					
工资性收入	Wages Income	42.3	35.0	29.7	33.9	28.2
家庭经营净收入	Net Income from Household Business	15.4	32.8	39.4	42.8	54.1
财产净收入	Property Net Income	1.1	0.7	0.6	1.3	1.7
转移净收入	Transferred Net Income	41.2	31.5	30.3	22.0	16.0

注：2014年起为农村常住居民人均可支配收入、工资性收入、家庭经营净收入、财产净收入、转移净收入。

Note: Since 2014, indexes are per capita disposable income of rural household, wage income, net income from household business, property net income, transferred net income.

4-18 农村居民家庭人均总支出及构成
Per Capita Total Expenditure and Composition of Rural Households

单位：元、% (yuan、%)

项目	Item	2011	2012	2013	2014	2015	2016
总支出(元)	**Total Expenditure(yuan)**	**7971.52**	**8923.73**	**9477.33**	**16775.27**	**18257.83**	**19372.81**
家庭经营费用支出	Expenditure for Household Business	2199.08	2402.73	2408.72	3413.49	3366.25	3412.31
农业	Farming	1029.67	1076.28	1049.49	1329.35	1566.04	1535.20
林业	Forestry	16.65	16.33	19.52	27.68	23.91	126.05
牧业	Animal Husbandry	593.09	693.65	753.88	1279.08	923.32	765.09
渔业	Fishery	216.01	230.50	174.04	217.63	366.77	276.83
工业	Industry	54.66	84.17	28.31	78.83	57.14	81.29
建筑业	Construction	61.78	54.28	120.30	158.47	43.86	143.14
交通、运输、邮电业	Transport and Telecommunications Industries	107.32	120.00	81.99	74.77	136.61	114.81
批发和零售贸易、餐饮业	Wholesale and Retail Trade, Catering Industry	90.88	100.13	82.03	166.42	175.88	276.11
社会服务和文教卫生业	Social Services and Cultural, Educational, and Public Health Services	19.82	20.52	69.33	39.98	18.10	25.19
农林牧渔服务业	Agriculture, Forestry, Animal Husbandry and Fishery Services				36.77	44.08	60.89
其他行业	Other Industry	9.22	6.85	2.19	4.51	10.54	7.70
购置住房、生产性固定资产支出	Purchase of Housing, Productive Fixed Assets	231.28	240.00	315.23	876.97	1244.33	862.13
税费支出	Taxes and Fee	9.28	11.09				
生活消费支出	Consumption Expenditure	5010.74	5726.73	6279.52	8680.93	9803.15	10938.30
食品	Food	1954.62	2154.01	2308.45	2724.10	2952.69	3295.30
衣着	Clothing	272.12	316.41	347.67	495.73	549.14	568.71
居住	Residence	1086.86	1206.16	1415.73	1944.56	2150.27	2407.90
家庭设备、用品及服务	Household Facilities, Articles and Services	359.57	397.86	425.00	574.31	599.92	669.01
交通通讯	Transport, Post and Telecommunications	414.36	496.10	605.95	816.43	1218.42	1381.37
教育文化娱乐	Educational and Cultural Recreation	341.87	394.63	407.42	1010.19	1118.15	1156.60
医疗保健	Medicines and Medical Services	438.20	591.87	624.40	907.33	985.09	1213.47
其他商品和服务	Other Commodities and Services	143.14	169.68	144.90	208.28	229.48	245.94
财产性支出	Expenditure for Property	8.45	11.10	2.13	8.67	6.12	11.47
转移性支出	Transferred Expenditure	512.69	532.08	471.73	287.31	321.74	363.36
商业保险支出	Commercial Insurance Expenses				29.16	37.45	45.31
非经常性转移支出	Non Recurrently Transferred Expenditure				2313.24	2630.25	2852.52
借贷性支出	Borrowing Expenses				1165.51	848.53	887.42
总支出构成(%)	**Composition of Total Expenditure(%)**						
家庭经营费用支出	Expenditure for Household Business	27.6	26.9	25.4	20.3	18.4	17.6
购置住房、生产性固定资产支出	Purchase of Housing, Productive Fixed Assets	2.9	2.7	3.3	5.2	6.8	4.5
生活消费支出	Consumption Expenditure	62.9	64.2	66.3	51.7	53.7	56.5
财产性支出	Expenditure for Property	0.1	0.1	0.0	0.1	0.0	0.1
转移性支出	Transferred Expenditure	6.4	6.0	5.0	1.7	1.8	1.9

4-19 农村居民家庭人均现金支出及构成
Per Capita Cash Expenditure and Composition of Rural Households

单位：元、% (yuan、%)

项 目	Item	2011	2012	2013	2014	2015	2016
现金支出(元)	**Cash Expenditure(yuan)**	**7194.75**	**8149.22**	**8563.81**	**14668.88**	**15923.32**	**16677.01**
家庭经营费用支出	Expenditure for Household Business	2051.67	2285.75	2243.66	3249.87	3222.08	3290.04
农业	Farming	989.38	1052.29	1025.61	1312.12	1549.04	1524.86
林业	Forestry	16.57	16.32	19.52	27.68	23.90	126.02
牧业	Animal Husbandry	487.52	602.75	617.69	1134.39	798.39	657.97
渔业	Fishery	214.64	228.53	172.26	215.92	364.55	272.05
工业	Industry	54.66	84.17	28.31	78.83	57.14	81.29
建筑业	Construction	61.77	54.28	120.30	158.47	43.86	143.14
交通、运输、邮电业	Transport and Telecommunications Industries	107.23	119.96	81.99	74.77	136.61	114.81
批发和零售贸易、餐饮业	Wholesale and Retail Trade, Catering Industry	90.88	100.13	82.03	166.42	175.88	276.11
社会服务和文教卫生业	Social Services and Cultural, Educational, and Public Health Services	19.81	20.48	69.33	39.98	18.10	25.19
农林牧渔服务业	Agriculture, Forestry, Animal Husbandry and Fishery Services				36.77	44.08	60.89
其他行业	Other Industry	9.22	6.83	2.19	4.51	10.54	7.70
购置住房、生产性固定资产支出	Purchase of Housing, Productive Fixed Assets	231.28	240.00	315.23	876.97	1244.33	862.13
税费支出	Taxes and Fee	9.28	10.85				
生活消费支出	Consumption Expenditure	4382.95	5070.68	5531.07	6738.17	7612.82	8364.76
财产性支出	Expenditure for Property	8.45	11.10	2.13	8.67	6.12	11.47
转移性支出	Transferred Expenditure	511.12	530.85	471.72	287.31	321.74	363.36
商业保险支出	Commercial Insurance Expenses				29.16	37.45	45.31
非经常性转移支出	Non Recurrently Transferred Expenditure				2313.24	2630.25	2852.52
借贷性支出	Borrowing Expenses				1165.51	848.53	887.42
现金支出构成(%)	**Composition of Cash Expenditure(%)**						
家庭经营费用支出	Expenditure for Household Business	28.5	28.0	26.2	22.2	20.2	19.7
购置住房、生产性固定资产支出	Purchase of Housing, Productive Fixed Assets	3.2	2.9	3.7	6.0	7.8	5.2
生活消费支出	Consumption Expenditure	60.9	62.2	64.6	45.9	47.8	50.2
财产性支出	Expenditure for Property	0.1	0.1	0.0	0.1	0.0	0.1
转移性支出	Transferred Expenditure	7.1	6.5	5.5	2.0	2.0	2.2

4-20 按收入五等份分组农村居民家庭人均支出情况(2016年)
Per Capita Expenditures of Rural Households by Five Equal Parts of Income(2016)

单位：元、% (yuan、%)

项　目	Item	低收入户 Low Income Households	中低收入户 Lower Middle Income Households	中等收入户 Middle Income Households	中高收入户 Upper Middle Income Households	高收入户 High Income Households
总支出(元)	**Annual Total Expenditures(yuan)**	**15458.81**	**13663.51**	**17128.64**	**20342.31**	**33720.82**
生活消费支出	Consumption Expenditure	7992.81	8834.44	10457.03	12125.12	16869.52
家庭经营费用支出	Expenditure for Household Business	4201.47	1666.69	2074.38	3275.60	6421.81
财产性支出	Property Expenditure	3.56	4.80	15.62	11.04	26.44
转移性支出	Transferred Expenditure	286.41	240.99	310.07	441.59	602.06
部分商业保险支出	Commercial Insurance Expenses	13.59	59.23	28.62	21.21	116.46
购置住房及生产性固定资产支出	Purchase of Housing, Productive Fixed Assets	669.68	516.57	653.78	733.95	1971.05
非经常性转移支出	Non Recurrently Transferred Expenditure	1928.18	1951.19	3014.13	2909.72	5023.64
借贷性支出	Borrowing Expenses	363.12	389.60	575.02	824.08	2689.84
总支出构成(%)	**Composition of Annual Total Expenditures (%)**	**100.00**	**100.00**	**100.00**	**100.00**	**100.00**
生活消费支出	Consumption Expenditure	51.7	64.7	61.0	59.6	50.0
家庭经营费用支出	Expenditure for Household Business	27.2	12.2	12.1	16.1	19.0
财产性支出	Property Expenditure	0.0	0.0	0.1	0.1	0.1
转移性支出	Transferred Expenditure	1.9	1.8	1.8	2.2	1.8
部分商业保险支出	Commercial Insurance Expenses	0.1	0.4	0.2	0.1	0.3
购置住房及生产性固定资产支出	Purchase of Housing, Productive Fixed Assets	4.3	3.8	3.8	3.6	5.8
非经常性转移支出	Non Recurrently Transferred Expenditure	12.5	14.3	17.6	14.3	14.9
借贷性支出	Borrowing Expenses	2.3	2.9	3.4	4.1	8.0

4-21 农村居民家庭年人均出售主要农副产品情况
Annual Selling of Farm and Sideline Products of Rural Households per Capita

单位：千克 (kg)

项　目	Item	2011	2012	2013	2014	2015	2016
粮　食	Grain	451.98	489.22	591.56	770.96	888.88	982.69
#小麦	Wheat	86.70	91.93	79.55	111.05	129.72	151.98
稻谷	Paddy	302.69	329.15	432.85	528.86	588.64	656.03
棉花	Cotton	88.30	93.94	72.29	48.98	30.33	19.31
油料	Oil Producer	60.91	58.57	73.99	77.34	52.15	45.97
糖料	Sugar	0.16	0.17	2.16	2.08	2.21	3.43
烟草	Tobacco	2.97	3.82	7.89	7.07	14.35	13.67
蔬菜	Vegetable	137.62	143.53	99.54	134.68	163.39	125.98
瓜　类	Melon	17.40	17.60	40.74	33.63	10.12	15.49
水果	Fruits	66.13	109.87	62.86	111.30	97.70	93.46
茶叶	Tea	4.17	8.08	5.02	5.01	7.55	8.39
猪肉	Pork	22.91	25.68	28.51	58.86	41.76	32.19
家禽	Poultry	2.28	2.80	1.65	8.63	4.26	3.61
蛋类	Eggs	10.33	13.01	16.54	29.12	14.59	13.58
水产品	Aquatic Products	43.09	43.25	39.61	40.65	68.30	62.48

4-22 农村居民家庭人均主要食品消费量
Per Capita Main Food Consumption of Rural Households

单位：千克 (kg)

项 目	Item	2011	2012	2013	2014	2015	2016
粮 食	Grain	162.86	151.06	125.59	153.08	152.05	137.15
#小麦	Wheat	17.41	15.55	10.17	16.74	17.90	14.74
稻谷	Paddy	135.87	126.67	104.27	121.21	118.83	107.22
豆类	Peas and beans	2.53	1.97	3.85	7.25	7.86	8.72
蔬菜及菜制品	Fresh Vegetables and Processed Products	131.68	119.33	88.16	118.03	123.06	123.22
鲜菜	Fresh Vegetables	130.67	118.25	86.56	116.30	121.40	121.10
油脂类	Oil and Fats	8.17	10.39	11.05	29.71	16.04	15.52
植物油	Edible Vegetable Oil	7.71	9.93	10.61	29.02	15.24	14.89
动物油	Edible Animal Oil	0.46	0.47	0.43	0.70	0.79	0.62
肉禽及其制品	Meat and Processed Products	22.90	22.80	22.91	29.82	31.20	29.15
猪肉	Pork	17.40	17.63	18.11	23.12	24.12	21.43
牛羊肉	Beef and Mutton	0.65	0.53	0.63	0.93	1.14	1.26
家禽	Poultry	3.23	2.94	2.87	4.19	4.27	4.60
蛋类及蛋制品	Eggs and Processed Products	5.03	5.02	4.68	6.65	8.31	8.08
奶及奶制品	Milk and Dariy Products	1.55	1.67	2.11	3.53	3.58	4.12
水产品	Aquatic Products	8.38	8.54	7.93	11.10	11.75	12.15
鱼类	Ffish	8.03	8.09	7.58	10.55	10.97	11.20
干鲜瓜果	Fresh and Dried Fruits	16.38	16.83	13.33	20.74	22.42	26.28
酒 类	Liquor and Drinks	11.40	11.12	10.08	14.25	12.78	11.85
#白酒	Wine Spirit	3.69	3.52	3.65	5.82	5.51	5.22
啤 酒	Beer	7.67	7.53	6.41	8.41	7.24	6.58

4-23 农村居民家庭主要生活用品购买量
Per Capita Annual Purchase of Major Items of Life of Rural Households

项目	Item	单位	Unit	2011	2012	2013	2014	2015	2016
粮食	Grain	(千克/人)	(kg/person)	42.35	44.45	38.34	44.06	47.43	49.61
植物油	Edible Vegetable Oil	(千克/人)	(kg/person)	5.20	5.70	5.11	7.41	8.07	7.88
动物油	Edible Animal Oil	(千克/人)	(kg/person)	0.43	0.39	0.27	0.47	0.49	0.42
蔬菜	Vegetables	(千克/人)	(kg/person)	19.40	18.27	16.51	25.95	27.28	31.31
猪肉	Pork	(千克/人)	(kg/person)	8.38	8.71	8.76	13.13	14.32	13.80
牛羊肉	Beef and Mutton	(千克/人)	(kg/person)	0.56	0.47	0.54	0.85	1.04	1.14
家禽	Poultry	(千克/人)	(kg/person)	1.26	1.24	0.97	2.40	2.46	2.95
鲜蛋	Fresh Eggs	(千克/人)	(kg/person)	1.85	2.20		2.83	4.32	4.16
鲜活鱼类	Fresh Fish	(千克/人)	(kg/person)	7.11	7.06		9.58	10.13	10.31
卷烟	Tobacco	(盒/人)	(pack/person)	31.12	31.42	26.93	41.00	40.03	40.62
酒	Wine	(千克/人)	(kg/person)	11.37	11.06	10.06	16.23	12.76	11.78
水果	Fruits	(千克/人)	(kg/person)	6.87	8.27		17.63	19.69	23.07
服装	Clothing	(件/人)	(piece/person)	2.46	2.52				
鞋类	Shoes	(双/人)	(two/person)	1.39	1.80		2.10	2.37	2.35
水泥	Cement	(千克/人)	(kg/person)	236.88	149.81				
钢材	Steel	(千克/人)	(kg/person)	13.85	9.72				
生活用煤	Coal	(千克/人)	(kg/person)	14.77	13.18		14.84	15.18	18.06
电视机	TV Sets	(台/百户)	(set/100 households)	6.67	6.48	5.76	5.31	7.17	6.39
洗衣机	Washing Machine	(台/百户)	(set/100 households)	6.09	5.09	4.44	4.93	4.35	4.48
电风扇	Electric Fans	(台/百户)	(set/100 households)	10.79	13.67				
电冰箱	Refrigerators	(台/百户)	(set/100 households)	8.30	7.12	6.16	6.03	6.61	6.62
自行车	Bycicle	(辆/百户)	(set/100 households)	7.18	7.30	6.54	6.99	6.27	5.63
摩托车	Motocycle	(辆/百户)	(set/100 households)	6.09	5.30	3.91	3.65	3.51	3.18
热水器	Shower	(台/百户)	(set/100 households)	6.18	5.70	3.58	2.75	3.20	3.19
电话机	Telephone Sets	(部/百户)	(set/100 households)	3.41	2.76	1.86	1.03	1.37	0.83
手机	Mobile Phones	(部/百户)	(set/100 households)	25.39	28.00	33.40	39.75	39.44	34.97

4-24 农村居民家庭每百户耐用消费品拥有量
Ownership of Major Durable Consumer Goods Per 100 Rural Households

项 目	Item	2011	2012	2013	2014	2015	2016
彩色电视机(台)	Color TV(set)	114.36	116.24	114.35	116.50	118.46	120.09
照相机(架)	Camera(set)	3.55	3.64	5.24	4.89	3.84	2.97
洗衣机(台)	Washing Mathine(set)	57.09	62.42	53.79	57.94	65.02	73.13
电冰箱(台)	Refrigerator(set)	73.73	80.18	75.82	79.53	84.75	93.01
摩托车(辆)	Motorcycle(set)	72.33	74.76	68.84	76.52	77.87	78.47
摄像机(台)	Video Camera(set)	1.42	1.52	0.62	0.50	0.44	0.37
抽油烟机(台)	Exhaust Fan(set)	13.70	15.82	10.94	13.59	14.89	14.86
空调机(台)	Air Conditioner(set)	28.58	33.15	33.05	37.79	43.49	56.47
热水器(台)	Shower(set)	48.24	55.91	52.16	58.01	61.71	68.63
电话机(部)	Telephone(set)	41.94	40.06	31.44	37.15	27.43	20.71
移动电话(部)	Mobile Telephone(set)	204.82	215.06	211.52	223.46	232.18	236.26
家用计算机(台)	Computer(set)	15.58	19.73	22.14	25.72	26.23	27.04
汽车(生活用)(台)	Automobile(set)	2.06	2.42	4.65	5.06	7.16	10.15

4-25 市、州农村居民人均纯收入(可支配收入)
Per Capita Annual Net Income of Rural Households (Disposable Income) by Regions

单位：元 (yuan)

地 区	Region	农村居民人均纯收入				农村常住居民人均可支配收入			
		2010	2011	2012	2013	2013	2014	2015	2016
武汉市	Wuhan	8295	9814	11190	12713	14390	16160	17722	19152
黄石市	Huangshi	5524	6487	7477	8492	9781	10957	12004	12925
十堰市	Shiyan	3499	4044	4566	5226	6212	7046	7779	8514
宜昌市	Yichang	5980	7055	8046	9121	10458	11837	12990	14057
襄阳市	Xiangyang	6365	7549	8684	9785	11176	12534	13650	14762
鄂州市	Ezhou	6645	7909	9072	10210	11309	12692	13812	14813
荆门市	Jingmen	6951	8248	9387	10615	12082	13481	14716	15811
孝感市	Xiaogan	5943	7029	7988	9023	10360	11597	12655	13554
荆州市	Jingzhou	6453	7664	8710	9909	11280	12625	13728	14707
黄冈市	Huanggang	4634	5438	6142	6966	8385	9388	10252	11076
咸宁市	Xianning	5606	6588	7505	8480	9709	10891	11940	12812
随州市	Suizhou	6279	7427	8419	9490	10702	11984	13022	14077
恩施自治州	Enshi	3255	3939	4571	5235	6364	7194	7969	8728
仙桃市	Xiantao	6807	8006	9076	10365	11809	13193	14422	15462
天门市	Tianmen	6207	7407	8507	9608	10809	12086	13178	14107
潜江市	Qianjiang	6486	7684	8785	10017	11448	12862	14076	15113
神农架林区	Shennongjia	4083	4640	5110	5677	6305	6920	7578	8342

注：2013年前分城镇和农村开展住户调查，为农民人均纯收入。2014年起使用城乡一体化住户收支与生活状况调查数据，为农村常住居民人均可支配收入。

Note: Before 2013, the urban and rural household were investigated separately, and the data is for per capita disposable income of rural household. Since 2014, survey data of income and expenditures of urban and rural household integration has been used, and the data is for per capita disposable income of rural household.

4-26 农村居民家庭固定资产投资情况
Fixed Assets Investment of Rural Households

单位：亿元 (100 million yuan)

项　　目	Item	2011	2012	2013	2014	2015	2016
新增固定资产原值	**New Original Value of Fixed Assets**	**437.77**	**446.89**	**526.31**	**516.68**	**423.90**	**470.67**
固定资产投资完成额	**Finished Value of Investment of the Fixed Assets**	**444.85**	**429.58**	**510.48**	**473.63**	**477.48**	**507.78**
按投资来源分	Investment by Source						
国内贷款	Domestic Loans	19.91	1.30	3.41			46.31
自筹资金	Self-raising Funds	419.70	427.72	506.65	472.81	467.66	449.11
其他资金	Others	5.24	0.56	0.42	0.82	9.82	12.36
按投资构成分	According to Constitute Sub-investment						
建筑工程	Construction	341.67	335.09	406.63	404.09	399.60	423.31
安装工程	Installation						
设备工、器具购置	For Equipment, the Purchase of Equipment	70.49	64.96	74.69	46.65	63.67	42.17
其他	Others	32.70	29.53	29.16	22.89	14.21	42.30
按投资方向分	According to the Investment Direction Pm						
农业	Agriculture	84.06	90.34	83.84	76.18	103.90	71.26
采矿业	Mining			0.17			
制造业	Manufacturing	2.71	3.40	0.55	0.27	3.65	
电力、燃气及水的生产和供应业	Production and Supply of Electricity, Gas and Water			0.62	0.74		4.36
建筑业	Construction			16.92	0.47	0.17	0.39
交通运输、仓储和邮政业	Transport, Storage and Post	40.30	19.24	48.30	30.19	15.14	38.79
信息传输、计算机服务和软件业	Information Transmission, Computer Services and Software						
批发和零售业	Wholesale and Retail Trades			0.82	0.25	0.23	1.30
住宿和餐饮业	Hotels and Catering Services			0.16	0.03		6.01
金融业	Financial Intermediation						
房地产业	Real Estate	311.15	309.15	358.21	365.26	353.09	382.62
租赁和商务服务业	Leasing and Business Services						
科学研究、技术服务和地质 勘查业	Scientific Research, Technical Services, and Geological Prospecting						
水利、环境和公共设施管理业	Management of Water Conservancy, Environment and Public Facilities						
居民服务和其他服务业	Serices to Households and Other Services	6.52	7.45	0.89	0.24	1.30	2.81
教育	Education						
卫生、社会保障和社会福利业	Health, Social Securities and Social Welfare						
文化、体育和娱乐业	Culture, Sports and Enterainment						0.23
公共管理和社会组织	Public Management and Social Organizations						
国际组织	International Organizations						
按具体投资项目分	Based on specific investment projects pm						
房屋	Housing	341.67	335.09	389.46	400.63	397.52	409.16
道路	Road						382.62
桥梁	Bridge						
设备	Equipment	30.19	45.73	74.69	46.65	63.67	42.17
水利	Water			2.17	1.30	0.23	0.91
其他	Others	72.99	48.76	44.16	25.05	16.06	55.53
施工房屋面积(万平方米)	Acreage of House Construction(10 000 sq.m)	4896.31		5598.80	4543.88	4289.18	4305.50
竣工房屋面积(万平方米)	Acreage of House Completion(10 000 sq.m)	4494.97		4584.52	3671.35	3666.76	3799.32
竣工房屋投资完成额	Completion Amount of Investment in House	334.58		386.32	351.79	343.94	372.05

4-27 贫困地区农村居民家庭人均总收入

单位：元

项　目	Item	2000	2005
全年总收入	**Total Income**	**2083.17**	**2450.07**
工资性收入	Income from Wages and Salaries	482.50	700.38
家庭经营收入	Income from Household Operations	1512.44	1593.47
第一产业	Primary Industry	1356.41	1460.07
农业收入	Farming	889.56	935.94
林业收入	Forestry	28.63	35.80
牧业收入	Animal Husbandry	431.80	479.65
渔业收入	Fishery	6.42	8.68
第二产业	Secondary Industry	40.56	34.61
工业收入	Industry	24.75	21.13
建筑业收入	Construction	15.81	13.48
第三产业	Tertiary Industry	115.47	98.79
交通运输、邮电业收入	Transport, Postal and Telecommunication Services		48.03
批发和零售贸易、餐饮业收入	Wholesale and Retail Trades and Catering Services		21.83
财产性收入	Income from Properties	8.99	27.86
转移性收入	Income from Transfers	79.24	128.36

4-28 贫困地区农村居民家庭人均总支出

单位：元

项　目	Item	2000	2005
全年总支出	**Total Expenditure**	**1872.82**	**2453.49**
家庭经营费用支出	Expenditure for Household Operations	401.98	601.83
第一产业	Primary Industry	369.70	551.71
农业支出	Agriculture	180.20	287.63
林业支出	Forestry	2.32	5.40
牧业支出	Animal Husbandry	186.51	256.83
渔业支出	Fishery	0.67	1.85
第二产业	Secondary Industry	10.98	17.22
工业支出	Industry	6.92	10.80
建筑业支出	Construction	4.06	6.42
第三产业	Tertiary Industry	21.30	32.90
交通运输、邮电业支出	Transport, Postal and Telecommunication Services		17.58
批发和零售贸易、餐饮业支出	Wholesale and Retail Trades and Catering Services		6.02
生活消费支出	Expenses on Household Consumption	1337.99	1698.13
食品	Food	774.32	912.75
衣着	Clothing	58.65	76.29
居住	Housing//Residence	163.91	190.10
家庭设备、用品及服务	Household Facilities, Articles and Services	60.10	73.89
交通和通讯	Transport and Communications	47.07	128.58
文化、教育、娱乐用品及服务	Recreation, Education and Culture Articles	162.86	190.77
医疗保健	Health Care	45.75	91.85
其他商品和服务	Others	25.32	33.91
财产性支出	Expenses on Properties	1.03	2.48
转移性支出	Expenses on Transfers	78.31	113.54

Per Capita Annual Total Income of Rural Households of Poor Area

(yuan)

2010	2011	2012	2013	2014	2015	2016
4428.61	**5649.37**	**6392.05**	**7492.39**	**10133.83**	**11008.38**	**11649.77**
1524.03	1989.59	2430.92	3027.51	2839.28	2913.80	3157.79
2584.36	3246.21	3488.01	3597.82	4727.14	5107.29	5181.31
2342.95	2815.13	2985.54	2922.25	3621.24	3656.02	3550.69
1603.56	1781.41	1943.09	1888.86	2187.93	2269.04	2137.42
96.39	85.91	89.80	125.66	285.87	318.56	354.85
623.27	925.49	923.19	815.79	1091.55	1025.52	1029.37
19.74	22.32	29.47	91.92	55.89	42.90	29.05
59.41	109.13	129.39	103.77	188.27	185.29	282.46
22.90	63.87	68.03	54.98	109.73	98.58	137.61
36.51	45.26	61.36	48.79	78.54	86.71	144.85
182.00	321.94	373.08	571.81	917.64	1265.98	1348.16
90.61	156.58	181.46	201.94	249.91	327.75	433.41
52.61	102.71	123.58	272.96	460.68	612.59	582.42
35.82	35.64	40.59	84.43	88.55	77.93	86.39
284.40	377.93	432.53	782.62	2478.86	2909.36	3224.28

Per Capita Annual Expenditures of Rural Households of Poor Area

(yuan)

2010	2011	2012	2013	2014	2015	2016
4235.52	**5127.85**	**6537.87**	**7088.53**	**13232.21**	**14347.79**	**14376.26**
881.09	1177.24	1358.34	1361.14	1898.56	1810.30	1666.15
800.67	998.37	1136.25	1130.31	1463.02	1294.03	1071.44
434.03	493.73	569.93	468.74	671.49	616.05	540.18
14.25	10.88	11.58	14.14	16.99	17.94	15.89
349.20	486.11	541.34	578.98	738.06	648.02	508.44
3.19	7.66	13.40	57.61	36.49	12.02	6.93
19.46	55.96	87.31	44.35	137.39	74.65	136.53
9.80	37.65	63.68	32.47	64.76	41.21	58.76
9.66	18.30	23.63	11.80	72.63	33.44	77.77
60.96	122.91	134.78	186.48	298.14	441.62	458.18
36.21	67.31	70.05	75.32	76.42	121.95	122.37
18.72	38.54	46.09	85.92	148.36	250.36	249.20
3091.52	3469.52	4559.76	5076.24	7249.33	8663.14	8499.32
1440.68	1638.61	1931.78	2123.51	2363.16	2862.71	2606.85
150.44	188.29	268.21	334.53	432.06	491.07	432.43
547.61	552.66	763.79	966.34	1657.13	2108.74	2173.78
183.09	230.16	312.04	356.25	495.04	526.82	547.51
242.35	273.58	397.77	445.09	712.08	937.67	965.20
215.26	208.08	289.49	315.84	733.67	829.59	799.31
240.62	270.74	470.74	416.73	711.59	729.31	766.63
71.46	107.39	37.26	117.95	144.60	177.23	207.61
3.66	3.15	23.87	1.18	10.48	5.40	10.31
204.77	408.73	488.49	478.40	215.63	265.68	239.90

4-29 贫困地区农村居民家庭人均纯收入(可支配收入)

单位：元

项目	Item	2010
全年纯收入	**Net Income**	**3460.29**
工资性收入	Income from Wages and Salaries	1524.03
家庭经营收入	Income from Household Operations	1657.59
第一产业	Primary Industry	1500.34
农业收入	Farming	1145.83
林业收入	Forestry	81.87
牧业收入	Animal Husbandry	256.22
渔业收入	Fishery	16.41
第二产业	Secondary Industry	39.25
工业收入	Industry	12.74
建筑业收入	Construction	26.51
第三产业	Tertiary Industry	118.00
交通运输、邮电业收入	Transport, Postal and Telecommunication Services	52.04
批发和零售贸易、餐饮业收入	Wholesale and Retail Trades and Catering Services	33.52
财产性收入	Income from Properties	35.82
转移性收入	Income from Transfers	24285.00

注：2014年起为农村常住居民人均可支配收入、工资性收入、家庭经营净收入、财产净收入、转移净收入。

Note: Since 2014, indexes are per capita disposable income of rural household, wage income, net income from household business, property net income, transferred net income.

4-30 贫困地区农村居民家庭人均现金收入

单位：元

项目	Item	2000	2005
全年现金收入	**Cash Income**	**1237.86**	**1592.04**
工资性收入	Income from Wages and Salaries	531.59	700.38
家庭经营现金收入	Income from Household Operations	631.43	754.86
第一产业	Primary Industry	4754.00	621.46
农业现金收入	Farming	242.19	324.35
林业现金收入	Forestry	23.68	28.23
牧业现金收入	Animal Husbandry	205.85	262.88
渔业现金收入	Fishery	3.68	6.00
第二产业	Secondary Industry	40.36	34.61
工业现金收入	Industry	24.75	21.13
建筑业现金收入	Construction	15.81	13.48
第三产业	Tertiary Industry	115.47	98.79
交通运输、邮电业现金收入	Transport, Postal and Telecommunication Services		48.03
批发和零售贸易、餐饮业现金收入	Wholesale and Retail Trades and Catering Services		21.83
财产性收入	Income from Properties	6.37	27.86
转移性收入	Income from Transfers	68.47	108.94

Per Capita Annual Net Income of Rural Households (Disposable Income) of Poor Area

(yuan)

2011	2012	2013	2014	2015	2016
4286.19	**4882.16**	**5674.89**	**7831.44**	**8681.99**	**9502.22**
1989.59	2430.92	3027.51	2839.28	2913.80	3157.79
1943.52	2020.63	2099.90	2652.22	3052.01	3283.97
1726.88	1759.14	1721.70	2052.24	2264.65	2380.13
1234.25	1323.35	1376.14	1447.41	1596.95	1542.44
74.65	77.10	111.27	268.4	299.62	338.09
403.40	343.26	200.49	317.16	337.49	478.06
14.58	15.43	33.80	19.27	30.60	21.54
49.15	39.37	48.24	31.32	89.14	123.04
24.29	2.85	13.58	13.76	45.88	66.98
24.86	36.52	34.67	17.56	43.26	56.06
167.50	222.12	329.96	568.66	698.22	780.80
67.85	101.30	98.09	151.20	162.47	269.09
60.28	74.68	170.37	294.94	328.06	305.75
35.64	40.59	84.43	76.73	72.49	76.08
317.44	390.03	463.04	2263.20	2643.68	2984.38

Per Capita Annual Cash Income of Rural Households of Poor Area

(yuan)

2010	2011	2012	2013	2014	2015	2016
3169.28	**4429.98**	**5162.56**	**6330.00**	**8556.47**	**9541.60**	**10404.38**
1524.01	1986.73	2428.20	3024.06	2835.26	2907.21	3152.53
1326.31	2030.03	2269.51	2440.22	3320.22	3805.47	4104.20
1085.24	1598.96	1767.41	1764.65	2214.32	2354.20	2473.58
606.44	909.29	1005.74	952.44	1185.14	1427.61	1471.07
66.87	92.70	88.21	129.23	120.41	115.59	175.10
396.13	575.35	646.45	591.86	854.12	769.01	800.06
15.79	21.62	27.01	91.11	54.65	41.99	27.35
59.08	109.13	129.02	103.77	188.27	185.29	282.46
22.90	63.87	68.03	54.98	109.73	98.58	137.61
36.17	45.26	60.99	48.79	78.54	86.71	144.85
182.00	321.94	373.08	571.18	917.64	1265.98	1348.16
90.61	156.58	181.46	201.94	249.91	327.75	433.41
52.61	102.71	123.58	272.96	917.64	612.59	582.42
35.51	36.15	32.58	84.43	88.55	77.93	86.39
283.45	377.07	432.27	781.28	2312.43	2750.99	3061.26

4-31 贫困地区农村居民家庭人均现金支出

单位：元

项　　目	Item	2000	2005
全年现金支出	**Cash Expenditure**	**1179.58**	**1745.27**
家庭经营费用现金支出	Cash Expenditure for Household Operations	282.09	422.80
第一产业	Primary Industry	250.91	374.54
农业现金支出	Agriculture	184.89	231.42
林业现金支出	Forestry	1.66	3.33
牧业现金支出	Animal Husbandry	63.70	138.01
渔业现金支出	Fishery	0.66	1.78
第二产业	Secondary Industry	10.22	16.68
工业现金支出	Industry	632.00	10.73
建筑业现金支出	Construction	3.90	5.95
第三产业	Tertiary Industry	20.96	31.59
生活消费支出	Expenses on Household Consumption	766.52	1169.89
食品	Food	242.56	422.39
衣着	Clothing	56.13	76.29
居住	Housing//Residence	128.11	152.22
家庭设备、用品及服务	Household Facilities, Articles and Services	58.71	73.89
交通和通讯	Transport and Communications	47.07	128.58
文化、教育、娱乐用品及服务	Recreation, Education and Culture Articles	162.86	190.77
医疗保健	Health Care	45.75	91.85
其他商品和服务	Others	25.32	33.91
财产性支出	Expenses on Properties	0.98	2.48
转移性支出	Expenses on Transfers	77.32	112.42

Per Capita Annual Cash Expenditures of Rural Households of Poor Area

(yuan)

2010	2011	2012	2013	2014	2015	2016
3247.45	**4156.59**	**5537.17**	**6058.58**	**9824.79**	**11781.14**	**10892.04**
591.29	875.55	1077.84	1120.05	1595.40	1558.72	1512.27
510.87	701.07	857.80	889.66	1159.86	1042.45	917.56
340.42	412.51	491.05	429.37	616.79	567.66	516.14
5.42	10.70	10.83	14.14	16.99	17.94	15.89
161.85	270.43	342.53	378.10	489.61	444.84	378.86
3.18	7.44	13.39	57.37	36.48	12.01	6.67
19.46	55.96	87.19	44.35	137.39	74.65	136.53
9.80	37.65	63.68	32.47	64.76	41.21	58.76
9.66	18.30	23.50	11.88	72.63	33.44	77.77
60.96	118.53	132.86	186.48	298.14	441.62	458.18
2393.40	2801.38	3839.90	4286.93	5437.98	6348.07	6164.54
768.57	983.87	1253.23	1537.72	1117.29	2086.76	1954.59
149.14	186.81	267.81	333.17	430.76	489.24	431.30
523.58	541.17	722.93	765.74	639.16	731.26	647.38
182.41	229.73	311.99	355.76	494.17	522.71	542.52
242.35	273.58	397.77	444.49	712.08	937.63	964.38
215.26	208.08	289.49	315.51	733.67	829.56	799.30
240.62	270.74	470.74	416.70	566.67	573.91	618.01
71.46	107.39	125.94	117.84	142.04	177.00	207.06
3.66	3.15	23.87	1.18	10.48	5.40	10.31
204.62	407.29	488.14	478.40	215.63	265.68	239.90

主要统计指标解释

一、城镇住户

城镇家庭人口 指居住在一起，经济上合在一起共同生活的家庭成员。凡计算为家庭人口的成员其全部收支都包括在本家庭中。

城镇家庭总收入 指家庭成员得到的工薪收入、经营净收入、财产性收入、转移性收入之和，不包括出售财物收入和借贷收入。

城镇家庭可支配收入 指家庭成员得到可用于最终消费支出和其它非义务性支出以及储蓄的总和，即居民家庭可以用来自由支配的收入。它是家庭总收入扣除交纳的所得税、个人交纳的社会保障支出以及记账补贴后的收入。计算公式为:

可支配收入=家庭总收入-交纳所得税-个人交纳的社会保障支出-记账补贴

城镇家庭总支出 指除借贷支出以外的全部家庭支出。包括消费性支出、购房建房支出、转移性支出、财产性支出、社会保障支出。

城镇家庭消费性支出 指家庭用于日常生活的支出，包括食品、衣着、家庭设备用品及服务、医疗保健、交通和通信、娱乐教育文化服务、居住、杂项商品和服务等八大类支出。

城镇家庭服务性消费支出 指居民家庭用于本家庭支付社会提供的各种文化和生活方面的非商品性服务费用。不包括为别人付款服务。服务消费与商品消费不同，其特点在于其劳动过程和消费过程在时间与空间上的统一。

城镇家庭收入五等份分组方法 将所有调查户按户人均可支配收入由低到高排序，各按20%的比例依次分成五等份: 低收入户、中等偏低收入户、中等收入户、中等偏上收入户、高收入户。

二、农村住户

农村住户（农村常住户） 指长期（一年以上）居住在乡镇（不包括城关镇）范围内的住户，以及长期居住在城关镇所辖行政村范围内的农村住户。户口不在本地而在本地居住一年及以上的住户也包括在本地农村常住户范围内；有本地户口，但举家外出谋生一年以上的住户，无论是否保留承包耕地都不包括在本地农村住户范围内。

常住人口 指全年经常在家或在家居住6个月以上，而且经济和生活与本户连成一体的人口。外出从业人员在外居住时间虽然在6个月以上，但收入主要带回家中，经济与本户连为一体，仍视为家庭常住人口；在家居住，生活和本户连成一体的国家职工、退休人员也为家庭常住人口。但是现役军人、中专及以上（走读生除外）的在校学生、以及常年在外（不包括探亲、看病等）且已有稳定的职业与居住场所的外出从业人员，不算家庭常住人口。家庭常住人口主要作为计算农村住户平均每人收入、消费和积累水平及分析家庭人口状况的依据。

整、半劳动力 整劳动力指男子18周岁到50周岁，女子18周岁到45周岁；半劳动力指男子16周岁到17周岁，51周岁到60周岁；女子16周岁到17周岁，46周岁到55周岁，同时具有劳动能力的人。虽然在劳动年龄之内，但已丧失劳动能力的人，不应算为劳动力；超过劳动年龄，但能经常参加劳动，计入半劳动力数内。常住人口中的职工，若这些职工为劳动力，就包括在本户的整半劳动力中。

总收入 指调查期内农村住户和住户成员从各种来源渠道得到的收入总和。按收入的性质划分为工资性收入、家庭经营收入、财产性收入和转移性收入。

工资性收入 指农村住户成员受雇于单位或个人，靠出卖劳动而获得的收入。

家庭经营收入 指农村住户以家庭为生产经营单位进行生产筹划和管理而获得的收入。农村住户家庭经营活动按行业划分为农业、林业、牧业、渔业、工业、建筑业、交通运输业邮电业、批发和零售贸易餐饮业、社会服务业、文教卫生业和其他家庭经营。

财产性收入 指金融资产或有形非生产性资产的所有者向其他机构单位提供资金或将有形非生产性资产供其支配，作为回报而从中获得的收入。

转移性收入 指农村住户和住户成员无须付出任何对应物而获得的货物、服务、资金或资产所有权等，不包括无偿提供的用于固定资本形成的资金。一般情况下，是指农村住户在二次分配中的所有收入。

现金收入 指农村住户和住户成员在调查期内得到以现金形态表现的收入。按来源分成工资性收入、家庭经营现金收入、财产性收入、转移性收入。

纯收入 指农村住户当年从各个来源得到的总收入相应地扣除所发生的费用后的收入总和。纯收入主要用于再生产投入和当年生活消费支出，也可用于储蓄和各种非义务性支出。“农民人均纯收入”按人口平均的纯收入水平，反映的是一个地区农村居民的平均收入水平。计算方法：

纯收入=总收入-家庭经营费用支出-税费支出-生产性固定资产折旧-赠送农村外部亲友支出

总支出 指农村住户用于生产、生活和再分配的全部支出。包括家庭经营费用支出、购置生产性固定资产支出、生产性固定资产折旧、税费支出、生活消费支出、财产性支出和转移性支出。

三、城乡一体化住户（2014 年起）

住户 指居住在一个住宅内，共同分享生活开支或收入的一群人。居住在同一房间内、不共同分享生活开支的人群，每个人都视为一个住户。住家保姆、住家家庭帮工视为单独的住户。根据居住的状态，可将住户分为家庭居住户和集体居住户。家庭居住户指的是以家庭成员关系为主，居住在同一住宅内共同生活的住户。同一住宅内有住家保姆或住家家庭帮工的，仍被视为家庭居住。集体居住户指的是相互没有家庭成员关系，居住在同一房间内，不共同分享生活开支，独立生活的住户。如在工棚、工厂的集体宿舍以及在工作地的集体居住户，每个人都视为一个住户。

住户成员 指居住在一个住宅内，所有与本住户分享生活开支或收入的人员。

常住成员 指住户成员中，经常在家居住、或者调查期内居住时间超过一半的人员，以及本住户供养的学生。季度调查的常住成员包括：①过去三个月已经居住或未来三个月打算居住时间超过 1.5 个月的住户成员。②过去三个月内每月至少在调查住宅居住一天以上，且没有在其他自有或独自租借的普通住宅中住过的人。或者说，在外与人合住或住在工棚、集体宿舍、工作地或其他临时性住所、又定期回家居住的人，也是本住户常住成员。③由本住户供养的在校学生（包括大中专学生和研究生）。常住成员是住户收支的调查对象。

居民可支配收入 指调查户在调查期内获得的、可用于最终消费支出和储蓄的总和，即调查户可以用来自由支配的收入。既包括现金，也包括实物收入。按照收入的来源，可支配收入包含四项，分别为：工资性收入、经营净收入、财产净收入和转移净收入。

其中：经营净收入=经营收入-经营费用-生产性固定资产折旧－生产税

财产净收入=财产性收入-财产性支出

转移净收入=转移性收入-转移性支出

工资性收入 指就业人员通过各种途径得到的全部劳动报酬和各种福利，包括受雇于单位或个人、从事各种自由职业、兼职和零星劳动得到的全部劳动报酬和福利。

经营净收入 指住户或住户成员从事生产经营活动所获得的净收入，是全部经营收入中扣除经营费用、生产性固定资产折旧和生产税之后得到的净收入。

财产净收入 指住户或住户成员将其所拥有的金融资产、住房等非金融资产和自然资源交由其他机构单位、住户或个人支配而获得的回报并扣除相关的费用之后得到的净收入。财产净收入包括利息净收入、红利收入、储蓄性保险净收益、转让承包土地经营权租金净收入、出租房屋净收入、出租其他资产净收入和自有住房折算净租金等。不包括转让资产所有权的溢价所得，这应该计入“非收入所得”。

转移性收入 指国家、单位、社会团体对住户的各种经常性转移支付和住户之间的经常性收入转移。包括政府、非行政事业单位、社会团体对居民转移的养老金或退休金、社会救济和补助、惠农补贴、政策性生活补贴、救灾款、经常性捐赠和赔偿以及报销医疗费等；住户之间的赡养收入、经常性捐赠和赔偿以及农村地区（村委会）在外（含国外）工作的本住户非常住成员寄回带回的收入等。不包括住户之间的实物馈赠。

转移性支出 指调查户对国家、单位、住户或个人的经常性或义务性转移支付。包括缴纳的税款、各项社会保障支出、赡养支出、经常性捐赠和赔偿支出以及其他经常转移支出等。

转移净收入=转移性收入-转移性支出

恩格尔系数 指食品支出金额在生活消费总支出金额中所占比例。计算公式为:

$$恩格尔系数=\frac{食品支出额}{消费支出总金额}\times 100\%$$

居民消费支出 指住户用于满足家庭日常生活消费需要的全部支出，包括用于消费品的支出和用于服务性消费的支出。根据用途不同，可划分为食品烟酒、衣着、居住、生活用品及服务、交通通信、教育文化娱乐、医疗保健、其他用品及服务八大类。根据来源不同，可划分为现金消费支出、实物消费支出（含自产自用、来自单位、来自政府和其他社会组织）。

Explanatory Notes on Main Statistical Indicators

I. Urban Households

Population of Urban Households refer to members of the household living and sharing economically together. All income and expenditure of the population of the household are included in the income and expenditure of the household.

Total Income of Urban Households refer to the sum of wage and salary, net business income, income from properties, and income from transfers members of the households during survey period, excluding income from selling of properties and income from borrowings. It is calculated on real income, no matter the income is supplied again or beforehand.

Disposable Income of Urban Households refers to the actual income at the disposal of members of the households which can be used for final consumption, other non-compulsory expenditure and savings. This equals to total income minus income tax, personal contribution to social security and sample household subsidy for keeping diaries. Following formula is used:

Disposable income = total household income - income tax - personal contribution to social security - sample household subsidy for keeping diaries

Total Expenditure of Urban Households refer to all expenditure of the households except expenditure on leading. It includes expenditure on consumption, on purchasing or building houses, on transfers, on properties and on social security.

Consumption Expenditure of Urban Households refers to total expenditure of the sample households for consumption in daily life, including expenditure on eight categories such as food, clothing, household appliances and services, health care and medical services, transport and communications, recreation, education and cultural services, housing, miscellaneous goods and services.

Expenditure of Urban Households on Consumption of Services refer to expenditure of households on services of various kinds provided by the society, not including services paid for other persons. Services are offered and consumed at the same time and place.

Urban Households by Five Equal Parts of Income All households in the sample are grouped, by per capita disposable income of the household, into groups of lowest income, low income, lower middle income, middle income, upper middle income, high income and highest income, each group consisting of 20% of all households.

II. Rural Household

Rural Households refer to resident households in rural areas. Resident households in rural areas are the households residing for more than one year in the areas under the jurisdiction of administration of township governments (excluding county towns), and in the areas under the jurisdiction of administration of villages in county towns. Migrated households residing in the current addresses for over one year with their household registration in other places are included in the resident households of their current addresses. For households with their household registration in one place but all members of the households moving away for living in another place for over one year, they will not be included in the rural households of the area where they are registered, irrespective of whether they still keep their contracted land.

Resident Population refers to population staying at home permanently or for over 6 months during a year and sharing life economically with the household. Members of the household staying away from the household for over 6 months but keeping a close economic relation with the household by sending the majority of income to the household are regarded as resident population of the household. Government staff and workers or retirees living as close members of the household are also considered as resident population. However, servicemen, students of secondary technical schools or schools of higher education and persons with stable jobs and residence outside the household (excluding those visiting relatives or seeking medical service) are not included as resident population of the household. Resident population is used in calculating income, consumption, accumulation on per capita basis of rural households and in analyzing composition of rural households.

Full/Semi Labour Force Full labour force refers to persons capable of work, aged 18-50 for males and 18-45 for females. Semi labour force refers to persons capable of work, aged 16-17 and 51-60 for males and 16-17 and 46-55 for females. Persons at their working ages but not capable of work are not to be included as labour force. Persons not at working ages but participating regularly in work are included in semi labour force. For staff and workers as resident population of the household, they are included as full or semi labour force of the household if they are in the labour force.

Total Income refers to the sum of income earned from various sources by the rural households and their members during the reference period, and is classified as income from wages and salaries, income from household operations, income from properties and income from transfers.

Income from Wages and Salaries refers to income from labour earned by the members of rural households employed by other units or individuals.

Income from Household Operations refers to income by the rural households as units of production and operations. Operations by rural households are classified by economic activities as agriculture, forestry, animal husbandry, fishery, manufacturing, construction, transportation, post and telecommunicat-ions, wholesale, retail and catering, social service, culture, education, health, and other household operations.

Income from Properties refers to the income received as returns by owners of financial assets or tangible non-productive assets by providing capitals or tangible non-productive assets to other institutional units.

Income from Transfers refers to the receipt by rural households and their members of goods, services, capitals or rights of assets without giving or repaying accordingly, excluding capitals provided to them for the formation of fixed assets. In general, it refers to all income received by rural households through redistribution.

Cash Income refers to income received by rural households and their members in the form of cash during the reference period. It is classified, by source of income, into income from wages and salaries, cash income from household operations, income from properties and income from transfers.

Net Income refers to the total income of rural households from all sources minus all corresponding expenses. The formula for calculation is as follows:

Net income=total income-household operation expenses-taxes and fees depreciation of fixed assets for production - subsidy for participating in household survey

Net income is mainly used as input for reproduction and as consumption expenditure of the year, and also used for savings and non-compulsory expenses of various forms. "Per capita net income of farmers" is the level of net income averaged by population which reflects the average income level of rural households in a given area.

Total Expenditure refers to total expenses of rural households on production, consumption and redistribution, including expenditure on household operations, on purchase of productive fixed assets, depreciation of productive fixed assets, taxes and fees, expenses on household consumption, expenses on properties and expenses on transfers.

Ⅲ. Urban and Rural Integration (From2014)

Household means a group of people who live in a dwelling and share living expenses or income. Everyone who live in a same room, but do not share living expenses is considered as a household. Live-in nanny and home domestic workers are considered as separate households. Depending on the state of residence, it can be divided into family households and collective households. family households refer to the family members in the same house. Nanny or home family workers are also regarded as the family residence In the same residential home. Collective households refer to the people who have no family relationships, live in the same room, do not share their living expenses, and live alone. As in the barracks, factory dormitories and work in the collective residential households, everyone as a household.

Household Member refers to the household who are living in a house and share the expenses or income of the household.

Permanent Member refers to a household member, who often lives at home, stay for more than half during the period of survey, and students households support. Permanent members of the quarterly survey are including: ①household members who have lived more than 1.5 months in the past three months, or intend to live for more than 1.5 months in the next three months. ②people who have lived in the investigated house at least one day every month in the past three months, and had not lived in a other owned or rented ordinary residence alone. In other words, people who live outside with others, or live in the shed, dormitories, temporary shelter for work or others, and also regularly return home to live, are also permanent members of the household. ③Students at school (including college students, undergraduates and graduates) who are supported by households. Permanent members are respondent of income and expenditure of households.

Per Capita Disposable Income of the Household refers to the actual income of the households, which obtained by suvery households during the survey period, and can be used for final consumption expenditure and savings according to the survey on household income and expenditure and living Conditions, that is the income which is can be dominated by suvery household freely, dividing per capita income obtained by the resident households. Disposable income includes both cash and in kind income. Divided by source of income, disposable income contains four items, consisting of wage income, net business income, net property income, net transferred income.

Where:

Net Business Income=Business Income-Business Expenditure - Depreciation of Fixed Assets for Production - Taxes on Production

Net Property Income=Property Income-Property Expenditure

Net Transferred Income=Transferred Income-Transferred Expenditure

Wage Income refers to all the labor remuneration and welfare of the employees through various means. All labor remuneration and benefits, including the employment of units or individuals engaged in various free occupations, part-time and sporadic labor.

Net Business Income refers to the income of the household or household members engaged in the production and operation activities, is the net income of all operating expenses, production of fixed assets depreciation and production tax.

Property Net Income refers to the income received by the household or household members of the financial assets, housing, and other non financial assets and natural resources, which are obtained by other institutional units, households or individuals, and net income after deducting expenses. Property net income includes interest income, dividend income, savings insurance net income, transfer contract land management right to rent, rental housing net income, rental income and other assets of the net rent and other assets. Excluding the premium income from the transfer of property rights, which should be included in the "non income".

Transferred Income refers to the country, the unit, the social group to the tenants of a variety of recurrent transfer payments and the transfer of the regular income between households. Including residents' pension or retirement benefits from the government, the non administrative institutions, social groups, social benefits and subsidies, subsidies benefit farmers, policy subsidy, relief funds, regular donation and compensation and reimbursement of medical expenses; between tenants alimony income, often donations and compensation and the income of the rural areas households (Village) (including foreign) return back to home. Does not include the physical gifts between households.

Transferred Expenditure refers to regular or voluntary transfer payment from the investigation to the country the unit, the household or the individual. Including the payment of the tax, the social security expenses, maintenance expenses, regular donations and compensation expenses, and other frequent transfer expenses, etc..

Net Transferred Income = Transferred Income - Transferred Expenditure

Engel's Coefficient refers to the percentage of expenditure on food in the total consumption expenditure, using the following formula:

$$\text{Engel's Coefficient} = \frac{\text{expenditure on food}}{\text{total consumption expenditure}} \times 100\%$$

Per Capita Consumption Expenditure of Household refers to all expenditure which households used to meet needs of all the daily household consumption during the period of survey, including expenditure on consumer goods and services consumption, dividing per capita expenditure obtained by permanent households. Divided by function, consumption expenditure contains eight categories, consisting of food alcohol and tobacco, clothing, housing, supplies and services, transportation and communications, education, culture and entertainment, health care, other supplies and services.

价格调查

Chapter 5

Price Survey

资料整理：熊承煦　张金兰　张文怡
李筱霏

5-1 居民消费、商品零售、农业生产资料价格总指数(1985-2016年)
Consumer Goods Retail, Agricultural Production Materials Price Index(1985-2016)

(上年=100) (preceding year=100)

年 份 Year	居民消费价格指数 Consumer Price Index			商品零售价格指数 Retail Price Index			农业生产资料价格指数 Price Indices of Farming Production Material		
	全 省 Province	城 市 Urban Areas	农 村 Rural Areas	全 省 Province	城 市 Urban Areas	农 村 Rural Areas	全 省 Province	城 市 Urban Areas	农 村 Rural Areas
1985	108.4	110.3	106.2	107.5	110.6	105.2	103.8		103.8
1986	105.5	106.0	104.8	104.2	105.4	103.1	100.5		100.5
1987	107.5	108.7	106.4	107.6	108.6	107.0	111.1		111.1
1988	119.0	120.5	117.2	119.5	121.5	117.8	118.1		118.1
1989	116.3	114.1	118.2	117.0	113.9	119.0	121.5		121.5
1990	104.2	103.1	105.1	102.9	102.3	103.3	102.9		102.9
1991	104.9	106.2	103.6	104.3	105.6	103.1	102.3		102.3
1992	109.6	110.5	108.1	107.0	108.4	104.7	106.6		106.6
1993	118.4	118.8	117.6	115.0	116.2	113.2	117.4		117.4
1994	125.3	127.0	124.1	124.6	124.0	125.1	122.4		122.4
1995	120.0	120.1	119.1	116.6	115.1	118.3	129.0		129.0
1996	109.4	110.2	107.9	106.5	106.2	106.9	108.6		108.6
1997	103.2	102.6	103.6	101.5	100.8	102.2	96.0		96.0
1998	98.4	97.9	99.0	97.1	96.3	98.0	91.9		91.9
1999	97.8	97.2	98.3	95.9	95.2	96.7	93.9		93.9
2000	99.0	100.0	98.2	97.8	98.1	97.1	97.6		97.6
2001	100.3	100.4	99.8	97.4	97.0	98.0	99.3		99.3
2002	99.6	99.2	100.8	98.8	98.4	99.5	101.0		101.0
2003	102.2	102.6	101.3	101.2	101.4	100.8	100.8		100.8
2004	104.9	104.5	105.8	104.1	103.1	105.4	111.3		111.3
2005	102.9	102.7	103.3	102.1	101.9	102.4	115.1		115.1
2006	101.6	101.4	101.9	101.1	100.8	101.6	101.4		101.4
2007	104.8	104.7	105.1	104.2	103.4	105.4	108.0		108.0
2008	106.3	105.5	107.4	106.3	105.4	107.6	127.2		127.2
2009	99.6	99.3	100.0	98.6	98.4	98.9	95.3		95.3
2010	102.9	102.8	103.1	103.1	103.0	103.4	101.9		101.9
2011	105.8	105.5	106.3	105.6	105.1	106.2	113.5		113.5
2012	102.9	102.8	103.0	102.6	102.4	102.7	103.5		107.2
2013	102.8	102.7	103.0	101.8	101.6	102.1	103.1		103.1
2014	102.0	102.0	101.9	100.9	100.8	101.0	97.9		97.9
2015	101.5	101.4	101.7	100.5	100.4	100.7	100.4		100.4
2016	102.2	102.1	102.2	100.8	100.7	100.9	100.3		100.3

注：按照统计制度要求，我国CPI每五年进行一次基期轮换，2016年1月开始使用2015年作为新一轮的对比基期，前三轮基期分别为2000年、2005年和2010年。与上轮基期相比，新基期调查目录和规格品与国际标准更为接近，一些新产品新服务纳入其中，能进一步反映居民消费和经济结构的变化；同时，CPI权数构成也相应地按照居民收支调查最新数据进行了适当调整。新基期CPI调查目录参考联合国制定的《按目的划分的个人消费分类》(COICOP)和国家统计局发布的《居民消费支出分类(2013)》进行了修订，涵盖全国城乡居民生活消费的食品烟酒、衣着、居住、生活用品及服务、交通和通信、教育文化和娱乐、医疗保健、其他用品和服务等8大类、262个基本分类的商品与服务价格。

Note: according to the statistical system, China's CPI every five years on a base rotation, in January 2016 started using 2015 as a new round of comparative base period, the first three rounds of base in 2000, 2005 and 2010 respectively. Compared with the wheel base on the new catalog and specification product base investigation more close with the international standard, new services include some new product, can further reflect the residents' consumption and the change of economic structure; At the same time, the composition of the CPI weighting has been appropriately adjusted according to the latest data of the household income and expenditure survey. New base the CPI investigation directory refer to the United Nations set the purpose according to the division of the personal consumption classification (COICOP) and the national bureau of statistics released by the residents' consumption expenditure classification (2013) revised, covers the national urban and rural residents living consumption of alcohol, tobacco, food, clothing, housing, household items and services, transportation and communication, education, culture and entertainment, health care and other products and services such as 8 categories, 262 basic classification of prices of goods and services.

5-2 居民消费价格分类指数(2016年)
Consumer Price Indices by Category(2016)

(上年＝100) (preceding year=100)

指　　标	Item	全　省 Province	城　市 Urban Areas	农　村 Rural Areas
居民消费价格总指数	**Consumer Price Index**	**102.2**	**102.1**	**102.2**
非食品烟酒价格指数	**Non-food tobacco and alcohol Price Index**	**101.4**	**101.4**	**101.4**
服务价格指数	**Items of Service Price Index**	**103.0**	**103.0**	**103.0**
工业品价格指数	**Industrial Product Pprice Index**	**99.7**	**99.7**	**99.8**
消费品价格指数	**Consumable Price Index**	**101.7**	**101.7**	**101.8**
扣除食品和能源价格指数	**Deduction Food and Energy Price Index**	**101.7**	**101.7**	**101.9**
扣除鲜菜鲜果总指数	**Deduction Fresh Vegetables Fresh Fruit General Index**	**101.9**	**101.8**	**102.0**
食品烟酒	**Food Tobacco and Alcohol**	**104.0**	**103.9**	**104.2**
食品	**Food**	**105.4**	**105.6**	**105.1**
粮食	Grain	100.7	100.3	101.3
大米	Rice	100.6	100.1	101.3
面粉	Flour	101.7	102.1	101.4
粮食制品	Grain Products	100.6	100.4	101.2
薯类	Tubers	118.4	116.1	120.9
豆类	Beans	102.5	101.1	105.0
干豆	Dried Beans	101.7	100.8	103.2
豆制品	Bean Products	102.6	101.1	105.2
食用油	Cooking Oil	101.0	100.8	101.4
食用植物油	Oil of Plant	100.3	100.3	100.3
植物油制品	Vegetable Oil Processed Products	118.4	122.8	116.0
菜	Vegetables	115.1	116.2	112.0
鲜菜	Fresh Vegetables	116.2	117.5	112.9
干菜及菜制品	Dried Vegetables and Vegetable Products	102.9	102.6	103.6
畜肉类	Meal,Poultry and Processed Products	111.2	111.6	110.2
猪肉	Pork	116.4	117.4	114.4
牛肉	Beef	99.6	99.4	99.9
羊肉	Mutton	93.6	93.1	94.6
畜肉副产品	Animal By-products	111.9	113.6	109.2
禽肉类	Poultry	101.1	101.2	100.7
鸡	Chicken	100.0	100.1	100.0
鸭	Duck	101.8	101.1	103.7
水产品	Aquatic Products	106.4	107.0	104.5
淡水鱼	Fish in Fresh Water	108.6	109.5	105.3
海水鱼	Fish in Sea Water	104.0	104.1	104.0
虾蟹类	Decapod Crustacean	101.7	101.5	104.2
蛋类	Eggs	97.6	97.0	98.8
鸡蛋	Eggs	97.2	96.5	98.8
其他蛋及制品	Other Eggs and Products	100.6	101.8	98.2

5-2 续表 1 Continued

(上年＝100) (preceding year=100)

指 标	Item	全 省 Province	城 市 Urban Areas	农 村 Rural Areas
奶类	Dairy	100.3	100.5	99.8
鲜奶	Fresh Milk	99.0	98.3	101.0
酸奶	Sour Milk	100.0	100.0	100.0
奶粉	Milk Powder	101.3	102.3	99.3
干鲜瓜果类	Dried and Fresh Melons and Fruits	98.1	97.3	100.1
鲜瓜果	Fresh Fruits	97.7	97.0	99.6
坚果	Nuts	99.3	98.4	102.2
瓜果制品	Melon and Fruit Products	98.7	98.1	100.4
糖果糕点类	Confectionery	100.4	100.4	100.4
食糖	Sugar	100.9	101.9	99.7
糖果	Candy	101.1	101.1	101.1
糕点	Pastry	99.8	100.0	99.4
调味品	Flavoring	103.2	103.7	102.1
食用盐	Salt	104.3	103.4	105.7
酱油	Soy Sauce	104.6	107.0	99.5
食醋	Vinegar	103.4	103.5	102.8
调味酱	Bechamel	100.5	101.0	99.7
味精	Monosodium Glutamate	100.5	101.3	98.8
其他食品类	Other Food Categories	101.4	101.6	100.7
方便食品	Convenience Foods	101.6	101.8	101.2
淀粉及制品	Starch and Products	102.5	102.8	101.2
膨化食品	Puffed Food	100.3	100.6	99.6
茶及饮料	Tea and Beverages	100.1	100.6	99.3
茶叶	Tea	100.2	100.3	100.0
固体咖啡	Solid Coffee	101.2	101.2	101.3
饮用水	Drinking Water	100.5	100.2	101.1
果汁饮料	Fruit Juice Beverages	101.7	102.1	100.0
烟酒	**Tobacco,Liquor**	**101.9**	**102.2**	**101.5**
烟草	Tobacco	103.1	103.4	102.8
酒类	Liquor	99.8	100.2	99.1
白酒	Liquer	99.5	100.3	98.3
葡萄酒	Wine	100.6	100.6	100.7
啤酒	Beer	100.0	99.5	100.8
在外餐饮	Dining Out	101.1	100.5	103.6
正餐	Dinner	101.8	101.4	103.5
快餐	Fast Food	99.5	98.6	103.0
地方小吃	Local Snacks	103.4	102.5	107.4

5-2 续表 2 Continued

(上年＝100) (preceding year=100)

指　标	Item	全 省 Province	城 市 Urban Areas	农 村 Rural Areas
衣着	**Clothing**	**102.3**	**102.2**	**102.5**
服装	Garments	102.0	101.7	102.9
男式服装	Men’s Garment	101.6	100.8	103.8
男士西服	Men’s Suits	102.1	102.2	101.5
男士冬衣	Men’s Clothes	101.6	101.4	102.0
男士夹克衫	Men’s Jacket	103.4	102.7	105.3
男士毛线衣	Men’s Knitted Woolen Clothes	104.3	103.3	106.7
男士运动装	Men’s Sport Clothing	102.2	101.7	103.9
男士衬衫T恤	Men’s Shirt T-shirts	99.8	98.2	103.4
男士裤子	Men’s Trousers	100.7	98.8	106.9
男士内衣	Men’s Underwear	99.7	99.8	99.4
女式服装	Women’s dress	102.4	102.2	102.9
女式外套	Women’s Overcoat	102.3	102.4	102.2
女士冬衣	Women’s Clothes	102.2	102.2	102.3
女士毛线衣	Women’s Knitted Woolen Clothes	103.6	104.0	102.6
女士运动装	Women’s Sports Wear	102.0	101.4	103.6
女士衬衫T恤	Women’s Shirt T-shirts	102.3	102.1	102.9
女士裤子	Women’s Trousers	104.2	103.1	107.7
女士裙子	Skirt	102.5	102.6	102.0
女士内衣	Women’s Underwear	99.1	98.9	99.8
儿童服装	Children’s Garment	101.8	101.8	101.5
婴幼服装	Infants clothing	101.5	102.2	99.2
儿童上衣	Children's Suits	102.3	102.9	100.5
儿童裤子	Children's Trousers	100.9	99.7	104.4
儿童裙子	Children's Skirt	102.0	102.4	100.8
服装材料	Clothing Material	102.7	103.0	101.9
其他衣着及配件	Other Clothing and Accessories	101.0	100.8	101.4
袜子	Socks and Stockings	101.0	100.6	101.9
帽子	Hats	99.5	99.1	100.4
衣着加工服务费	Clothing Processing	111.4	109.7	116.7
衣着洗涤保养	Scrubbing Maintenance	107.0	102.1	122.4
衣着加工	Clothing Processing	122.1	128.7	104.8
鞋类	The footwear	102.4	103.2	100.1
鞋	Shoes	102.3	103.2	100.1
男鞋	Men’s Shoes	102.4	103.3	100.1
女鞋	Women’s Shoes	102.6	103.3	99.9
童鞋	Children’s Shoes	101.5	102.2	100.4
鞋类加工服务	Footwear Processing Service	103.3	103.8	102.3

5-2 续表 3 Continued

(上年＝100) (preceding year=100)

指　　标	Item	全　省 Province	城　市 Urban Areas	农　村 Rural Areas
居住	**Residence**	**102.8**	**103.0**	**102.3**
租赁房房租	Tenancy	105.4	105.1	107.1
公房房租	Public Housing rent	100.4	100.4	100.0
私房房租	Talk Accommodation	105.9	105.5	107.7
住房保养维修及管理	Housing Maintenance and Management	102.7	103.5	101.4
住房装潢材料	Housing Decoration Materials	101.6	102.3	100.4
木地板	Wood Floor	105.6	107.4	101.8
瓷砖	Ceramic Tile	100.1	99.1	101.7
水泥	Cement	98.9	100.6	97.4
涂料	Paint	101.3	102.5	99.5
板材	Board	105.3	107.3	101.4
管材	Pipe	101.6	101.8	101.1
厨卫设备	Kitchen Equipment	98.9	99.0	98.9
门窗	Doors and Windows	99.6	98.3	101.2
物业管理费	Property Management Fees	101.3	101.5	100.5
住房装潢维修	Housing decoration maintenance	104.8	106.7	102.8
装潢维修费	Housing Decoration Maintenance	106.3	109.4	103.4
其他住房费用	Other Housing Expenses	100.0	100.0	100.0
水电燃料	Water,Electricity and Fuels	98.0	98.3	97.3
水	Water	100.8	100.6	101.8
电	Electricity	98.3	98.2	98.4
燃气	The Fuel Gas	95.6	96.8	91.9
管道燃气	Piped Gas	101.8	102.0	99.0
液化石油气	Liquefied Petroleum Gas	93.2	94.1	91.3
取暖费	Heating Fee	100.0	100.0	100.0
其他燃料	Other Fuel	100.2	100.0	100.6
自有住房	Self-owned House	104.9	104.8	105.2
生活用品及服务	**Daily Necessities and Services**	**100.4**	**100.5**	**100.2**
家具及室内装饰品	Furniture and Interior Decorations	100.9	101.1	100.3
家具	Furniture	100.9	101.2	100.3
柜	Counters	100.2	100.0	100.6
床	Beds	100.8	101.3	100.1
桌	Desks	101.3	101.9	100.5
椅	Chairs	102.2	103.0	101.1
沙发	Sofas	101.2	101.7	99.9
室内装饰品	Interior Decorations	100.2	100.2	100.1
灯具	Lamp	99.2	99.5	97.7

5-2 续表 4 Continued

(上年＝100) (preceding year=100)

指　　标	Item	全　省 Province	城　市 Urban Areas	农　村 Rural Areas
家用器具	Household Appliances	98.0	97.3	99.4
大型家用器具	Large Household Appliances	97.8	97.0	99.4
洗衣机	Washing Machine	98.3	97.8	99.1
电冰箱(柜)	Refrigerator	98.1	97.7	98.7
吸排油烟机	Smoke Exhauster	96.6	95.2	99.8
空调器	Air Conditioner	96.1	94.2	99.7
热水器	Shower Heater	98.9	98.7	99.2
灶具炉具	Cooking Stove	96.5	95.3	100.5
微波炉	Microwave Oven	99.4	99.1	100.2
小家电	Small Home Appliance	99.3	99.1	99.7
厨房小家电	Kitchen Appliances	99.2	98.9	100.1
生活小家电	Household appliance	99.4	99.4	99.2
家用纺织品	Chines Patent drugs	100.2	100.2	100.2
床上用品	Bed Articles	100.2	100.3	100.1
被子	Quilts	100.3	100.5	99.7
床单被套	Bed Sets	99.8	100.0	99.0
窗帘门帘	Curtain	100.6	100.4	100.9
其他家用纺织品	Other household textiles	99.5	99.3	99.8
家庭日用杂品	Household Groceries	100.9	101.3	100.1
洗涤卫生用品	Washing Sanitary Articles	101.4	101.6	100.8
清洗用品	Cleaning Supplies	101.8	102.0	101.2
清洁用具	Cleaning Appliance	100.6	99.9	102.3
清洁用纸	Cleaninng Paper	101.4	101.9	99.7
厨具餐具茶具	Kitchenware Cooking-set Tea-set	100.5	100.7	100.0
厨具	Kitchenware	100.7	100.6	100.9
餐具	Cooking-set	100.4	100.8	99.4
茶具	Tea-set	100.1	100.6	99.5
家用手工工具	Hand tools for household use	100.4	100.3	100.5
其他家庭日用杂品	Other Family Daily Sundry Goods	100.5	101.2	99.5
配电附件	The power distribution in attachment	100.8	101.9	98.8
雨具	Rain Gear	100.1	100.2	100.0
个人护理用品	Personal Care Products	101.8	102.1	100.6
化妆品	Cosmetics	102.1	102.4	100.2
清洁化妆品	Cleaning Cosmetics	102.7	103.1	100.7
护肤化妆品	Skin Care Cosmetics	100.6	100.8	99.2
彩妆化妆品	Make-up Cosmetics	105.1	105.7	99.9
化妆器具	Makeup Tools	101.3	100.9	104.8

5-2 续表 5 Continued

(上年＝100) (preceding year=100)

指　标	Item	全　省 Province	城　市 Urban Areas	农　村 Rural Areas
其他护理用品类	Other Care Products	101.5	101.8	100.8
清洁类护理用品	Cleaning Products	103.1	104.4	101.0
护发美发用品	Hair Care Products	100.2	100.3	99.9
护理器具	Care Tools	99.9	99.6	100.5
家庭服务	Household Service	105.3	105.5	104.8
家庭服务	Household Service	108.3	108.5	107.5
家庭维修服务	Home Maintenance Service	102.2	101.7	103.5
交通和通信	**Transportation and Communication**	**97.2**	**96.8**	**98.2**
交通	Transportation	95.9	95.2	97.7
交通工具	Transportation Means	91.7	90.2	95.6
小型汽车	Compact Car	88.6	88.6	88.6
电动自行车	Electric Bicycle	99.4	100.1	98.7
自行车	Bicycle	99.7	100.2	98.7
交通工具使用燃料	Fuel	95.3	95.4	95.3
汽油	Petrol	95.4	95.4	95.5
柴油	Diesel Oil	94.4	94.2	94.5
交通工具使用及维修费	Vehicle Using and Maintenance Fee	101.1	100.7	102.4
停车费	Parking Fee	100.7	100.0	103.5
车辆使用费	Vehicle Usage Fee	99.8	99.8	99.6
交通工具零配件	Vehicle Spare Parts	100.1	100.1	100.2
车辆修理与保养	Vehicle Repair and Maintenance	102.9	101.8	106.3
交通费	Transportation Expenses	101.0	100.7	101.9
市内公共交通	City Bus Transport	103.4	103.6	102.6
出租汽车	Taxi	101.9	102.2	101.0
飞机票	Plane Ticket	95.9	96.0	95.4
火车票	Train Ticket	100.0	100.0	100.0
长途汽车	Long-distance Coach	99.6	98.9	100.7
通信	Communication	99.3	99.4	99.1
通信工具	Communication Tools	97.4	97.4	97.4
固定电话机	Stationary Telephone	99.7	100.1	98.7
移动电话机	Mobile Telephone	97.2	97.2	97.4
通信工具零配件	Communication Tools Spare Parts	99.7	100.0	98.7
通信服务	Communication Service	99.9	100.0	99.7
固定电话费	Fixed Telephone Fee	100.0	100.0	100.0
移动通信费	Mobile Communications	99.7	99.9	99.2
上网费	Internet Access Fee	100.5	100.1	102.5

5-2 续表 6 Continued

(上年＝100) (preceding year=100)

指　标	Item	全　省 Province	城　市 Urban Areas	农　村 Rural Areas
邮递服务	Monthly Renting Fee	100.1	100.3	99.7
邮政邮寄	Postal mail	100.0	100.0	100.0
快递服务	Expressage	100.2	100.4	99.5
教育文化和娱乐	**Education,Culture and Recreation**	**102.2**	**102.3**	**101.9**
教育	Education	103.5	104.0	102.5
教育用品	Education supplies	100.2	99.7	101.1
工具书	Reference Book	100.0	100.0	100.0
教材	Text-book	100.7	100.0	102.1
参考资料	The Resources	100.4	99.2	103.4
教育服务	Education Services	103.9	104.5	102.6
学前教育	Pre-school Education	104.7	104.0	106.2
小学初中教育	Elementary School and Junior High School Education	105.5	106.0	104.4
高中中职教育	High School and Secondary Vocational Education	111.1	114.1	105.2
高等教育	Higher Education	100.1	100.1	100.0
课外教育	Extracurricular Education	102.9	102.6	103.7
专业技能培训	Technical Training	99.5	99.8	98.8
文化娱乐类	Cultural Entertainment	100.2	100.0	100.8
文娱耐用消费品	Durable Consumer Goods for Recreational	98.5	98.2	99.0
电视机	Television	96.3	95.1	98.2
照相机	Camera	100.2	100.6	99.2
台式计算机	Desktop Computer	98.4	97.4	99.7
笔记本平板	Portable Computer	98.7	98.7	98.6
乐器	Musical Instrument	99.3	99.7	98.7
音响	Audio	98.6	97.3	99.7
其他文娱用品	Other Entertainment Products	101.6	101.6	101.7
书报杂志	Newspapers and Magazines	101.7	101.8	101.4
纸张文具	Paper Stationery	102.0	103.8	99.1
体育户外用品	Sports Outdoor Goods	102.7	103.4	101.3
游戏用品和玩具	Game Supplies and Toys	100.5	100.2	101.0
园艺花卉及用品	Gardening Flowers and Articles	101.7	102.8	99.6
宠物及用品	Pets and Supplies	101.0	101.8	99.4
文化娱乐服务	Cultural and Recreational Services	100.7	100.6	101.1
电影票	Video-movie Ticket	102.1	102.4	100.9
景点门票	Attractions Tickets	100.2	100.2	100.3
有线电视	Cabled TV	100.4	100.6	100.0
健身活动	Healthy Activities	101.1	100.6	103.8

5-2 续表 7 Continued

(上年＝100) (preceding year=100)

指标	Item	全省 Province	城市 Urban Areas	农村 Rural Areas
旅游	Tourism	100.5	100.1	103.1
旅行社收费	Travel Agency Charges	100.6	100.2	103.5
医疗保健	**Medicine**	**101.9**	**101.7**	**102.3**
药品及医疗器具	Medicines and medical devices	103.7	103.7	103.8
中药	Traditional Chinese Medicine	105.9	106.7	103.9
中药材	Chines Herbal Material	102.3	102.2	102.6
中成药	Chines Patent drugs	107.7	108.7	104.8
西药	Western Medicine	102.2	101.7	103.3
抗微生物药	Antimicrobial Agents	100.4	99.9	101.5
消化系统用药	Digestive System	100.9	98.9	105.5
呼吸系统用药	Respiratory System	103.7	103.4	104.3
解热镇痛药	Antipyretic Analgesics	103.9	104.9	101.6
抗肿瘤药	Antineoplastic Agents	99.9	99.6	100.7
激素及影响内分泌药	Hormones and Endocrine Agents	106.7	109.8	103.3
心血管系统用药	Cardiovascular System	103.2	101.7	107.7
血液系统用药	Blood System Medication	102.8	103.9	100.4
治疗精神障碍药	Drugs For The Treatment of Mental Disorders	100.8	100.9	100.8
神经系统用药	Drugs For Nervous System	101.1	99.9	104.1
消毒防腐及创伤外科用药	Disinfectant and Preservative and Trauma Surgery Medicine	101.6	102.0	100.8
泌尿系统用药	Urinary System Drugs	103.7	103.8	103.7
维生素类	Vitamin	107.9	108.4	107.1
调节水、电解质及酸碱平衡药	Adjust Water, Electrolyte and Acid-base Balance	100.0	98.5	102.9
滋补保健品	Tonic and Healthy Goods	106.4	106.6	105.8
医疗卫生器具	Medical Appliance	100.2	100.0	100.9
保健器具	Healthy Appliance	101.1	100.2	104.3
医疗服务	Medical Servicest	100.8	100.3	101.6
综合医疗类	Integrated Medical Services	102.0	100.9	104.1
一般医疗服务	General Medical Services	101.9	100.6	104.2
一般治疗操作	General Therapeutic Operation	101.8	100.0	105.0
护理	Nursing	102.4	102.1	102.8
诊断类	Diagnosis of Class	99.5	99.8	98.9
病理学诊断	Pathological Diagnosis	101.2	100.0	103.2
实验室诊断	Laboratory Diagnosis	99.2	99.8	98.2
影像学诊断	Imaging Diagnosis	99.1	99.8	97.7
临床诊断	Clinical Diagnosis	100.3	100.0	100.7

5-2 续表 8 Continued

(上年＝100) (preceding year=100)

指　标	Item	全　省 Province	城　市 Urban Areas	农　村 Rural Areas
治疗类	Treatment of Class	101.2	100.4	102.4
临床手术治疗	Clinical Surgical Treatment	100.9	100.7	101.1
临床非手术治疗	Clinical Non-surgical Treatment	101.7	99.9	104.8
康复类	Rehabilitation Class	100.5	100.0	101.7
康复医疗	Rehabilitation Medical	100.5	100.0	101.7
中医医疗服务类	TCM Medical Services	100.5	100.0	101.3
中医治疗	TCM Treatment	100.5	100.0	101.3
其他医疗服务	Other Medical Services	101.9	100.7	103.8
其他用品和服务	**Other Supplies and Services**	**102.8**	**103.4**	**101.5**
其他用品类	Other Supplies	103.6	104.5	101.2
首饰手表	Jewelry Watches	105.7	106.8	102.1
金饰品	Gold Ornaments	111.7	112.9	107.7
银饰品	Silver Ornaments	100.3	99.9	101.2
铂金饰品	Platinum Ornaments	99.2	101.3	92.3
手表	Watchs	99.7	99.6	100.3
其他杂项用品	Other Miscellaneous Goods	101.0	101.2	100.6
箱包	Luggage and Bags	101.3	102.1	99.0
母婴用品	Maternal and Child Supplies	100.8	100.4	101.2
眼镜	Glasses	101.2	101.0	101.3
其他服务类	Other Service Classes	102.1	102.3	101.7
旅馆住宿	The Hotel Accommodation	101.2	101.0	101.9
宾馆住宿	Hotel Accommodation	100.9	100.8	101.9
其他住宿	Other Accommodations	101.6	101.5	101.9
美容美发洗浴	Making-up Hair Salon Bathing	103.6	103.3	104.6
美容	Making-up	103.8	103.5	104.4
美发	Hair Salon	103.9	103.5	104.9
洗浴	Bathing	102.4	101.8	104.3
养老服务	Pension Service	107.9	110.0	102.6
金融保险	Finance and Insurance	100.0	100.0	100.0
金融服务	Financial Services	100.0	100.0	100.0
车辆保险	Vehicle Insurance	100.0	100.0	100.0
旅行保险	Travel Insurance	100.0	100.0	100.0
其他服务类	Other Service Classes	100.7	100.8	100.6
中介服务	Intermediary Service	101.4	101.5	101.1
其他服务	Other Services	100.0	100.0	100.0

5-3 分月居民消费价格指数(2016年)

(上年同月＝100)

指 标	Item	1 月 January	2 月 February	3 月 March
居民消费价格总指数	**Consumer Price Index**	**101.3**	**102.3**	**102.3**
非食品烟酒价格指数	**Non-food tobacco and alcohol Price Index**	**100.8**	**101.2**	**101.0**
服务价格指数	**Items of Service Price Index**	**102.6**	**103.1**	**102.8**
工业品价格指数	**Industrial Product Pprice Index**	**99.0**	**99.4**	**99.0**
消费品价格指数	**Consumable Price Index**	**100.5**	**101.9**	**102.0**
扣除食品和能源价格指数	**Deduction Food and Energy Price Index**	**101.4**	**101.8**	**101.6**
扣除鲜菜鲜果总指数	**Deduction Fresh Vegetables Fresh Fruit General Index**	**101.3**	**102.0**	**101.7**
食品烟酒	**Food Tobacco and Alcohol**	**102.4**	**104.8**	**105.5**
食品	**Food**	**102.5**	**105.9**	**107.3**
粮食	Grain	100.7	101.0	100.7
大米	Rice	100.7	100.7	100.7
面粉	Flour	100.4	100.8	101.3
粮食制品	Grain Products	100.7	101.6	100.4
薯类	Tubers	102.7	113.1	115.5
豆类	Beans	101.9	103.6	102.8
干豆	Dried Beans	101.7	102.3	102.0
豆制品	Bean Products	101.9	103.7	102.9
食用油	Cooking Oil	100.6	100.6	100.6
食用植物油	Oil of Plant	100.4	100.1	99.9
植物油制品	Vegetable Oil Processed Products	104.9	112.0	117.4
菜	Vegetables	104.0	116.9	127.8
鲜菜	Fresh Vegetables	104.1	118.1	130.1
干菜及菜制品	Dried Vegetables and Vegetable Products	102.9	102.0	102.2
畜肉类	Meal,Poultry and Processed Products	111.0	115.5	116.4
猪肉	Pork	117.6	123.5	125.5
牛肉	Beef	98.6	99.7	98.4
羊肉	Mutton	93.5	94.1	92.2
畜肉副产品	Animal By-products	108.7	115.1	116.0
禽肉类	Poultry	101.3	101.8	100.7
鸡	Chicken	99.8	100.6	99.5
鸭	Duck	104.7	103.7	102.0
水产品	Aquatic Products	98.3	99.6	100.4
淡水鱼	Fish in Fresh Water	96.1	97.9	99.2
海水鱼	Fish in Sea Water	104.0	103.2	102.3
虾蟹类	Decapod Crustacean	98.5	99.7	101.9
蛋类	Eggs	96.0	97.6	95.4
鸡蛋	Eggs	95.4	97.3	94.8
其他蛋及制品	Other Eggs and Products	101.7	100.8	100.8

Consumer Price Indices by Month(2016)

(same month of preceding year=100)

4 月 April	5 月 May	6 月 June	7 月 July	8 月 August	9 月 September	10 月 October	11 月 November	12 月 December
102.6	**102.3**	**102.1**	**102.3**	**101.8**	**102.3**	**102.2**	**102.4**	**102.2**
101.1	**101.3**	**101.3**	**101.4**	**101.3**	**101.7**	**101.8**	**101.8**	**101.9**
103.1	**103.2**	**103.0**	**103.0**	**102.7**	**103.1**	**103.2**	**103.1**	**103.1**
99.2	**99.3**	**99.5**	**99.8**	**100.0**	**100.3**	**100.3**	**100.4**	**100.7**
102.3	**101.8**	**101.6**	**101.9**	**101.3**	**101.8**	**101.7**	**101.9**	**101.8**
101.8	**101.9**	**101.7**	**101.7**	**101.6**	**101.8**	**101.9**	**101.9**	**101.8**
102.2	**102.3**	**102.3**	**102.1**	**101.6**	**101.8**	**101.8**	**101.8**	**101.9**
105.9	**104.8**	**104.1**	**104.4**	**102.9**	**103.6**	**103.4**	**103.7**	**103.0**
107.9	**106.5**	**105.9**	**106.3**	**104.0**	**105.1**	**104.7**	**105.2**	**104.1**
100.7	100.4	100.7	100.7	100.6	100.6	100.5	100.6	100.8
100.7	100.5	100.6	100.6	100.4	100.4	100.3	100.4	100.6
101.1	101.3	101.3	101.6	102.2	102.7	102.5	102.5	103.0
100.4	99.9	100.5	100.6	100.7	100.6	100.6	100.6	101.1
131.3	138.4	140.8	126.5	108.9	105.4	109.3	112.8	113.4
103.0	103.0	102.8	102.9	102.7	102.3	102.0	101.8	101.1
102.3	102.6	102.0	101.6	101.3	100.8	100.7	101.3	101.5
103.1	103.0	102.8	103.0	102.8	102.4	102.1	101.9	101.1
101.1	101.4	101.3	101.1	100.9	101.0	101.1	101.2	101.0
100.0	100.2	100.1	100.2	100.3	100.4	100.5	100.6	100.6
128.0	129.7	133.1	123.9	116.6	116.7	115.3	115.4	110.7
121.2	108.5	98.8	112.2	110.3	117.3	118.9	125.4	117.5
122.9	109.0	98.4	113.1	111.0	118.7	120.5	127.7	119.0
102.6	103.0	103.2	103.2	103.2	103.0	103.0	103.2	102.9
119.5	120.6	119.8	112.9	105.6	105.2	103.5	103.8	104.3
130.2	131.8	130.0	118.5	107.6	107.1	104.6	104.7	105.3
99.2	99.2	99.1	99.3	99.3	99.7	99.9	100.8	101.6
92.4	92.3	92.2	92.3	92.4	92.2	93.3	96.9	99.6
118.2	119.2	119.0	116.0	109.1	107.1	106.3	106.3	104.4
101.3	101.6	101.8	101.4	100.8	100.9	100.6	100.7	100.3
100.5	100.7	101.0	100.6	99.6	99.8	99.4	99.7	99.2
101.8	102.1	102.6	101.9	101.4	100.7	100.7	100.2	99.8
103.8	106.8	112.5	112.9	111.6	110.3	108.0	106.4	105.8
104.4	109.4	118.9	119.1	116.9	114.3	111.0	108.2	107.4
102.9	104.3	105.8	106.6	105.7	104.7	103.7	102.8	102.4
102.7	100.8	99.4	99.6	100.8	104.3	103.5	104.8	105.4
98.2	99.7	99.8	98.4	94.2	97.0	98.1	99.1	98.0
97.8	99.6	99.8	98.2	93.6	96.6	97.7	98.9	97.8
101.8	101.3	100.2	99.7	99.9	101.0	101.0	100.3	99.3

5-3 续表 1

(上年同月=100)

指　标	Item	1 月 January	2 月 February	3 月 March
奶类	Dairy	100.3	100.5	101.3
鲜奶	Fresh Milk	98.6	98.7	100.6
酸奶	Sour Milk	99.8	99.4	100.2
奶粉	Milk Powder	101.6	102.2	102.0
干鲜瓜果类	Dried and Fresh Melons and Fruits	94.9	96.1	95.2
鲜瓜果	Fresh Fruits	93.4	94.9	93.7
坚果	Nuts	99.6	100.4	100.3
瓜果制品	Melon and Fruit Products	99.0	98.4	99.5
糖果糕点类	Confectionery	100.8	100.3	100.2
食糖	Sugar	102.0	101.9	102.3
糖果	Candy	101.8	101.2	101.1
糕点	Pastry	100.1	99.5	99.2
调味品	Flavoring	102.9	102.8	102.7
食用盐	Salt	103.5	103.5	103.5
酱油	Soy Sauce	103.5	104.2	104.3
食醋	Vinegar	102.3	102.3	102.2
调味酱	Bechamel	100.7	100.1	99.9
味精	Monosodium Glutamate	102.0	101.8	100.8
其他食品类	Other Food Categories	101.2	100.9	101.2
方便食品	Convenience Foods	102.2	101.8	101.3
淀粉及制品	Starch and Products	99.7	100.6	101.0
膨化食品	Puffed Food	100.8	100.0	101.1
茶及饮料	Tea and Beverages	100.8	100.6	100.2
茶叶	Tea	100.1	100.2	100.0
固体咖啡	Solid Coffee	100.3	100.2	101.5
饮用水	Drinking Water	104.0	102.9	102.1
果汁饮料	Fruit Juice Beverages	102.6	102.8	102.6
烟酒	**Tobacco,Liquor**	**105.1**	**105.2**	**105.3**
烟草	Tobacco	108.4	108.4	108.4
酒类	Liquor	99.7	99.9	100.0
白酒	Liquer	99.4	99.8	99.8
葡萄酒	Wine	100.0	100.2	100.7
啤酒	Beer	99.2	99.2	100.0
在外餐饮	Dining Out	101.0	101.6	100.5
正餐	Dinner	100.4	101.3	100.3
快餐	Fast Food	100.1	99.9	99.9
地方小吃	Local Snacks	104.5	106.5	103.4

Continued

(same month of preceding year=100)

4 月 April	5 月 May	6 月 June	7 月 July	8 月 August	9 月 September	10 月 October	11 月 November	12 月 December
101.2	101.1	100.6	100.5	100.3	99.4	99.5	99.8	99.3
100.3	99.9	99.8	98.9	99.0	97.4	98.2	98.3	98.0
100.4	100.3	100.6	100.1	99.5	99.4	99.7	100.3	99.9
102.0	102.3	101.2	101.8	101.6	100.8	100.1	100.5	100.0
96.2	94.4	95.9	98.4	99.7	103.7	104.2	101.1	99.0
95.1	93.0	95.0	98.1	99.8	105.4	106.4	102.0	99.3
99.7	99.3	99.1	99.4	99.8	99.5	98.2	98.4	98.0
99.5	98.3	98.2	98.8	98.7	98.5	97.8	98.9	99.0
100.1	100.7	100.4	100.6	100.3	100.3	99.7	100.3	100.7
101.9	100.8	99.4	99.0	99.2	99.5	100.1	102.1	103.1
100.4	101.2	101.4	101.5	101.3	101.0	100.7	101.1	100.6
99.7	100.4	100.4	100.3	99.7	99.7	99.5	99.4	100.4
103.8	104.3	103.5	103.7	103.4	103.4	102.5	102.8	102.2
104.5	105.2	105.2	105.2	105.2	105.2	104.3	104.3	102.0
105.6	107.1	105.7	105.8	105.2	104.6	103.2	103.2	102.6
104.6	104.8	103.7	104.0	102.9	104.0	103.0	103.5	103.2
100.8	101.1	100.1	100.5	100.2	100.3	100.4	101.0	100.6
101.3	101.8	101.3	100.4	99.7	99.2	98.7	99.2	99.7
101.6	102.2	101.7	101.5	101.7	101.5	101.3	101.3	100.3
102.7	103.0	102.5	101.6	101.6	101.2	100.4	100.9	99.7
100.7	101.5	101.4	102.7	102.9	104.0	105.9	105.2	103.9
100.6	101.4	100.7	100.7	100.9	100.1	99.4	99.3	98.9
100.1	99.8	99.6	99.8	100.0	100.1	100.2	100.3	100.0
100.2	100.1	100.0	100.1	100.3	100.3	100.4	100.7	100.2
101.4	101.1	100.8	101.5	101.6	101.5	101.4	101.6	101.9
101.6	100.5	100.3	99.1	98.9	98.8	99.1	99.2	100.1
101.3	99.7	99.2	101.2	102.3	102.3	102.3	102.7	101.9
105.2	**102.5**	**100.6**	**100.6**	**99.9**	**99.9**	**99.9**	**99.8**	**99.8**
108.4	103.9	101.1	101.0	100.0	100.0	100.1	100.0	99.9
99.7	100.1	99.7	99.9	99.7	99.8	99.8	99.6	99.8
99.5	99.6	99.2	99.4	99.4	99.5	99.5	99.6	99.8
100.4	100.7	100.4	101.0	101.5	100.8	100.8	100.0	100.5
99.8	101.7	100.9	100.9	100.0	100.0	99.8	99.1	99.7
100.8	101.0	100.9	100.9	101.0	101.1	101.3	101.4	101.6
101.3	101.6	101.6	101.7	102.1	102.6	102.8	103.0	103.0
99.9	99.4	99.3	99.3	99.3	99.1	99.0	99.0	99.7
103.4	103.5	103.2	103.1	102.6	102.3	102.8	102.9	102.9

5-3 续表 2

(上年同月=100)

指标	Item	1月 January	2月 February	3月 March
衣着	**Clothing**	**102.4**	**102.3**	**102.6**
服装	Garments	102.2	102.1	102.6
男式服装	Men's Garment	101.6	101.6	102.2
男士西服	Men's Suits	101.9	102.1	102.7
男士冬衣	Men's Clothes	102.0	101.1	101.6
男士夹克衫	Men's Jacket	103.7	104.0	104.5
男士毛线衣	Men's Knitted Woolen Clothes	102.6	103.0	104.7
男士运动装	Men's Sport Clothing	101.6	101.7	101.4
男士衬衫T恤	Men's Shirt T-shirts	103.0	102.8	103.5
男士裤子	Men's Trousers	99.9	100.1	100.5
男士内衣	Men's Underwear	97.5	97.0	98.1
女式服装	Women's dress	102.6	102.4	102.8
女式外套	Women's Overcoat	103.6	103.5	103.5
女士冬衣	Women's Clothes	101.7	101.0	102.1
女士毛线衣	Women's Knitted Woolen Clothes	101.8	101.5	103.0
女士运动装	Women's Sports Wear	101.7	101.5	101.3
女士衬衫T恤	Women's Shirt T-shirts	104.1	104.1	104.2
女士裤子	Women's Trousers	106.1	105.8	105.6
女士裙子	Skirt	103.5	104.0	103.6
女士内衣	Women's Underwear	97.6	97.1	98.1
儿童服装	Children's Garment	102.2	102.2	102.6
婴幼服装	Infants clothing	101.7	102.4	103.1
儿童上衣	Children's Suits	102.8	102.7	103.4
儿童裤子	Children's Trousers	102.0	102.1	101.9
儿童裙子	Children's Skirt	100.9	101.0	101.5
服装材料	Clothing Material	102.8	102.7	102.7
其他衣着及配件	Other Clothing and Accessories	101.1	101.0	101.0
袜子	Socks and Stockings	101.4	101.3	101.1
帽子	Hats	99.2	99.4	99.8
衣着加工服务费	Clothing Processing	107.1	106.1	106.7
衣着洗涤保养	Scrubbing Maintenance	109.0	107.8	108.5
衣着加工	Clothing Processing	102.6	102.0	102.5
鞋类	The footwear	102.8	102.5	102.3
鞋	Shoes	102.8	102.5	102.3
男鞋	Men's Shoes	102.4	102.1	101.9
女鞋	Women's Shoes	103.1	103.0	102.8
童鞋	Children's Shoes	102.6	102.1	101.7
鞋类加工服务	Footwear Processing Service	104.3	102.9	101.7

Continued

(same month of preceding year=100)

4 月 April	5 月 May	6 月 June	7 月 July	8 月 August	9 月 September	10 月 October	11 月 November	12 月 December
102.5	**102.7**	**102.6**	**102.4**	**102.6**	**102.3**	**102.1**	**101.9**	**101.1**
102.2	102.3	102.4	102.1	102.2	101.9	101.9	101.6	100.7
101.5	101.2	101.6	101.6	101.9	101.7	101.7	101.7	100.7
102.6	102.3	103.5	103.5	103.4	102.0	101.5	99.9	99.7
101.6	101.7	101.8	101.8	101.8	101.8	101.5	101.7	100.8
103.1	103.1	103.6	103.8	103.9	103.3	103.4	102.8	101.1
105.3	104.8	105.1	105.1	105.1	104.3	105.0	104.3	102.7
101.4	101.6	101.9	103.1	104.0	103.6	103.8	102.3	100.3
100.5	99.0	98.3	96.8	97.5	98.4	98.1	100.1	100.0
99.7	99.7	100.5	101.2	101.6	101.5	101.5	101.9	100.6
98.8	98.7	99.6	99.9	100.1	100.8	102.1	102.5	101.2
102.6	103.1	102.8	102.2	102.2	102.2	102.3	102.0	101.2
102.3	101.2	101.8	101.9	102.1	102.7	102.3	101.7	101.3
102.0	102.7	102.8	102.8	102.7	102.7	102.2	102.4	101.8
103.8	103.6	103.4	103.4	103.4	104.1	105.4	105.9	104.5
101.7	101.4	101.2	101.6	102.6	104.1	103.9	102.2	100.6
103.1	103.7	102.7	100.9	101.5	101.1	101.0	101.3	100.4
105.7	106.7	105.9	104.3	104.2	102.8	102.8	101.6	99.7
102.1	104.9	103.4	101.9	102.0	101.0	101.4	100.9	101.2
99.5	99.7	100.2	99.7	99.0	99.2	99.6	100.1	99.7
102.3	102.0	102.6	102.9	102.9	101.4	100.9	100.1	99.1
103.1	103.6	102.6	102.1	102.3	100.3	99.9	98.8	98.3
103.2	102.4	102.9	103.4	103.2	101.9	101.5	100.6	99.6
100.2	99.9	101.8	102.4	102.9	101.0	100.0	99.2	97.4
103.0	103.3	103.2	103.0	102.5	101.7	101.6	101.5	101.4
103.1	103.0	102.7	103.1	102.9	102.6	102.4	102.2	101.9
101.2	101.8	101.1	101.2	101.3	101.0	100.8	100.5	99.8
101.2	102.1	101.3	101.2	101.1	100.8	100.7	100.4	99.6
100.2	99.7	99.3	99.8	100.3	99.6	99.3	99.0	98.1
111.9	112.9	113.7	113.8	113.8	113.0	113.0	112.8	112.0
107.5	107.3	107.0	107.1	106.9	106.0	106.1	105.8	104.7
122.4	126.4	129.7	129.9	130.2	130.0	129.8	129.9	129.9
102.6	102.8	102.5	102.4	102.8	102.5	102.0	101.7	101.3
102.6	102.7	102.4	102.4	102.7	102.5	102.0	101.7	101.3
102.9	102.8	102.5	102.3	103.0	102.8	102.4	102.1	101.9
102.8	103.1	102.8	102.8	103.1	102.7	102.1	101.6	101.0
101.5	101.5	101.3	101.3	101.2	101.2	101.2	101.2	101.2
102.2	105.1	105.2	104.9	104.0	103.9	102.7	101.3	101.3

5-3 续表 3

(上年同月＝100)

指　标	Item	1 月 January	2 月 February	3 月 March
居住	**Residence**	**102.9**	**102.9**	**103.0**
租赁房房租	Tenancy	106.3	105.6	106.2
公房房租	Public Housing rent	100.5	100.5	100.5
私房房租	Talk Accommodation	106.8	106.1	106.7
住房保养维修及管理	Housing Maintenance and Management	100.8	101.7	102.3
住房装潢材料	Housing Decoration Materials	100.8	100.9	101.2
木地板	Wood Floor	103.6	104.6	106.0
瓷砖	Ceramic Tile	99.9	99.6	99.3
水泥	Cement	98.7	98.9	97.1
涂料	Paint	100.9	101.4	101.8
板材	Board	103.2	103.6	105.8
管材	Pipe	100.7	100.7	100.7
厨卫设备	Kitchen Equipment	99.9	99.3	98.6
门窗	Doors and Windows	98.5	98.2	98.5
物业管理费	Property Management Fees	100.0	100.0	101.4
住房装潢维修	Housing decoration maintenance	100.9	103.6	104.3
装潢维修费	Housing Decoration Maintenance	101.2	104.7	105.7
其他住房费用	Other Housing Expenses	100.0	100.0	100.0
水电燃料	Water,Electricity and Fuels	98.0	98.1	97.4
水	Water	100.2	100.2	100.6
电	Electricity	97.7	97.7	97.7
燃气	The Fuel Gas	96.9	97.3	94.6
管道燃气	Piped Gas	101.7	101.7	101.7
液化石油气	Liquefied Petroleum Gas	95.2	95.7	92.0
取暖费	Heating Fee	100.0	100.0	100.0
其他燃料	Other Fuel	99.4	99.7	99.4
自有住房	Self-owned House	105.9	105.4	105.7
生活用品及服务	**Daily Necessities and Services**	**100.0**	**100.2**	**100.2**
家具及室内装饰品	Furniture and Interior Decorations	99.7	100.0	100.6
家具	Furniture	99.7	100.0	100.6
柜	Counters	100.2	100.2	101.1
床	Beds	99.6	99.8	100.6
桌	Desks	100.8	101.0	101.7
椅	Chairs	100.3	101.2	101.1
沙发	Sofas	98.8	99.2	99.9
室内装饰品	Interior Decorations	99.8	100.5	100.7
灯具	Lamp	99.4	99.4	99.4

Continued

(same month of preceding year=100)

4 月 April	5 月 May	6 月 June	7 月 July	8 月 August	9 月 September	10 月 October	11 月 November	12 月 December
103.0	**103.1**	**103.0**	**103.1**	**102.5**	**102.6**	**102.8**	**102.6**	**102.4**
106.0	106.4	105.8	105.8	104.7	105.0	105.1	104.4	104.0
100.5	100.5	100.5	100.5	100.5	100.0	100.0	100.0	100.0
106.5	107.0	106.3	106.3	105.1	105.4	105.5	104.8	104.4
102.9	103.1	103.0	102.8	103.0	102.9	103.2	103.0	103.1
101.2	101.5	101.3	101.2	101.4	101.5	102.2	102.6	102.8
106.1	106.3	106.0	105.9	106.1	105.7	106.4	105.9	104.4
99.8	100.1	99.6	99.4	99.7	99.7	100.6	101.3	101.7
96.8	97.6	97.6	96.7	97.9	98.9	100.4	101.5	105.2
101.0	101.3	101.4	101.2	101.1	101.0	101.4	101.6	101.8
105.6	105.7	105.7	105.6	105.7	105.3	105.7	106.0	105.3
101.5	102.2	101.8	101.8	101.9	101.8	101.5	101.9	102.0
98.5	98.6	98.4	98.3	98.4	98.0	99.3	100.0	100.0
98.4	99.2	99.3	99.0	99.0	100.7	101.2	101.8	102.1
101.6	101.6	101.6	101.6	101.6	101.6	101.6	101.6	101.6
105.9	106.1	105.9	105.9	106.0	105.4	105.3	104.1	104.2
107.8	108.0	107.8	107.8	107.9	107.2	107.0	105.3	105.5
100.0	100.0	100.0	100.0	100.0	100.0	100.0	100.0	100.0
97.4	97.5	97.8	98.3	98.3	97.8	98.4	98.5	98.7
100.8	100.8	100.8	100.8	100.8	101.2	101.2	101.2	101.2
97.7	97.7	97.7	97.7	97.7	97.7	99.9	99.9	100.0
94.5	94.7	95.7	97.7	97.8	95.7	93.8	93.8	94.5
101.7	101.7	101.7	101.7	101.7	102.0	102.0	102.0	102.0
91.8	92.1	93.4	96.1	96.2	93.2	90.7	90.6	91.6
100.0	100.0	100.0	100.0	100.0	100.0	100.0	100.0	100.0
99.6	99.8	100.0	100.2	100.2	100.5	100.8	101.4	102.1
105.5	105.6	105.3	105.2	104.0	104.5	104.6	104.2	103.7
100.5	**100.7**	**100.5**	**100.6**	**100.5**	**100.4**	**100.6**	**100.5**	**100.6**
101.1	101.1	100.8	101.2	100.9	100.9	101.0	101.5	101.5
101.2	101.2	100.9	101.3	100.9	100.9	101.1	101.6	101.7
101.2	100.8	100.3	99.8	99.3	99.3	99.6	100.3	100.5
101.0	101.2	100.8	100.9	101.0	101.1	101.2	101.3	101.4
101.8	101.8	101.6	101.3	100.8	101.0	101.9	101.6	100.9
102.1	102.8	103.2	103.0	102.7	102.3	101.9	102.5	103.8
101.0	101.0	100.8	102.5	102.0	101.8	101.9	102.9	102.7
100.6	100.3	100.1	100.2	100.1	100.0	100.1	99.7	99.9
99.5	99.1	99.2	99.2	99.1	99.0	99.1	99.0	99.1

5-3 续表 4

(上年同月=100)

指 标	Item	1 月 January	2 月 February	3 月 March
家用器具	Household Appliances	98.0	97.9	97.8
大型家用器具	Large Household Appliances	97.8	97.7	97.6
洗衣机	Washing Machine	98.4	98.6	98.5
电冰箱(柜)	Refrigerator	99.0	98.9	98.4
吸排油烟机	Smoke Exhauster	92.6	93.4	94.0
空调器	Air Conditioner	95.2	95.1	95.1
热水器	Shower Heater	99.6	99.5	99.6
灶具炉具	Cooking Stove	97.3	97.3	97.3
微波炉	Microwave Oven	99.0	99.3	99.5
小家电	Small Home Appliance	99.4	99.3	99.3
厨房小家电	Kitchen Appliances	99.2	99.1	99.2
生活小家电	Household appliance	99.6	99.5	99.5
家用纺织品	Chines Patent drugs	101.0	100.7	100.5
床上用品	Bed Articles	101.1	100.7	100.5
被子	Quilts	101.6	101.3	100.8
床单被套	Bed Sets	101.1	100.4	99.9
窗帘门帘	Curtain	101.0	101.3	100.9
其他家用纺织品	Other household textiles	100.0	99.8	99.7
家庭日用杂品	Household Groceries	100.4	100.7	100.8
洗涤卫生用品	Washing Sanitary Articles	100.2	100.7	101.2
清洗用品	Cleaning Supplies	101.9	101.4	101.1
清洁用具	Cleaning Appliance	100.5	100.2	100.6
清洁用纸	Cleaninng Paper	98.5	100.3	101.5
厨具餐具茶具	Kitchenware Cooking-set Tea-set	100.7	100.5	100.9
厨具	Kitchenware	101.3	101.2	101.1
餐具	Cooking-set	99.9	99.6	100.7
茶具	Tea-set	101.1	100.9	100.9
家用手工工具	Hand tools for household use	100.5	100.5	100.3
其他家庭日用杂品	Other Family Daily Sundry Goods	100.6	100.6	100.3
配电附件	The power distribution in attachment	100.9	101.1	100.6
雨具	Rain Gear	100.1	100.1	100.0
个人护理用品	Personal Care Products	100.7	100.8	101.0
化妆品	Cosmetics	101.0	100.7	101.1
清洁化妆品	Cleaning Cosmetics	102.6	101.8	102.4
护肤化妆品	Skin Care Cosmetics	100.1	99.9	100.2
彩妆化妆品	Make-up Cosmetics	100.4	100.6	101.2
化妆器具	Makeup Tools	102.0	102.2	101.7

Continued

(same month of preceding year=100)

4 月 April	5 月 May	6 月 June	7 月 July	8 月 August	9 月 September	10 月 October	11 月 November	12 月 December
98.0	98.2	98.1	97.6	97.6	97.8	98.2	98.2	98.6
97.8	98.0	97.9	97.3	97.3	97.6	97.9	98.1	98.5
98.5	98.4	98.4	98.2	98.3	98.4	98.2	98.2	98.1
98.3	97.9	97.7	97.2	97.2	97.7	98.0	98.2	98.1
95.6	96.9	97.4	97.5	97.4	97.7	98.8	99.0	99.0
95.9	97.0	96.9	95.5	95.3	95.9	96.8	96.8	97.8
99.2	98.9	98.8	98.6	97.9	98.2	98.5	98.6	99.5
97.0	96.9	96.3	95.0	96.7	95.7	95.7	96.1	96.8
99.7	98.9	99.4	100.2	100.4	100.4	99.9	98.4	97.8
99.4	99.5	99.1	98.9	99.2	99.3	99.6	99.3	99.2
99.0	99.3	99.0	98.9	99.5	99.6	99.8	99.3	99.1
99.8	99.7	99.3	99.0	99.0	99.0	99.2	99.4	99.3
100.6	100.5	100.5	99.9	100.2	100.4	100.3	98.9	98.8
100.7	100.5	100.6	99.9	100.2	100.5	100.4	98.8	98.6
100.7	100.4	100.9	100.4	100.6	100.7	99.4	98.7	97.9
100.1	100.3	100.1	99.0	99.7	100.0	100.6	98.0	97.9
100.8	100.8	100.6	100.7	100.7	100.2	100.0	99.9	100.0
99.8	100.1	99.1	99.0	99.2	99.1	99.5	98.5	99.6
101.0	101.3	100.9	101.4	101.1	100.6	101.0	100.8	100.9
101.4	101.8	101.3	102.4	101.8	101.1	101.6	101.5	101.6
100.9	101.6	101.4	102.0	102.0	102.3	102.4	102.0	102.3
100.4	100.9	100.9	101.1	101.0	100.7	100.6	100.2	100.3
102.4	102.5	101.4	103.4	101.9	100.1	101.3	101.6	101.4
101.1	101.2	100.6	100.8	100.5	99.7	100.1	99.6	99.8
101.4	101.1	101.0	101.0	100.5	99.8	100.0	99.9	99.9
100.8	101.2	100.3	100.9	100.7	99.8	100.5	100.1	100.3
101.0	101.3	100.5	100.3	100.1	99.3	99.4	98.4	98.6
100.6	100.6	99.9	100.2	100.2	100.2	100.4	100.5	100.4
100.5	100.7	100.4	100.4	100.6	100.4	100.5	100.4	100.4
100.7	100.7	100.7	100.2	100.8	100.7	100.9	100.9	101.1
100.1	100.6	99.9	100.3	100.0	100.0	100.0	99.9	100.1
101.6	102.2	101.9	102.3	102.2	102.2	102.1	102.1	102.1
101.7	102.2	102.4	102.7	102.6	102.7	102.9	102.7	102.8
102.5	102.0	102.4	103.7	103.4	103.3	103.2	102.3	102.7
100.1	100.2	100.5	100.5	100.6	100.7	101.1	101.3	101.4
104.1	106.9	107.0	107.0	106.8	106.8	106.8	106.8	106.9
101.5	101.5	100.9	101.5	100.9	100.9	101.4	100.9	100.7

5-3 续表 5

(上年同月=100)

指标	Item	1月 January	2月 February	3月 March
其他护理用品类	Other Care Products	100.5	100.8	100.9
清洁类护理用品	Cleaning Products	101.2	101.5	101.4
护发美发用品	Hair Care Products	99.4	100.1	100.2
护理器具	Care Tools	100.1	100.1	100.1
家庭服务	Household Service	104.2	105.7	105.1
家庭服务	Household Service	106.1	109.3	108.5
家庭维修服务	Home Maintenance Service	102.2	101.7	101.7
交通和通信	**Transportation and Communication**	**96.8**	**97.5**	**95.4**
交通	Transportation	95.6	96.7	93.2
交通工具	Transportation Means	92.1	92.6	91.1
小型汽车	Compact Car	89.2	89.8	87.8
电动自行车	Electric Bicycle	100.2	100.5	100.1
自行车	Bicycle	100.0	100.0	99.9
交通工具使用燃料	Fuel	91.9	93.3	88.3
汽油	Petrol	92.0	93.4	88.3
柴油	Diesel Oil	88.9	91.4	85.4
交通工具使用及维修费	Vehicle Using and Maintenance Fee	100.9	103.6	100.3
停车费	Parking Fee	100.5	101.4	100.6
车辆使用费	Vehicle Usage Fee	100.0	100.0	99.9
交通工具零配件	Vehicle Spare Parts	100.0	100.1	100.1
车辆修理与保养	Vehicle Repair and Maintenance	102.4	109.0	100.7
交通费	Transportation Expenses	103.0	103.2	98.4
市内公共交通	City Bus Transport	103.6	104.9	103.1
出租汽车	Taxi	115.5	102.5	100.0
飞机票	Plane Ticket	98.2	99.3	84.7
火车票	Train Ticket	100.0	100.0	100.0
长途汽车	Long-distance Coach	101.2	104.0	94.1
通信	Communication	98.7	98.9	98.8
通信工具	Communication Tools	94.9	95.4	95.6
固定电话机	Stationary Telephone	98.6	99.3	99.3
移动电话机	Mobile Telephone	94.5	95.0	95.3
通信工具零配件	Communication Tools Spare Parts	100.0	100.0	100.0
通信服务	Communication Service	99.8	100.0	99.8
固定电话费	Fixed Telephone Fee	100.0	100.0	100.0
移动通信费	Mobile Communications	99.5	99.5	99.5
上网费	Internet Access Fee	100.8	101.4	100.7

Continued

(same month of preceding year=100)

4 月 April	5 月 May	6 月 June	7 月 July	8 月 August	9 月 September	10 月 October	11 月 November	12 月 December
101.5	102.2	101.6	101.9	101.8	101.8	101.4	101.6	101.6
102.7	104.1	103.4	103.7	103.7	103.9	103.5	103.6	104.5
100.5	100.8	99.7	100.6	100.8	100.4	100.1	100.4	99.7
100.2	100.3	100.0	99.9	99.9	99.6	99.6	99.3	99.3
105.2	105.3	105.7	105.5	105.4	105.2	105.6	105.6	105.4
108.5	108.8	108.8	108.4	108.3	107.9	108.5	108.5	108.2
101.8	101.7	102.5	102.5	102.5	102.5	102.6	102.6	102.5
96.1	**95.9**	**96.4**	**96.5**	**97.1**	**98.3**	**98.3**	**98.6**	**99.8**
94.1	93.8	94.5	94.7	95.5	97.5	97.4	97.8	100.0
91.3	91.5	91.3	91.2	90.7	91.9	91.7	91.5	93.0
88.2	88.4	88.2	88.0	87.4	89.1	88.7	88.3	90.2
99.7	99.7	99.0	98.4	98.4	98.4	98.9	98.9	100.5
99.9	99.9	99.9	99.4	99.2	99.2	99.2	99.9	100.0
89.2	87.5	91.2	93.0	95.8	101.7	101.5	103.7	110.0
89.3	87.5	91.2	93.1	95.9	101.9	101.7	103.9	110.3
86.6	85.8	90.2	92.2	95.9	102.1	101.8	104.4	111.9
101.1	101.0	100.9	101.0	101.0	100.9	100.7	100.7	101.0
100.6	100.6	100.6	100.6	100.6	100.6	100.6	100.6	100.6
100.0	100.0	99.7	99.7	99.7	99.7	99.7	99.4	99.4
100.1	100.1	100.1	100.1	100.1	100.0	100.0	100.0	100.5
102.7	102.4	102.4	102.7	102.8	102.5	102.0	102.0	102.3
100.6	101.0	100.5	99.0	100.8	101.0	101.6	101.6	101.7
104.5	104.5	104.5	103.8	103.8	102.7	102.7	101.3	101.2
100.6	100.6	100.6	101.0	101.0	100.6	100.6	100.6	100.6
94.4	93.0	87.8	74.5	92.8	99.3	106.2	113.0	114.6
100.0	100.0	100.0	100.0	100.0	100.0	100.0	100.0	100.0
97.8	99.6	99.8	99.8	99.4	99.7	100.0	99.9	99.9
99.1	99.3	99.4	99.5	99.6	99.6	99.7	99.7	99.6
96.8	97.4	97.6	98.2	98.5	98.6	98.8	98.8	98.8
99.3	99.8	99.9	99.9	100.0	100.0	99.9	100.0	100.0
96.5	97.2	97.4	98.1	98.4	98.4	98.8	98.7	98.8
99.9	100.0	100.0	100.0	100.0	100.0	99.3	98.6	98.6
99.8	99.9	99.9	99.9	99.9	99.9	99.9	100.0	99.9
100.0	100.0	100.0	100.0	100.0	100.0	100.0	100.0	100.0
99.5	99.7	99.7	99.7	99.7	99.7	99.7	100.0	100.0
100.8	100.5	100.5	100.5	100.5	100.6	100.6	100.2	99.5

5-3 续表 6

(上年同月=100)

指　标	Item	1 月 January	2 月 February	3 月 March
邮递服务	Monthly Renting Fee	100.1	100.2	100.2
邮政邮寄	Postal mail	100.0	100.0	100.0
快递服务	Expressage	100.1	100.3	100.3
教育文化和娱乐	**Education,Culture and Recreation**	**100.4**	**101.8**	**101.7**
教育	Education	100.6	103.1	102.9
教育用品	Education supplies	99.9	99.9	99.9
工具书	Reference Book	100.0	100.0	100.0
教材	Text-book	100.3	100.3	100.0
参考资料	The Resources	99.5	99.4	100.1
教育服务	Education Services	100.7	103.5	103.3
学前教育	Pre-school Education	103.2	104.9	103.8
小学初中教育	Elementary School and Junior High School Education	100.4	102.0	102.0
高中中职教育	High School and Secondary Vocational Education	100.9	111.4	111.6
高等教育	Higher Education	100.0	100.0	100.0
课外教育	Extracurricular Education	100.7	102.1	102.3
专业技能培训	Technical Training	99.9	99.7	98.7
文化娱乐类	Cultural Entertainment	100.2	99.8	99.8
文娱耐用消费品	Durable Consumer Goods for Recreational	98.0	98.8	98.8
电视机	Television	97.6	97.8	97.3
照相机	Camera	99.6	99.9	99.9
台式计算机	Desktop Computer	98.6	98.5	98.5
笔记本平板	Portable Computer	93.9	98.3	99.5
乐器	Musical Instrument	99.7	99.7	99.5
音响	Audio	99.0	99.0	99.1
其他文娱用品	Other Entertainment Products	101.4	101.3	101.4
书报杂志	Newspapers and Magazines	101.7	101.7	101.7
纸张文具	Paper Stationery	102.6	102.6	102.6
体育户外用品	Sports Outdoor Goods	102.4	102.5	102.5
游戏用品和玩具	Game Supplies and Toys	100.6	100.1	100.4
园艺花卉及用品	Gardening Flowers and Articles	103.0	100.6	100.7
宠物及用品	Pets and Supplies	101.4	101.1	101.3
文化娱乐服务	Cultural and Recreational Services	100.2	100.5	100.3
电影票	Video-movie Ticket	100.1	102.5	100.8
景点门票	Attractions Tickets	100.9	100.8	100.8
有线电视	Cabled TV	100.4	100.4	100.4
健身活动	Healthy Activities	100.5	100.5	100.8

Continued

(same month of preceding year=100)

4 月 April	5 月 May	6 月 June	7 月 July	8 月 August	9 月 September	10 月 October	11 月 November	12 月 December
100.2	100.2	100.1	100.1	100.1	100.1	100.1	100.1	100.1
100.0	100.0	100.0	100.0	100.0	100.0	100.0	100.0	100.0
100.3	100.3	100.1	100.1	100.1	100.1	100.1	100.1	100.1
101.9	**101.9**	**101.9**	**102.0**	**102.0**	**103.0**	**103.3**	**103.1**	**103.2**
102.9	102.9	102.9	103.1	103.1	105.1	105.1	105.0	105.1
99.9	99.9	99.5	99.5	99.6	101.1	101.0	101.0	101.0
100.0	100.0	100.0	100.0	100.0	100.0	100.0	100.0	100.0
100.0	100.0	100.0	100.0	100.0	102.0	102.0	102.0	102.0
100.2	100.2	99.5	99.5	99.8	101.8	101.7	101.7	101.7
103.3	103.3	103.3	103.5	103.5	105.5	105.5	105.5	105.6
103.8	103.8	103.8	103.8	104.1	106.1	106.1	106.1	106.1
102.0	102.0	102.0	102.0	102.0	112.8	112.8	112.8	112.8
111.6	111.6	111.6	111.6	111.6	113.0	113.0	113.0	113.0
100.0	100.0	100.0	100.0	100.0	100.2	100.2	100.2	100.2
102.3	102.3	102.2	103.7	103.6	104.1	104.1	103.3	103.7
98.8	98.8	98.9	99.6	99.6	99.7	99.8	99.9	100.6
100.3	100.4	100.4	100.4	100.4	100.0	100.6	100.3	100.4
98.7	98.8	98.5	98.4	98.1	98.0	98.5	98.5	98.6
97.0	97.3	96.1	95.7	95.0	95.0	95.9	95.8	95.4
99.9	100.6	100.5	100.5	100.6	99.9	100.0	100.0	100.7
98.0	98.2	98.1	98.2	97.7	97.8	98.8	99.0	99.1
99.4	98.9	99.4	99.4	98.9	98.9	99.0	99.2	99.7
99.6	99.6	99.0	99.1	99.1	99.1	99.1	99.1	99.3
99.1	99.0	98.8	98.4	98.6	98.1	98.4	98.4	97.9
102.0	102.4	102.2	101.9	101.9	101.4	101.4	101.3	101.2
101.7	101.7	101.7	101.7	101.7	101.7	101.7	101.7	101.7
102.6	103.8	102.8	102.4	101.6	100.5	100.5	101.1	100.9
102.6	103.9	103.3	103.2	103.1	102.4	101.9	102.3	101.9
100.6	101.5	101.5	100.4	100.7	100.0	99.9	100.1	99.9
101.4	102.1	99.2	102.1	102.1	102.0	104.9	101.5	101.4
100.9	100.9	101.2	101.6	101.6	101.6	100.7	100.0	100.1
100.3	100.5	100.9	100.9	100.9	101.1	101.2	101.1	101.0
101.0	100.5	103.1	102.9	103.0	102.9	103.9	102.2	102.6
100.0	100.0	100.0	100.0	100.0	100.0	100.0	100.0	100.0
100.4	100.4	100.4	100.4	100.4	100.4	100.4	100.4	100.4
101.4	101.0	101.2	101.4	101.4	101.2	101.2	101.2	101.2

5-3 续表 7

(上年同月=100)

指标	Item	1月 January	2月 February	3月 March
旅游	Tourism	101.1	99.4	99.4
旅行社收费	Travel Agency Charges	101.4	99.2	99.2
医疗保健	**Medicine**	**101.5**	**101.7**	**101.7**
药品及医疗器具	Medicines and medical devices	103.2	103.7	103.5
中药	Traditional Chinese Medicine	107.4	108.7	107.3
中药材	Chines Herbal Material	100.9	102.5	102.0
中成药	Chines Patent drugs	110.9	112.0	110.1
西药	Western Medicine	101.4	101.6	101.6
抗微生物药	Antimicrobial Agents	100.6	100.6	100.5
消化系统用药	Digestive System	100.8	100.9	100.9
呼吸系统用药	Respiratory System	100.6	100.4	100.7
解热镇痛药	Antipyretic Analgesics	102.1	101.8	102.2
抗肿瘤药	Antineoplastic Agents	100.3	100.3	100.2
激素及影响内分泌药	Hormones and Endocrine Agents	107.8	107.3	107.3
心血管系统用药	Cardiovascular System	102.0	103.2	103.2
血液系统用药	Blood System Medication	99.9	99.9	99.6
治疗精神障碍药	Drugs For The Treatment of Mental Disorders	101.6	101.9	100.3
神经系统用药	Drugs For Nervous System	100.7	100.9	100.9
消毒防腐及创伤外科用药	Disinfectant and Preservative and Trauma Surgery Medicine	101.0	101.5	101.6
泌尿系统用药	Urinary System Drugs	105.5	105.6	105.8
维生素类	Vitamin	102.1	103.1	104.3
调节水、电解质及酸碱平衡药	Adjust Water, Electrolyte and Acid-base Balance	100.0	100.8	100.8
滋补保健品	Tonic and Healthy Goods	103.8	104.8	104.8
医疗卫生器具	Medical Appliance	100.2	100.2	100.3
保健器具	Healthy Appliance	101.0	101.1	101.3
医疗服务	Medical Servicest	100.5	100.5	100.6
综合医疗类	Integrated Medical Services	100.6	100.7	101.2
一般医疗服务	General Medical Services	100.6	100.8	101.7
一般治疗操作	General Therapeutic Operation	101.1	101.1	101.1
护理	Nursing	100.3	100.3	100.3
诊断类	Diagnosis of Class	99.8	99.8	99.7
病理学诊断	Pathological Diagnosis	101.2	101.2	101.2
实验室诊断	Laboratory Diagnosis	99.6	99.5	99.5
影像学诊断	Imaging Diagnosis	99.3	99.2	99.2
临床诊断	Clinical Diagnosis	100.6	100.6	100.3

Continued

(same month of preceding year=100)

4 月 April	5 月 May	6 月 June	7 月 July	8 月 August	9 月 September	10 月 October	11 月 November	12 月 December
100.7	100.4	100.4	100.7	101.0	99.8	101.3	100.5	101.0
100.8	100.6	100.6	101.0	101.3	99.8	101.4	100.6	101.3
101.6	**101.9**	**101.8**	**101.7**	**101.7**	**101.9**	**101.9**	**102.7**	**102.9**
103.2	104.0	103.6	103.5	103.5	104.0	103.9	104.1	104.7
106.7	106.6	105.6	104.2	104.3	104.5	105.2	105.0	105.8
102.0	101.8	101.8	101.7	102.0	102.4	103.1	103.1	104.7
109.1	109.1	107.5	105.5	105.4	105.6	106.1	106.0	106.3
102.0	102.1	102.3	102.6	102.6	102.8	102.2	102.2	102.9
100.6	100.5	100.5	100.5	100.0	100.2	100.2	100.2	100.3
101.0	101.1	100.3	101.0	100.9	100.7	100.4	100.6	101.9
101.4	102.6	104.2	104.5	105.7	105.5	105.3	105.7	107.9
102.8	105.1	104.3	104.7	104.7	105.1	105.3	104.1	104.2
100.3	100.2	101.4	101.4	101.5	101.4	97.3	97.2	97.3
108.6	108.3	107.5	107.3	106.9	107.2	106.8	103.3	102.8
103.2	102.4	103.1	102.8	103.7	104.1	103.6	103.6	103.5
101.1	101.1	104.0	104.5	104.4	104.5	104.4	104.5	105.5
100.3	100.7	100.8	102.7	102.7	102.2	99.0	99.0	98.9
101.5	100.5	101.0	101.0	101.0	101.3	101.0	101.1	102.0
101.7	101.4	100.8	100.8	101.0	101.1	101.0	103.6	103.5
105.5	105.7	103.7	103.3	103.2	102.3	101.2	100.4	103.2
106.9	107.4	107.5	107.9	108.7	111.0	110.7	111.2	114.0
100.6	100.1	100.1	101.0	98.9	99.5	99.6	99.6	99.1
103.2	107.1	105.5	105.8	106.0	108.1	108.2	109.8	109.6
100.3	100.3	100.4	100.3	100.2	100.2	100.1	99.8	99.9
101.2	101.2	101.1	101.1	100.8	100.8	100.8	101.1	101.0
100.6	100.6	100.6	100.6	100.6	100.6	100.6	101.8	101.8
101.4	101.4	101.8	101.8	101.8	101.8	101.9	104.7	104.8
102.1	102.1	101.9	101.9	101.9	101.9	101.9	103.0	103.0
101.1	101.0	102.3	102.3	102.3	102.3	102.3	102.3	102.3
100.3	100.3	101.2	101.2	101.2	101.2	101.2	110.5	110.7
99.7	99.7	99.3	99.3	99.3	99.3	99.3	99.2	99.2
101.2	101.2	101.2	101.2	101.2	101.2	101.2	101.2	101.2
99.5	99.5	99.0	99.0	99.0	99.0	99.0	98.8	98.8
99.5	99.5	98.9	98.9	98.9	98.9	98.9	98.9	98.9
100.3	100.3	100.3	100.3	100.3	100.3	100.3	100.0	100.0

5-3 续表 8

(上年同月=100)

指　　标	Item	1 月 January	2 月 February	3 月 March
治疗类	Treatment of Class	100.9	100.9	100.9
临床手术治疗	Clinical Surgical Treatment	100.4	100.4	100.4
临床非手术治疗	Clinical Non-surgical Treatment	101.7	101.7	101.7
康复类	Rehabilitation Class	100.5	100.5	100.5
康复医疗	Rehabilitation Medical	100.5	100.5	100.5
中医医疗服务类	TCM Medical Services	100.5	100.5	100.5
中医治疗	TCM Treatment	100.5	100.5	100.5
其他医疗服务	Other Medical Services	101.5	101.5	101.5
其他用品和服务	**Other Supplies and Services**	**98.6**	**100.9**	**101.7**
其他用品类	Other Supplies	94.6	98.6	101.2
首饰手表	Jewelry Watches	89.5	96.5	100.8
金饰品	Gold Ornaments	92.2	101.2	106.1
银饰品	Silver Ornaments	98.9	99.4	99.9
铂金饰品	Platinum Ornaments	75.9	84.6	91.2
手表	Watchs	100.0	100.0	100.1
其他杂项用品	Other Miscellaneous Goods	101.1	101.1	101.6
箱包	Luggage and Bags	102.3	101.9	104.3
母婴用品	Maternal and Child Supplies	101.2	101.4	100.7
眼镜	Glasses	98.1	98.1	98.4
其他服务类	Other Service Classes	102.3	103.0	102.1
旅馆住宿	The Hotel Accommodation	99.9	101.8	100.5
宾馆住宿	Hotel Accommodation	99.5	101.1	100.2
其他住宿	Other Accommodations	100.8	103.0	101.0
美容美发洗浴	Making-up Hair Salon Bathing	104.5	105.6	103.6
美容	Making-up	103.6	106.1	103.4
美发	Hair Salon	105.4	103.8	104.0
洗浴	Bathing	103.9	109.9	102.9
养老服务	Pension Service	109.1	109.4	109.4
金融保险	Finance and Insurance	100.0	100.0	100.0
金融服务	Financial Services	100.0	100.0	100.0
车辆保险	Vehicle Insurance	100.0	100.0	100.0
旅行保险	Travel Insurance	100.0	100.0	100.0
其他服务类	Other Service Classes	100.8	100.7	100.5
中介服务	Intermediary Service	101.5	101.4	101.0
其他服务	Other Services	100.0	100.0	100.0

Continued

(same month of preceding year=100)

4 月 April	5 月 May	6 月 June	7 月 July	8 月 August	9 月 September	10 月 October	11 月 November	12 月 December
100.9	100.9	100.9	100.9	100.9	100.9	100.9	102.5	102.5
100.4	100.4	100.4	100.4	100.4	100.4	100.4	103.1	103.0
101.7	101.7	101.7	101.7	101.7	101.7	101.7	101.7	101.7
100.5	100.5	100.5	100.5	100.5	100.5	100.5	100.5	100.5
100.5	100.5	100.5	100.5	100.5	100.5	100.5	100.5	100.5
100.5	100.5	100.5	100.5	100.5	100.5	100.5	100.5	100.5
100.5	100.5	100.5	100.5	100.5	100.5	100.5	100.5	100.5
101.5	101.5	101.5	101.5	101.5	101.5	101.5	103.9	103.9
101.9	**102.4**	**102.7**	**104.8**	**105.0**	**104.6**	**103.2**	**104.0**	**104.1**
101.7	102.5	103.4	107.8	108.4	107.5	105.2	106.9	105.8
101.3	104.1	105.8	114.1	114.9	113.3	109.0	112.5	110.0
106.6	109.7	112.1	123.0	122.7	120.8	115.5	119.6	115.0
100.0	100.0	100.2	100.8	101.0	100.5	100.7	101.0	101.2
92.2	97.0	98.9	110.5	114.3	111.5	104.5	110.8	110.4
99.9	100.0	99.7	99.6	99.5	99.5	99.5	99.5	99.5
102.1	100.6	100.5	100.5	101.0	100.8	100.8	100.7	101.1
104.5	99.9	100.3	100.3	100.3	100.2	100.3	100.3	100.6
101.4	101.4	100.8	100.5	100.6	100.2	100.1	100.0	100.6
98.6	99.6	100.0	100.9	103.8	104.2	104.1	104.0	104.4
102.2	102.2	102.2	102.1	102.1	102.1	101.5	101.4	102.5
100.5	101.0	100.7	100.8	100.8	101.2	102.4	102.5	101.9
100.3	100.6	100.5	100.7	100.7	101.1	102.2	102.3	101.9
100.8	101.8	101.0	100.9	101.0	101.4	102.7	102.9	102.0
103.8	103.5	103.6	103.5	103.4	103.2	103.1	102.8	102.7
103.7	103.7	104.1	104.0	104.0	103.3	103.3	103.1	102.9
104.6	104.0	103.9	103.7	103.5	103.6	103.6	103.4	103.2
101.7	101.5	101.5	101.5	101.5	101.5	101.5	100.5	100.6
109.4	109.4	109.1	109.1	108.6	108.7	100.6	101.0	111.9
100.0	100.0	100.0	100.0	100.0	100.0	100.0	100.0	100.0
100.0	100.0	100.0	100.0	100.0	100.0	100.0	100.0	100.0
100.0	100.0	100.0	100.0	100.0	100.0	100.0	100.0	100.0
100.0	100.0	100.0	100.0	100.0	100.0	100.0	100.0	100.0
100.5	100.6	100.6	100.6	100.6	100.4	101.3	101.0	101.0
101.0	101.2	101.1	101.1	101.1	100.9	102.5	101.9	101.9
100.0	100.0	100.0	100.0	100.0	100.0	100.0	100.0	100.0

5-4 居民消费价格分类指数
Consumer Price Indices by Category

(上年＝100) (preceding year=100)

指 标	Item	2016
居民消费价格总指数	**Consumer Price Index**	**102.2**
非食品烟酒价格指数	**Non-food tobacco and alcohol Price Index**	**101.4**
服务价格指数	**Items of Service Price Index**	**103.0**
工业品价格指数	**Industrial Product Pprice Index**	**99.7**
消费品价格指数	**Consumable Price Index**	**101.7**
扣除食品和能源价格指数	**Deduction Food and Energy Price Index**	**101.7**
扣除鲜菜鲜果总指数	**Deduction Fresh Vegetables Fresh Fruit General Index**	**101.9**
食品烟酒	**Food Tobacco and Alcohol**	**104.0**
食品	**Food**	**105.4**
粮食	Grain	100.7
薯类	Tubers	118.4
豆类	Beans	102.5
食用油	Cooking Oil	101.0
菜	Vegetables	115.1
畜肉类	Meal,Poultry and Processed Products	111.2
猪肉	Pork	116.4
牛肉	Beef	99.6
羊肉	Mutton	93.6
畜肉副产品	Animal By-products	111.9
禽肉类	Poultry	101.1
水产品	Aquatic Products	106.4
淡水鱼	Fish in Fresh Water	108.6
海水鱼	Fish in Sea Water	104.0
虾蟹类	Decapod Crustacean	101.7
蛋类	Eggs	97.6
奶类	Dairy	100.3
干鲜瓜果类	Dried and Fresh Melons and Fruits	98.1
糖果糕点类	Confectionery	100.4
调味品	Flavoring	103.2
其他食品类	Other Food Categories	101.4
茶及饮料	Tea and Beverages	100.1
烟酒	**Tobacco,Liquor**	**101.9**
烟草	Tobacco	103.1
酒类	Liquor	99.8
在外餐饮	Dining Out	101.1
衣着	**Clothing**	**102.3**
服装	Garments	102.0
男式服装	Men's Garment	101.6
女式服装	Women's dress	102.4
儿童服装	Children's Garment	101.8
服装材料	Clothing Material	102.7
其他衣着及配件	Other Clothing and Accessories	101.0
衣着加工服务费	Clothing Processing	111.4
鞋类	The footwear	102.4
鞋	Shoes	102.3
鞋类加工服务	Footwear Processing Service	103.3

5-4 续表 Continued

(上年＝100) (preceding year=100)

指 标	Item	2016
居住	**Residence**	**102.8**
租赁房房租	Tenancy	105.4
住房保养维修及管理	Housing Maintenance and Management	102.7
水电燃料	Water,Electricity and Fuels	98.0
自有住房	Self-owned House	104.9
生活用品及服务	**Daily Necessities and Services**	**100.4**
家具及室内装饰品	Furniture and Interior Decorations	100.9
家具	Furniture	100.9
室内装饰品	Interior Decorations	100.2
家用器具	Household Appliances	98.0
家用纺织品	Chines Patent drugs	100.2
家庭日用杂品	Household Groceries	100.9
个人护理用品	Personal Care Products	101.8
家庭服务	Household Service	105.3
交通和通信	**Transportation and Communication**	**97.2**
交通	Transportation	95.9
交通工具	Transportation Means	91.7
交通工具使用燃料	Fuel	95.3
交通工具使用及维修费	Vehicle Using and Maintenance Fee	101.1
交通费	Transportation Expenses	101.0
通信	Communication	99.3
通信工具	Communication Tools	97.4
通信服务	Communication Service	99.9
邮递服务	Monthly Renting Fee	100.1
教育文化和娱乐	**Education,Culture and Recreation**	**102.2**
教育	Education	103.5
教育用品	Education supplies	100.2
教育服务	Education Services	103.9
文化娱乐类	Cultural Entertainment	100.2
医疗保健	**Medicine**	**101.9**
药品及医疗器具	Medicines and medical devices	103.7
中药	Traditional Chinese Medicine	105.9
西药	Western Medicine	102.2
滋补保健品	Tonic and Healthy Goods	106.4
医疗卫生器具	Medical Appliance	100.2
保健器具	Healthy Appliance	101.1
医疗服务	Medical Servicest	100.8
综合医疗类	Integrated Medical Services	102.0
诊断类	Diagnosis of Class	99.5
治疗类	Treatment of Class	101.2
康复类	Rehabilitation Class	100.5
中医医疗服务类	TCM Medical Services	100.5
其他医疗服务	Other Medical Services	101.9
其他用品和服务	**Other Supplies and Services**	**102.8**
其他用品类	Other Supplies	103.6
其他服务类	Other Service Classes	102.1

5-5 主要城市居民消费价格总指数(1985-2016年)
Major Urban Consumer Price Index(1985-2016)

(上年＝100) (preceding year=100)

年 份 Year	武汉市 Wuhan	黄石市 Huangshi	十堰市 Shiyan	宜昌市 Yichang	襄阳市 Xiangyang	孝感市 Xiaogan	荆州市 Jingzhou	咸宁市 Xianning
1985	111.1	111.3	114.1	110.7	108.7	109.7	112.6	
1986	106.2	106.1	103.4	109.1	106.8	107.9	104.7	
1987	108.2	108.2	106.4	107.5	107.7	111.3	109.9	
1988	120.5	122.2	120.0	126.8	119.7	116.9	120.7	
1989	113.4	117.4	112.3	116.1	113.3	114.9	113.9	113.9
1990	103.0	102.6	107.1	104.1	103.9	102.5	104.4	103.4
1991	107.3	107.8	109.5	107.0	107.4	105.0	105.0	107.4
1992	111.4	111.8	108.2	110.8	111.8	110.5	107.4	110.3
1993	119.8	120.5	119.9	121.8	117.3	111.3	119.8	120.0
1994	126.3	125.9	128.1	136.6	124.8	122.0	127.2	125.6
1995	118.4	120.0	119.8	124.1	118.6	115.5	117.4	122.1
1996	112.2	108.0	110.0	109.6	110.4	108.3	107.3	108.8
1997	103.1	101.0	102.9	101.5	104.4	102.3	99.2	101.5
1998	97.4	97.1	98.4	100.8	97.8	99.2	99.2	98.0
1999	96.1	94.7	97.7	101.5	97.8	97.5	98.0	99.8
2000	100.6	96.9	98.8	101.3	99.8	99.0	100.6	98.6

5-5 续表 continued

(上年＝100) (preceding year=100)

年 份 Year	武汉市 Wuhan	黄石市 Huangshi	十堰市 Shiyan	宜昌市 Yichang	襄阳市 Xiangyang	孝感市 Xiaogan	荆州市 Jingzhou	咸宁市 Xianning
2001	99.5	98.3	98.8	99.5	99.1	99.1	99.8	99.5
2002	98.6	100.8	98.3	101.2	100.0	99.2	99.8	100.0
2003	102.3	101.4	101.6	104.5	102.5	101.9	102.1	101.3
2004	103.3	104.1	103.6	104.0	104.4	105.0	104.2	106.0
2005	102.7	101.9	102.1	102.4	101.9	101.9	101.5	102.0
2006	101.4	101.3	101.4	101.2	101.3	102.8	102.0	103.2
2007	104.1	104.8	105.8	106.4	105.1	104.7	105.3	106.4
2008	105.7	106.8	106.3	105.1	105.2	106.9	106.4	108.4
2009	99.4	99.5	100.8	100.1	98.7	99.2	98.8	99.3
2010	103.0	102.2	102.7	103.1	102.1	103.2	102.4	103.1
2011	105.2	105.3	106.0	106.8	105.8	105.6	105.3	105.7
2012	102.8	103.1	102.4	103.4	102.8	103.1	102.7	102.8
2013	102.4	102.5	103.4	103.3	102.9	103.1	103.1	102.8
2014	101.9	102.2	101.5	102.2	101.5	102.0	102.1	101.8
2015	101.4	101.6	101.4	101.5	102.0	101.3	101.5	101.4
2016	102.4	102.1	101.9	102.3	102.2	102.2	101.8	101.7

5-6 主要城市居民消费价格分类指数(2016年)

Major Urban Consumer Price Indices by Category(2016)

(上年＝100) (preceding year=100)

指　　标	Item	武汉市 Wuhan	黄石市 Huangshi	十堰市 Shiyan	宜昌市 Yichang
居民消费价格总指数	**Consumer Price Index**	**102.4**	**102.1**	**101.9**	**102.3**
非食品烟酒价格指数	**Non-food tobacco and alcohol Price Index**	**101.6**	**101.9**	**101.3**	**101.5**
服务价格指数	**Items of Service Price Index**	**102.7**	**105.6**	**103.0**	**104.2**
工业品价格指数	**Industrial Product Pprice Index**	**100.4**	**98.1**	**99.7**	**98.8**
消费品价格指数	**Consumable Price Index**	**102.2**	**100.1**	**101.3**	**101.3**
扣除食品和能源价格指数	**Deduction Food and Energy Price Index**	**101.8**	**102.6**	**101.6**	**101.7**
扣除鲜菜鲜果总指数	**Deduction Fresh Vegetables Fresh Fruit General Index**	**102.0**	**102.1**	**101.5**	**102.1**
食品烟酒	**Food Tobacco and Alcohol**	**104.3**	**102.5**	**103.1**	**104.1**
食品	**Food**	**106.2**	**103.5**	**104.5**	**106.4**
粮食	Grain	100.0	101.0	100.6	100.0
薯类	Tubers	115.8	107.1	101.6	131.2
豆类	Beans	100.8	100.0	101.5	100.7
食用油	Cooking Oil	103.4	100.8	100.7	100.1
菜	Vegetables	119.6	109.5	117.5	110.8
畜肉类	Meal,Poultry and Processed Products	111.5	112.4	111.1	113.1
禽肉类	Poultry	99.8	100.0	101.0	106.8
水产品	Aquatic Products	107.6	102.6	99.8	111.7
蛋类	Eggs	97.3	90.7	90.3	100.5
奶类	Dairy	100.2	99.2	99.8	99.0
干鲜瓜果类	Dried and Fresh Melons and Fruits	98.2	92.9	100.5	97.4
糖果糕点类	Confectionery	100.7	103.2	99.0	99.9
调味品	Flavoring	104.7	101.4	101.1	102.1
其他食品类	Other Food Categories	101.2	98.7	95.3	109.0
茶及饮料	Tea and Beverages	100.3	101.0	98.6	100.7
烟酒	**Tobacco,Liquor**	**102.7**	**101.4**	**101.7**	**100.5**
烟草	Tobacco	104.2	101.9	102.3	101.9
酒类	Liquor	100.2	100.3	100.7	98.0
在外餐饮	Dining Out	100.3	100.4	100.4	99.9
衣着	**Clothing**	**102.2**	**101.9**	**101.7**	**102.1**
服装	Garments	101.1	101.8	101.9	103.1
男式服装	Men's Garment	100.3	101.9	101.6	101.6
女式服装	Women's dress	101.4	101.9	102.8	104.2
儿童服装	Children's Garment	102.4	101.1	98.8	102.6
服装材料	Clothing Material	104.8	104.4	103.4	100.0
其他衣着及配件	Other Clothing and Accessories	101.0	101.7	97.9	101.9
衣着加工服务费	Clothing Processing	113.0	107.5	100.0	120.3
鞋类	The footwear	104.3	101.3	101.9	97.2
居住	**Residence**	**103.3**	**103.4**	**101.9**	**103.5**
租赁房房租	Tenancy	104.3	107.9	102.7	107.1
住房保养维修及管理	Housing Maintenance and Management	105.7	104.0	100.8	103.6
水电燃料	Water,Electricity and Fuels	99.1	91.9	98.4	97.5
自有住房	Self-owned House	104.7	108.3	103.7	105.7
生活用品及服务	**Daily Necessities and Services**	**100.8**	**99.0**	**100.1**	**98.6**
家具及室内装饰品	Furniture and Interior Decorations	103.9	92.8	98.6	89.2
家具	Furniture	104.2	92.0	98.4	88.1
室内装饰品	Interior Decorations	101.2	98.4	100.0	96.9

5-6 续表 1 Continued

(上年＝100) (preceding year=100)

指 标	Item	武汉市 Wuhan	黄石市 Huangshi	十堰市 Shiyan	宜昌市 Yichang
家用器具	Household Appliances	95.5	98.1	98.7	97.2
家用纺织品	Chines Patent drugs	100.1	100.0	99.7	101.8
家庭日用杂品	Household Groceries ·	102.0	99.8	99.4	101.7
个人护理用品	Personal Care Products	103.1	101.7	103.5	100.5
家庭服务	Household Service	105.0	108.0	104.0	104.3
交通和通信	**Transportation and Communication**	**97.9**	**100.2**	**98.7**	**96.9**
交通	Transportation	96.8	100.4	96.2	96.1
交通工具	Transportation Means	94.9	92.1	93.2	91.7
交通工具使用燃料	Fuel	95.0	95.5	95.5	95.2
交通工具使用及维修费	Vehicle Using and Maintenance Fee	100.1	100.0	100.9	101.5
交通费	Bicycle	99.7	119.7	99.4	101.2
通信	Communication	99.5	99.8	103.0	97.9
通信工具	Communication Tools	97.7	98.8	99.2	99.6
通信服务	Communication Service	100.0	100.0	104.7	97.1
教育文化和娱乐	**Education,Culture and Recreation**	**101.5**	**102.7**	**103.6**	**104.0**
教育	Education	102.6	104.8	105.2	108.8
教育用品	Education supplies	99.5	100.0	100.3	100.9
教育服务	Education Services	103.0	105.4	105.7	109.7
文化娱乐类	Cultural Entertainment	99.8	100.0	101.4	97.8
文娱耐用消费品	Durable Consumer Goods for Recreational	96.4	98.9	101.3	97.2
其他文娱用品	Other Entertainment Products	102.4	100.8	101.1	102.3
文化娱乐服务	Cultural and Recreational Services	100.6	100.7	100.0	99.1
旅游	Tourism	100.2	100.0	102.3	95.3
医疗保健	**Medicine**	**101.9**	**101.2**	**100.8**	**100.5**
药品及医疗器具	Medicines and medical devices	104.5	103.0	101.8	101.1
中药	Traditional Chinese Medicine	108.1	104.8	99.6	102.7
西药	Western Medicine	101.6	102.2	103.4	100.4
滋补保健品	Tonic and Healthy Goods	110.0	104.5	100.0	101.5
医疗卫生器具	Medical Appliance	100.0	102.0	101.1	100.0
保健器具	Healthy Appliance	100.0	100.0	103.2	100.0
医疗服务	Medical Servicest	100.0	100.0	100.0	100.0
综合医疗类	Integrated Medical Services	100.0	100.0	100.0	100.0
诊断类	Diagnosis of Class	100.0	100.0	100.0	100.0
治疗类	Treatment of Class	100.0	100.0	100.0	100.0
康复类	Rehabilitation Class	100.0	100.0	100.0	100.0
中医医疗服务类	TCM Medical Services	100.0	100.0	100.0	100.0
其他医疗服务	Other Medical Services	100.0	100.0	100.0	100.0
其他用品和服务	**Other Supplies and Services**	**102.9**	**103.4**	**102.9**	**104.3**
其他用品类	Other Supplies	104.0	99.6	104.1	102.8
首饰手表	Jewelry Watches	105.0	98.6	107.3	104.6
其他杂项用品	Other Miscellaneous Goods	102.4	101.0	98.9	100.3
其他服务类	Other Service Classes	102.0	106.8	101.7	105.6
旅馆住宿	The Hotel Accommodation	100.1	100.0	100.2	100.8
美容美发洗浴	Making-up Hair Salon Bathing	100.6	121.0	105.8	119.2
养老服务	Pension Service	115.3	100.0	100.0	100.0
金融保险	Finance and Insurance	100.0	100.0	100.0	100.0
其他服务类	Other Service Classes	100.0	110.8	100.0	100.6

5-6 续表 2 Continued

(上年＝100) (preceding year=100)

指标	Item	襄阳市 Xiangyang	孝感市 Xiaogan	荆州市 Jingzhou	咸宁市 Xianning
居民消费价格总指数	**Consumer Price Index**	**102.2**	**102.2**	**101.8**	**101.7**
非食品烟酒价格指数	**Non-food tobacco and alcohol Price Index**	**101.9**	**100.9**	**101.0**	**100.8**
服务价格指数	**Items of Service Price Index**	**103.6**	**101.4**	**102.2**	**102.7**
工业品价格指数	**Industrial Product Pprice Index**	**100.2**	**100.5**	**99.9**	**99.0**
消费品价格指数	**Consumable Price Index**	**101.5**	**102.7**	**101.7**	**101.2**
扣除食品和能源价格指数	**Deduction Food and Energy Price Index**	**102.2**	**101.3**	**101.2**	**101.9**
扣除鲜菜鲜果总指数	**Deduction Fresh Vegetables Fresh Fruit General Index**	**102.2**	**102.0**	**101.5**	**101.6**
食品烟酒	**Food Tobacco and Alcohol**	**102.9**	**105.2**	**103.8**	**103.8**
食品	**Food**	**104.1**	**107.0**	**105.6**	**103.4**
粮食	Grain	102.3	97.2	101.0	99.7
薯类	Tubers	112.6	113.2	123.8	111.1
豆类	Beans	100.4	100.8	105.2	100.9
食用油	Cooking Oil	100.9	101.5	100.2	103.2
菜	Vegetables	108.6	114.9	114.6	112.6
畜肉类	Meal,Poultry and Processed Products	112.3	113.6	108.6	108.2
禽肉类	Poultry	99.7	108.6	100.2	100.1
水产品	Aquatic Products	102.8	118.2	112.1	106.3
蛋类	Eggs	99.1	98.9	92.8	97.2
奶类	Dairy	99.1	102.3	99.3	99.4
干鲜瓜果类	Dried and Fresh Melons and Fruits	92.8	97.6	100.6	91.6
糖果糕点类	Confectionery	100.4	100.7	99.6	101.6
调味品	Flavoring	108.2	99.8	101.1	99.2
其他食品类	Other Food Categories	102.8	99.0	103.7	98.2
茶及饮料	Tea and Beverages	104.1	101.4	101.3	101.0
烟酒	**Tobacco,Liquor**	**101.1**	**103.2**	**101.6**	**102.2**
烟草	Tobacco	101.3	104.4	102.6	103.4
酒类	Liquor	100.9	101.2	100.0	100.1
在外餐饮	Dining Out	100.3	101.6	100.0	105.4
衣着	**Clothing**	**103.6**	**104.0**	**100.5**	**101.3**
服装	Garments	102.9	106.0	100.6	101.6
男式服装	Men's Garment	101.2	105.6	101.2	101.4
女式服装	Women's dress	104.6	106.7	100.3	101.5
儿童服装	Children's Garment	101.0	104.3	100.5	102.0
服装材料	Clothing Material	100.0	100.0	100.0	99.5
其他衣着及配件	Other Clothing and Accessories	100.3	100.0	99.4	105.2
衣着加工服务费	Clothing Processing	97.4	100.5	104.3	110.9
鞋类	The footwear	107.5	98.7	100.1	99.3
居住	**Residence**	**103.7**	**101.2**	**101.8**	**99.2**
租赁房房租	Tenancy	105.9	104.5	107.9	101.0
住房保养维修及管理	Housing Maintenance and Management	100.2	102.1	100.7	100.6
水电燃料	Water,Electricity and Fuels	98.2	99.2	98.6	95.5
自有住房	Self-owned House	107.1	101.3	102.7	100.7
生活用品及服务	**Daily Necessities and Services**	**100.3**	**101.3**	**101.8**	**99.2**
家具及室内装饰品	Furniture and Interior Decorations	101.8	102.4	99.4	99.4
家具	Furniture	102.1	102.7	99.4	99.7
室内装饰品	Interior Decorations	100.3	99.8	99.8	96.5

5-6 续表 3 Continued

(上年＝100) (preceding year=100)

指　标	Item	襄阳市 Xiangyang	孝感市 Xiaogan	荆州市 Jingzhou	咸宁市 Xianning
家用器具	Household Appliances	99.8	99.4	99.9	99.9
家用纺织品	Chines Patent drugs	100.9	103.6	100.0	94.9
家庭日用杂品	Household Groceries	99.7	100.8	101.2	98.9
个人护理用品	Personal Care Products	99.3	100.6	101.4	99.6
家庭服务	Household Service	102.6	107.1	120.7	101.6
交通和通信	**Transportation and Communication**	**96.9**	**97.4**	**97.9**	**99.6**
交通	Transportation	95.8	95.7	96.8	99.0
交通工具	Transportation Means	92.7	92.4	94.7	93.6
交通工具使用燃料	Fuel	96.1	95.6	95.4	95.2
交通工具使用及维修费	Vehicle Using and Maintenance Fee	100.5	100.2	100.0	106.4
交通费	Bicycle	98.8	99.6	100.3	105.9
通信	Communication	98.6	100.0	99.5	100.3
通信工具	Communication Tools	95.0	100.0	98.5	97.0
通信服务	Communication Service	100.0	100.0	99.8	100.5
教育文化和娱乐	**Education,Culture and Recreation**	**102.0**	**101.7**	**101.9**	**103.9**
教育	Education	102.0	102.1	104.6	105.7
教育用品	Education supplies	99.2	100.0	100.0	101.1
教育服务	Education Services	102.3	102.4	105.0	106.2
文化娱乐类	Cultural Entertainment	102.0	101.2	98.3	101.6
文娱耐用消费品	Durable Consumer Goods for Recreational	99.0	100.1	99.7	98.8
其他文娱用品	Other Entertainment Products	101.7	100.8	101.2	100.5
文化娱乐服务	Cultural and Recreational Services	102.0	100.0	100.7	106.2
旅游	Tourism	103.6	102.7	95.2	100.0
医疗保健	**Medicine**	**103.6**	**100.0**	**101.2**	**102.2**
药品及医疗器具	Medicines and medical devices	103.9	100.0	102.8	105.2
中药	Traditional Chinese Medicine	110.9	100.0	103.8	107.0
西药	Western Medicine	102.5	100.0	103.4	104.3
滋补保健品	Tonic and Healthy Goods	100.0	100.0	100.8	107.5
医疗卫生器具	Medical Appliance	98.7	100.0	100.0	100.3
保健器具	Healthy Appliance	100.0	100.0	100.4	100.0
医疗服务	Medical Servicest	103.3	100.0	100.0	100.0
综合医疗类	Integrated Medical Services	106.8	100.0	100.0	100.0
诊断类	Diagnosis of Class	99.6	100.0	100.0	100.0
治疗类	Treatment of Class	104.6	100.0	100.0	100.0
康复类	Rehabilitation Class	100.0	100.0	100.0	100.0
中医医疗服务类	TCM Medical Services	100.0	100.0	100.0	100.0
其他医疗服务	Other Medical Services	107.5	100.0	100.0	100.0
其他用品和服务	**Other Supplies and Services**	**102.9**	**102.7**	**104.1**	**103.4**
其他用品类	Other Supplies	104.2	104.3	108.3	102.3
首饰手表	Jewelry Watches	106.7	106.3	113.8	106.2
其他杂项用品	Other Miscellaneous Goods	100.2	101.6	100.1	97.3
其他服务类	Other Service Classes	101.7	101.3	100.5	104.2
旅馆住宿	The Hotel Accommodation	105.9	100.0	99.7	109.9
美容美发洗浴	Making-up Hair Salon Bathing	101.9	101.5	102.0	105.8
养老服务	Pension Service	100.0	104.3	100.0	102.0
金融保险	Finance and Insurance	100.0	100.0	100.0	100.0
其他服务类	Other Service Classes	100.0	103.0	100.0	100.0

5-7 商品零售价格分类指数(2016年)
Retail Price Indices by Category(2016)

(上年＝100) (preceding year=100)

指　标	Item	全 省 Provice	城 市 Urban Areas	农 村 Rural Areas
商品零售价格总指数	**Retail General Price Index**	**100.8**	**100.7**	**100.9**
食品	**Food**	**104.7**	**104.7**	**105.1**
粮食	Grain	100.5	100.3	101.0
大米	Rice	100.4	100.2	101.1
面粉	Flour	101.4	101.9	100.4
粮食制品	Grain Products	100.3	100.2	100.8
薯类	Tubers	118.4	116.9	122.0
豆类	Beans	101.9	101.2	104.9
干豆	Dried Beans	101.6	101.3	102.6
豆制品	Bean Products	101.9	101.2	105.1
食用油	Cooking Oil	100.8	100.7	101.4
食用植物油	Oil of Plant	100.2	100.3	100.2
植物油制品	Vegetable Oil Processed Products	118.2	119.7	116.1
菜	Vegetables	114.9	115.3	112.7
鲜菜	Fresh Vegetables	116.1	116.5	113.6
干菜及菜制品	Dried Vegetables and Vegetable Products	102.5	102.2	104.2
畜肉类	Meal,Poultry and Processed Products	111.4	111.6	110.5
猪肉	Pork	116.9	117.4	114.8
牛肉	Beef	99.3	99.2	100.1
羊肉	Mutton	93.6	93.5	93.9
畜肉副产品	Animal By-products	112.5	113.2	109.9
禽肉类	Poultry	101.4	101.5	101.2
鸡	Chicken	100.5	100.5	100.1
鸭	Duck	101.3	100.8	104.3
水产品	Aquatic Products	105.8	106.3	102.9
淡水鱼	Fish in Fresh Water	109.0	110.2	102.8
海水鱼	Fish in Sea Water	104.4	104.6	103.2
虾蟹类	Decapod Crustacean	100.8	100.7	104.6
蛋类	Eggs	96.6	96.1	99.0
鸡蛋	Eggs	96.2	95.5	99.1
其他蛋及制品	Other Eggs and Products	100.7	101.2	98.3
奶类	Dairy	100.2	100.3	99.3
鲜奶	Fresh Milk	98.8	98.5	101.1
酸奶	Sour Milk	99.9	99.9	100.0
奶粉	Milk Powder	101.3	101.8	98.7
干鲜瓜果类	Dried and Fresh Melons and Fruits	97.5	96.9	101.3
鲜瓜果	Fresh Fruits	97.1	96.5	101.1
坚果	Nuts	99.0	98.5	102.1
瓜果制品	Melon and Fruit Products	98.0	97.6	100.9

5-7 续表 1 Continued

(上年＝100) (preceding year=100)

指　　标	Item	全　省 Provice	城　市 Urban Areas	农　村 Rural Areas
糖果糕点类	Confectionery	100.2	100.2	100.2
食糖	Sugar	100.8	101.4	99.2
糖果	Candy	101.2	101.3	101.0
糕点	Pastry	100.1	100.1	99.6
调味品	Flavoring	102.8	103.2	101.4
食用盐	Salt	104.0	103.6	105.3
酱油	Soy Sauce	104.4	105.5	99.4
食醋	Vinegar	102.7	103.0	100.2
调味酱	Bechamel	100.7	101.0	99.7
味精	Monosodium Glutamate	100.6	101.4	97.0
其他食品类	Other Food Categories	101.4	101.5	100.9
方便食品	Convenience Foods	102.2	102.4	101.5
淀粉及制品	Starch and Products	102.1	102.2	101.3
膨化食品	Puffed Food	99.9	99.9	99.8
在外餐饮	Dining Out	101.0	100.6	103.7
正餐	Dinner	101.7	101.4	103.5
快餐	Fast Food	99.7	99.2	103.1
地方小吃	Local Snacks	103.0	102.4	107.1
饮料、烟酒	**Beverages, Tobacco and Liquor**	**101.3**	**101.4**	**100.6**
茶及饮料	Tea and Beverages	100.6	100.8	98.4
茶叶	Tea	100.4	100.5	99.9
固体咖啡	Solid Coffee	101.4	101.3	102.4
饮用水	Drinking Water	100.5	100.4	101.9
果汁饮料	Fruit Juice Beverages	102.3	102.4	100.1
烟草	Tobacco	103.0	103.1	102.5
酒类	Liquor	100.0	100.1	99.5
白酒	Liquer	100.0	100.3	98.7
葡萄酒	Wine	100.5	100.5	100.6
啤酒	Beer	99.5	99.0	101.1
服装、鞋帽	**Garments, Shoes and Hats**	**101.9**	**101.9**	**101.9**
服装	Garments	102.1	102.0	102.5
男式服装	Men's Garment	101.5	101.1	103.6
男士西服	Men's Suits	102.5	102.6	101.9
男士冬衣	Men's Clothes	102.4	102.1	104.0
男士夹克衫	Men's Jacket	103.1	102.7	105.1
男士毛线衣	Men's Knitted Woolen Clothes	104.3	103.3	108.7
男士运动装	Men's Sport Clothing	102.2	102.0	103.2
男士衬衫T恤	Men's Shirt T-shirts	99.1	98.2	102.6
男士裤子	Men's Trousers	100.3	99.4	105.6
男士内衣	Men's Underwear	99.6	100.3	96.9

5-7 续表 2 Continued

(上年=100) (preceding year=100)

指 标	Item	全 省 Provice	城 市 Urban Areas	农 村 Rural Areas
女式服装	Women's dress	102.5	102.5	102.4
女式外套	Women's Overcoat	102.0	102.1	101.2
女士冬衣	Women's Clothes	102.5	102.8	101.0
女士毛线衣	Women's Knitted Woolen Clothes	104.0	104.7	100.2
女士运动装	Women's Sports Wear	102.1	101.7	104.3
女士衬衫T恤	Women's Shirt T-shirts	102.5	102.4	102.8
女士裤子	Women's Trousers	104.3	103.3	109.4
女士裙子	Skirt	102.9	103.0	102.2
女士内衣	Women's Underwear	99.3	99.5	98.4
儿童服装	Children's Garment	101.6	101.8	100.7
婴幼服装	Infants clothing	101.3	101.7	99.1
儿童上衣	Children's Suits	102.7	103.3	99.9
儿童裤子	Children's Trousers	100.8	100.3	103.3
儿童裙子	Children's Skirt	100.2	100.3	100.0
鞋袜帽	Footwear,Socks and Hats	101.5	101.8	100.1
鞋	Shoes	101.7	102.0	99.8
男鞋	Men's Shoes	102.1	102.6	99.6
女鞋	Women's Shoes	101.4	101.6	99.7
童鞋	Children's Shoes	101.7	102.2	100.1
袜子	Socks and Stockings	101.1	100.9	102.0
帽子	Hats	99.6	99.6	99.4
其他衣着配件	Other Clothing and Accessories	101.5	101.6	100.4
纺织品	**Textiles**	**101.1**	**101.0**	**101.3**
服装材料	Clothing Material	102.3	102.6	101.1
床上用品	Bed Articles	100.4	100.2	101.3
被子	Quilts	100.6	100.5	101.1
床单被套	Bed Sets	99.9	99.9	100.2
家用电器及音像器材	**Household Appliances, Music and Video Equipment**	**98.0**	**97.7**	**99.3**
家庭设备	Household Facilities	97.8	97.4	99.4
洗衣机	Washing Machine	98.5	98.3	99.1
电冰箱(柜)	Refrigerator	98.0	97.9	98.6
吸排油烟机	Smoke Exhauster	97.0	96.2	99.8
空调器	Air Conditioner	95.9	94.8	99.7
热水器	Shower Heater	99.0	99.0	99.0
炉具灶具	Cooking Stove	96.7	96.4	100.2
微波炉	Microwave Oven	99.3	99.2	100.1
厨房小家电	Kitchen Appliances	99.0	98.9	100.2
生活小家电	Household appliance	99.9	99.8	100.0

5-7 续表 3 Continued

(上年＝100) (preceding year=100)

指　　标	Item	全　省 Provice	城　市 Urban Areas	农　村 Rural Areas
文娱用耐用消费品	Durable Consumer Goods for Recreational	97.8	97.6	99.1
电视机	Television	96.3	95.7	98.9
照相机	Camera	100.4	100.6	98.9
音响	Audio	98.4	98.3	99.4
专业音像器材	Audiovisual Equipment	99.9	99.9	99.7
专业音响器材	Professional Audio Equipment	100.3	100.5	99.4
专业声像器材	Professional Audio-visual Equipment	99.3	99.2	100.0
文化办公用品	**Cultural and Office Goods**	**99.7**	**99.7**	**99.1**
纸张文具	Paper Stationery	102.8	103.6	98.9
台式计算机	Desktop Computer	98.4	98.4	98.8
笔记本平板	Portable Computer	98.7	98.8	98.0
电脑附件	Computer Accessories	100.0	100.0	100.7
打印复印机	Printer Copier	99.2	99.0	100.4
教学设备	Teaching Equipment	98.9	98.8	100.0
日用品	**Articles for Daily Use**	**100.7**	**100.9**	**100.2**
日用百货	General Merchandise for Daily Use	100.1	100.2	99.7
电动自行车	Electric Bicycle	99.8	100.0	99.2
自行车	Bicycle	99.9	100.1	99.1
雨具	Rain Gear	100.1	100.1	100.4
护理器具	Care Tools	99.8	99.6	100.6
清洁用纸	Cleaninng Paper	100.8	101.2	99.6
化妆器具	Makeup Tools	100.6	100.2	102.5
厨具餐具茶具	Kitchenware Cooking-set Tea-set	100.5	100.7	99.4
厨具	Kitchenware	100.7	100.7	100.7
餐具	Cooking-set	100.5	100.8	97.9
茶具	Tea-set	100.4	100.5	99.6
清洗用品	Wash Articles	101.7	101.9	101.1
其他日用品	Other Daily Necessities	100.6	100.7	100.2
灯具	Lamp	99.5	99.3	100.4
箱包	Luggage and Bags	101.3	101.7	99.1
母婴用品	Maternal and Child Supplies	100.3	100.2	100.5
眼镜	Glasses	101.1	101.0	101.3
其他护理用品	Other Nursing Supplies	100.9	100.7	101.8
其他日用杂品	Other Daily Groceries	100.8	101.4	99.1
体育娱乐用品	**Sports and Recreation Articles**	**101.5**	**101.7**	**100.8**
体育户外用品	Sports Outdoor Goods	102.9	103.2	101.3
娱乐用品	Amusement articles	100.5	100.5	100.3
乐器	Musical Instrument	99.7	99.8	98.7
游戏用品和玩具	Game Supplies and Toys	100.3	100.3	100.7
园艺花卉及用品	Gardening Flowers and Articles	101.7	102.4	100.1
宠物及用品	Pets and Supplies	100.6	100.7	100.5

5-7 续表 4 Continued

(上年＝100) (preceding year=100)

指 标	Item	全 省 Provice	城 市 Urban Areas	农 村 Rural Areas
交通、通信用品	**Transportation and Communication Appliances**	**95.3**	**95.3**	**95.2**
交通运输机械	Machinery of Communications and Transportation	93.5	93.6	93.1
小型汽车	Compact Car	88.6	88.6	88.6
大中型客车	Llarge and Medium Passenger Vehicle	99.8	99.8	99.8
交通工具零配件	Vehicle Spare Parts	100.1	100.1	100.0
通信器材	Apparatus of Communication	97.9	97.8	98.5
固定电话机	Stationary Telephone	100.0	100.2	98.6
移动电话机	Mobile Telephone	97.5	97.4	98.4
家具	**Furniture**	**100.6**	**100.8**	**99.6**
柜	Cupboard	99.6	99.7	99.3
床	Beds	100.8	101.1	99.4
桌	Desks	101.0	101.3	99.8
椅	Chairs	102.0	102.3	100.5
沙发	Sofas	100.9	101.1	99.6
化妆品	**Cosmetic Products**	**102.0**	**102.2**	**100.9**
清洁化妆品	Cleaning Cosmetics	102.0	102.1	100.9
护肤化妆品	Skin Care Cosmetics	101.0	100.9	101.1
彩妆化妆品	Make-up Cosmetics	103.6	103.9	99.8
清洁类护理用品	Cleaning supplies	103.7	104.1	101.3
护发美发用品	Hair Care Products	100.7	100.8	100.3
金银饰品	**Jewel of Gold and Silver**	**107.3**	**107.9**	**102.6**
金饰品	Gold Ornaments	112.4	113.0	108.3
银饰品	Silver Ornaments	100.0	99.8	101.0
铂金饰品	Platinum Ornaments	101.1	102.2	93.0
中西药品及医疗保健用品	**Traditional Chinese and Western Medicines and Health**	**103.4**	**103.5**	**103.1**
医疗卫生器具	Medical Appliance	100.5	100.3	101.1
中药	Traditional Chinese Medicine	105.8	106.4	103.2
中药材	Chines Herbal Material	102.2	102.1	102.4
中成药	Chines Patent drugs	107.6	108.4	103.7
西药	Western Medicine	102.0	101.8	103.2
抗微生物药	Antimicrobial Agents	100.1	99.9	101.1
消化系统用药	Digestive System	100.2	99.2	105.6
呼吸系统用药	Respiratory System	104.2	104.1	104.3
解热镇痛药	Antipyretic Analgesics	104.3	104.8	101.4
抗肿瘤药	Antineoplastic Agents	100.4	100.4	100.4
激素及影响内分泌药	Hormones and Endocrine Agents	107.5	109.3	103.0
心血管系统用药	Cardiovascular System	102.5	101.7	108.0
血液系统用药	Blood System Medication	102.8	103.2	100.8
治疗精神障碍药	Drugs For The Treatment of Mental Disorders	101.0	101.0	101.0

5-7 续表 5 Continued

(上年＝100) (preceding year=100)

指 标	Item	全 省 Provice	城 市 Urban Areas	农 村 Rural Areas
神经系统用药	Drugs For Nervous System	100.8	100.1	104.5
消毒防腐及创伤外科用药	Disinfectant and Preservative and Trauma Surgery Medicine	101.9	102.2	100.7
泌尿系统用药	Urinary System Drugs	103.4	103.1	104.2
维生素、矿物质类药	Vitamin	108.4	109.1	105.7
调节水、电解质及酸碱平衡药	Adjust Water, Electrolyte and Acid-base Balance	99.1	98.5	101.6
保健器具及用品	Healthy Appliances and Articles	103.4	103.4	103.2
保健器具	Healthy Appliance	100.6	100.4	101.6
滋补保健用品	Tonic and Healthy Goods	104.5	104.6	104.0
书报杂志及电子出版物	**Books, Newspapers, Magazines and Electronic Publications**	**99.5**	**99.2**	**101.4**
教材及参考书	Texts and Reference Books	100.0	99.9	101.1
工具书	Reference Book	100.0	100.0	100.0
教材	Text-book	100.3	100.1	101.4
参考资料	The Resources	100.0	99.7	102.2
书报杂志	Newspapers and Magazines	101.9	101.9	101.6
计算机办公软件	Computer Office Software	93.4	92.0	102.0
燃料	**Fuels**	**96.4**	**96.5**	**96.2**
煤炭及制品	Coal and Its Products	97.4	97.2	98.2
原煤	Coal	90.0	90.0	90.0
煤制品	Coal Products	100.0	99.9	100.1
石油及制品	Oil and Its Products	96.3	96.4	95.6
管道燃气	Pipeline Gas	101.1	101.3	100.2
液化石油气	Liquified Petroleum Gas	93.7	93.9	92.6
汽油	Gasoline	95.4	95.4	95.5
柴油	Kerosene	94.3	94.3	94.6
建筑材料及五金电料	**Building Materials and Hardware**	**101.3**	**101.5**	**100.3**
建筑装璜材料	Building Decoration Materials	101.4	101.7	100.2
木地板	Wood Floor	104.7	105.3	101.5
瓷砖	Ceramic Tile	99.5	99.1	101.1
水泥	Cement	99.4	100.2	97.6
涂料	Paint	101.8	102.4	99.3
板材	Board	105.0	105.7	101.0
管材	Pipe	101.5	101.7	100.7
厨卫设备	Kitchen Equipment	98.9	98.8	99.4
门窗	Doors and Windows	99.3	98.8	100.8
五金水暖	Hardware Plumbing	100.9	100.9	100.8
家用手工工具	Hand tools for household use	100.4	100.3	100.9
配电附件	The power distribution in attachment	101.4	101.8	99.5
水暖器材	Plumbing Equipment	100.6	100.4	102.1

5-8 商品零售价格分类指数
Retail Price Indices by Category

(上年＝100) (preceding year=100)

指 标	Item	2016
商品零售价格总指数	**Retail General Price Index**	**100.8**
食品	**Food**	**104.7**
粮食	Grain	100.5
薯类	Tubers	118.4
豆类	Beans	101.9
食用油	Cooking Oil	100.8
菜	Vegetables	114.9
畜肉类	Meal,Poultry and Processed Products	111.4
猪肉	Pork	116.9
牛肉	Beef	99.3
羊肉	Mutton	93.6
畜肉副产品	Animal By-products	112.5
禽肉类	Poultry	101.4
水产品	Aquatic Products	105.8
淡水鱼	Fish in Fresh Water	109.0
海水鱼	Fish in Sea Water	104.4
虾蟹类	Decapod Crustacean	100.8
蛋类	Eggs	96.6
奶类	Dairy	100.2
干鲜瓜果类	Dried and Fresh Melons and Fruits	97.5
糖果糕点类	Confectionery	100.2
调味品	Flavoring	102.8
其他食品类	Other Food Categories	101.4
在外餐饮	Dining Out	101.0
饮料、烟酒	**Beverages, Tobacco and Liquor**	**101.3**
茶及饮料	Tea and Beverages	100.6
茶叶	Tea	100.4
固体咖啡	Solid Coffee	101.4
饮用水	Drinking Water	100.5
果汁饮料	Fruit Juice Beverages	102.3
烟草	Tobacco	103.0
酒类	Liquor	100.0
服装、鞋帽	**Garments, Shoes and Hats**	**101.9**
服装	Garments	102.1
男式服装	Men's Garment	101.5
女式服装	Women's dress	102.5
儿童服装	Children's Garment	101.6
鞋袜帽	Footwear,Socks and Hats	101.5
鞋	Shoes	101.7
袜子	Socks and Stockings	101.1
帽子	Hats	99.6
其他衣着配件	Other Clothing and Accessories	101.5

5-8 续表 Continued

(上年＝100) (preceding year=100)

指　　标	Item	2016
纺织品	**Textiles**	**101.1**
服装材料	Clothing Material	102.3
床上用品	Bed Articles	100.4
家用电器及音像器材	**Household Appliances, Music and Video Equipment**	**98.0**
家庭设备	Household Facilities	97.8
文娱用耐用消费品	Durable Consumer Goods for Recreational	97.8
专业音像器材	Audiovisual Equipment	99.9
文化办公用品	**Cultural and Office Goods**	**99.7**
日用品	**Articles for Daily Use**	**100.7**
日用百货	General Merchandise for Daily Use	100.1
厨具餐具茶具	Kitchenware Cooking-set Tea-set	100.5
清洗用品	Wash Articles	101.7
其他日用品	Other Daily Necessities	100.6
体育娱乐用品	**Sports and Recreation Articles**	**101.5**
体育户外用品	Sports Outdoor Goods	102.9
娱乐用品	Amusement articles	100.5
交通、通信用品	**Transportation and Communication Appliances**	**95.3**
交通运输机械	Machinery of Communications and Transportation	93.5
通信器材	Apparatus of Communication	97.9
家具	**Furniture**	**100.6**
化妆品	**Cosmetic Products**	**102.0**
金银饰品	**Jewel of Gold and Silver**	**107.3**
中西药品及医疗保健用品	**Traditional Chinese and Western Medicines and Health**	**103.4**
医疗卫生器具	Medical Appliance	100.5
中药	Traditional Chinese Medicine	105.8
西药	Western Medicine	102.0
保健器具及用品	Healthy Appliances and Articles	103.4
书报杂志及电子出版物	**Books, Newspapers, Magazines and Electronic Publications**	**99.5**
教材及参考书	Texts and Reference Books	100.0
书报杂志	Newspapers and Magazines	101.9
计算机办公软件	Computer Office Software	93.4
燃料	**Fuels**	**96.4**
煤炭及制品	Coal and Its Products	97.4
石油及制品	Oil and Its Products	96.3
建筑材料及五金电料	**Building Materials and Hardware**	**101.3**
建筑装璜材料	Building Decoration Materials	101.4
五金水暖	Hardware Plumbing	100.9

5-9 分月商品零售价格分类指数(2016年)

(上年同月=100)

指　标	Item	1 月 January	2 月 February	3 月 March
商品零售价格总指数	**Retail General Price Index**	**99.6**	**100.6**	**100.6**
食品	**Food**	**102.3**	**105.0**	**106.3**
粮食	Grain	100.5	100.7	100.6
薯类	Tubers	101.9	111.8	115.1
豆类	Beans	101.6	102.5	102.2
食用油	Cooking Oil	100.5	100.3	100.3
菜	Vegetables	104.2	117.1	128.5
畜肉类	Meal,Poultry and Processed Products	111.2	115.4	116.6
猪肉	Pork	118.1	123.4	126.0
牛肉	Beef	98.2	99.2	98.3
羊肉	Mutton	92.9	93.9	92.3
畜肉副产品	Animal By-products	109.6	116.3	117.2
禽肉类	Poultry	101.3	101.4	100.8
水产品	Aquatic Products	99.0	100.1	100.3
淡水鱼	Fish in Fresh Water	95.6	97.7	98.4
海水鱼	Fish in Sea Water	103.5	102.8	101.9
虾蟹类	Decapod Crustacean	97.8	99.4	100.7
蛋类	Eggs	96.6	97.7	95.7
奶类	Dairy	99.8	99.8	101.0
干鲜瓜果类	Dried and Fresh Melons and Fruits	94.3	94.4	93.3
糖果糕点类	Confectionery	100.8	100.3	100.2
调味品	Flavoring	103.0	102.7	102.8
其他食品类	Other Food Categories	101.1	100.9	101.0
在外餐饮	Dining Out	101.0	101.4	100.6
饮料、烟酒	**Beverages, Tobacco and Liquor**	**103.2**	**103.2**	**103.1**
茶及饮料	Tea and Beverages	101.3	101.0	100.6
茶叶	Tea	100.3	100.2	100.0
固体咖啡	Solid Coffee	101.0	101.0	102.4
饮用水	Drinking Water	104.6	103.5	102.1
果汁饮料	Fruit Juice Beverages	102.8	102.9	103.1
烟草	Tobacco	108.1	108.1	108.1
酒类	Liquor	99.7	99.9	99.9
服装、鞋帽	**Garments, Shoes and Hats**	**102.5**	**102.4**	**102.5**
服装	Garments	102.6	102.5	102.8
男式服装	Men's Garment	102.0	101.9	102.5
女式服装	Women's dress	103.0	102.9	103.1
儿童服装	Children's Garment	102.4	102.4	102.5
鞋袜帽	Footwear,Socks and Hats	102.4	102.1	101.6
鞋	Shoes	102.7	102.3	101.8
袜子	Socks and Stockings	101.7	101.1	101.1

Retail Price Indices by Category and Month(2016)

(same month of preceding year=100)

4 月 April	5 月 May	6 月 June	7 月 July	8 月 August	9 月 September	10 月 October	11 月 November	12 月 December
100.8	**100.7**	**100.6**	**101.0**	**100.8**	**101.2**	**101.1**	**101.2**	**101.2**
106.4	**105.3**	**104.8**	**105.4**	**103.6**	**104.7**	**104.5**	**104.8**	**103.8**
100.6	100.3	100.6	100.6	100.5	100.4	100.3	100.2	100.4
132.4	141.2	143.8	126.8	107.9	104.7	109.4	111.5	111.1
102.8	102.8	102.5	102.5	102.1	101.5	101.1	100.9	100.4
100.9	100.8	100.9	100.9	100.9	101.0	101.2	101.3	101.0
120.0	107.6	98.1	111.5	110.2	117.4	119.8	126.0	116.9
119.4	120.8	120.0	113.2	105.8	105.7	104.1	104.1	104.8
130.3	132.4	130.5	119.1	108.0	108.0	105.5	105.3	106.3
99.2	98.9	98.9	99.1	99.2	99.6	99.6	100.4	101.2
92.5	92.4	92.4	92.6	92.8	92.5	93.3	96.6	99.3
118.6	120.1	120.5	117.4	109.0	107.5	106.7	106.0	104.1
101.3	101.6	101.6	101.5	100.8	100.8	102.0	102.0	102.0
102.8	105.5	110.4	111.7	111.2	110.1	107.6	105.6	105.3
103.3	109.1	119.5	120.8	119.1	116.1	112.2	108.8	108.0
102.5	104.0	105.9	107.5	107.6	106.6	104.6	102.7	102.4
101.3	99.5	98.2	98.3	99.7	103.8	102.9	104.0	104.7
97.1	98.4	98.0	96.5	92.6	95.0	96.7	98.0	97.5
100.9	101.1	100.5	100.4	100.4	99.4	99.5	100.0	99.3
94.7	93.5	95.4	98.6	99.7	104.3	104.4	101.1	99.0
99.9	100.7	100.4	100.6	100.1	100.2	99.4	99.7	100.2
103.6	103.7	102.8	103.3	102.9	102.9	102.1	102.7	101.9
101.7	102.2	101.9	101.7	101.8	101.6	101.4	101.3	100.5
100.9	100.9	100.8	100.9	101.0	101.0	101.2	101.3	101.6
103.0	**101.7**	**100.3**	**100.3**	**100.0**	**100.0**	**100.2**	**100.2**	**100.2**
100.4	99.9	99.8	100.1	100.4	100.6	100.9	101.1	100.7
100.2	100.1	100.4	100.4	100.5	100.7	100.7	101.2	100.4
101.9	100.9	101.0	102.1	101.4	101.0	101.0	101.3	102.1
101.5	99.8	99.6	98.6	98.7	98.7	99.3	99.7	100.7
101.8	100.4	99.6	101.8	103.1	103.0	103.0	103.4	102.6
108.1	104.1	101.0	100.9	99.9	99.8	99.9	99.8	99.8
99.7	100.3	99.9	99.9	99.8	99.8	100.1	100.0	100.3
101.8	**102.0**	**102.1**	**101.9**	**102.3**	**101.8**	**101.9**	**101.4**	**100.4**
101.9	102.1	102.4	102.2	102.5	101.9	102.0	101.5	100.3
101.3	101.0	101.4	101.5	102.0	101.6	101.7	101.4	100.2
102.5	103.1	102.9	102.3	102.5	102.2	102.6	102.1	101.1
101.6	101.3	102.8	103.3	103.5	101.4	100.7	99.6	98.0
101.3	101.6	101.3	101.2	101.9	101.6	101.5	101.1	100.8
101.4	101.5	101.3	101.3	102.0	101.8	101.7	101.3	101.0
101.2	102.5	101.4	101.4	101.3	100.9	100.6	100.3	99.8

5-9 续表

(上年同月=100)

指　标	Item	1 月 January	2 月 February	3 月 March
帽子	Hats	99.6	99.7	100.2
其他衣着配件	Other Clothing and Accessories	101.4	101.0	101.4
纺织品	**Textiles**	**101.5**	**101.1**	**100.9**
服装材料	Clothing Material	102.2	102.2	102.2
床上用品	Bed Articles	101.1	100.6	100.3
家用电器及音像器材	**Household Appliances, Music and Video Equipment**	**97.9**	**97.9**	**97.9**
家庭设备	Household Facilities	97.6	97.6	97.6
文娱用耐用消费品	Durable Consumer Goods for Recreational	97.9	98.1	98.1
专业音像器材	Audiovisual Equipment	99.2	99.2	99.2
文化办公用品	**Cultural and Office Goods**	**98.9**	**99.9**	**100.2**
日用品	**Articles for Daily Use**	**100.6**	**100.5**	**100.6**
日用百货	General Merchandise for Daily Use	99.9	100.1	100.2
厨具餐具茶具	Kitchenware Cooking-set Tea-set	101.0	100.8	101.0
清洗用品	Wash Articles	101.6	101.0	100.6
其他日用品	Other Daily Necessities	100.3	100.3	100.8
体育娱乐用品	**Sports and Recreation Articles**	**101.7**	**101.6**	**101.6**
体育户外用品	Sports Outdoor Goods	103.0	103.0	103.1
娱乐用品	Amusement articles	100.7	100.5	100.5
交通、通信用品	**Transportation and Communication Appliances**	**94.1**	**94.6**	**94.1**
交通运输机械	Machinery of Communications and Transportation	93.8	94.2	93.0
通信器材	Apparatus of Communication	94.6	95.3	95.8
家具	**Furniture**	**99.2**	**99.5**	**100.1**
化妆品	**Cosmetic Products**	**100.7**	**100.7**	**100.8**
金银饰品	**Jewel of Gold and Silver**	**88.7**	**96.6**	**101.6**
中西药品及医疗保健用品	**Traditional Chinese and Western Medicines and Health**	**103.4**	**103.9**	**103.5**
医疗卫生器具	Medical Appliance	100.4	100.4	100.4
中药	Traditional Chinese Medicine	107.6	108.7	107.4
西药	Western Medicine	101.2	101.4	101.4
保健器具及用品	Healthy Appliances and Articles	102.1	102.5	102.6
书报杂志及电子出版物	**Books, Newspapers, Magazines and Electronic Publications**	**100.8**	**100.8**	**99.2**
教材及参考书	Texts and Reference Books	100.0	100.0	99.9
书报杂志	Newspapers and Magazines	101.8	101.9	101.9
计算机办公软件	Computer Office Software	100.8	100.8	92.1
燃料	**Fuels**	**94.3**	**95.4**	**92.1**
煤炭及制品	Coal and Its Products	93.9	94.6	95.0
石油及制品	Oil and Its Products	94.4	95.5	91.7
建筑材料及五金电料	**Building Materials and Hardware**	**100.8**	**100.9**	**101.2**
建筑装璜材料	Building Decoration Materials	100.8	100.9	101.4
五金水暖	Hardware Plumbing	100.7	100.9	100.7

Continued

(same month of preceding year=100)

4 月 April	5 月 May	6 月 June	7 月 July	8 月 August	9 月 September	10 月 October	11 月 November	12 月 December
100.2	100.0	99.4	99.8	100.4	99.4	98.9	98.9	98.2
101.5	101.7	101.5	101.6	101.6	101.7	101.6	101.4	100.9
101.3	**101.4**	**101.3**	**100.8**	**101.3**	**101.4**	**101.3**	**100.3**	**100.0**
102.5	102.4	102.1	102.5	102.6	102.5	102.3	102.2	102.0
100.7	100.9	101.0	100.0	100.7	100.9	100.8	99.3	99.0
98.1	**98.5**	**98.1**	**97.7**	**97.6**	**97.7**	**98.1**	**98.1**	**98.3**
97.9	98.3	98.1	97.3	97.3	97.6	97.9	97.9	98.3
97.9	98.5	97.8	97.8	97.4	97.2	97.9	97.8	97.7
99.6	99.8	99.7	100.1	100.1	100.1	100.2	100.3	101.3
100.0	**100.2**	**100.1**	**99.9**	**99.4**	**99.2**	**99.3**	**99.3**	**99.3**
100.7	**100.8**	**100.6**	**100.9**	**100.9**	**100.7**	**100.9**	**100.7**	**101.0**
100.3	100.3	100.0	100.3	100.0	99.7	100.0	100.1	100.5
101.2	101.4	100.7	101.0	100.6	99.5	99.9	99.7	99.8
100.5	101.5	101.4	102.0	102.3	102.6	102.7	102.1	102.6
101.1	100.4	100.5	100.5	100.8	100.6	100.7	100.6	100.7
101.7	**102.1**	**102.0**	**101.8**	**101.6**	**101.2**	**101.1**	**100.8**	**100.8**
103.2	103.9	103.7	103.5	103.0	102.3	101.8	102.1	101.9
100.6	100.8	100.7	100.5	100.5	100.3	100.5	99.9	99.9
94.7	**95.1**	**95.1**	**95.4**	**95.5**	**96.1**	**96.1**	**96.0**	**96.6**
93.3	93.4	93.4	93.3	92.9	93.8	93.5	93.3	94.5
96.8	97.6	97.7	98.5	99.4	99.5	99.8	99.9	99.7
100.7	**100.7**	**100.3**	**101.0**	**100.7**	**100.7**	**101.1**	**101.6**	**101.7**
101.7	**102.4**	**102.2**	**102.7**	**102.8**	**102.6**	**102.5**	**102.5**	**102.8**
102.2	**105.6**	**107.5**	**117.2**	**118.0**	**116.1**	**111.1**	**115.1**	**111.7**
103.5	**103.7**	**103.4**	**103.1**	**103.0**	**103.2**	**103.2**	**103.2**	**103.8**
100.4	100.4	100.7	100.6	100.6	100.7	100.5	100.2	100.6
106.9	106.8	105.7	104.2	104.1	104.3	104.8	104.6	105.3
101.9	102.0	102.2	102.5	102.3	102.4	102.1	102.1	102.7
101.8	103.6	102.9	103.0	103.2	104.2	104.2	105.1	105.4
99.2	**99.2**	**99.1**	**99.1**	**99.1**	**99.4**	**99.4**	**99.4**	**99.4**
100.0	100.0	99.6	99.6	99.7	100.5	100.4	100.4	100.4
101.9	101.9	101.9	101.9	101.9	101.9	101.9	101.9	101.9
92.1	92.1	92.1	92.1	92.1	91.7	91.7	91.7	91.7
92.9	**92.3**	**94.6**	**96.2**	**97.9**	**99.7**	**99.1**	**100.1**	**103.3**
95.6	95.7	96.4	97.2	99.2	99.2	99.9	100.7	102.5
92.5	91.8	94.3	96.0	97.7	99.8	99.0	100.0	103.4
101.3	**101.6**	**101.3**	**101.1**	**101.3**	**101.2**	**101.4**	**101.5**	**101.5**
101.5	101.8	101.5	101.3	101.5	101.3	101.6	101.7	101.7
100.9	100.9	100.7	100.7	100.9	100.8	101.0	101.0	101.1

5-10 主要城市商品零售价格总指数(1985-2016年)
Major Cities in Overall Retail Price Index(1985-2016)

(上年＝100) (preceding year=100)

年 份 Year	武汉市 Wuhan	黄石市 Huangshi	十堰市 Shiyan	宜昌市 Yichang	襄阳市 Xiangyang	孝感市 Xiaogan	荆州市 Jingzhou	咸宁市 Xianning
1985	111.6	112.1	115.1	110.6	109.1	104.7	113.1	
1986	105.8	106.0	102.4	107.8	106.2	105.3	104.5	
1987	108.2	108.6	105.6	107.2	107.0	109.9	110.4	
1988	121.8	122.7	121.4	127.6	120.4	121.0	122.0	
1989	113.9	117.4	111.6	116.7	112.8	116.8	113.9	116.8
1990	102.5	101.2	105.1	103.2	102.3	104.5	103.7	101.8
1991	106.7	107.2	106.6	105.6	105.6	105.6	104.8	104.4
1992	110.0	109.2	108.8	109.9	107.5	102.8	106.6	107.9
1993	118.8	116.7	116.4	119.5	113.1	102.5	114.8	115.6
1994	124.1	122.3	120.4	127.5	123.2	120.4	122.5	127.7
1995	114.0	115.6	117.0	119.1	113.9	119.5	124.6	117.7
1996	106.0	106.6	108.4	106.3	106.6	107.7	106.3	105.9
1997	100.7	100.1	101.2	99.9	101.4	101.4	100.9	101.4
1998	96.2	96.3	96.6	96.3	97.6	97.9	96.9	97.2
1999	93.7	94.7	95.6	99.8	95.3	97.1	96.9	96.4
2000	97.4	96.9	98.0	101.7	97.5	98.7	99.9	97.9
2001	96.0	97.2	97.7	99.9	97.6	99.3	97.9	97.9
2002	97.7	99.0	99.5	102.5	98.8	99.6	98.4	98.4
2003	100.4	100.4	100.6	102.4	99.1	100.0	100.5	101.4
2004	101.0	102.2	102.9	103.6	103.5	103.3	104.1	104.9
2005	100.9	100.6	100.9	102.1	100.3	101.3	101.8	101.8
2006	100.7	100.5	101.3	101.2	100.0	102.3	101.1	101.2
2007	103.0	103.4	104.5	104.8	103.6	102.9	106.3	105.9
2008	105.1	107.0	106.3	105.1	104.7	105.9	106.7	108.0
2009	98.4	98.8	99.9	99.8	98.1	99.5	97.0	98.8
2010	103.1	102.5	103.3	102.1	102.8	103.5	102.0	103.5
2011	105.6	105.5	105.0	105.4	105.7	105.6	105.2	105.9
2012	102.3	102.3	101.7	102.4	103.2	103.2	102.4	102.4
2013	100.9	101.1	102.8	101.7	102.2	102.7	102.0	102.2
2014	100.5	101.3	100.5	101.0	101.2	101.2	100.7	100.9
2015	100.0	100.4	100.3	100.6	101.5	100.3	100.7	100.4
2016	101.3	99.5	100.7	100.2	100.6	101.5	100.5	100.0

5-11 主要城市商品零售价格分类指数(2016年)
Major Cities in the Retail Price Indices by Category(2016)

(上年＝100) (preceding year=100)

指　标	Item	武汉市 Wuhan	黄石市 Huangshi	十堰市 Shiyan	宜昌市 Yichang
商品零售价格总指数	**Retail General Price Index**	**101.3**	**99.5**	**100.7**	**100.2**
食品	**Food**	**105.4**	**103.3**	**104.1**	**105.5**
粮食	Grain	100.0	101.0	100.6	100.0
薯类	Tubers	115.8	107.1	101.6	131.2
豆类	Beans	100.8	100.0	101.5	100.7
食用油	Cooking Oil	103.4	100.8	100.7	100.1
菜	Vegetables	120.0	109.5	117.5	110.8
畜肉类	Meal,Poultry and Processed Products	111.9	112.4	111.1	113.1
猪肉	Pork	117.7	116.3	117.5	120.7
牛肉	Beef	99.8	103.6	91.4	95.6
羊肉	Mutton	92.6	101.6	83.6	87.2
畜肉副产品	Animal By-products	113.7	112.4	115.2	112.1
禽肉类	Poultry	99.6	100.0	101.0	106.8
水产品	Aquatic Products	107.6	102.6	99.8	111.7
淡水鱼	Fish in Fresh Water	109.1	104.9	97.9	117.4
海水鱼	Fish in Sea Water	103.8	103.1	105.0	101.4
虾蟹类	Decapod Crustacean	104.9	94.5	105.3	90.8
蛋类	Eggs	97.3	90.7	90.3	100.5
奶类	Dairy	100.2	99.2	99.8	99.0
干鲜瓜果类	Dried and Fresh Melons and Fruits	98.2	92.9	100.5	97.4
糖果糕点类	Confectionery	100.7	103.2	99.0	99.9
调味品	Flavoring	104.5	101.4	101.1	102.1
其他食品类	Other Food Categories	**101.2**	**98.7**	**95.3**	**109.0**
在外餐饮	Dining Out	100.3	100.4	100.4	99.9
饮料、烟酒	**Beverages, Tobacco and Liquor**	**101.7**	**101.1**	**101.0**	**99.9**
茶及饮料	Tea and Beverages	100.3	101.0	98.6	100.7
茶叶	Tea	100.0	100.1	100.0	99.2
固体咖啡	Solid Coffee	101.0	99.9	93.9	108.0
饮用水	Drinking Water	**99.7**	**103.6**	**99.2**	**99.1**
果汁饮料	Fruit Juice Beverages	101.8	100.5	99.6	103.2
烟草	Tobacco	104.2	101.9	102.3	101.9
酒类	Liquor	100.2	100.3	100.7	98.0
服装、鞋帽	**Garments, Shoes and Hats**	**101.7**	**101.5**	**101.8**	**101.5**
服装	Garments	101.1	101.8	101.9	103.1
男式服装	Men's Garment	100.3	101.9	101.6	101.6
女式服装	Women's dress	101.4	101.9	102.8	104.2
儿童服装	Children's Garment	102.4	101.1	98.8	102.6
鞋袜帽	Footwear,Socks and Hats	103.3	100.9	101.4	97.4
鞋	Shoes	104.4	100.7	101.9	96.9
袜子	Socks and Stockings	101.2	103.2	93.4	102.9

5-11 续表 1 Continued

(上年＝100) (preceding year=100)

指　标	Item	武汉市 Wuhan	黄石市 Huangshi	十堰市 Shiyan	宜昌市 Yichang
帽子	Hats	97.4	100.0	105.0	101.7
其他衣着配件	Other Clothing and Accessories	103.8	100.0	103.6	99.1
纺织品	**Textiles**	**101.7**	**101.5**	**100.5**	**101.5**
服装材料	Clothing Material	104.8	104.4	103.4	100.0
床上用品	Bed Articles	100.1	100.1	99.0	102.2
家用电器及音像器材	**Household Appliances, Music and Video Equipment**	**95.6**	**99.1**	**100.7**	**96.7**
家庭设备	Household Facilities	95.1	98.4	99.2	96.5
文娱用耐用消费品	Durable Consumer Goods for Recreational	95.8	98.5	103.1	96.4
专业音像器材	Audiovisual Equipment	98.7	106.5	100.0	99.5
文化办公用品	**Cultural and Office Goods**	**99.7**	**100.2**	**99.6**	**100.3**
日用品	**Articles for Daily Use**	**101.5**	**100.7**	**99.8**	**101.5**
日用百货	General Merchandise for Daily Use	100.9	99.5	99.5	99.9
厨具餐具茶具	Kitchenware Cooking-set Tea-set	100.6	100.3	103.6	103.1
清洗用品	Wash Articles	102.6	100.9	98.4	103.7
其他日用品	Other Daily Necessities	101.5	102.1	99.3	99.9
体育娱乐用品	**Sports and Recreation Articles**	**102.6**	**101.1**	**100.0**	**101.3**
体育户外用品	Sports Outdoor Goods	105.5	102.7	99.2	99.9
娱乐用品	Amusement articles	100.1	99.8	100.5	102.3
交通、通信用品	**Transportation and Communication Appliances**	**96.0**	**96.1**	**96.4**	**96.1**
交通运输机械	Machinery of Communications and Transportation	94.8	93.7	94.6	93.7
通信器材	Apparatus of Communication	97.8	98.8	99.1	99.6
家具	**Furniture**	**104.2**	**92.0**	**98.4**	**88.1**
化妆品	**Cosmetic Products**	**103.4**	**100.3**	**104.2**	**100.9**
金银饰品	**Jewel of Gold and Silver**	**106.3**	**97.9**	**107.3**	**105.4**
中西药品及医疗保健用品	**Traditional Chinese and Western Medicines and Health**	**104.3**	**102.8**	**101.9**	**101.1**
医疗卫生器具	Medical Appliance	100.0	102.0	101.1	100.0
中药	Traditional Chinese Medicine	108.1	104.8	99.6	102.7
西药	Western Medicine	101.6	102.2	103.4	100.4
保健器具及用品	Healthy Appliances and Articles	106.9	103.3	101.0	101.3
书报杂志及电子出版物	**Books, Newspapers, Magazines and Electronic Publications**	**97.0**	**100.9**	**101.0**	**101.6**
教材及参考书	Texts and Reference Books	99.4	100.0	100.3	100.9
书报杂志	Newspapers and Magazines	101.6	102.4	102.4	103.2
计算机办公软件	Computer Office Software	82.2	100.0	100.0	100.0
燃料	**Fuels**	**97.7**	**90.1**	**96.1**	**95.5**
煤炭及制品	Coal and Its Products	96.6	96.8	96.9	99.0
石油及制品	Oil and Its Products	97.8	89.2	96.0	95.0
建筑材料及五金电料	**Building Materials and Hardware**	**103.4**	**98.4**	**100.6**	**98.5**
建筑装璜材料	Building Decoration Materials	104.2	97.6	99.5	97.6
五金水暖	Hardware Plumbing	101.1	100.6	103.3	101.0

5-11 续表 2 Continued

(上年＝100) (preceding year=100)

指　　标	Item	襄阳市 Xiangyang	孝感市 Xiaogan	荆州市 Jingzhou	咸宁市 Xianning
商品零售价格总指数	**Retail General Price Index**	**100.6**	**101.5**	**100.5**	**100.0**
食品	**Food**	**103.9**	**105.9**	**102.8**	**103.6**
粮食	Grain	102.3	97.2	101.0	99.7
薯类	Tubers	112.6	113.2	123.8	111.1
豆类	Beans	100.4	100.8	105.2	100.9
食用油	Cooking Oil	100.9	101.5	100.2	103.2
菜	Vegetables	108.6	114.9	114.6	112.6
畜肉类	Meal,Poultry and Processed Products	112.3	113.6	108.6	108.2
猪肉	Pork	118.5	117.8	111.5	113.3
牛肉	Beef	98.3	103.6	102.6	99.3
羊肉	Mutton	91.0	114.6	99.9	102.0
畜肉副产品	Animal By-products	116.5	108.0	111.4	102.0
禽肉类	Poultry	99.7	108.6	100.5	100.1
水产品	Aquatic Products	102.8	118.2	112.1	106.3
淡水鱼	Fish in Fresh Water	102.3	123.1	116.3	108.5
海水鱼	Fish in Sea Water	108.7	114.5	99.5	105.4
虾蟹类	Decapod Crustacean	100.3	96.2	102.6	99.7
蛋类	Eggs	99.1	98.9	92.8	97.2
奶类	Dairy	99.1	102.3	99.3	99.4
干鲜瓜果类	Dried and Fresh Melons and Fruits	92.8	97.6	100.6	91.6
糖果糕点类	Confectionery	100.4	100.7	99.6	101.6
调味品	Flavoring	108.2	99.8	101.1	99.2
其他食品类	Other Food Categories	102.8	99.0	103.7	98.2
在外餐饮	Dining Out	100.3	101.6	99.7	105.4
饮料、烟酒	**Beverages, Tobacco and Liquor**	**101.6**	**102.4**	**101.6**	**101.6**
茶及饮料	Tea and Beverages	104.1	101.4	101.5	101.0
茶叶	Tea	102.6	100.0	101.2	106.5
固体咖啡	Solid Coffee	99.7	100.2	102.8	96.5
饮用水	Drinking Water	104.9	102.9	100.0	96.7
果汁饮料	Fruit Juice Beverages	108.9	103.9	99.0	108.2
烟草	Tobacco	101.3	104.4	102.6	103.4
酒类	Liquor	100.9	101.2	99.1	100.1
服装、鞋帽	**Garments, Shoes and Hats**	**103.7**	**104.0**	**100.2**	**101.2**
服装	Garments	103.0	106.0	100.6	101.6
男式服装	Men's Garment	101.2	105.6	101.2	101.4
女式服装	Women's dress	104.6	106.7	100.3	101.5
儿童服装	Children's Garment	101.0	104.3	100.5	102.0
鞋袜帽	Footwear,Socks and Hats	106.8	98.7	100.0	100.2
鞋	Shoes	107.7	98.5	100.1	98.8
袜子	Socks and Stockings	99.2	100.0	98.4	109.6

5-11 续表 3 Continued

(上年＝100) (preceding year=100)

指　标	Item	襄阳市 Xiangyang	孝感市 Xiaogan	荆州市 Jingzhou	咸宁市 Xianning
帽子	Hats	105.9	100.0	100.0	103.3
其他衣着配件	Other Clothing and Accessories	100.4	100.0	100.0	99.9
纺织品	**Textiles**	**101.0**	**102.0**	**100.0**	**96.2**
服装材料	Clothing Material	100.0	100.0	100.0	99.5
床上用品	Bed Articles	101.4	103.1	100.0	94.4
家用电器及音像器材	**Household Appliances, Music and Video Equipment**	**99.6**	**99.7**	**100.3**	**98.8**
家庭设备	Household Facilities	99.9	99.4	99.9	100.4
文娱用耐用消费品	Durable Consumer Goods for Recreational	99.1	100.0	100.2	97.0
专业音像器材	Audiovisual Equipment	100.0	100.0	103.1	102.1
文化办公用品	**Cultural and Office Goods**	**99.2**	**100.1**	**101.5**	**99.9**
日用品	**Articles for Daily Use**	**99.9**	**100.8**	**100.9**	**98.4**
日用百货	General Merchandise for Daily Use	99.2	100.2	100.1	99.4
厨具餐具茶具	Kitchenware　Cooking-set　Tea-set	99.7	101.3	99.6	97.4
清洗用品	Wash Articles	100.8	101.2	102.0	100.2
其他日用品	Other Daily Necessities	100.0	100.8	101.5	95.9
体育娱乐用品	**Sports and Recreation Articles**	**101.0**	**100.3**	**100.7**	**100.2**
体育户外用品	Sports Outdoor Goods	102.0	100.0	101.2	100.4
娱乐用品	Amusement articles	100.2	100.6	100.3	100.1
交通、通信用品	**Transportation and Communication Appliances**	**93.9**	**96.5**	**96.7**	**95.5**
交通运输机械	Machinery of Communications and Transportation	93.0	94.1	94.7	94.7
通信器材	Apparatus of Communication	95.1	100.0	99.3	96.7
家具	**Furniture**	**102.1**	**102.7**	**99.4**	**99.7**
化妆品	**Cosmetic Products**	**99.4**	**100.8**	**100.7**	**101.1**
金银饰品	**Jewel of Gold and Silver**	**109.3**	**105.1**	**115.9**	**107.6**
中西药品及医疗保健用品	**Traditional Chinese and Western Medicines and Health**	**104.9**	**100.0**	**102.5**	**105.1**
医疗卫生器具	Medical Appliance	98.7	100.0	100.0	100.3
中药	Traditional Chinese Medicine	110.9	100.0	104.1	107.0
西药	Western Medicine	102.5	100.0	103.4	104.3
保健器具及用品	Healthy Appliances and Articles	100.0	100.0	100.7	104.8
书报杂志及电子出版物	**Books, Newspapers, Magazines and Electronic Publications**	**100.4**	**100.9**	**101.1**	**101.1**
教材及参考书	Texts and Reference Books	99.2	100.0	100.0	101.1
书报杂志	Newspapers and Magazines	102.4	102.4	100.0	102.4
计算机办公软件	Computer Office Software	100.0	100.0	106.0	100.0
燃料	**Fuels**	**95.8**	**97.3**	**96.5**	**91.2**
煤炭及制品	Coal and Its Products	97.6	96.9	93.0	98.2
石油及制品	Oil and Its Products	95.6	97.3	97.0	90.2
建筑材料及五金电料	**Building Materials and Hardware**	**100.3**	**102.1**	**99.5**	**99.4**
建筑装璜材料	Building Decoration Materials	100.5	103.0	99.3	98.9
五金水暖	Hardware Plumbing	99.9	100.0	100.0	101.0

5-12 农业生产资料价格分类指数(2016年)
Price Indices for Means of Agricultural Production by Category(2016)

(上年＝100) (preceding year=100)

指 标	Item	全 省 Province	城 市 Urban Areas	农 村 Rural Areas
农业生产资料价格指数	**Price Index for Means of Agricultural Production**	**100.3**		**100.3**
农用手工工具	Agricultural Craft Tool	101.2		101.2
饲料	Forage	98.6		98.6
混合饲料	Mixed Forage	99.7		99.7
其他饲料	Others Forage	96.9		96.9
仔畜幼禽及产品畜	Newborn Animal	119.7		119.7
仔畜	Newborn Animal, Poult, Animals for Products	132.3		132.3
幼禽	Poult	108.1		108.1
产品畜	Animals for Products	104.5		104.5
半机械化农具	Semi-mechanized Farm Tools	100.0		100.0
机械化农具	Mechanized Farm Machinery	99.7		99.7
化学肥料	Chemical Fertilizer	96.6		96.6
氮肥	Nitrogen Fertilizer	95.9		95.9
磷肥	Phosphate Fertilizer	96.6		96.6
钾肥	Calcium Fertilizer	100.3		100.3
复合肥料	Compounded Fertilizer	96.6		96.6
农药及农药器械	Pesticide & Its Appliances	100.3		100.3
化学农药	Chemical Pesticide	100.5		100.5
杀虫剂	Insecticide	101.2		101.2
杀菌剂	Disinfectant	101.0		101.0
除草剂	Herbicide	99.4		99.4
生长调节剂	Growth Regulator	99.8		99.8
农药器械	Pesticide Apparatus	98.1		98.1
农用机油	Oil for Farm Machinery	95.4		95.4
农用柴油	Agricultural Diesel	94.7		94.7
润滑油	Lubricating Oil	99.9		99.9
其他农用生产资料	Other Agricultural Productions	100.0		100.0
农用种子	Seeds for Farm	100.0		100.0
农用薄膜	Agricultural Membrane	99.8		99.8
未列名的其他农用生产资料	Other Agricultural Means of Production Not Listed	101.3		101.3
农业生产服务	Agricultural Production Service	103.7		103.7
排灌费	Irrigation Costs	100.0		100.0
机械作业费	Machinery Operating Costs	103.3		103.3
农业用电	Electricity Consumed	100.0		100.0
农业用工	Agricultural Labor	108.2		108.2

5-13 分月农业生产资料价格指数(2016年)

(上年同月=100)

指 标	Item	1月 January	2月 February	3月 March
农业生产资料价格指数	**Price Index for Means of Agricultural Production**	**99.6**	**99.9**	**99.7**
农用手工工具	Agricultural Craft Tool	100.8	102.4	101.9
饲料	Forage	95.3	95.8	95.8
混合饲料	Mixed Forage	95.4	95.8	96.9
其他饲料	Others Forage	95.2	95.7	94.0
仔畜幼禽及产品畜	Newborn Animal	113.4	117.5	122.9
仔畜	Newborn Animal, Poult, Animals for Products	120.9	128.3	136.2
幼禽	Poult	104.6	105.7	110.3
产品畜	Animals for Products	106.4	106.8	108.3
半机械化农具	Semi-mechanized Farm Tools	100.3	100.0	100.0
机械化农具	Mechanized Farm Machinery	100.3	99.6	99.5
化学肥料	Chemical Fertilizer	100.1	99.2	98.0
氮肥	Nitrogen Fertilizer	101.4	100.7	99.7
磷肥	Phosphate Fertilizer	97.8	97.0	95.5
钾肥	Calcium Fertilizer	101.1	101.2	101.0
复合肥料	Compounded Fertilizer	99.2	97.7	96.3
农药及农药器械	Pesticide & Its Appliances	101.4	101.3	101.2
化学农药	Chemical Pesticide	101.6	101.5	101.4
杀虫剂	Insecticide	103.8	103.5	102.4
杀菌剂	Disinfectant	102.9	103.4	101.5
除草剂	Herbicide	97.9	97.8	99.9
生长调节剂	Growth Regulator	101.2	101.2	101.2
农药器械	Pesticide Apparatus	99.6	99.6	99.6
农用机油	Oil for Farm Machinery	90.0	94.0	88.6
农用柴油	Agricultural Diesel	88.4	93.0	86.8
润滑油	Lubricating Oil	99.9	99.9	99.9
其他农用生产资料	Other Agricultural Productions	100.6	100.4	100.4
农用种子	Seeds for Farm	100.7	100.3	100.6
农用薄膜	Agricultural Membrane	100.2	100.4	99.1
未列名的其他农用生	Other Agricultural Means of Production Not Listed	100.3	101.4	101.6
农业生产服务	Agricultural Production Service	103.7	103.8	103.9
排灌费	Irrigation Costs	100.0	100.0	100.0
机械作业费	Machinery Operating Costs	107.5	107.5	107.4
农业用电	Electricity Consumed	100.0	100.0	100.0
农业用工	Agricultural Labor	104.1	104.3	104.9

Price Indices for Means of Agricultural Production by Month(2016)

(same month of preceding year=100)

4 月 April	5 月 May	6 月 June	7 月 July	8 月 August	9 月 September	10 月 October	11 月 November	12 月 December
99.5	**100.1**	**100.5**	**99.9**	**99.9**	**100.1**	**100.6**	**101.3**	**102.0**
101.3	100.8	100.9	100.7	100.7	100.8	101.0	101.2	101.4
95.9	97.0	99.0	99.1	99.1	99.4	101.6	102.8	103.3
97.0	98.0	100.5	100.0	100.3	100.5	103.3	104.5	105.0
94.1	95.5	96.7	97.8	97.2	97.7	98.9	100.0	100.7
124.4	131.8	130.2	122.6	119.5	116.8	112.2	113.0	113.4
138.2	152.0	149.2	134.0	130.0	129.1	124.0	123.7	123.6
112.7	114.0	115.9	117.7	111.8	106.3	101.2	97.3	100.4
107.7	107.4	105.8	104.6	104.5	100.8	98.0	102.5	102.4
100.0	99.9	99.9	99.9	99.9	99.9	99.9	99.9	99.9
99.7	99.5	99.5	99.7	99.8	99.8	99.8	99.8	99.9
96.9	95.9	95.4	94.8	94.8	95.1	95.8	96.5	97.4
97.7	94.6	93.2	92.8	92.4	92.9	94.0	95.3	97.5
94.8	96.2	96.4	95.9	96.1	96.2	97.2	97.9	98.0
101.1	101.3	101.1	98.2	99.6	99.6	99.7	99.8	99.7
95.7	96.1	96.2	96.1	96.2	96.5	96.5	96.5	96.6
100.5	100.2	100.0	100.0	99.8	99.7	99.7	99.8	99.9
100.8	100.4	100.3	100.3	100.1	99.9	100.0	100.0	100.1
102.1	101.0	100.5	100.6	100.3	100.1	100.1	100.1	100.2
101.2	100.7	100.7	100.7	100.2	100.2	100.2	100.2	100.2
98.9	99.5	99.8	99.9	99.8	99.8	99.8	99.9	100.0
100.2	100.2	99.0	99.0	99.0	99.0	99.0	99.0	99.1
97.4	97.6	97.6	97.4	97.4	97.4	97.4	97.8	97.8
89.6	88.0	91.3	93.0	97.3	101.7	101.5	103.5	110.1
87.9	86.2	90.0	92.0	96.9	102.0	101.8	104.1	111.8
99.9	99.9	99.9	99.7	99.7	99.7	99.7	99.7	100.3
99.6	100.1	99.4	99.3	99.4	99.7	100.0	100.6	101.0
99.6	100.2	99.3	99.3	99.3	99.7	100.2	100.1	100.1
99.4	99.5	99.2	98.6	98.6	98.6	98.6	102.4	103.1
100.5	100.5	100.4	100.4	101.4	101.3	101.3	101.3	105.1
104.0	104.7	104.6	103.3	103.3	103.4	103.4	103.4	103.4
100.0	100.0	100.0	100.0	100.0	100.0	100.0	100.0	100.0
107.4	104.3	104.3	100.2	100.2	100.6	100.6	100.6	100.6
100.0	100.0	100.0	100.0	100.0	100.0	100.0	100.0	100.0
105.3	110.2	109.9	109.9	109.9	109.9	109.9	109.9	109.9

5-14 农业生产资料价格分类指数

Price Indices for Means of Agricultural Production by Category

(上年＝100) (preceding year=100)

指 标	Item	2011	2012	2013	2014	2015	2016
农业生产资料价格指数	**Price Indices for Means of Agricultural Production**	**113.5**	**107.2**	**103.1**	**97.9**	**100.4**	**100.3**
农用手工工具	Agricultural Craft Tool	108.1	105.2	103.0	104.0	102.0	101.2
饲料	Forage	105.1	105.1	107.3	102.1	97.3	98.6
混合饲料	Mixed Forage	106.9	104.9	106.4	102.1	97.6	99.7
其他	Others	102.2	105.4	108.8	102.0	96.7	96.9
仔畜幼禽及产品畜	Animals for Products	151.5	112.8	101.6	94.6	110.1	119.7
半机械化农具	Semi-mechanized Farm Tools	105.6	103.5	102.0	101.3	100.3	100.0
机械化农具	Mechanized Farm Machinery	105.1	101.9	100.5	99.8	99.6	99.7
化学肥料	Chemical Fertilizer	116.2	109.6	102.2	94.0	99.0	96.6
氮肥	Nitrogen Fertilizer	119.5	113.0	104.2	92.6	99.0	95.9
磷肥	Phosphate Fertilizer	115.3	104.6	100.0	99.4	100.2	96.6
钾肥	Calcium Fertilizer	105.1	104.3	100.2	93.4	98.0	100.3
复合肥料	Compounded Fertilizer	114.4	107.7	99.4	93.6	97.9	96.6
农药及农药械	Pesticide & Its Appliances	104.7	101.6	100.2	100.2	100.7	100.3
化学农药	Chemical Pesticide	104.9	101.3	100.1	100.3	100.8	100.5
杀虫剂	Insecticide	106.6	101.7	99.2	99.6	101.4	101.2
杀菌剂	Disinfectant	105.4	103.0	102.0	100.0	100.4	101.0
除草剂	Herbicide	99.7	98.4	100.4	102.8	99.9	99.4
农药器械	Pesticide Apparatus	103.0	104.1	100.8	99.2	99.6	98.1
农用机油	Oil for Farm Machinery	111.8	106.1	105.3	99.7	89.5	95.4
其他农业生产资料	Other Agricultural Productions	110.7	105.9	104.4	99.7	100.5	100.0
农用种子	Seeds for Farm	113.0	107.6	105.4	99.3	101.0	100.0
农用薄膜	Agricultural Membrane	106.7	101.5	101.6	101.3	98.0	99.8
农业生产服务	Agricultural Production Service	103.9	107.0	107.3	103.6	101.8	103.7
排灌费	Irrigation Costs	107.7	103.4	100.5	100.8	100.2	100.0
机械作业费	Machinery Operating Costs	103.5	106.7	110.2	103.0	104.9	103.3
农业用电	Electricity Consumed	98.5	101.2	102.4	100.3	99.9	100.0
农业用工	Agricultural Labor	115.7	123.8	118.5	111.1	103.0	108.2

5-15 工业生产者出厂价格分类指数(1991-2016年)
Producer Price Indices for Industrial Producers by Category(1991-2016)

(上年＝100) (preceding year=100)

年 份 Year	工业生产者出厂价格指数 Producer Price Indices for Industrial Products	轻工业 Light Industry	以农产品为原料 Agricultural products as raw materials	以非农产品为原料 Non-agricultrual Products as Raw Materials	重工业 Heavy Industry	采 掘 Mining & Quarrying Industry	原 料 Raw Materials Industry	加 工 Processing Industry	生产资料 Means of Production	生活资料 Consumer Goods
1991	108.1	102.1			114.2				113.4	102.1
1992	111.0	107.7			113.5				112.6	108.5
1993	125.2	110.5	110.9	108.3	137.0	123.1	148.8	123.5	134.5	111.0
1994	126.2	127.9	131.4	111.1	125.1	113.0	138.5	111.4	124.3	129.3
1995	113.1	121.8	123.2	115.6	106.4	114.9	100.1	113.9	108.4	120.3
1996	102.7	101.1	101.1	101.3	103.8	105.6	103.7	103.7	103.4	101.4
1997	98.7	98.0	98.2	97.0	99.2	97.7	100.4	98.8	98.8	98.5
1998	96.2	95.3	95.5	94.5	97.1	97.4	95.0	99.2	97.0	95.3
1999	97.8	97.3	97.1	96.9	98.3	100.4	97.7	98.6	98.0	97.5
2000	101.6	98.6	97.9	101.3	103.5	114.8	107.8	98.6	103.3	97.6
2001	98.9	97.7	98.2	94.3	99.6	104.0	100.0	98.7	99.4	97.7
2002	98.2	97.7	97.9	95.8	98.4	101.9	99.2	97.5	98.0	98.5
2003	103.5	101.9	103.7	99.6	104.5	118.6	108.9	99.5	104.3	100.8
2004	105.7	105.3	107.4	102.3	106.0	118.1	109.5	102.3	106.4	103.1
2005	104.5	100.9	100.5	101.4	106.5	120.6	109.8	102.9	105.9	99.4
2006	102.9	101.3	100.8	102.3	103.8	115.8	106.0	101.3	103.7	99.9
2007	103.9	104.5	104.8	103.9	103.5	105.9	105.7	102.0	104.0	103.3
2008	106.1	106.0	106.0	105.9	106.2	111.4	108.3	104.4	106.3	105.2
2009	95.6	97.2	97.4	96.8	94.7	81.3	94.1	96.4	94.7	98.9
2010	104.9	103.5	105.3	101.4	105.6	119.2	109.1	101.8	105.8	101.9
2011	106.6	109.6	111.1	104.0	105.5	120.2	106.8	103.7	107.3	104.5
2012	100.3	101.9	101.9	102.0	99.8	101.8	98.7	100.1	99.5	102.6
2013	99.2	101.6	101.8	101.0	98.3	96.5	97.6	98.8	98.1	101.7
2014	98.4	99.9	100.0	99.5	97.9	96.0	96.6	98.7	97.8	100.1
2015	96.7	99.3	99.3	99.3	95.7	84.5	93.0	97.9	95.2	100.5
2016	99.0	99.9	99.6	101.0	98.5	97.7	99.0	98.4	98.4	100.2

5-16 按工业部门分工业生产者出厂价格指数(1991-2016年)
Producer Price Indices for Industrial Producers by Sector(1991-2016)

(上年＝100) (preceding year=100)

年 份 Year	冶金工业 Metallurgical Industry	电力工业 Power Industry	煤炭及炼焦工业 Coal Industry	化学工业 Chemical Industry	机械工业 Machine Manufacturing Idustry
1991	126.1	100.8	115.5	100.8	98.6
1992	119.2	99.8	111.8	103.9	107.7
1993	166.3	119.1	114.5	105.5	123.0
1994	113.0	176.4	118.6	115.6	109.3
1995	92.7	110.6	119.9	127.4	107.9
1996	102.2	110.3	118.9	105.5	101.6
1997	95.8	112.3	98.4	93.7	100.3
1998	92.4	101.9	95.2	92.7	100.4
1999	96.2	101.3	97.7	95.4	99.0
2000	103.1	103.2	97.8	96.9	98.9
2001	99.0	100.9	113.2	98.1	98.3
2002	97.9	102.3	119.3	99.0	97.0
2003	110.5	104.4	122.3	101.7	98.0
2004	115.8	100.7	118.2	106.3	99.8
2005	108.6	103.6	116.9	107.3	100.7
2006	102.5	102.1	98.2	100.3	102.2
2007	109.7	102.6	104.1	107.1	101.5
2008	112.3	102.4	126.6	110.3	102.7
2009	86.8	103.8	100.6	92.8	97.8
2010	112.3	102.6	108.4	105.0	99.7
2011	107.8	103.1	118.3	108.6	100.0
2012	94.0	103.3	103.3	100.6	100.9
2013	95.5	100.8	93.5	98.4	99.4
2014	93.1	100.1	94.2	98.7	99.4
2015	89.7	98.9	91.8	98.5	99.5
2016	99.7	97.3	94.8	97.6	99.0

5-16 续表 Continued

(上年＝100) (preceding year=100)

年 份 Year	建筑材料工业 Building Materials Industry	森林工业 Timber Industry	食品工业 Food Industry	纺织工业 Textile Industry	造纸工业 Paper Industry
1991	104.2	97.9	104.9	100.8	97.1
1992	115.1	106.1	110.9	108.9	100.0
1993	139.6	134.0	117.1	106.1	105.6
1994	107.7	111.7	121.8	142.7	99.9
1995	105.4	91.5	123.6	120.4	150.7
1996	104.3	104.3	105.2	96.5	97.5
1997	98.4	96.6	94.8	104.2	92.6
1998	99.3	96.7	96.9	93.4	93.1
1999	98.8	97.4	98.3	96.3	96.4
2000	98.4	95.6	94.2	104.0	100.1
2001	98.5	94.8	98.4	96.3	100.2
2002	99.0	95.8	100.0	93.2	98.1
2003	100.0	98.4	102.5	106.8	99.3
2004	103.9	100.0	107.8	108.7	99.4
2005	101.7	100.3	101.2	99.6	102.5
2006	105.0	100.3	100.0	102.4	100.2
2007	106.2	104.8	106.4	99.0	99.5
2008	107.9	106.0	108.5	101.6	106.2
2009	99.3	100.1	99.3	96.3	94.5
2010	101.0	101.3	103.2	113.4	101.9
2011	113.5	104.5	109.2	119.0	107.3
2012	98.9	102.7	103.5	96.7	100.1
2013	98.4	102.7	102.0	99.4	100.6
2014	100.5	101.4	100.4	98.6	98.9
2015	96.0	99.7	100.0	97.0	98.4
2016	100.1	100.9	99.7	98.7	99.3

5-17 分月工业生产者出厂价格指数(2016年)

(上年同月=100)

类别	Item	全年 Annual Year	1月 January	2月 February	3月 March
工业生产者出厂价格指数	**Producer Price Indices for Industrial Products**	**99.0**	**96.9**	**96.8**	**97.0**
#轻工业	#Light Industry	99.9	98.9	99.1	99.5
以农产品为原料	Using Farm Produces as Raw Materials	99.6	99.0	99.2	99.4
以非农产品为原料	Using Non-farm Produces as Raw Materials	101.0	98.3	98.4	99.6
重工业	Heavy Industry	98.5	95.9	95.6	95.8
采掘	Mining and Quarrying	97.7	90.0	90.3	91.0
原料	Raw Material	99.0	95.9	95.3	94.8
加工	Processing	98.4	96.3	96.1	96.4
#生产资料	# Means of Production	98.4	95.6	95.4	95.6
采掘	Mining and Quarrying	97.7	90.0	90.3	91.0
原料	Raw Material	98.9	95.7	95.0	94.5
加工	Processing	98.3	95.9	95.8	96.2
生活资料	Life Material	100.2	99.9	100.0	100.2
食品	Food	100.2	100.3	100.5	100.6
衣着	Clothing	100.7	100.7	100.2	100.5
一般日用品	Articles for Daily Use	101.4	99.6	99.9	100.5
耐用消费品	Durable Consumers' Goods	99.1	98.9	98.3	98.3
按工业部门分	**Grouped by Department of Industry**				
冶金工业	Metallurgical Industry	99.7	87.7	87.9	90.1
电力工业	Power Industry	97.3	98.1	97.3	96.3
煤炭及炼焦工业	Coal and Coking Industry	94.8	92.1	91.6	91.1
石油工业	Petroleum Industry	94.0	94.0	91.6	86.2
化学工业	Chemical Industry	97.6	96.7	96.3	96.3
机械工业	Machine Buiding Industry	99.0	98.4	98.3	98.6
建筑材料工业	Buiding Material Industry	100.1	97.3	96.8	96.8
森林工业	Timber Industry	100.9	100.4	100.5	100.4
食品工业	Food Industry	99.7	99.8	99.9	100.1
纺织工业	Textile Industry	98.7	95.7	96.3	96.7
缝纫工业	Tailoring Industry	100.7	100.6	100.0	100.5
皮革工业	Leather Industry	100.8	101.9	101.4	100.9
造纸工业	Paper Industry	99.3	98.8	98.9	99.4
文教艺术用品工业	Cultural, Educational and Handicraft Articles	100.0	100.1	100.1	100.2
其它工业	Other Industry	101.9	95.9	97.0	99.0

Producer Price Indices for Industrial Producers by Month(2016)

(same month of preceding year=100)

4 月 April	5 月 May	6 月 June	7 月 July	8 月 August	9 月 September	10 月 October	11 月 November	12 月 December
97.6	**98.0**	**98.2**	**98.8**	**99.3**	**99.8**	**100.5**	**101.6**	**103.3**
99.3	99.3	99.5	99.8	100.0	100.0	100.4	100.9	101.7
99.1	99.1	99.2	99.5	99.6	99.6	99.9	100.5	101.3
100.0	100.5	100.9	101.3	101.7	101.8	102.8	103.0	103.7
96.8	97.4	97.6	98.2	98.9	99.8	100.6	101.9	104.1
93.1	95.7	97.0	97.3	99.0	101.2	103.1	105.1	112.1
96.4	96.4	96.9	98.7	99.7	100.4	101.9	103.7	108.3
97.1	97.8	97.8	98.1	98.7	99.5	100.1	101.2	102.5
96.4	97.0	97.3	98.1	99.0	99.8	100.7	102.2	104.5
93.1	95.7	97.0	97.3	99.0	101.2	103.1	105.1	112.1
96.2	96.3	96.9	98.8	99.8	100.4	101.9	103.8	108.5
96.6	97.3	97.4	98.0	98.8	99.5	100.3	101.6	103.1
100.3	100.4	100.4	100.2	100.0	100.0	100.1	100.3	100.7
100.6	100.4	100.3	100.1	99.6	99.5	99.7	100.0	100.5
100.4	100.9	100.6	100.8	100.7	100.7	100.7	101.0	101.2
100.7	100.9	101.2	101.8	102.5	102.6	102.3	102.4	102.9
99.0	99.7	99.6	99.0	98.9	99.0	99.4	99.3	99.3
94.4	97.6	98.5	101.2	103.2	105.1	106.4	110.3	117.9
96.4	97.2	97.2	97.4	97.5	97.6	97.7	97.6	97.7
90.5	90.9	90.2	89.8	90.4	90.9	97.6	102.7	122.4
87.7	85.9	89.2	92.4	93.5	96.0	100.2	102.9	111.1
96.8	96.6	96.9	96.7	96.8	97.3	98.5	99.8	102.3
98.7	99.1	98.8	98.8	99.0	99.2	99.4	99.7	100.2
97.2	97.5	97.7	98.3	100.8	103.2	104.4	106.2	105.6
100.7	101.0	100.9	100.8	100.8	100.7	101.6	101.7	100.8
100.0	99.7	99.7	99.6	99.4	99.3	99.5	99.7	100.2
95.6	95.9	96.6	98.4	99.7	100.0	101.1	102.9	105.2
100.3	101.0	100.7	100.9	100.8	100.7	100.7	101.0	101.2
100.9	100.5	100.4	100.1	100.5	100.5	100.9	101.1	101.0
99.1	99.5	99.7	99.4	99.2	99.0	99.1	99.6	99.9
100.3	100.4	100.0	99.7	99.5	99.4	99.7	98.8	101.2
99.3	100.2	101.0	104.1	105.2	105.2	104.9	106.2	105.9

5-18 分行业工业生产者出厂价格指数(2016年)

(上年同月=100)

类　别	Item	全　年 Annual Year	1 月 January	2 月 February
煤炭开采和洗选业	Coal Mining and Selecting Industry	94.8	92.1	91.6
烟煤和无烟煤的开采洗选	The Bituminous Coal and Anthracite Coals Mining and Dressing	94.8	92.1	91.6
石油和天然气开采业	Oil and gas industry	89.7	56.5	77.7
石油开采	Oil drilling	89.7	56.5	77.7
黑色金属矿采选业	Black Metal Mineral Mining and Selecting Industry	95.5	78.7	75.8
铁矿采选	The Iron Mineral Mining and Selecting	95.5	78.7	75.8
有色金属矿采选业	Colored Metal Mineral Mining and Selecting	103.1	94.5	97.4
常用有色金属矿采选	The Regular Colored Metal Mineral Mining and Selecting	103.2	94.5	96.6
贵金属矿采选	The Precious Metal Mineral Mining and Selecting	102.6	94.3	99.6
非金属矿采选业	Non-Metal Mineral Mining and Selecting	100.1	101.3	101.2
土砂石开采	Soil Sand Mining	101.8	102.0	102.0
化学矿采选	Chemical Mineral Mining and Selecting	97.2	101.0	99.8
采盐	Salt Mining	101.5	102.8	107.2
石棉及其他非金属矿采选	Asbestos and Other Non-Metal Mineral Mining and Selecting	99.8	98.5	98.2
农副食品加工业	Farm and Side-Line Food Processed Industry	99.5	99.4	99.7
谷物磨制	Corn Whetted	99.7	99.4	99.3
饲料加工	Forage Processed	95.3	92.9	92.8
植物油加工	Planting-Oil Processed	99.4	99.9	100.7
屠宰及肉类加工	Slaughtered Meta and Meat Processes	102.6	104.3	106.0
水产品加工	Fishery Product Processed	102.3	101.6	101.4
蔬菜、水果和坚果加工	Vegetable, Fruit and Nut Processing	99.8	100.2	100.2
其他农副食品加工	Other Farm and Side-line Food Processed	99.6	100.5	100.5
食品制造业	Food Manufacture Industry	99.9	100.1	100.5
焙烤食品制造	Baked Food Manufacturing	100.2	100.6	100.6
糖果、巧克力及蜜饯制造	Made of Candy, Chocolate and Preserves	98.7	98.5	98.4
方便食品制造	Convenient Food Manufacturing	101.6	101.8	101.7
乳制品制造	Dairy products Manufacturing	97.1	99.9	99.7
罐头食品制造	Dairy products Manufacturing	100.9	100.9	100.6
调味品、发酵制品制造	Condiment, Ferment Product Manufacturing	99.9	100.6	100.7
其他食品制造	Other Food Manufacturing	99.8	98.4	100.8
酒、饮料和精制茶制造业	Wine, Beverages and Refined Tea Manufacturing	100.1	100.1	100.0
酒的制造	Wine Manufacturing	100.5	100.9	100.8
饮料制造	Beverage Manufacturing	98.5	97.5	97.4
精制茶加工	Refined-tea Process	101.0	100.9	100.7
烟草制品业	Tobacco Product Industry	100.1	100.7	100.7
卷烟制造	Cigarette Manufacturing	100.4	101.1	101.1
其他烟草制品制造	Other Tobacco Products are Manufactured	97.4	96.3	96.3

Producer Price Indices for Industrial Producers by Industry(2016)

(same month of preceding year=100)

3 月 March	4 月 April	5 月 May	6 月 June	7 月 July	8 月 August	9 月 September	10 月 October	11 月 November	12 月 December
91.1	90.5	90.9	90.2	89.8	90.4	90.9	97.6	102.7	122.4
91.1	90.5	90.9	90.2	89.8	90.4	90.9	97.6	102.7	122.4
75.5	77.3	85.7	82.5	81.1	85.0	104.2	113.2	115.8	151.6
75.5	77.3	85.7	82.5	81.1	85.0	104.2	113.2	115.8	151.6
78.7	85.4	91.8	95.7	97.1	101.6	107.2	109.1	112.0	123.6
78.7	85.4	91.8	95.7	97.1	101.6	107.2	109.1	112.0	123.6
101.2	100.3	98.7	100.5	104.5	105.2	103.8	104.0	111.7	116.4
100.9	100.1	98.1	99.9	104.2	105.3	103.4	104.1	113.4	119.9
102.0	100.7	100.6	102.2	105.3	104.9	104.9	103.8	106.9	106.2
100.4	100.0	100.1	100.7	100.1	100.0	98.9	99.1	99.6	99.7
101.9	102.1	101.6	101.5	101.7	101.7	101.3	101.9	102.2	101.2
98.2	97.0	98.1	99.2	97.4	98.0	95.4	94.2	93.5	94.1
102.9	98.7	98.9	102.8	99.7	95.8	93.7	98.1	106.8	111.0
98.5	99.4	99.7	99.7	99.9	100.3	100.5	100.5	100.7	101.4
100.1	99.9	99.5	99.6	99.5	98.9	98.8	99.3	99.5	100.4
99.7	99.5	99.5	99.5	99.4	99.4	99.6	100.3	100.1	100.8
92.7	92.2	91.3	93.1	95.4	97.9	97.9	98.3	99.3	100.0
100.1	99.7	99.8	99.7	99.8	98.5	98.0	98.7	98.5	99.8
108.7	109.1	107.4	106.7	103.1	97.8	96.5	96.0	97.3	99.3
101.8	101.7	102.5	102.0	102.1	101.7	102.3	103.3	103.7	103.2
101.3	100.5	99.8	100.2	99.9	98.9	98.9	99.0	99.0	99.6
101.0	101.0	99.6	98.2	98.3	98.7	99.0	99.0	99.2	99.8
99.6	99.6	99.5	99.7	99.5	100.0	100.1	99.9	100.1	100.3
100.1	100.0	100.0	99.9	99.9	100.1	100.2	100.2	100.1	100.2
99.1	98.0	98.0	98.0	98.5	99.3	99.3	99.0	99.5	99.5
101.6	101.2	101.6	100.6	100.2	100.9	101.9	102.2	102.0	103.2
96.1	96.6	96.4	96.6	96.3	96.1	96.4	96.2	97.8	97.3
100.6	101.0	100.8	100.7	100.1	101.1	101.4	101.9	101.1	101.0
100.3	100.1	99.6	100.3	100.0	100.6	99.2	99.1	98.9	99.0
98.5	98.9	98.7	100.2	100.3	100.7	100.6	99.5	100.1	100.9
100.1	100.2	100.2	100.2	100.1	100.1	100.1	99.9	100.4	100.2
100.6	100.6	100.6	100.5	100.3	100.4	100.4	100.4	100.4	99.8
98.3	99.0	99.0	98.8	99.0	98.9	98.5	98.0	98.8	99.0
100.7	100.4	100.6	100.9	100.8	100.8	100.7	100.5	102.4	102.6
100.7	100.7	100.0	99.8	99.9	99.8	99.8	99.8	99.8	99.8
101.1	101.1	100.0	100.0	100.0	100.0	100.0	100.0	100.0	100.0
96.3	96.3	100.0	97.9	98.7	97.8	97.5	97.2	97.2	97.2

5-18 续表 1

(上年同月=100)

类 别	Item	全 年 Annual Year	1 月 January	2 月 February
纺织业	Textile Industry	98.7	95.7	96.3
棉纺织及印染精加工	Cotton Textiles and Dyeing and Finishing Processing	98.5	96.0	96.7
麻纺织及染整精加工	Hemp and Dyeing and Finishing	99.5	96.5	94.6
家用纺织制成品制造	Domestic Textile Manufactured Goods	102.5	101.6	102.2
非家用纺织制成品制造	Non-domestic Textile Manufactured Goods	98.0	92.5	93.0
纺织服装、服饰业	Textile Clothing, Clothing Industry	100.8	100.6	100.0
机织服装制造	Woven Clothing Manufacturing	100.4	100.6	100.0
针织或钩针编织服装制造	Knitting or Crochet Clothing Manufacturing	104.8	100.5	100.6
皮革、毛皮、羽毛及其制品和制鞋业	Leather, Fur, Feathers and Their Products and Shoes	100.4	101.1	101.1
毛皮鞣制及制品加工	Fur Tanning and Processing of Products	100.2	99.9	99.9
制鞋业	Shoemaking	100.5	101.9	102.0
木材加工及木、竹、藤、棕、草制品业	Bamboo, Ratten, Palm and Grass Product Manufacture Industry	100.5	100.3	100.5
木材加工	Wood Processing	100.7	99.6	99.3
人造板制造	Artificial Plank Manufacturing	100.9	99.7	99.9
木制品制造	Timber Product Manufacturing	99.7	101.9	102.3
家具制造业	Furniture Manufacture Industry	99.9	96.9	97.2
木质家具制造	Timber Furniture Manufacture	102.3	100.5	100.6
其他家具制造	Other Furniture Manufacturing	95.8	91.3	91.8
造纸和纸制品业	Paper Making and Paper Products Industry	99.3	98.8	98.9
造纸	Paper Making	99.2	99.6	99.8
纸制品制造	Paper Products Manufacturing	99.4	98.1	98.0
印刷和记录媒介复制业	Printing and Recording Media Replication	99.6	100.1	100.2
印刷	Painting	99.6	100.1	100.2
文教、工美、体育和娱乐用品制造业	Culture, Education and Athletics Manufacture Industry	109.8	95.8	98.8
工艺美术品制造	Culture Articles Manufacturing	112.3	94.4	98.4
玩具制造	Toy manufacturing	102.1	100.0	100.0
石油加工、炼焦及核燃料加工业	Petroleum Process, Coking and Nuclear Fuel Processing Industry	94.3	97.1	92.0
精炼石油产品的制造	Refineed Coking Petroleum Manufacturing	94.3	97.1	92.0
化学原料及化学制品制造业	Chemical Material and Chemical Product Manufacturing	96.5	95.5	94.9
基础化学原料制造	Basic Chemical Material Manufacturing	97.3	93.1	92.6

Continued

(same month of preceding year=100)

3 月 March	4 月 April	5 月 May	6 月 June	7 月 July	8 月 August	9 月 September	10 月 October	11 月 November	12 月 December
96.7	95.6	95.9	96.6	98.4	99.7	100.0	101.1	102.9	105.2
97.1	96.2	96.4	96.6	97.2	99.0	99.7	101.0	102.2	103.8
93.6	95.3	99.0	98.2	100.3	100.7	101.4	101.0	102.3	111.3
101.6	102.2	102.6	102.9	102.7	103.0	102.3	102.5	103.1	103.1
94.2	91.0	91.4	94.1	102.0	101.7	100.3	101.3	106.0	110.0
100.5	100.5	101.0	100.7	101.0	100.9	100.9	100.8	101.0	101.3
100.1	99.9	100.5	100.3	100.6	100.5	100.3	100.5	100.7	101.0
104.7	107.5	106.9	105.7	105.2	105.9	107.2	104.6	104.9	104.4
100.7	99.7	100.5	100.0	99.8	99.9	100.0	100.3	100.6	100.8
99.8	99.7	99.7	99.2	99.1	99.7	100.0	101.4	101.9	101.9
101.3	99.8	101.0	100.6	100.3	100.1	100.0	99.5	99.8	100.0
100.2	100.4	100.6	100.5	100.3	100.3	100.2	101.3	101.4	100.3
98.6	99.7	99.6	99.4	99.4	99.3	99.2	107.2	107.7	99.5
100.4	100.6	100.8	101.4	101.5	101.5	101.5	101.2	101.5	101.3
100.7	100.5	100.9	99.5	98.8	98.8	98.5	98.1	97.9	99.1
98.1	98.7	99.5	99.6	100.1	100.6	101.1	101.6	102.4	102.6
101.5	102.0	102.6	102.7	102.8	102.9	102.9	102.9	103.0	103.1
92.6	93.4	94.3	94.7	95.6	96.7	98.1	99.4	101.2	101.8
99.4	99.1	99.5	99.7	99.4	99.2	99.0	99.1	99.6	99.9
100.2	99.4	99.4	99.2	99.3	98.6	98.3	98.3	98.9	99.2
98.7	98.8	99.7	100.3	99.5	99.8	99.6	99.7	100.3	100.6
100.2	100.3	100.4	99.8	99.2	99.0	98.8	99.0	98.1	100.7
100.2	100.3	100.4	99.8	99.2	99.0	98.8	99.0	98.1	100.7
103.6	102.0	104.5	106.9	116.2	120.4	118.9	116.3	119.3	117.3
104.8	102.7	105.8	108.5	120.6	126.3	124.2	120.3	124.7	121.6
99.8	99.8	100.1	102.0	102.9	103.6	103.6	104.6	104.1	105.0
85.8	87.5	84.7	89.1	93.0	93.8	95.7	100.4	103.3	110.9
85.8	87.5	84.7	89.1	93.0	93.8	95.7	100.4	103.3	110.9
94.7	95.7	95.4	95.5	95.2	95.2	95.9	97.7	99.6	103.2
92.8	94.1	94.6	95.5	96.0	97.3	98.0	101.1	102.9	110.5

5-18 续表 2

(上年同月=100)

类　别	Item	全　年 Annual Year	1 月 January	2 月 February
肥料制造	Fertilizer Manufacture	92.4	96.9	95.1
农药制造	Insectcide Manufacture	94.8	91.5	92.9
涂料、油墨、颜料及类似产品制造	Coating, Printing Ink, Pigment and The Similar Products Manufacture	109.5	101.2	101.2
合成材料制造	Compounded Material Manufacture	94.3	83.5	84.9
专用化学产品制造	Specialized Chemical Product Manufacture	102.0	101.3	101.8
炸药、火工及焰火产品制造	The Manufacture of Explosives, Firework and Fireworks	96.8	96.7	97.3
日用化学产品制造	Daily Chemical Product Manufacture	98.0	96.7	95.7
医药制造业	Medical Manufacture Industry	101.7	100.8	100.9
化学药品原药制造	Original Medicine of Chemical Medicine Manufacture	103.8	104.7	105.0
化学药品制剂制造	Chemical Medicine Agent Manufacture	102.0	101.9	101.8
中成药生产	Medium Paternt Manufacture	103.6	102.2	102.3
兽用药品制造	Medicine in Herbs Manufacture	101.6	103.1	103.1
生物药品制造	Biology, Bio-chemical Product Manufacture	93.3	90.3	91.0
卫生材料及医药用品制造	Sanitary Materials and Medical Supplies Manufacturing	102.5	100.9	100.7
化学纤维制造业	Chemical Fiber Manufacturing	100.3	93.3	94.7
纤维素纤维原料及纤维制造	Cellulose Fiber Raw Materials and Fiber Manufacturing	99.6	85.5	87.5
合成纤维制造	Synthetic Fibre Manufacturing	100.9	101.7	102.3
橡胶和塑料制品业	Rubber and Plastic Products	97.0	96.2	95.9
橡胶制品业	Rubber Products	95.4	96.5	94.7
塑料制品业	Plastic Products	97.4	96.1	96.2
非金属矿物制品业	Non-metal Mineral Product Industry	99.8	96.7	96.2
水泥、石灰和石膏的制造	Cement, Lime and Gypsum Manufacture	98.0	88.0	85.5
石膏、水泥制品及类似制品制造	Cement and Gypsum Product Manufacture	100.6	100.7	100.3
砖瓦、石材及其他建筑材料制造	Brick, Stone Material and Other Buildings Material Manufacture	100.6	100.8	100.9
玻璃制造	Glass Manufacturing	105.0	96.5	99.1
玻璃制品制造	Glass Goods Manufacturing	100.2	99.1	99.3
耐火材料制品制造	Refractory Products Manufacturing	97.0	96.0	96.4
石墨及其他非金属矿物制品制造	Graphite and Other Non-metal Mineralses Product Manufacture	96.9	94.1	94.5
黑色金属冶炼及压延加工业	Black Metal Coking and Pressint Process Industry	100.4	85.1	85.1
炼铁	Ironmaking	99.2	89.5	92.4
炼钢	Steel Making	109.6	99.4	98.4
黑色金属铸造	Black Metal Casting	98.4	96.5	96.5
钢压延加工	Pressed Steel Processing	98.7	78.1	78.3
铁合金冶炼	Iron-alloy Smeltering	97.1	90.6	90.8

Continued

(same month of preceding year=100)

3 月 March	4 月 April	5 月 May	6 月 June	7 月 July	8 月 August	9 月 September	10 月 October	11 月 November	12 月 December
93.7	94.3	93.5	92.7	91.1	89.5	89.0	89.1	90.8	93.2
91.4	89.7	89.0	90.3	90.6	91.8	95.2	99.8	105.4	110.5
103.5	105.1	107.2	107.7	110.8	110.1	111.4	116.4	118.6	120.0
87.0	90.0	89.9	90.0	90.3	93.6	98.4	104.3	109.6	117.4
101.7	102.9	101.5	101.8	101.8	101.8	102.5	102.2	102.5	102.5
95.9	96.1	95.8	95.7	96.0	95.9	95.9	98.4	98.6	99.1
96.8	97.3	97.2	98.0	98.6	98.8	99.0	99.1	99.5	99.7
101.4	101.1	101.1	101.9	101.7	101.8	102.0	102.0	102.3	102.7
105.4	104.7	104.1	104.0	103.1	103.7	104.1	103.3	102.4	101.1
102.1	101.5	101.9	102.1	102.0	102.1	102.8	102.4	102.1	101.7
102.3	102.3	102.1	104.9	105.2	105.1	104.8	104.3	104.1	103.6
102.9	102.6	101.6	101.3	101.5	100.9	101.1	100.9	100.4	100.2
92.3	92.3	92.1	91.9	90.6	90.9	90.7	93.2	99.7	106.6
101.8	101.6	102.6	103.1	103.6	103.6	104.0	103.7	102.3	102.4
98.2	97.6	97.2	99.2	99.4	102.0	104.0	105.9	105.9	106.3
94.2	95.7	95.2	98.0	99.6	104.9	109.9	112.9	107.6	107.2
102.4	99.6	99.2	100.4	99.2	99.2	98.3	99.1	104.3	105.5
96.6	96.4	96.3	96.2	96.4	97.2	97.5	98.1	98.5	99.4
94.2	92.5	93.3	93.9	93.9	95.4	96.4	97.8	98.4	97.9
97.2	97.4	97.1	96.7	97.1	97.6	97.7	98.1	98.5	99.7
96.3	96.7	97.0	97.3	97.9	100.5	103.0	104.3	106.1	105.6
86.1	88.5	89.0	89.7	90.2	100.4	109.8	112.3	122.2	120.0
99.7	99.5	99.7	100.8	100.7	100.3	100.6	101.7	101.6	101.4
100.8	100.4	100.4	99.8	100.6	100.8	100.5	101.0	100.8	100.4
96.9	96.5	99.8	98.9	103.5	107.8	117.7	120.9	110.9	113.3
100.5	100.7	100.2	100.7	100.7	100.2	99.9	99.8	100.2	101.2
96.8	96.6	97.1	97.2	96.8	96.3	96.3	97.2	98.6	99.0
95.0	94.8	95.5	96.3	97.3	97.7	98.5	99.5	100.1	99.9
88.0	94.9	100.1	100.5	101.6	104.3	107.0	109.1	113.2	122.3
101.7	103.9	107.5	98.9	98.5	98.9	96.0	93.9	98.3	113.9
100.7	113.0	115.4	109.9	107.4	110.4	112.1	112.5	114.1	121.9
96.8	97.7	99.5	98.7	98.2	98.5	99.1	99.4	99.5	100.2
81.7	89.1	96.0	98.8	101.5	105.0	108.6	112.0	118.1	130.3
90.0	92.7	96.4	95.4	94.5	95.0	101.2	103.7	106.9	110.5

5-18 续表 3

(上年同月=100)

类别	Item	全年 Annual Year	1月 January	2月 February
有色金属冶炼及压延加工业	Coloured Metal Coking and Pressint Process Industry	101.5	93.0	94.7
常用有色金属冶炼	General Non-ferrous Metal Coking	101.6	94.9	95.8
贵金属冶炼	Precious Metal Smeltering	118.5	93.2	99.3
有色金属合金制造	Non-ferrous Metal Alloy Manufacture	97.2	95.9	97.1
有色金属压延加工	Non-ferrous Metal Pressing Processing	96.2	89.8	90.8
金属制品业	Metal Product Industry	97.0	94.2	94.1
结构性金属制品制造	Structural Metal Product	96.5	93.0	93.3
金属工具制造	Metal Tools Manufacture	98.3	100.1	99.1
集装箱及金属包装容器制造	Container and Metal Packing Container Manufacture	96.7	93.5	93.5
金属丝绳及其制品的制造	Metal Silk Rope and Its Product Manufacture	95.4	88.9	88.4
金属表面处理及热处理加工	Metal Surface Treatment and Heat Treatment Processing	90.6	85.3	86.1
金属制日用品制造	Metal Producing Manufacture	99.7	96.8	96.8
其他金属制品制造	Other Metal Product Manufacture	99.2	99.5	99.0
通用设备制造业	General Equipment Manufacture	98.6	96.3	96.4
锅炉及原动机制造	Boiler and Original Motor	92.7	84.7	85.9
金属加工机械制造	Metal Process and Machinery Manufacture	98.2	93.8	94.3
物料搬运设备制造	Material Handling Equipment Manufacturing	101.7	99.9	100.0
泵、阀门、压缩机及类似机械的制造	Pump, Valve, Compressor and Its Similar Mechanical Manufacture	97.5	97.0	96.5
轴承、齿轮和传动部件制造	Manufacturing of Bearings, Gears and Transmission Parts	96.2	94.9	94.9
烘炉、风机、衡器、包装等设备制造	Ovens, Fans, Scales, Packaging and Other Equipment Manufacturing	102.2	102.9	102.4
通用零部件制造	General Parts Manufacturing	100.0	99.8	99.6
其他通用设备制造业	Other General Equipment Manufacturing	101.1	99.8	99.7
专用设备制造业	General Equipment Manufacture	100.7	99.1	99.3
矿山、冶金、建筑专用设备制造	Ore Mountain, Metallurgy, Building Special Equipment Manufacture	99.6	97.7	98.1
化工、木材、非金属加工专用设备制造	Chemical Engineering, Timber, Non-Metal Processed Special Equipments Manufacture	103.9	100.8	101.1
食品、饮料、烟草及饲料生产专用设备制造	The Food, Beverage, Tobacco and Foddar Production Special Equipments Manufacture	100.0	100.0	100.0
农、林、牧、渔专用机械制造	Agriculture, Forestry Animal Husbandry and Fishery Specific Machinery Manufacture	98.7	100.1	98.3
环保、社会公共安全及其他专用设备制造	Environment Protection, Public Social Secure and Other Specific Equipment Manufacture	100.0	99.5	99.7
汽车制造业	Car Manufacturing	99.1	99.5	99.0
汽车整车制造	The Car is Made by Car	99.5	100.4	99.2
改装汽车制造	Refitted Automobiles	101.2	100.0	99.5
汽车车身、挂车制造	Car Body, Trailer Manufacturing	95.7	96.5	96.5
汽车零部件及配件制造	Auto pParts and Accessories Manufacturing	98.6	98.6	98.8
铁路、船舶、航空航天和其他运输设备制造业	Manufacturing of Railways, Ships, Aerospace and Other Transport Equipment	99.2	99.4	99.2
铁路运输设备制造	Railway Transport Equipment Manufacturing	99.0	98.6	98.5
船舶及相关装置制造	Ship and Related Equipment Manufacturing	99.4	100.0	99.7

Continued

(same month of preceding year=100)

3 月 March	4 月 April	5 月 May	6 月 June	7 月 July	8 月 August	9 月 September	10 月 October	11 月 November	12 月 December
95.4	95.6	95.2	96.2	104.2	105.3	105.1	105.0	110.8	119.7
96.8	96.9	94.5	94.5	101.9	102.5	102.4	104.0	110.1	127.6
105.7	105.0	108.6	110.5	139.9	143.9	137.9	125.0	130.5	130.0
94.6	92.5	97.6	96.9	96.0	96.7	97.0	98.0	101.4	103.2
90.4	91.5	90.4	92.6	96.6	97.3	98.8	100.7	106.9	111.5
95.2	96.0	96.7	96.4	96.9	97.1	98.2	98.7	99.8	101.6
94.5	95.0	96.0	95.7	96.1	96.2	98.0	98.5	100.2	102.3
97.8	97.6	97.7	98.4	97.6	98.0	98.3	97.9	98.5	98.4
94.7	95.2	95.1	95.4	97.3	98.0	98.7	99.3	99.8	100.8
91.5	94.3	95.3	95.8	96.8	97.8	97.6	98.9	100.1	101.1
87.5	89.4	90.6	91.0	91.2	91.2	91.9	92.2	94.7	97.9
97.2	98.4	98.9	99.1	100.0	100.4	100.7	102.3	102.6	103.6
99.3	100.1	100.4	98.2	98.0	97.8	98.5	98.7	99.2	101.7
97.8	97.5	98.3	98.2	98.5	99.4	100.0	100.3	100.4	100.7
90.9	91.0	90.8	91.2	93.3	95.6	96.4	97.9	98.4	99.6
94.8	95.5	97.3	96.9	97.8	100.7	102.4	101.8	102.1	101.8
99.8	99.7	102.7	102.6	102.5	102.5	102.8	102.5	102.7	103.1
96.7	97.3	98.4	98.4	96.9	96.8	97.7	98.0	98.2	98.4
94.8	95.0	95.9	96.0	96.1	96.3	97.2	97.7	97.5	98.4
105.1	101.7	102.2	101.3	101.6	101.7	101.8	102.0	101.9	102.0
99.7	99.8	99.9	100.1	100.0	100.1	100.1	100.1	100.2	100.1
99.7	101.3	101.4	101.1	101.1	101.1	102.1	102.0	102.0	102.1
99.5	99.8	100.3	100.4	100.2	100.3	100.9	101.3	103.3	103.6
98.3	98.5	99.1	99.2	98.9	98.2	99.2	99.7	103.5	104.8
101.8	102.6	102.9	103.6	103.4	105.2	106.3	106.5	106.8	106.0
100.0	100.0	100.0	100.0	100.0	100.0	100.0	100.0	100.0	100.0
97.7	98.3	101.9	97.3	97.6	97.5	97.4	98.4	100.3	100.1
99.9	99.5	99.7	100.4	100.1	100.2	100.0	100.1	100.7	100.7
98.9	98.9	99.2	98.7	98.9	98.9	99.1	99.2	99.3	99.8
98.9	99.1	99.5	98.8	99.4	99.4	99.6	99.6	99.7	100.4
99.9	99.8	101.8	102.0	101.9	101.4	101.8	102.1	102.1	102.6
94.8	95.4	95.5	95.5	95.5	95.5	95.7	95.7	95.7	96.4
98.8	98.7	98.7	98.3	98.1	98.2	98.4	98.6	98.7	99.0
99.2	99.2	99.1	99.0	99.4	99.2	99.2	99.4	99.4	99.4
98.6	98.6	98.5	98.6	99.3	99.6	99.6	99.6	99.6	99.6
99.7	99.7	99.7	99.4	99.4	98.8	98.8	99.2	99.2	99.2

5-18 续表 4

(上年同月=100)

类　别	Item	全　年 Annual Year	1 月 January	2 月 February
电气机械及器材制造业	Electricity Machine and Its Equipment Manufacture	98.5	97.4	97.4
电机制造	Electric Engineering Manufacture	95.6	97.0	96.4
输配电及控制设备制造	Electricity Mixed and Control Equipments Manufacture	99.6	100.1	100.2
电线、电缆、光缆及电工器材制造	Wire, Cable, Fiber Optic Cable and the Electric Device Manufacture	96.6	91.9	92.5
电池制造	Battery Manufacture	103.9	102.3	104.5
家用电力器具制造	Electric Power Apparatus Manufacture	96.7	96.4	96.0
非电力家用器具制造	Non-electric Household Appliance Manufacturing	102.3	105.5	95.4
照明器具制造	light Manufacture	96.2	94.1	95.2
计算机、通信和其他电子设备制造业	Manufacturing of Computers, Communications and Other Electronic Equipment	99.0	97.4	98.1
计算机制造	Computer Manufacturing	103.6	102.5	103.3
通信设备制造	Tele-communication Equipment Manufacture	96.7	94.0	95.0
广播电视设备制造	Radio and Television Equipment Manufacturing	93.3	99.4	98.4
电子器件制造	Electronic Appliances	98.3	97.0	97.3
电子元件制造	Electronic Components	97.9	98.8	99.4
仪器仪表制造业	Instrument Manufacturing Industry	97.5	98.6	98.6
通用仪器仪表制造	General Instrument and Meters	97.5	98.6	98.6
废弃资源综合利用业	The Comprehensive Utilization of Waste Resources	109.6	82.7	83.3
金属废料和碎屑加工处理	Metal Waste and Debris Processing	109.6	82.7	83.3
电力、热力的生产和供应业	Electronic, Thermodynamic Product and Supply Industry	97.2	98.1	97.3
电力生产	Electric Power Production	97.0	98.1	96.3
电力供应	Electric Power Supply	97.5	98.3	98.2
热力生产和供应	Thermal Production and Supply	96.3	94.6	94.6
燃气生产和供应业	Fuel Production and Supply Industry	94.7	95.3	95.3
燃气生产和供应业	Fuel Production and Supply Industry	94.7	95.3	95.3
水的生产和供应业	Water Production and Supply Industry	105.5	101.1	101.1
自来水的生产和供应	Tapping-water Production and Supply	105.5	101.1	101.1

Continued

(same month of preceding year=100)

3 月 March	4 月 April	5 月 May	6 月 June	7 月 July	8 月 August	9 月 September	10 月 October	11 月 November	12 月 December
98.0	98.1	98.3	98.4	98.1	98.6	98.7	99.3	99.6	100.3
95.7	95.1	95.5	94.8	95.6	95.1	94.8	95.5	96.0	95.7
100.3	100.2	100.1	100.0	100.0	100.2	99.2	98.7	98.3	97.9
93.6	94.2	94.6	93.9	95.8	97.4	99.2	99.9	102.6	105.4
104.7	104.0	102.7	102.1	102.5	103.8	104.2	105.0	104.5	106.6
96.2	96.6	97.8	99.6	96.4	96.1	95.8	97.1	96.4	95.8
103.0	102.8	102.4	101.9	102.1	102.4	102.8	103.0	103.0	103.1
95.6	95.4	94.9	94.2	94.8	95.7	95.8	97.8	99.5	101.4
98.8	99.0	99.3	99.6	99.1	99.1	99.0	99.2	99.5	99.8
104.0	104.0	105.1	104.5	103.4	103.4	102.5	103.0	103.6	104.2
96.1	96.5	96.5	97.4	97.0	97.2	97.5	97.4	98.0	98.3
95.1	93.3	93.4	92.9	93.2	91.1	91.1	91.0	90.2	90.3
97.8	97.9	98.3	98.5	98.4	98.7	98.6	99.0	98.8	99.4
99.6	99.2	98.6	99.1	98.7	96.9	96.9	96.7	95.5	94.9
99.1	98.8	99.0	96.4	96.8	96.4	96.0	96.3	96.5	97.0
99.1	98.8	99.0	96.4	96.8	96.4	96.0	96.3	96.5	97.0
88.9	97.3	110.9	114.0	120.0	124.2	123.0	122.1	126.0	134.3
88.9	97.3	110.9	114.0	120.0	124.2	123.0	122.1	126.0	134.3
96.2	96.3	97.2	97.3	97.4	97.4	97.5	97.5	97.3	97.4
96.3	96.3	97.1	97.1	96.9	97.0	97.4	97.3	96.8	97.3
96.2	96.4	97.3	97.4	97.8	97.7	97.7	97.6	97.7	97.4
94.6	94.6	94.6	96.4	96.0	96.0	96.2	98.2	99.7	100.3
93.5	94.1	94.1	94.3	95.0	96.5	93.9	93.1	94.2	96.7
93.5	94.1	94.1	94.3	95.0	96.5	93.9	93.1	94.2	96.7
100.9	108.0	108.0	106.8	106.7	106.5	106.7	106.6	106.6	106.5
100.9	108.0	108.0	106.8	106.7	106.5	106.7	106.6	106.6	106.5

5-19 分月工业生产者出厂价格环比指数(2016年)

(上月=100)

类别	Item	全年 Annual Year	1月 January	2月 February
全部工业品	**Total Industrial Products**			
#轻工业	Light Industry	101.7	99.8	100.1
以农产品为原料	Using Farm Produces as Raw Materials	101.3	99.7	100.0
以非农产品为原料	Using Non-farm Produces as Raw Materials	103.7	99.9	100.4
重工业	Heavy Industry	104.1	99.5	99.5
采掘	Mining and Quarrying	112.1	98.2	98.9
原料	Raw Material	108.3	99.6	98.8
加工	Processing	102.5	99.5	99.7
#生产资料	Means of Production	104.5	99.3	99.4
采掘	Mining and Quarrying	112.1	98.2	98.9
原料	Raw Material	108.5	99.6	98.7
加工	Processing	103.1	99.3	99.7
生活资料	Life Material	100.7	100.1	100.1
食品	Food	100.5	100.1	100.2
衣着	Clothing	101.2	100.6	99.5
一般日用品	Articles for Daily Use	102.9	100.1	100.6
耐用消费品	Durable Consumers' Goods	99.3	100.1	99.8
按工业部门分	**Grouped by Department of Industry**			
冶金工业	Metallurgical Industry	117.9	99.1	99.6
电力工业	Power Industry	97.7	99.6	99.3
煤炭及炼焦工业	Coal and Coking Industry	122.4	99.4	98.9
石油工业	Petroleum Industry	111.1	97.7	94.8
化学工业	Chemical Industry	102.3	99.3	99.4
机械工业	Machine Buiding Industry	100.2	99.8	99.9
建筑材料工业	Buiding Material Industry	105.6	99.6	99.2
森林工业	Timber Industry	100.8	99.7	100.2
食品工业	Food Industry	100.2	100.0	100.1
纺织工业	Textile Industry	105.2	98.5	99.7
缝纫工业	Tailoring Industry	101.2	100.7	99.5
皮革工业	Leather Industry	101.0	99.9	99.7
造纸工业	Paper Industry	99.9	99.5	99.8
文教艺术用品工业	Cultural, Educational and Handicraft Articles	101.2	100.0	100.0
其它工业	Other Industry	105.9	100.4	101.7

Prducer Price Chain Index for Industrial Producers by Month(2016)

(preceding month=100)

3 月 March	4 月 April	5 月 May	6 月 June	7 月 July	8 月 August	9 月 September	10 月 October	11 月 November	12 月 December
100.1	99.9	100.0	100.1	100.3	100.0	100.1	100.4	100.3	100.6
100.0	99.9	100.0	100.2	100.3	100.0	100.0	100.3	100.3	100.7
100.9	100.3	100.4	100.0	100.2	100.1	100.4	100.9	99.8	100.4
100.1	100.8	100.6	100.0	100.1	100.1	100.6	100.5	101.0	101.5
101.5	102.1	102.0	101.0	99.5	100.3	101.1	101.2	100.9	104.9
100.2	101.5	100.8	100.3	100.8	99.9	100.7	100.9	101.5	102.9
99.9	100.5	100.5	99.8	99.9	100.1	100.6	100.3	100.8	100.9
100.1	100.7	100.5	100.0	100.2	100.2	100.6	100.6	101.0	101.6
101.5	102.1	102.0	101.0	99.5	100.3	101.1	101.2	100.9	104.9
100.3	101.6	100.9	100.4	100.9	100.0	100.6	100.9	101.4	103.0
100.0	100.4	100.4	99.9	100.1	100.3	100.5	100.5	100.9	101.0
100.0	100.0	100.1	100.0	99.9	99.8	100.1	100.1	100.0	100.4
100.0	100.0	99.9	100.1	99.9	99.5	100.0	100.1	100.1	100.5
100.0	99.9	100.1	99.8	100.1	100.2	100.2	100.1	100.2	100.4
100.6	100.1	100.3	100.2	100.4	100.0	100.1	99.9	100.0	100.7
99.5	100.2	100.4	99.7	99.4	100.0	100.4	100.4	99.7	99.7
101.4	103.9	102.6	99.9	101.0	100.5	101.1	100.7	102.3	104.7
99.3	99.6	99.6	99.9	100.0	100.0	100.1	100.0	100.2	100.0
99.5	99.4	99.2	99.2	99.4	99.3	100.3	103.2	104.3	119.9
99.2	101.6	103.2	105.3	100.2	97.4	101.9	103.2	101.7	104.9
100.2	100.4	100.0	100.0	99.6	99.7	100.2	100.6	100.9	101.8
99.9	100.0	100.3	99.7	100.0	100.0	100.2	100.1	100.1	100.2
99.6	100.4	99.9	99.7	99.7	101.9	102.6	101.3	101.8	99.7
100.0	100.3	100.3	100.1	100.1	99.9	100.0	100.8	100.3	99.1
99.9	99.8	99.9	100.1	100.1	99.7	99.9	100.1	100.1	100.5
100.3	100.0	99.9	100.5	101.3	101.3	100.0	101.0	101.1	101.5
100.0	99.9	100.2	99.8	100.2	100.2	100.2	100.0	100.2	100.4
100.0	100.0	100.0	99.9	100.0	100.3	100.0	100.8	100.3	100.1
100.1	100.0	100.3	100.2	99.5	99.6	100.0	100.1	100.3	100.5
100.1	100.1	100.1	99.7	99.7	99.9	99.8	100.3	99.1	102.5
101.5	100.3	100.6	99.8	102.2	100.0	100.0	99.6	100.5	99.4

5-20 分行业工业生产者出厂价格环比指数(2016年)

(上月＝100)

类　别	Item	全　年 Annual Year	1 月 January	2 月 February
煤炭开采和洗选业	Coal Mining and Selecting Industry	122.4	99.4	98.9
烟煤和无烟煤的开采洗选	The Bituminous Coal and Anthracite Coals Mining and Dressing	122.4	99.4	98.9
石油和天然气开采业	Oil and Gas Industry	151.6	85.6	103.2
石油开采	Oil Drilling	151.6	85.6	103.2
黑色金属矿采选业	Black Metal Mineral Mining and Selecting Industry	123.6	95.7	96.7
铁矿采选	The Iron Mineral Mining and Selecting	123.6	95.7	96.7
有色金属矿采选业	Colored Metal Mineral Mining and Selecting	116.4	101.1	101.6
常用有色金属矿采选	The Regular Colored Metal Mineral Mining and Selecting	119.9	101.3	100.8
贵金属矿采选	The Precious Metal Mineral Mining and Selecting	106.2	100.4	104.0
非金属矿采选业	Non-Metal Mineral Mining and Selecting	99.7	100.2	99.6
土砂石开采	Soil Sand Mining	101.2	100.5	100.0
化学矿采选	Chemical Mineral Mining and Selecting	94.1	99.7	98.9
采盐	Salt Mining	111.0	100.6	100.0
石棉及其他非金属矿采选	Asbestos and Other Non-Metal Mineral Mining and Selecting	101.4	100.3	99.5
农副食品加工业	Farm and Side-Line Food Processed Industry	100.4	99.9	100.3
谷物磨制	Corn Whetted	100.8	99.5	100.1
饲料加工	Forage Processed	100.0	99.4	99.7
植物油加工	Planting-Oil Processed	99.8	100.0	100.6
屠宰及肉类加工	Slaughtered Meta and Meat Processes	99.3	101.2	101.5
水产品加工	Fishery Product Processed	103.2	100.2	99.9
蔬菜、水果和坚果加工	Vegetable, Fruit and Nut Processing	99.6	100.2	100.1
其他农副食品加工	Other Farm and Side-line Food Processed	99.8	99.8	99.9
食品制造业	Food Manufacture Industry	100.3	100.2	100.2
焙烤食品制造	Baked Food Manufacturing	100.2	100.0	100.0
糖果、巧克力及蜜饯制造	Made of Candy, Chocolate and Preserves	99.5	100.0	100.0
方便食品制造	Convenient Food Manufacturing	103.2	101.7	99.6
乳制品制造	Dairy Products Manufacturing	97.3	100.0	100.0
罐头食品制造	Dairy Products Manufacturing	101.0	100.0	100.0
调味品、发酵制品制造	Condiment, Ferment Product Manufacturing	99.0	99.4	100.1
其他食品制造	Other Food Manufacturing	100.9	100.4	101.4
酒、饮料和精制茶制造业	Wine, Beverages and Refined tea Manufacturing	100.2	100.1	99.8
酒的制造	Wine Manufacturing	99.8	100.0	100.0
饮料制造	Beverage Manufacturing	99.0	100.3	99.4
精制茶加工	Refined-tea Process	102.6	100.3	99.9
烟草制品业	Tobacco Product Industry	99.8	100.0	100.0
卷烟制造	Cigarette Manufacturing	100.0	100.0	100.0
其他烟草制品制造	Other Tobacco Products are Manufactured	97.2	100.0	100.0

Producer Price Chain Indice for Industrial Producers by Industry(2016)

(preceding month=100)

3 月 March	4 月 April	5 月 May	6 月 June	7 月 July	8 月 August	9 月 September	10 月 October	11 月 November	12 月 December
99.5	99.4	99.2	99.2	99.4	99.3	100.3	103.2	104.3	119.9
99.5	99.4	99.2	99.2	99.4	99.3	100.3	103.2	104.3	119.9
116.3	107.2	114.5	106.2	95.9	97.8	102.7	109.1	94.9	113.5
116.3	107.2	114.5	106.2	95.9	97.8	102.7	109.1	94.9	113.5
102.5	106.1	105.2	102.4	99.3	101.9	104.2	101.3	101.0	105.7
102.5	106.1	105.2	102.4	99.3	101.9	104.2	101.3	101.0	105.7
103.7	99.6	98.9	100.0	101.6	100.2	100.1	100.3	104.1	104.4
104.8	99.8	98.5	99.4	102.3	99.8	100.1	100.2	105.5	106.2
100.5	99.2	100.0	101.5	99.6	101.3	100.0	100.6	100.1	98.8
100.1	100.2	99.8	100.1	99.7	99.7	99.1	100.1	100.4	100.7
100.3	100.5	99.6	99.9	100.2	99.7	99.7	100.6	100.2	100.0
99.7	99.6	99.7	100.6	98.7	99.5	97.6	98.8	100.0	101.0
100.0	99.0	101.0	100.0	100.0	98.8	99.5	101.1	105.2	105.6
100.0	100.8	100.2	99.8	100.1	100.2	100.0	100.0	100.0	100.5
99.9	99.7	99.9	100.2	100.2	99.4	99.9	100.2	100.0	100.8
100.3	99.8	99.9	100.1	100.1	99.8	100.1	100.5	100.0	100.7
98.7	98.4	99.3	101.1	101.7	101.8	99.4	100.0	100.1	100.4
99.6	99.0	100.1	99.9	100.0	98.5	99.5	100.5	100.7	101.5
100.4	101.1	100.4	100.5	98.6	96.6	100.2	98.9	98.6	101.3
100.7	100.1	100.4	99.8	100.5	99.6	100.7	100.7	100.6	100.0
100.1	99.7	99.9	100.3	99.9	99.2	99.8	100.2	100.2	100.0
99.6	100.0	99.2	99.9	100.4	100.3	100.2	99.9	100.0	100.5
99.2	100.0	100.0	100.3	99.9	100.3	100.0	100.0	100.1	100.1
100.0	100.0	100.0	99.9	100.0	100.2	100.1	100.0	99.9	100.1
100.0	99.5	100.0	100.0	100.0	100.0	100.0	100.0	100.0	100.0
100.3	99.9	100.5	99.6	100.2	100.5	100.3	100.1	100.2	100.3
95.9	100.2	99.8	100.3	100.0	99.9	100.3	99.8	101.6	99.5
100.0	100.0	100.0	100.0	99.5	101.4	100.4	100.4	99.2	100.2
100.0	100.1	99.9	100.5	99.7	100.6	98.9	99.9	99.9	100.0
97.3	100.2	99.8	101.6	99.8	99.7	100.1	99.6	100.5	100.5
100.1	100.1	99.8	99.8	100.0	99.9	99.9	99.9	100.5	100.2
100.0	100.0	100.0	99.9	100.0	100.0	100.1	99.9	100.0	100.0
100.3	100.2	99.0	99.3	100.0	99.4	99.5	99.9	100.8	100.9
100.3	100.2	100.0	100.0	100.0	100.0	100.0	100.0	101.9	100.0
100.0	100.0	100.0	99.8	100.1	99.9	100.0	100.0	100.0	100.0
100.0	100.0	100.0	100.0	100.0	100.0	100.0	100.0	100.0	100.0
100.0	100.0	100.0	97.9	100.9	99.0	99.8	99.7	100.0	100.0

5-20 续表 1

(上月＝100)

类　别	Item	全　年 Annual Year	1 月 January	2 月 February
纺织业	Textile Industry	105.2	98.5	99.7
棉纺织及印染精加工	Cotton Textiles and Dyeing and Finishing Processing	103.8	98.5	99.7
麻纺织及染整精加工	Hemp and Dyeing and Finishing	111.3	99.9	100.0
家用纺织制成品制造	Domestic Textile Manufactured Goods	103.1	100.2	100.6
非家用纺织制成品制造	Non-domestic Textile Manufactured Goods	110.0	97.3	99.6
纺织服装、服饰业	Textile Clothing, Clothing Industry	101.3	100.7	99.5
机织服装制造	Woven Clothing Manufacturing	101.0	100.7	99.4
针织或钩针编织服装制造	Knitting or Crochet Clothing Manufacturing	104.4	100.5	100.0
皮革、毛皮、羽毛及其制品和制鞋业	Leather, Fur, Feathers and Their Products and Shoes	100.8	100.3	100.0
毛皮鞣制及制品加工	Fur Tanning and Processing of Products	101.9	99.8	100.0
制鞋业	Shoemaking	100.0	100.7	100.0
木材加工及木、竹、藤、棕、草制品业	Bamboo, Ratten, Palm and Grass Product Manufacture Industry	100.3	99.6	100.2
木材加工	Wood Processing	99.5	99.6	99.6
人造板制造	Artificial Plank Manufacturing	101.3	99.8	100.6
木制品制造	Timber Product Manufacturing	99.1	99.3	99.8
家具制造业	Furniture Manufacture Industry	102.6	100.0	100.1
木质家具制造	Timber Furniture Manufacture	103.1	100.2	100.1
其他家具制造	Other Furniture Manufacturing	101.8	99.8	100.0
造纸和纸制品业	Paper Making and Paper Products Industry	99.9	99.5	99.8
造纸	Paper Making	99.2	99.9	100.0
纸制品制造	Paper Products Manufacturing	100.6	99.2	99.5
印刷和记录媒介复制业	Printing and Recording Media Replication	100.7	99.9	100.0
印刷	Painting	100.7	99.9	100.0
文教、工美、体育和娱乐用品制造业	Culture, Education and Athletics Manufacture Industry	117.3	101.8	105.9
工艺美术品制造	Culture Articles Manufacturing	121.6	102.5	108.0
玩具制造	Toy Manufacturing	105.0	100.0	100.0
石油加工、炼焦及核燃料加工业	Petroleum Process, Coking and Nuclear Fuel Processing Industry	110.9	98.0	93.6
精炼石油产品的制造	Refineed Coking Petroleum Manufacturing	110.9	98.0	93.6
化学原料及化学制品制造业	Chemical Material and Chemical Product Manufacturing	103.2	99.0	99.1
基础化学原料制造	Basic Chemical Material Manufacturing	110.5	99.4	98.9

Continued

(preceding month=100)

3 月 March	4 月 April	5 月 May	6 月 June	7 月 July	8 月 August	9 月 September	10 月 October	11 月 November	12 月 December
100.3	100.0	99.9	100.5	101.3	101.3	100.0	101.0	101.1	101.5
100.3	99.7	99.8	100.3	100.6	101.6	100.1	101.1	100.9	101.2
98.6	101.6	101.9	99.9	102.1	101.0	99.5	99.0	101.0	106.5
99.7	100.8	100.7	100.3	100.1	100.4	99.5	100.2	100.5	100.0
100.8	100.7	99.4	101.7	104.8	100.4	99.6	101.3	102.2	101.9
100.0	100.0	100.1	99.8	100.2	100.2	100.2	100.0	100.2	100.4
100.0	100.0	100.0	99.8	100.1	100.0	100.1	100.2	100.3	100.4
100.1	100.3	100.5	100.0	100.6	101.8	102.1	98.6	99.3	100.5
99.9	99.2	100.6	99.4	100.0	100.2	100.0	100.5	100.6	100.1
100.0	100.0	100.0	99.6	100.0	100.5	100.1	101.3	100.5	100.0
99.9	98.6	101.1	99.2	100.0	100.0	99.9	99.9	100.6	100.1
99.8	100.3	100.2	100.1	100.0	99.8	100.0	100.9	100.4	98.8
99.4	101.1	99.9	99.8	100.0	99.8	99.9	108.1	100.4	92.4
100.0	100.2	100.3	100.5	100.2	100.0	99.9	99.7	100.4	99.7
99.9	100.1	100.2	99.7	99.8	99.6	100.1	99.3	100.5	101.0
100.7	100.4	100.5	100.1	100.2	100.0	100.1	100.0	100.3	100.3
100.9	100.5	100.8	100.1	100.2	100.0	100.0	100.0	100.0	100.2
100.4	100.2	99.9	99.9	100.2	100.0	100.2	100.0	100.9	100.3
100.1	100.0	100.3	100.2	99.5	99.6	100.0	100.1	100.3	100.5
100.1	99.8	100.0	99.8	99.8	99.4	99.8	99.9	100.5	100.3
100.2	100.3	100.6	100.7	99.2	99.8	100.1	100.3	100.0	100.7
100.1	100.1	100.1	99.4	99.5	99.7	99.8	100.2	99.0	102.8
100.1	100.1	100.1	99.4	99.5	99.7	99.8	100.2	99.0	102.8
104.6	98.7	102.7	99.6	106.9	100.3	99.3	98.9	100.4	97.3
106.2	98.3	103.4	98.9	108.8	100.2	99.1	98.3	100.6	96.3
99.8	100.0	100.2	101.9	100.9	100.7	100.0	100.9	99.6	100.9
98.2	101.5	102.9	106.1	100.6	96.9	102.6	103.2	102.5	105.0
98.2	101.5	102.9	106.1	100.6	96.9	102.6	103.2	102.5	105.0
100.0	100.8	100.0	99.8	99.5	99.4	100.4	100.9	101.6	102.5
100.2	101.2	101.1	100.3	99.8	100.5	100.4	101.6	102.0	104.8

5-20 续表 2

(上月=100)

类　别	Item	全　年 Annual Year	1 月 January	2 月 February
肥料制造	Fertilizer Manufacture	93.2	98.3	98.6
农药制造	Insectcide Manufacture	110.5	97.2	98.9
涂料、油墨、颜料及类似产品制造	Coating, Printing Ink, Pigment and The Similar Products Manufacture	120.0	100.5	99.9
合成材料制造	Compounded Material Manufacture	117.4	99.0	99.5
专用化学产品制造	Specialized Chemical Product Manufacture	102.5	100.1	100.0
炸药、火工及焰火产品制造	The Manufacture of Explosives, Firework and Fireworks	99.1	100.4	100.0
日用化学产品制造	Daily Chemical Product Manufacture	99.7	99.3	99.4
医药制造业	Medical Manufacture Industry	102.7	100.1	100.4
化学药品原药制造	Original Medicine of Chemical Medicine Manufacture	101.1	99.7	100.9
化学药品制剂制造	Chemical Medicine Agent Manufacture	101.7	99.8	99.9
中成药生产	Medium Paternt Manufacture	103.6	100.6	100.3
兽用药品制造	Medicine in Herbs Manufacture	100.2	100.0	100.4
生物药品制造	Biology, Bio-chemical Product Manufacture	106.6	99.7	101.7
卫生材料及医药用品制造	Sanitary Materials and Medical Supplies Manufacturing	102.4	100.4	100.0
化学纤维制造业	Chemical Fiber Manufacturing	106.3	97.2	99.7
纤维素纤维原料及纤维制造	Cellulose Fiber Raw Materials and Fiber Manufacturing	107.2	95.4	99.5
合成纤维制造	Synthetic Fibre Manufacturing	105.5	98.9	99.8
橡胶和塑料制品业	Rubber and Plastic Products	99.4	99.5	99.5
橡胶制品业	Rubber Products	97.9	99.7	99.9
塑料制品业	Plastic Products	99.7	99.5	99.4
非金属矿物制品业	Non-metal Mineral Product Industry	105.6	99.5	99.2
水泥、石灰和石膏的制造	Cement, Lime and Gypsum Manufacture	120.0	98.0	96.7
石膏、水泥制品及类似制品制造	Cement and Gypsum Product Manufacture	101.4	100.2	99.5
砖瓦、石材及其他建筑材料制造	Brick, Stone Material and Other Buildings Material Manufacture	100.4	100.1	100.0
玻璃制造	Glass Manufacturing	113.3	99.4	101.7
玻璃制品制造	Glass Goods Manufacturing	101.2	100.1	100.0
耐火材料制品制造	Refractory Products Manufacturing	99.0	100.3	99.6
石墨及其他非金属矿物制品制造	Graphite and Other Non-metal Mineralses Product Manufacture	99.9	99.4	99.8
黑色金属冶炼及压延加工业	Black Metal Coking and Pressint Process Industry	122.3	98.1	99.4
炼铁	Ironmaking	113.9	98.5	102.6
炼钢	Steel Making	121.9	99.4	99.1
黑色金属铸造	Black Metal Casting	100.2	99.3	99.8
钢压延加工	Pressed Steel Processing	130.3	97.2	99.2
铁合金冶炼	Iron-alloy Smeltering	110.5	100.8	100.0

Continued

(preceding month=100)

3 月 March	4 月 April	5 月 May	6 月 June	7 月 July	8 月 August	9 月 September	10 月 October	11 月 November	12 月 December
98.7	100.2	99.3	99.3	98.5	97.9	99.5	99.8	101.1	101.8
99.0	99.8	99.2	100.3	99.7	100.0	104.0	103.5	105.3	103.7
102.2	101.8	102.1	100.8	103.0	99.6	101.3	104.8	101.5	101.1
103.9	103.5	100.9	98.4	98.8	101.6	102.2	101.1	102.3	105.0
100.7	100.4	99.0	100.4	99.8	99.7	100.6	100.1	101.0	100.7
98.3	99.9	100.0	100.0	100.0	100.1	99.9	100.0	100.0	100.7
100.7	100.1	100.0	100.0	100.2	100.0	100.1	100.0	100.0	100.0
100.5	99.9	100.3	100.9	99.8	100.0	100.3	100.1	99.9	100.6
101.0	99.9	99.7	100.0	99.5	100.0	100.3	100.4	99.4	100.5
100.2	99.6	100.9	100.4	100.2	100.0	100.4	100.0	99.7	100.5
100.3	99.9	100.2	102.7	100.1	99.9	100.1	100.0	100.0	99.6
100.1	100.1	100.0	100.1	100.2	99.7	100.2	100.0	99.5	100.0
101.4	100.3	99.3	100.2	98.6	100.2	100.3	100.0	100.8	103.8
99.9	99.8	100.8	100.3	100.1	100.1	100.4	100.1	99.9	100.5
102.9	101.2	99.9	100.8	99.6	102.1	101.7	101.4	99.5	100.3
106.1	101.6	100.1	100.5	100.4	104.3	104.2	101.9	94.2	99.5
100.1	100.8	99.6	101.2	98.8	100.0	99.1	100.8	105.2	101.1
100.5	99.8	99.7	99.8	99.9	100.4	99.8	100.2	99.8	100.5
100.0	99.3	99.3	100.4	99.3	99.9	100.1	100.3	100.2	99.4
100.6	99.9	99.7	99.7	100.0	100.5	99.7	100.1	99.7	100.8
99.5	100.3	99.9	99.7	99.7	101.9	102.7	101.3	101.9	99.8
98.9	101.9	99.8	98.4	98.4	109.4	108.1	102.8	108.4	98.7
99.2	99.8	100.2	100.9	99.9	99.9	100.6	101.3	99.8	99.9
99.9	100.2	99.9	99.5	100.3	99.7	100.1	100.5	100.2	100.1
98.9	98.4	99.6	100.6	99.6	102.2	114.9	102.2	95.1	101.2
100.1	100.4	99.3	100.1	100.0	99.9	100.3	99.4	100.6	101.2
100.1	99.4	99.7	100.0	99.9	99.9	100.0	100.1	99.7	100.2
100.0	99.6	100.0	100.1	100.2	99.8	100.3	100.5	100.1	99.8
101.7	106.6	103.9	99.6	99.2	100.7	101.3	101.1	102.5	106.4
98.7	100.1	102.6	98.7	100.3	100.7	97.6	100.5	102.3	111.2
102.2	112.3	102.2	95.2	97.7	102.8	101.6	100.3	101.5	106.8
100.5	100.6	101.4	98.8	99.5	99.7	99.9	100.2	100.1	100.3
102.3	107.4	105.4	101.3	99.6	100.4	101.6	101.5	103.5	107.8
99.1	100.9	102.5	98.9	98.7	100.1	102.2	102.0	102.3	102.6

5-20 续表 3

(上月=100)

类　　别	Item	全　年 Annual Year	1 月 January	2 月 February
有色金属冶炼及压延加工业	Coloured Metal Coking and Pressint Process Industry	119.7	101.4	100.7
常用有色金属冶炼	General Non-ferrous Metal Coking	127.6	103.8	99.6
贵金属冶炼	Precious Metal Smeltering	130.0	102.5	105.9
有色金属合金制造	Non-ferrous Metal Alloy Manufacture	103.2	97.4	100.6
有色金属压延加工	Non-ferrous Metal Pressing Processing	111.5	99.5	100.1
金属制品业	Metal Product Industry	101.6	99.6	99.7
结构性金属制品制造	Structural Metal Product	102.3	99.5	99.8
金属工具制造	Metal Tools Manufacture	98.4	99.9	99.2
集装箱及金属包装容器制造	Container and Metal Packing Container Manufacture	100.8	99.5	100.1
金属丝绳及其制品的制造	Metal Silk Rope and Its Product Manufacture	101.1	99.7	100.0
金属表面处理及热处理加工	Metal Surface Treatment and Heat Treatment Processing	97.9	99.7	100.0
金属制日用品制造	Metal Producing Manufacture	103.6	99.7	100.0
其他金属制品制造	Other Metal Product Manufacture	101.7	99.9	99.2
通用设备制造业	General Equipment Manufacture	100.7	100.0	99.8
锅炉及原动机制造	Boiler and Original Motor	99.6	100.0	99.9
金属加工机械制造	Metal Process and Machinery Manufacture	101.8	99.7	100.0
物料搬运设备制造	Material Handling Equipment Manufacturing	103.1	100.0	100.0
泵、阀门、压缩机及类似机械的制造	Pump, Valve, Compressor and Its Similar Mechanical Manufacture	98.4	99.3	99.7
轴承、齿轮和传动部件制造	Manufacturing of Bearings, Gears and Transmission Parts	98.4	99.7	100.1
烘炉、风机、衡器、包装等设备制造	Ovens, Fans, Scales, Packaging and Other Equipment Manufacturing	102.0	100.9	99.5
通用零部件制造	General Parts Manufacturing	100.1	99.9	99.7
其他通用设备制造业	Other General Equipment Manufacturing	102.1	100.0	100.0
专用设备制造业	General Equipment Manufacture	103.6	99.8	100.2
矿山、冶金、建筑专用设备制造	Ore Mountain, Metallurgy, Building Special Equipment Manufacture	104.8	99.5	100.3
化工、木材、非金属加工专用设备制造	Chemical Engineering, Timber, Non-Metal Processed Special Equipments Manufacture	106.0	99.9	100.7
食品、饮料、烟草及饲料生产专用设备制造	The Food, Beverage, Tobacco and Foddar Production Special Equipments Manufacture	100.0	100.0	100.0
农、林、牧、渔专用机械制造	Agriculture, Forestry Animal Husbandry and Fishery Specific Machinery Manufacture	100.1	100.1	98.2
环保、社会公共安全及其他专用设备制造	Environment Protection, Public Social Secure and Other Specific Equipment Manufacture	100.7	100.2	100.1
汽车制造业	Car Manufacturing	99.8	99.9	99.7
汽车整车制造	The Car is Made by Car	100.4	100.2	99.3
改装汽车制造	Refitted Automobiles	102.6	100.0	99.7
汽车车身、挂车制造	Car body, Trailer Manufacturing	96.4	98.4	100.0
汽车零部件及配件制造	Auto Parts and Accessories Manufacturing	99.0	99.7	100.0
铁路、船舶、航空航天和其他运输设备制造业	Manufacturing of Railways, Ships, Aerospace and Other Transport Equipment	99.4	100.0	99.8
铁路运输设备制造	Railway Transport Equipment Manufacturing	99.6	100.0	100.0
船舶及相关装置制造	Ship and Related Equipment Manufacturing	99.2	100.0	99.7

Continued

(preceding month=100)

3 月 March	4 月 April	5 月 May	6 月 June	7 月 July	8 月 August	9 月 September	10 月 October	11 月 November	12 月 December
100.9	100.8	101.0	100.1	106.0	99.8	100.2	99.9	103.1	104.5
101.8	101.3	98.9	99.6	106.1	99.7	100.4	100.4	103.8	109.7
103.3	99.8	105.8	100.2	118.2	100.6	97.9	95.4	100.9	97.8
97.6	98.3	106.4	99.3	98.9	100.9	100.5	101.0	101.3	101.3
99.8	101.2	100.1	100.8	102.4	99.1	100.9	101.2	103.9	102.0
100.3	100.5	100.1	99.3	99.9	99.8	100.2	100.2	100.7	101.1
100.6	100.3	100.3	99.4	99.9	99.7	100.3	100.2	101.2	101.0
98.9	99.7	100.2	99.9	99.6	100.3	100.3	99.9	100.1	100.5
100.2	100.5	99.4	100.1	100.4	100.1	100.0	99.8	100.0	100.7
100.6	101.5	99.9	98.9	100.2	99.5	99.7	100.8	100.0	100.2
99.9	100.3	100.1	99.7	99.3	98.2	100.4	99.3	99.5	101.5
99.9	100.0	100.4	100.1	100.0	99.9	100.1	101.5	100.8	101.2
100.2	100.8	100.3	97.6	99.6	100.0	100.6	100.2	100.8	102.6
100.0	100.2	100.6	100.2	100.0	99.9	100.1	99.9	100.0	100.0
100.1	100.2	99.7	100.4	99.3	100.2	100.0	99.9	100.3	99.6
100.4	100.3	101.7	99.9	100.4	99.7	99.7	100.0	100.0	100.0
100.0	100.0	103.0	99.8	100.1	100.0	100.3	99.7	100.1	100.1
100.2	99.9	99.9	100.1	99.7	99.6	100.1	99.8	100.0	100.2
99.7	100.1	100.6	99.9	99.4	99.7	100.2	99.8	99.4	99.8
99.4	100.3	100.4	101.1	100.3	100.0	100.1	100.1	99.9	100.1
100.1	100.1	100.1	100.2	100.0	100.1	100.0	100.0	100.0	99.9
100.0	101.5	100.3	99.6	100.0	99.9	100.7	100.0	100.0	100.0
100.3	100.2	100.4	99.9	100.0	100.0	100.4	100.0	101.8	100.6
100.1	100.2	100.0	100.1	100.0	99.4	100.7	100.0	103.6	100.8
100.8	100.7	100.3	100.7	99.9	101.0	100.6	99.7	100.3	101.3
100.0	100.0	100.0	100.0	100.0	100.0	100.0	100.0	100.0	100.0
99.4	100.6	103.7	95.5	100.3	99.9	100.0	100.9	102.0	99.8
100.3	99.7	100.5	100.1	100.0	100.0	100.0	100.1	100.0	99.9
99.7	100.0	100.3	99.6	100.2	100.0	100.3	100.0	100.0	100.1
99.6	100.2	100.3	99.8	100.7	100.1	100.2	100.0	100.0	100.0
100.3	100.1	101.9	100.1	99.9	99.6	100.3	100.2	100.0	100.6
97.8	100.0	100.0	100.0	100.0	100.0	100.2	100.0	100.0	100.0
99.8	99.9	100.1	99.3	99.8	100.0	100.3	100.0	100.0	100.1
99.9	100.0	100.0	99.8	100.0	99.7	100.0	100.2	100.0	100.0
99.7	99.9	99.9	100.0	100.0	100.0	100.0	100.0	100.0	100.0
100.0	100.0	100.0	99.7	100.0	99.5	100.0	100.4	100.0	100.0

5-20 续表 4

(上月=100)

类　别	Item	全　年 Annual Year	1 月 January	2 月 February
电气机械及器材制造业	Electricity Machine and Its Equipment Manufacture	100.3	99.8	100.1
电机制造	Electric Engineering Manufacture	95.7	99.3	99.2
输配电及控制设备制造	Electricity Mixed and Control Equipments Manufacture	97.9	99.7	100.2
电线、电缆、光缆及电工器材制造	Wire, Cable, Fiber Optic Cable and the Electric Device Manufacture	105.4	99.8	100.3
电池制造	Battery Manufacture	106.6	100.6	101.3
家用电力器具制造	Electric Power Apparatus Manufacture	95.8	99.4	99.4
非电力家用器具制造	Non-electric Household Appliance Manufacturing	103.1	100.0	100.5
照明器具制造	light Manufacture	101.4	100.3	100.3
计算机、通信和其他电子设备制造业	Manufacturing of Computers, Communications and Other electronic Equipment	99.8	99.6	100.5
计算机制造	Computer Manufacturing	104.2	100.5	100.7
通信设备制造	Tele-communication Equipment Manufacture	98.3	98.8	100.7
广播电视设备制造	Radio and Television Equipment Manufacturing	90.3	99.5	98.8
电子器件制造	Electronic Appliances	99.4	99.6	100.2
电子元件制造	Electronic Components	94.9	100.3	100.3
仪器仪表制造业	Instrument Manufacturing Industry	97.0	100.1	99.8
通用仪器仪表制造	General Instrument and Meters	97.0	100.1	99.8
废弃资源综合利用业	The Comprehensive Utilization of Waste Resources	134.3	100.0	100.7
金属废料和碎屑加工处理	Metal Waste and Debris Processing	134.3	100.0	100.7
电力、热力的生产和供应业	Electronic, Thermodynamic Product and Supply Industry	97.4	99.5	99.3
电力生产	Electric Power Production	97.3	99.1	98.3
电力供应	Electric Power Supply	97.4	99.9	100.1
热力生产和供应	Thermal Production and Supply	100.3	99.9	100.0
燃气生产和供应业	Fuel Production and Supply Industry	96.7	100.3	100.0
燃气生产和供应业	Fuel Production and Supply Industry	96.7	100.3	100.0
水的生产和供应业	Water Production and Supply Industry	106.5	100.0	100.0
自来水的生产和供应	Tapping-water Production and Supply	106.5	100.0	100.0

Continued

(preceding month=100)

3 月 March	4 月 April	5 月 May	6 月 June	7 月 July	8 月 August	9 月 September	10 月 October	11 月 November	12 月 December
100.3	100.0	100.0	99.8	99.2	100.2	100.1	100.4	99.9	100.3
98.9	99.6	99.5	99.8	100.1	100.0	99.6	99.7	99.9	99.8
100.0	99.8	100.2	100.1	99.8	99.9	98.8	99.5	99.8	100.0
100.8	100.2	100.5	99.3	100.1	100.2	100.3	100.4	102.0	101.5
100.4	100.5	99.7	99.1	99.8	101.0	101.1	100.2	100.6	101.9
100.0	99.9	100.0	100.4	97.1	100.0	100.7	101.6	98.1	99.0
102.5	99.8	99.7	99.5	100.2	100.2	100.5	100.1	100.1	100.1
100.1	99.8	99.5	100.4	100.6	100.0	100.0	100.1	100.2	100.2
100.0	99.7	100.0	99.5	100.1	99.8	99.9	100.3	100.1	100.3
100.7	100.0	100.3	99.4	100.3	100.4	99.3	100.7	101.0	100.7
99.4	99.5	100.1	99.2	100.1	99.6	100.3	100.5	100.0	100.1
96.9	98.1	100.0	99.6	100.0	98.1	100.0	100.0	98.9	100.0
100.2	100.0	99.9	99.9	99.8	100.0	99.9	99.8	99.8	100.3
99.9	99.6	99.2	100.4	99.8	98.2	99.7	99.8	98.5	99.2
100.1	99.7	100.2	97.3	100.1	99.6	99.5	100.1	100.0	100.3
100.1	99.7	100.2	97.3	100.1	99.6	99.5	100.1	100.0	100.3
103.1	107.6	109.1	99.2	104.7	103.1	99.8	101.2	102.6	99.3
103.1	107.6	109.1	99.2	104.7	103.1	99.8	101.2	102.6	99.3
99.2	99.6	99.6	100.0	100.0	100.0	100.1	100.1	100.0	99.9
99.9	99.8	100.0	100.0	99.8	100.0	100.4	100.0	100.0	99.9
98.6	99.5	99.2	100.0	100.2	100.0	99.9	100.2	100.0	99.8
100.0	100.0	100.0	100.0	99.6	100.0	100.2	100.1	99.9	100.6
99.3	100.0	100.0	100.0	100.0	100.0	97.1	100.0	100.0	100.0
99.3	100.0	100.0	100.0	100.0	100.0	97.1	100.0	100.0	100.0
99.8	107.0	100.0	100.0	99.8	100.0	100.0	100.0	100.0	99.8
99.8	107.0	100.0	100.0	99.8	100.0	100.0	100.0	100.0	99.8

5-21 工业生产者购进价格指数(1991-2016年)

Purchasing Price Indices for Industrial Producers (1991-2016)

(上年＝100) (preceding year=100)

年 份 Year	总指数 General Index	燃料、动力类 Fuel and Power	黑色金属材料类 Ferrous Metals	钢 材 Rolle Steel	有色金属材料和电线类 Nonferrous Metals and Wires	化工原料类 Raw Chemical Materials
1991	113.1	116.2	111.3		109.3	107.7
1992	110.2	115.0	113.9		110.9	106.9
1993	135.5	135.9	165.9	161.4	113.0	110.9
1994	116.6	115.5	102.4	102.2	104.2	107.3
1995	118.2	109.4	98.6	100.3	130.2	118.2
1996	108.4	108.9	101.0	100.5	92.7	106.6
1997	100.7	107.6	98.8	99.2	98.7	97.4
1998	95.2	96.3	96.4	97.6	96.1	92.3
1999	95.6	98.3	95.6	96.4	101.5	94.8
2000	105.6	121.4	99.2	100.6	108.8	106.2
2001	100.2	103.2	101.6	100.0	94.4	98.9
2002	97.7	99.0	99.2	98.2	98.5	96.4
2003	108.2	109.0	111.5	108.5	106.2	104.9
2004	113.1	109.0	120.6	118.2	117.5	111.2
2005	107.0	114.3	106.5	105.1	112.1	107.9
2006	104.9	112.2	95.2	96.9	125.3	101.6
2007	104.6	104.1	105.7	103.3	109.1	105.1
2008	110.9	113.1	119.3	115.4	101.0	113.2
2009	93.4	93.4	92.1	92.7	83.3	86.9
2010	110.4	115.3	107.2	105.0	124.1	106.6
2011	111.5	115.0	110.7	104.1	108.7	114.3
2012	98.9	101.9	91.7	94.8	97.0	96.9
2013	98.2	97.5	94.5	95.5	95.5	95.6
2014	97.8	96.8	95.9	96.3	95.2	98.9
2015	92.8	88.1	90.7	93.2	92.8	97.3
2016	98.3	95.0	103.5	102.8	98.6	97.3

5-21 续表 Continued

(上年＝100) (preceding year=100)

年 份 Year	木材及纸浆类 Timber and Paper Pulp	建筑材料及非金属矿类 Building Material and Non-metal Ore	其它工业原材料及半成品类 Other Materials and Semi-finished Category	农副产品类 Agricultural Products	纺织原料类 Textile Materials
1991	105.5	104.0	100.0	115.7	105.8
1992	97.1	99.5	102.1	100.7	102.7
1993	115.7	146.4	126.2	104.6	102.7
1994	103.1	122.7	114.2	138.1	143.2
1995	112.6	108.0	97.7	159.3	124.3
1996	95.1	105.7	100.1	124.5	92.1
1997	103.5	93.8	91.1	100.3	97.7
1998	98.9	101.1	93.5	93.9	95.1
1999	102.3	100.7	95.4	86.8	94.8
2000	104.3	97.4	98.3	97.2	102.4
2001	96.6	98.7	101.2	99.5	97.5
2002	96.5	99.3	98.9	92.0	97.7
2003	100.7	101.0	100.9	115.7	103.0
2004	107.2	110.0	114.0	113.0	103.6
2005	102.3	112.3	102.3	96.0	101.4
2006	103.5	99.4	104.5	103.8	102.0
2007	106.3	101.9	112.0	98.9	101.4
2008	108.7	110.3	108.1	105.3	104.4
2009	91.7	95.5	97.6	99.6	97.2
2010	105.8	104.2	106.2	106.9	109.5
2011	106.8	110.0	106.9	108.5	114.5
2012	100.8	104.7	101.1	103.3	94.1
2013	100.0	99.4	100.8	105.4	102.4
2014	99.6	97.5	98.8	102.4	99.3
2015	100.2	97.0	96.9	99.8	91.3
2016	98.8	98.1	97.4	101.2	99.7

5-22 分月工业生产者购进价格指数(2016年)

(上年同月=100)

类 别	Item	1 月 January	2 月 February	3 月 March
总指数	**General Index**	**94.6**	**94.7**	**95.4**
燃料、动力类	Fules and Power	90.7	89.1	89.1
黑色金属材料类	Material of Black Metal	89.3	90.5	93.8
#钢材	Rolled Steel	92.1	92.7	95.8
其它	Other	82.2	84.6	88.7
有色金属材料和电线类	Material of Nof-ferrous Metal Material and ElectricWire	90.7	92.5	95.6
化工原料类	Chemical Material	95.8	96.2	96.5
木材及纸浆类	Wood and Paper Pulp	98.8	98.7	98.7
建筑材料及非金属矿类	Building Material and Non-metal Ore	97.0	97.0	96.7
其它工业原材料及半成品类	Other Industrial Raw Material and Semi-finished Category	95.6	95.8	96.1
农副产品类	Agricultural and Side-line Produces	100.6	101.4	101.5
纺织原料类	Raw Textile Material	95.1	95.6	95.2

5-23 分月工业生产者购进价格环比指数(2016年)

(上年同月=100)

类 别	Item	1 月 January	2 月 February	3 月 March
总指数	**General Index**	**99.6**	**99.4**	**100.3**
燃料、动力类	Fules and Power	99.2	96.3	99.2
黑色金属材料类	Material of Black Metal	98.6	100.6	102.9
#钢材	Rolled Steel	99.5	100.3	102.5
其它	Other	96.1	101.5	104.0
有色金属材料和电线类	Material of Nof-ferrous Metal Material and ElectricWire	99.7	101.4	102.3
化工原料类	Chemical Material	99.6	99.7	100.2
木材及纸浆类	Wood and Paper Pulp	99.8	99.8	100.1
建筑材料及非金属矿类	Building Material and Non-metal Ore	99.2	100.1	99.8
其它工业原材料及半成品类	Other Industrial Raw Material and Semi-finished Category	99.7	99.5	100.0
农副产品类	Agricultural and Side-line Produces	100.5	100.4	99.9
纺织原料类	Raw Textile Material	99.9	99.9	99.1

Purchasing Price Indices for Industrial Producer by Month(2016)

(same month of preceding year=100)

4 月 April	5 月 May	6 月 June	7 月 July	8 月 August	9 月 September	10 月 October	11 月 November	12 月 December
96.4	**96.8**	**96.8**	**97.2**	**98.1**	**99.3**	**101.1**	**103.6**	**106.5**
90.6	90.4	91.1	91.4	92.5	95.8	102.4	107.0	112.7
99.7	103.0	101.8	102.5	106.4	107.9	110.5	116.5	124.2
99.9	103.1	101.5	102.3	104.7	106.2	107.9	112.0	117.6
99.2	102.9	102.6	103.2	110.9	112.3	117.3	128.2	142.6
94.0	93.2	94.1	97.4	100.0	100.2	102.1	109.1	117.0
96.3	95.8	95.4	95.7	96.7	97.7	98.7	100.3	103.1
98.1	98.1	98.2	98.2	98.5	98.7	98.7	99.4	100.9
97.2	97.6	98.0	97.5	97.7	98.0	98.6	100.6	101.4
96.6	97.2	97.3	97.8	97.4	98.0	98.2	99.0	99.5
101.6	101.5	101.2	99.9	99.8	101.2	101.1	101.6	102.7
97.9	98.0	97.6	99.5	101.3	101.6	103.4	105.5	106.8

Purchasing Price Chain Indices for Industrial Producer by Month(2016)

(same month of preceding year=100)

4 月 April	5 月 May	6 月 June	7 月 July	8 月 August	9 月 September	10 月 October	11 月 November	12 月 December
101.0	**100.5**	**100.0**	**100.0**	**100.2**	**100.4**	**101.3**	**101.8**	**102.1**
101.5	101.2	101.8	99.8	99.3	100.9	105.5	103.9	103.6
105.5	102.4	98.7	99.6	102.4	100.5	101.6	104.3	105.1
103.3	102.4	97.9	99.6	101.8	100.8	101.0	102.9	104.6
111.8	102.5	101.0	99.4	103.8	99.6	103.3	107.6	106.3
99.2	99.8	99.7	101.7	101.0	100.2	101.5	104.5	105.0
100.2	99.6	99.7	99.8	100.4	100.3	100.5	101.2	101.8
99.4	99.9	99.9	99.8	100.2	99.9	99.9	100.7	101.5
100.5	99.4	99.9	99.7	99.8	100.3	100.6	101.6	100.3
100.1	100.2	99.8	100.1	99.5	100.0	100.0	100.2	100.3
100.5	100.2	99.8	99.2	100.4	101.1	99.6	99.9	101.1
101.2	100.2	99.5	101.7	101.4	100.2	101.3	101.3	100.9

5-24 武汉市房地产价格指数(2016年)

(上年同月=100)

指　标	Item	1 月 January	2 月 February	3 月 March
新建住宅销售价格指数	**Sales Price Indices of New Houses**	**105.3**	**106.2**	**107.3**
商品住宅	Commercialized Buildings	105.6	106.5	107.7
$90m^2$及以下	$90m^2$ and Below	104.5	105.4	106.8
$90-144m^2$	$90-144m^2$	105.8	106.5	107.5
$144m^2$以上	Above $144m^2$	106.6	107.9	109.2
二手住宅销售价格指数	**Sales Price Indices of Second-hand Housing**	**104.4**	**105.0**	**106.3**
$90m^2$及以下	$90m^2$ and Below	104.5	105.2	106.6
$90-144m^2$	$90-144m^2$	104.3	104.7	106.0
$144m^2$以上	Above $144m^2$	104.2	105.3	106.6

5-25 宜昌市房地产价格指数(2016年)

(上年同月=100)

指　标	Item	1 月 January	2 月 February	3 月 March
新建住宅销售价格指数	**Sales Price Indices of New Houses**	**98.6**	**99.0**	**99.5**
商品住宅	Commercialized Buildings	98.6	98.9	99.4
$90m^2$及以下	$90m^2$ and Below	98.7	98.7	98.5
$90-144m^2$	$90-144m^2$	98.4	98.8	99.6
$144m^2$以上	Above $144m^2$	99.2	100.2	100.0
二手住宅销售价格指数	**Sales Price Indices of Second-hand Housing**	**101.1**	**101.4**	**102.1**
$90m^2$及以下	$90m^2$ and Below	101.8	102.4	103.0
$90-144m^2$	$90-144m^2$	101.1	101.3	102.1
$144m^2$以上	Above $144m^2$	98.7	98.9	99.9

5-26 襄阳市房地产价格指数(2016年)

(上年同月=100)

指　标	Item	1 月 January	2 月 February	3 月 March
新建住宅销售价格指数	**Sales Price Indices of New Houses**	**96.2**	**97.3**	**97.5**
商品住宅	Commercialized Buildings	96.2	97.2	97.5
$90m^2$及以下	$90m^2$ and Below	97.5	98.4	99.1
$90-144m^2$	$90-144m^2$	96.2	97.4	97.7
$144m^2$以上	Above $144m^2$	94.3	95.3	95.2
二手住宅销售价格指数	**Sales Price Indices of Second-hand Housing**	**99.4**	**99.9**	**99.7**
$90m^2$及以下	$90m^2$ and Below	99.7	100.1	100.5
$90-144m^2$	$90-144m^2$	99.1	99.8	99.4
$144m^2$以上	Above $144m^2$	99.7	99.9	99.1

Price Indices for Real Estate of Wuhan(2016)

(same month of preceding year=100)

4 月 April	5 月 May	6 月 June	7 月 July	8 月 August	9 月 September	10 月 October	11 月 November	12 月 December
109.1	**111.3**	**113.1**	**115.0**	**117.7**	**121.3**	**124.4**	**125.5**	**124.2**
109.6	111.9	113.8	115.8	118.6	122.5	125.7	126.8	125.5
109.1	111.0	113.5	115.3	118.3	123.0	126.1	127.1	126.3
109.9	112.3	114.1	116.3	119.2	123.1	126.4	127.9	126.3
109.4	111.9	113.1	114.6	116.9	119.5	122.5	122.6	121.5
107.4	**108.6**	**110.2**	**111.9**	**113.8**	**117.6**	**120.1**	**121.9**	**122.1**
107.7	109.3	110.3	112.2	114.7	119.0	121.4	123.0	123.3
106.9	108.3	110.2	111.8	113.4	117.1	119.8	122.4	122.8
107.8	108.2	109.8	111.3	112.9	115.9	118.4	118.8	118.3

Price Indices for Real Estate of Yichang(2016)

(same month of preceding year=100)

4 月 April	5 月 May	6 月 June	7 月 July	8 月 August	9 月 September	10 月 October	11 月 November	12 月 December
100.2	**100.7**	**101.5**	**102.1**	**102.5**	**102.9**	**103.7**	**104.1**	**105.1**
100.2	100.7	101.5	102.1	102.6	103.0	103.8	104.1	105.1
99.7	100.3	101.3	101.7	102.6	103.3	103.8	104.0	105.0
100.3	100.7	101.5	102.1	102.3	102.7	103.5	104.0	105.0
100.3	101.0	101.9	103.0	104.0	104.1	105.4	105.4	106.2
102.2	**102.3**	**102.2**	**102.0**	**102.1**	**101.9**	**102.4**	**102.9**	**103.0**
103.0	103.2	103.1	103.0	103.0	102.8	103.0	103.6	104.0
102.1	102.1	101.9	101.8	101.8	101.7	102.3	102.7	102.7
100.4	100.5	100.5	100.3	100.8	101.2	101.5	101.8	102.2

Price Indices for Real Estate of Xiangyang(2016)

(same month of preceding year=100)

4 月 April	5 月 May	6 月 June	7 月 July	8 月 August	9 月 September	10 月 October	11 月 November	12 月 December
98.1	**98.8**	**99.0**	**99.5**	**100.4**	**100.9**	**101.7**	**102.4**	**102.7**
98.1	98.8	99.0	99.5	100.4	100.9	101.7	102.4	102.7
100.0	100.7	100.9	100.9	101.7	102.1	101.9	102.5	103.0
98.1	98.7	99.9	99.6	100.5	100.9	101.9	102.6	102.9
96.0	96.9	97.1	97.5	98.5	99.5	100.5	101.2	101.6
99.8	**99.4**	**99.2**	**99.7**	**100.3**	**100.2**	**100.5**	**100.6**	**100.5**
100.8	100.0	99.5	100.1	101.4	101.2	101.6	101.6	101.0
99.5	99.4	99.6	100.2	100.6	100.4	100.9	100.8	101.0
98.8	98.0	97.3	96.9	97.0	97.0	96.6	97.5	97.4

5-27 固定资产投资价格指数(2016年)
Price Indices of Investment in Fixed Assets(2016)

(上年同月＝100) (same month of preceding year=100)

类别	Item	全年 Annual Year	一季度 First Quarter	二季度 Second Quarter	三季度 Third Quarter	四季度 Fourth Quarter
总指数	**General Index**	**100.1**	**98.2**	**99.4**	**100.5**	**102.2**
建筑安装工程	Construction and Installation	100.2	97.6	99.3	100.9	103.2
设备、工器具	Purchase of Equipment, Tools & Instruments	99.1	98.9	99.0	99.1	99.2
其他费用	Others	100.7	100.6	100.7	100.4	101.0

5-28 固定资产投资价格指数(1991-2016年)
Price Indices of Investment in Fixed Assets(1991-2016)

(上年＝100) (preceding year=100)

年份 Year	固定资产投资价格指数 Price Indices of Investment in Fixed Assets	建筑安装工程 Construction and Installation	设备、工器具购置 Purchase of Equipment, Tools & Instruments	其他费用 Others
1991	108.3	106.9	110.4	111.8
1992	117.0	117.9	116.7	111.2
1993	127.4	130.5	119.2	130.2
1994	107.9	106.8	109.3	110.0
1995	105.0	103.5	107.9	106.4
1996	104.0	105.2	101.8	103.4
1997	102.1	102.3	100.4	104.6
1998	100.5	100.5	100.8	100.1
1999	99.5	99.2	99.0	101.0
2000	101.7	103.0	98.9	101.4
2001	100.1	100.6	98.4	100.8
2002	99.8	100.6	97.1	101.2
2003	103.3	105.9	98.1	102.5
2004	106.0	109.2	99.6	104.7
2005	102.2	102.1	100.7	104.5
2006	101.8	101.2	102.0	103.6
2007	104.1	104.9	101.5	104.2
2008	109.4	112.2	102.7	108.2
2009	98.8	96.8	99.0	106.8
2010	104.7	105.9	99.8	106.1
2011	107.3	109.3	100.4	106.6
2012	101.8	102.1	99.7	103.3
2013	100.5	100.5	99.0	102.6
2014	101.0	101.1	99.5	102.6
2015	99.4	99.1	99.5	101.2
2016	100.1	100.2	99.1	100.7

5-29 农产品生产者价格指数(2016年)
Producers Price Indices for Farm Products(2016)

(上年＝100) (preceding year=100)

指标	Item	全年 Annual Year	1季度 1st Quarter	2季度 2nd Quarter	3季度 3rd Quarter	4季度 4th Quarter
总指数	**General Index**	**106.2**	**112.2**	**109.4**	**103.5**	**106.6**
农业产品	**Grop products**	**100.9**	**103.0**	**96.3**	**101.3**	**108.1**
谷物	Cereals	96.4	96.7	93.2	93.2	99.2
稻谷	Rice	97.9	97.3	99.2	96.4	99.1
早籼稻	Early Long Grained Nonglutinous Rice	96.7	101.7		94.1	94.4
中籼稻	Mid Long Grained Nonglutinous Rice	98.0	97.1	99.3	96.5	99.2
晚籼稻	Late Long Grained Nonglutinous Rice	98.4	94.4	98.9	97.8	102.7
小麦	Wheat	90.6	93.4	88.5	92.3	88.3
玉米	Corn//Maize	94.2	90.5	52.3	89.8	103.4
薯类	Tubers	115.9	151.5	147.1	110.8	116.2
甘薯	Sweet Potato	112.6	166.7	114.3	95.0	102.1
马铃薯	Potato	119.3	97.2	154.7	111.2	126.7
油料	Oil-bearing Crops	104.1	91.9	101.2	112.9	98.8
花生	Peanuts	96.7	91.3	102.0	98.2	95.3
油菜籽	Rapeseeds	107.9	97.5	101.0	114.2	116.9
芝麻	Sesames	90.9			90.9	
豆类	Beans	109.5			111.3	107.7
大豆	Soybean	109.5			111.3	107.7
棉花(籽棉)	Cotton	103.0	96.2		94.3	120.3
生苎麻	Ramie	97.7	93.8		105.0	
甘蔗	Sugar Cane					
莲子	Lotus Seed					
蔬菜及食用菌	Vegetables and Mushroom	103.7	115.8	96.8	99.5	109.5
蔬菜	Vegetables	106.5	138.7	97.2	99.2	113.8
叶菜类蔬菜	Leaf Vegetables	101.3	104.5	97.1	104.8	96.6
芹菜	Celery	104.4	105.1	100.0	105.1	107.0
油菜	Rape	91.3	100.0			85.2
菠菜	Spinach	106.2	109.0	99.0	101.2	116.3
苋菜	Amaranth	91.9	98.7	79.7	109.3	67.9
空心菜	Swamp Morningglory					
小白菜	Chinese white cabbage					
大白菜	Chinses cabbage	110.2	108.2	97.7	139.4	107.2
普通白菜	cabbage	106.6	107.4	100.0	107.4	115.1
菜心(菜薹)	flowering chinese cabbage					
紫菜薹	purple tsai-tai					

5-29 续表 1 Continued

(上年=100) (preceding year=100)

指　　标	Item	全年 Annual Year	1季度 1st Quarter	2季度 2nd Quarter	3季度 3rd Quarter	4季度 4th Quarter
甘蓝类蔬菜	Cabbage Vegetables	103.7	115.8	92.5	93.1	119.4
结球甘蓝	Wild Cabbage	105.2	105.5	87.2	93.1	137.1
花椰菜	Cawliflower	102.3	120.9	96.1		94.5
根茎类蔬菜	Root and Tuber Vegetable	113.3	103.9	83.2	98.9	137.1
白萝卜	Radish	100.0	96.9	83.2	98.9	113.1
胡萝卜	Carrot	105.5	105.5			
瓜菜类蔬菜	Gourd Vegetable	106.6	117.1	105.5	107.8	102.0
黄瓜	Cucumber	112.2	117.1	98.0	112.5	116.7
冬瓜	White Gourd	95.2		119.1	96.7	79.1
西葫芦	Summer Squash					
苦瓜	Balsam Pear					
南瓜	Pumpkin					
丝瓜	Towed Gourd					
瓠瓜	Bottle Gourd					
豆类蔬菜	Garden Beans	108.8		94.0	97.9	135.6
扁豆	Lentils					
豇豆	Cowpeas	110.5		83.8	117.2	133.1
豌豆	Pea					
四季豆	Kidney Beans	107.8		100.3	86.1	137.9
毛豆	Green Soy Bean					
蚕豆	Broad Bean					
茄果类蔬菜	Eggplant,Tomato and Chile,Etc.	114.7	119.3	98.3	102.4	140.6
茄子	Eggplant	112.3	109.1	95.3	103.5	138.9
青椒	Sweetbell	102.8	102.7	95.3	99.3	112.6
西红柿	Tomato	117.5	111.7	107.9	97.0	143.4
莴苣及菊苣类蔬菜	Lettuce Vegetables	101.0	100.0	103.2	74.6	126.8
生菜	Romaine Lettuce					
莴笋	Lettuce	101.0	100.0	103.2	74.6	126.8
葱蒜类蔬菜	Onion and Garlic	115.1	492.9	123.6	78.8	118.8
大葱	Scallion	166.0	563.0	291.7	78.8	108.2
细香葱	Shallot					

5-29 续表 2 Continued

(上年＝100) (preceding year=100)

指标	Item	全年 Annual Year	1季度 1st Quarter	2季度 2nd Quarter	3季度 3rd Quarter	4季度 4th Quarter
大蒜	Garlic Heat	107.7	122.8			100.0
蒜苗	Garlic Bolt	125.8		111.1		138.4
韭菜	Fragrant-Flowered Garlic					
水生蔬菜	Water Vagetable	97.3	88.9		100.0	100.0
莲藕	Lotus Root	97.3	88.9		100.0	100.0
芦笋	Asparagus					
食用菌	Mushroom	96.8	91.8	95.9	101.0	92.2
平菇	Oyster Mushroom	93.7	103.8	71.4		104.2
双孢蘑菇	Common Cultivatea Mushroom					
香菇	Mushroom	95.9	91.0	94.8	110.2	88.0
黑木耳	Black Edible Fungus	100.5	100.8	101.2	100.0	100.0
水果及坚果	Fruits and Nuts	110.1	111.3	90.2	111.9	119.3
水果(园林水果)	Garden Fruits	109.3	111.9	90.1	110.2	95.5
梨	Pear					
柑橘类水果	Citrus	109.1	111.9	99.8	99.4	94.5
柑橘	Mandarin Orange	104.0	135.7	99.8	99.4	87.6
橙	Orange	119.8	102.5			131.4
葡萄	Grape	108.2			108.2	
巨峰葡萄	Kyoho Grape	108.2			108.2	
瓜类水果	Melon	117.4			113.1	121.6
西瓜	Watermelon	117.4			113.1	121.6
香瓜	Muskmelon					
其他水果	Other Fruits	98.4		78.3	117.4	98.8
樱桃	Cherry					
桃	Peach	98.4		78.3	117.4	98.8
李子	Plum					
核桃	Walnut	101.6	100.0		114.9	98.7
山核桃	Hickory					
茶叶	Tea	90.7	84.9	99.0	99.8	106.5
绿茶	Green Tea	90.7	84.9	99.0	99.8	106.5
中草药材	Chinese Medicinal Materials	98.3	99.3	86.6	91.3	109.4
党参	Tangshen					
黄连	Rhizome of Chinese Goldthread					

5-29 续表 3 Continued

(上年＝100) (preceding year=100)

指　标	Item	全年 Annual Year	1季度 1st Quarter	2季度 2nd Quarter	3季度 3rd Quarter	4季度 4th Quarter
贝母	Bulb of Chinese Wolfberry					
天麻	Tuber of Elevated Gastrodia	95.2	97.8	86.4	95.2	99.7
大黄、籽黄	Chinese Rhubarb					
白术	Largehead Atractyldes					
杜仲	Eucommia Ulmoides	94.2	92.9	88.4	92.9	105.8
茯苓	Fuling	91.7	100.0	84.9	87.5	
云木香	Aucklandia					
厚朴	Cortex Magnoliae Officinalis					
板蓝根	Root of Commom Baphicanthus					
黄姜	Turmeric					
其他中草药材	Others					
林业产品	**Forestry Products**	**99.6**	**101.4**	**99.5**	**98.8**	**98.6**
苗木类	Seedlings	100.0	100.1	101.1	99.0	100.0
杉树树苗	China Fir	97.4	101.1	100.0	93.6	100.0
柏树树苗	Cypress					
松树树苗	Pine Tree	100.1	109.1	100.0		
银杏树苗	Ginkgo					
杨树类树苗	Poplar					
樟树类树苗	Camphor	98.4	95.1	102.5	105.3	
其他阔叶乔木树苗	Others					
柑橘树苗	Orange Seedlings					
桃树苗	Peach Seedlings					
毛竹苗	Mao Bamboo					
其他灌木树苗	Others					
木材采伐产品	Felling and Transport of Wood	98.5	104.6			97.9
原木	Log	97.9				97.9
红松原木	Korean Pine	97.9				97.9
落叶松原木	Larch	97.9				97.9
马尾松原木	Masson Pine					
薪材	Firewood	104.6	104.6			
竹材采伐产品	Felling and Transport of Bamboo	90.7	75.0	87.8	95.9	102.3
竹材	Bamboo	90.7	75.0	87.8	95.9	102.3
毛竹	Mao Bamboo	90.7	75.0	87.8	95.9	102.3

5-29 续表 4 Continued

(上年＝100) (preceding year=100)

指 标	Item	全年 Annual Year	1季度 1st Quarter	2季度 2nd Quarter	3季度 3rd Quarter	4季度 4th Quarter
畜牧业产品	**Animal Husbandry Products**	**117.5**	**132.5**	**135.5**	**106.0**	**103.5**
活牲畜	Live Domestic Animals	123.8	141.1	146.9	111.0	105.0
猪	Hogs	125.1	145.0	149.3	111.2	105.2
中猪	Hogs	124.2	141.1	147.0	111.2	105.2
活牛	Cattle and Buffaloes	105.3	104.4	107.1	105.7	104.1
活羊	Sheep and Goats	87.4	83.6	87.8	86.5	92.8
活家禽	Live Poultry	95.6	97.5	90.4	93.8	99.1
活鸡	Chicken	93.4	94.9	83.9	92.7	95.0
活鸭	Duck	98.6	100.4	95.3	96.2	104.1
禽蛋	Poultry Eggs	95.5	99.0	88.0	95.3	96.3
鸡蛋	Chicken's Eggs	98.4	103.5	98.8	95.5	96.4
鸭蛋	Duck's Eggs	73.0	91.2	63.8	71.0	69.4
天然蜂蜜	Natural Honey					
渔业产品	**Fishery Products**	**107.0**	**96.9**	**108.9**	**111.7**	**106.0**
淡水养殖产品	Freshwater Aquatic Products	107.0	96.9	108.9	111.7	106.0
养殖淡水鱼	Freshwater Fish	105.9	96.2	108.2	114.5	106.1
鲤鱼	Carp	106.5	99.4	118.9	111.4	99.0
草鱼	Grass Carp	105.8	91.7	103.5	117.1	112.8
鳙鱼(胖头鱼)	Variegated Carp	100.2	93.8	101.3		101.7
青鱼	Black Carp	101.7	102.8	89.5	109.0	99.1
鲢鱼	Silver Carp	101.6	94.4	92.9	105.8	114.3
鲫鱼	Crucian Carp	115.0	93.9	140.9	123.2	101.6
鳊鲂	Vream	114.8	103.4	137.4	112.8	105.5
鲶鱼	Oriental Sheatfish	86.7	86.5			86.9
鮰鱼	Catfish	95.0	101.7			86.4
黄颡鱼	Yellow Catfish	106.9	115.1	105.4		102.8
黄鳝	Ricefield Eel	111.6	114.0	112.0		97.5
乌鳢	Snakehead	87.8				87.8
鳖	Turtle	99.5	114.1	96.8		92.7
其他养殖淡水鱼	Other Freshwater Products					
淡水养殖虾	Freshwater Shrimps	110.2		116.9	102.8	103.8
淡水养殖活河蟹	Freshwater Crab	121.5	102.3		144.6	115.1

5-30 分季度农产品生产者价格指数

(上年＝100)

指 标	Item	2013年 1季度	2013年 2季度	2013年 3季度	2013年 4季度
总指数	**General Index**	**104.2**	**99.8**	**104.7**	**100.0**
农业产品	**Grop products**	**105.9**	**102.0**	**103.3**	**98.0**
谷物	Cereals	103.7	101.7	102.8	97.2
稻谷	Rice	103.7	100.0	94.2	97.0
早籼稻	Early long grained nonglutinous rice	106.6	96.0	96.3	98.6
中籼稻	Mid long grained nonglutinous rice	102.7	100.4	93.9	96.1
晚籼稻	Late long grained nonglutinous rice	102.8		90.8	96.1
小麦	Wheat	106.2	108.8	109.3	96.2
玉米	Corn//Maize	103.9	101.4	98.6	104.7
薯类	Tubers	139.8	104.1	100.6	118.1
甘薯	Sweet Potato	114.3	100.0		118.5
马铃薯	Potato	170.0	105.2	100.6	117.6
油料	Oil-bearing Crops	101.3	102.6	103.9	106.7
花生	Peanuts	103.0	101.4	90.2	94.6
油菜籽	Rapeseeds	100.0	102.7	104.2	107.8
芝麻	Sesames	100.0			118.3
豆类	Beans	101.6	102.1	101.7	100.0
大豆	Soybean	101.6	102.1	101.7	100.0
棉花(籽棉)	Cotton	100.4	96.4	104.6	96.1
生苎麻	Ramie	102.2	80.6	100.0	80.0
甘蔗	Sugar Cane	97.6			91.2
莲子	Lotus Seed	88.3		119.9	120.6
蔬菜及食用菌	Vegetables and Mushroom	112.7	104.3	109.2	104.0
蔬菜	Vegetables	107.9	100.4	109.8	102.7
叶菜类蔬菜	Leaf Vegetables	106.9	90.2	113.2	105.6
芹菜	Celery	104.1	94.5	111.0	97.6
油菜	Rape				102.0
菠菜	Spinach	110.2			100.5
苋菜	Amaranth		101.7	106.1	106.7
空心菜	Swamp Morningglory		129.3	119.8	
大白菜	Chinses cabbage	118.9	125.0	75.1	116.2
根茎类蔬菜	Root and Tuber Vegetable	117.1		91.8	109.9
白萝卜	Radish	126.5		91.8	93.3
胡萝卜	Carrot	117.0			100.0
生姜	Ginger				
山药	Chinese yam	100.0			
瓜菜类蔬菜	Gourd Vegetable		104.9	114.6	110.2
黄瓜	Cucumber		104.4	116.2	106.6
冬瓜	White Gourd		106.0	110.8	115.6
苦瓜	Balsam pear		100.0	109.2	113.6
南瓜	Pumpkin	100.0	106.5	116.3	108.9
丝瓜	Towed gourd		95.3	127.0	104.1
瓠瓜	Bottle gourd				

Producers Price Indices for Farm Products by Quarter

(preceding year=100)

2014年				2015年				2016年			
1季度	2季度	3季度	4季度	1季度	2季度	3季度	4季度	1季度	2季度	3季度	4季度
98.8	**98.8**	**101.2**	**98.2**	**99.0**	**99.5**	**98.9**	**99.4**	**112.2**	**109.4**	**103.5**	**106.6**
101.3	**99.7**	**103.6**	**96.9**	**100.7**	**97.2**	**92.3**	**96.7**	**103.0**	**96.3**	**101.3**	**108.1**
101.1	101.5	105.4	102.5	102.0	97.4	95.0	97.1	96.7	93.2	93.2	99.2
100.9	100.9	103.0	102.5	102.1	97.8	97.6	97.6	97.3	99.2	96.4	99.1
	97.9	104.6	100.0		92.9	92.8	104.7	101.7		94.1	94.4
97.8	105.5	101.1	104.9	101.8		98.9	97.0	97.1	99.3	96.5	99.2
101.6	100.4	103.1	102.4	103.4	101.5	95.8	93.8	94.4	98.9	97.8	102.7
104.9	103.9	107.4	104.1	96.4	96.3	103.0	96.0	93.4	88.5	92.3	88.3
104.9	102.5	100.4	102.7		112.8	90.8	88.8	90.5	52.3	89.8	103.4
96.6	107.5	110.4	97.0	101.5	85.9	102.3	97.8	151.5	147.1	110.8	116.2
				100.0		94.7	94.4	166.7	114.3	95.0	102.1
90.4	106.6	110.5	98.2	106.8	85.9	102.4	100.5	97.2	154.7	111.2	126.7
85.5	93.9	104.0	100.6	104.3	92.5	77.4	91.3	91.9	101.2	112.9	98.8
85.5	86.8	106.5	103.6	104.3	101.6	106.5	105.4	91.3	102.0	98.2	95.3
	94.2	103.9	99.4		91.0	75.6	101.1	97.5	101.0	114.2	116.9
	99.6	112.1	98.2			85.4	64.1			90.9	
94.7	100.0	95.6	108.5	103.9		92.8	92.4			111.3	107.7
94.7	100.0	95.6	108.5	103.9		92.8	92.4			111.3	107.7
104.9	88.7	87.5	82.0	74.8	100.0		93.6	96.2		94.3	120.3
98.9	108.3	181.8	106.4	95.3			62.5	93.8		105.0	
112.9	104.5	90.6	115.7								
104.1	103.2	101.2	103.3	102.3	100.0	106.1	97.7	115.8	96.8	99.5	109.5
99.7	105.4	102.4	105.3	96.9	100.5	108.7	100.6	138.7	97.2	99.2	113.8
94.9	109.0	99.2	107.2	99.4	100.8	111.2	101.7	104.5	97.1	104.8	96.6
104.9	109.4	104.7	104.0	106.8	99.7	110.8	109.1	105.1	100.0	105.1	107.0
							100.0	100.0			85.2
94.5	115.7		112.5	106.7	97.3		101.9	109.0	99.0	101.2	116.3
	106.2	94.5	116.1		104.3	107.8	98.0	98.7	79.7	109.3	67.9
	108.6	82.8	97.1		102.1	117.0					
97.9	101.0	85.7	117.9	97.8	101.3	104.6	94.8	108.2	97.7	139.4	107.2
119.0	100.0	93.4	107.1	100.3	96.5	140.0	98.4	103.9	83.2	98.9	137.1
117.9	100.0	93.4	109.2	97.2	95.1	140.0	93.7	96.9	83.2	98.9	113.1
120.0				105.4			111.1	105.5			
110.0				104.2							
105.9	111.6	108.0	96.0	118.3	97.6	105.6	96.4	117.1	105.5	107.8	102.0
	100.0	112.0	105.8	118.3	97.6	97.2	80.5	117.1	98.0	112.5	116.7
105.9	138.6	98.6	81.4			125.3	121.4		119.1	96.7	79.1
		116.6			94.4	113.7	88.4				
	89.1	111.3	111.7		104.2	111.8	96.3				
	101.4	105.5	85.2		94.7	106.0					
	91.2	81.2			111.9	114.5					

5-30 续表 1

(上年＝100)

指　标	Item	2013年			
		1季度	2季度	3季度	4季度
豆类蔬菜	Garden Beans		114.1	101.8	109.4
豌豆	Pea		100.6		109.7
四季豆	Kidney Beans		113.4	100.0	110.7
茄果类蔬菜	Eggplant,Tomato and Chile,Etc.	106.9	108.8	118.3	99.5
茄子	Eggplant	107.1	105.1	115.7	89.2
青椒	Sweetbell	100.0	113.6	118.3	107.4
辣椒	Chili		100.0	135.5	103.9
西红柿	Tomato		106.4	109.7	98.3
莴笋	Lettuce	99.5	108.6		92.4
葱蒜类蔬菜	Onion and Garlic	114.2	103.0	100.0	82.2
大葱	Scallion		99.5		
蒜苗	Garlic Bolt	115.0			54.2
蒜头	Garlic Heat		100.0		
韭菜	Fragrant-Flowered Garlic		104.4	105.8	104.8
水生蔬菜	Water Vagetable	100.3	106.4	113.3	107.5
莲藕	Lotus Root	100.3	106.4	113.3	107.5
食用菌	Mushroom	120.0	113.6	102.8	107.4
香菇	Mushroom	121.4	116.7	101.0	111.0
黑木耳	Black Edible Fungus	100.9	104.1	102.8	100.0
水果及坚果	Fruits and Nuts	108.7	111.7	95.3	90.7
水果(园林水果)	Garden Fruits	108.7	111.7	96.3	91.5
梨	Pear			98.9	
柑橘类水果	Citrus	108.7		112.7	91.5
柑橘	Mandarin Orange	100.0		112.7	91.2
橙	Orange	115.2	111.8		94.4
葡萄	Grape			104.2	
瓜类水果	Melon			90.9	
西瓜	Watermelon		154.4	89.0	98.4
香瓜	Muskmelon			108.8	100.0
其他瓜类水果	Others			127.0	
桃	Peach		111.7	81.4	
茶叶	Tea	97.0	98.3	99.9	112.1
绿茶	Green Tea	97.0	98.3	99.9	112.1
中草药材	Chinese Medicinal Materials	115.9	84.9	101.1	75.5
大黄、籽黄	Chinese Rhubarb	130.0	86.1	109.1	129.6
杜仲	Eucommia Ulmoides		84.6	100.0	
茯苓	Fuling	119.2	84.2	64.7	80.2
黄姜	Turmeric				

Continued

(preceding year=100)

2014年				2015年				2016年			
1季度	2季度	3季度	4季度	1季度	2季度	3季度	4季度	1季度	2季度	3季度	4季度
	89.3	99.3	110.4		103.3	100.8	103.0		94.0	97.9	135.6
	110.9	100.0			116.1						
	88.1	96.3	107.6		101.0	99.1	111.2		100.3	86.1	137.9
84.4	91.8	93.9	114.2	105.3	98.3	101.3	102.0	119.3	98.3	102.4	140.6
83.9	85.8	104.2	110.2		101.4	102.1	102.2	109.1	95.3	103.5	138.9
100.0	94.4	96.2	91.7	96.0	96.8	101.8	100.0	102.7	95.3	99.3	112.6
	83.3	89.3	91.2	109.3	98.4	101.3	89.9	135.1	105.9	114.4	152.5
	103.0	87.0	141.8	96.7	96.3	100.4	112.0	111.7	107.9	97.0	143.4
116.8	116.4		108.1	105.8	106.3	123.5	95.0	100.0	103.2	74.6	126.8
102.8	107.7	101.1	89.1	57.6	98.5	135.4	106.6	492.9	123.6	78.8	118.8
102.0		101.8	82.3	45.0	50.0	135.4	117.8	563.0	291.7	78.8	108.2
100.0	99.4		100.9		108.6		101.1		111.1		138.4
	108.3				111.1				150.0		
	129.0	120.3	100.0	93.3	101.0	106.4	110.5				
78.1	114.4	114.7	114.3		106.7	109.1		88.9		100.0	100.0
78.1	114.4	114.7	114.3		106.7	109.1		88.9		100.0	100.0
110.8	97.9	89.8	96.8	107.7	99.0	91.3	85.7	91.8	95.9	101.0	92.2
111.1	104.9	111.3	97.1	108.9	101.4	101.7	84.1	91.0	94.8	110.2	88.0
98.8	73.9	88.9	92.5	93.7	92.4	90.8	85.7	100.8	101.2	100.0	100.0
95.9	111.9	97.5	93.8	127.3	100.1	101.7	104.9	111.3	90.2	111.9	119.3
95.9	111.9	96.3	91.6	127.9	100.1	103.0	116.6	111.9	90.1	110.2	95.5
						101.9					
95.9		99.3	91.6	127.9	122.0	106.3	118.4	111.9	99.8	99.4	94.5
103.3		99.3	90.1	103.8	122.0	106.3	118.8	135.7	99.8	99.4	87.6
90.4	106.6		104.8	137.4	83.1		116.3	102.5			131.4
						95.8				108.2	
						101.8	71.4			113.1	121.6
	96.6	93.0	77.5		80.1	101.8	71.4			113.1	121.6
						104.0					
	111.9	108.3			95.5	98.6	104.9		78.3	117.4	98.8
	104.4	120.0	96.1	104.8	95.3	97.6	100.1	84.9	99.0	99.8	106.5
	104.4	120.0	96.1	104.8	95.3	97.6	100.1	84.9	99.0	99.8	106.5
79.5	104.0	110.2	94.5	114.0	96.0	103.7	98.8	99.3	86.6	91.3	109.4
102.3	84.5	176.6	112.6	101.4	93.0		85.6				
	109.0	100.0	120.0	102.7	88.2	106.4	87.1	92.9	88.4	92.9	105.8
78.1	98.6	116.4	111.0	120.6	92.9	104.2	112.0	100.0	84.9	87.5	
95.5	83.6										

5-30 续表 2

(上年＝100)

指　标	Item	2013年			
		1季度	2季度	3季度	4季度
林业产品	**Forestry Products**	**104.9**	**102.4**	**103.8**	**104.6**
木材采伐产品	Felling and Transport of Wood	102.1		111.7	101.0
原木	Log	102.1		111.7	101.0
落叶松原木	Larch	102.0			100.0
马尾松原木	Masson Pine		102.4	104.0	109.9
杉木原条	China Fir	102.2	103.7	111.7	101.1
杨树原木	Poplar		101.9		106.7
竹材采伐产品	Felling and Transport of Bamboo	101.7		95.7	109.1
毛竹	Mao Bamboo	101.7		95.7	109.1
畜牧业产品	**Animal Husbandry Products**	**97.1**	**93.9**	**106.0**	**102.0**
活牲畜	Live Domestic Animals	94.2	91.5	106.9	101.7
猪	Hogs	93.7	90.8	106.8	101.3
中猪	Hogs	96.3	97.8	96.0	98.2
活牛	Cattle and Buffaloes	123.9	129.7	118.7	111.8
活羊	Sheep and Goats	111.4	113.6	109.1	113.4
活家禽	Live Poultry	112.8	90.5	103.0	100.7
活鸡	Chicken	110.0	79.7	88.0	99.3
活鸭	Duck	115.4	98.6	111.4	102.4
禽蛋	Poultry Eggs	113.8	106.9	102.0	104.6
鸡蛋	Chicken's Eggs	113.6	106.9	103.1	103.9
鸭蛋	Duck's Eggs	114.3		98.6	113.1
天然蜂蜜	Natural Honey	100.0	120.0	100.0	100.1
猪鬃	Bristles				
渔业产品	**Fishery Products**	**112.6**	**105.8**	**112.4**	**109.2**
淡水养殖产品	Freshwater Aquatic Products	112.6	105.8	112.4	109.2
养殖淡水鱼	Freshwater Fish	112.6	105.8	109.4	109.2
鲤鱼	Carp	107.0	119.0	102.6	116.7
草鱼	Grass Carp	113.6	107.3	103.8	105.7
鳙鱼(胖头鱼)	Variegated Carp	113.5	102.4	103.3	109.9
青鱼	Black Carp	111.5			100.0
鲢鱼	Silver Carp	113.9	102.6	115.2	113.4
鲫鱼	Crucian Carp	112.6	107.5	118.9	109.3
鳊鲂	Vream	108.7	100.7	99.0	100.0
鲶鱼	Oriental Sheatfish	100.4			
鮰鱼	Catfish				
黄颡鱼	Yellow Catfish		105.4	96.0	103.9
黄鳝	Ricefield Eel	103.9	117.9	122.7	114.0
乌鳢	Snakehead				
鳖	Turtle	112.5			
其他养殖淡水鱼	Other Freshwater Products	104.5	110.8	103.7	66.7

Continued

(preceding year=100)

2014年				2015年				2016年			
1季度	2季度	3季度	4季度	1季度	2季度	3季度	4季度	1季度	2季度	3季度	4季度
101.8	**102.9**	**105.2**	**102.1**	**101.0**	**101.9**	**102.7**	**80.0**	**101.4**	**99.5**	**98.8**	**98.6**
101.0	105.8	110.3	101.2	100.5	100.0			104.6			97.9
101.0	105.8	110.3	101.2	99.7	100.0						97.9
101.7	101.3	88.0									
101.0	105.8	110.3	101.2	99.7	100.0	102.2					97.9
		107.8	101.7								
100.5	97.8	100.0	103.1	100.8		98.0	80.0	75.0	87.8	95.9	102.3
100.5	97.8	100.0	103.1	100.8		98.0	80.0	75.0	87.8	95.9	102.3
94.8	**95.8**	**96.1**	**100.8**	**99.8**	**105.2**	**113.5**	**109.4**	**132.5**	**135.5**	**106.0**	**103.5**
93.5	92.5	93.2	96.6	99.2	107.5	119.7	113.4	141.1	146.9	111.0	105.0
93.1	92.3	93.1	96.3	99.7	108.1	120.2	114.1	145.0	149.3	111.2	105.2
92.7	82.6	90.9	95.6	105.1	112.8	133.3		141.1	147.0	111.2	105.2
104.9	102.8	98.5	102.0	92.9	106.0	101.8	100.5	104.4	107.1	105.7	104.1
112.4	103.9	109.2	105.5	93.1	93.4	95.2	85.0	83.6	87.8	86.5	92.8
103.4	104.8	103.5	107.8	101.2	99.9	101.4	97.4	97.5	90.4	93.8	99.1
105.6	107.8	106.9	110.7	100.8	100.2	101.4	96.7	94.9	83.9	92.7	95.0
101.5	102.5	101.6	99.5	101.2	99.7	101.4	98.1	100.4	95.3	96.2	104.1
101.1	108.7	110.2	107.5	102.4	95.5	98.9	92.7	99.0	88.0	95.3	96.3
102.8	110.7	112.3	107.9	103.1	92.6	98.9	92.7	103.5	98.8	95.5	96.4
97.4	104.1	103.1	100.2	101.1	102.0	93.2	91.3	91.2	63.8	71.0	69.4
100.0			116.7								
98.9	**102.4**	**100.8**	**102.1**	**93.3**	**96.3**	**97.4**	**98.4**	**96.9**	**108.9**	**111.7**	**106.0**
98.9	102.4	100.8	102.1	93.3	96.3	97.1	98.4	96.9	108.9	111.7	106.0
98.9	104.7	102.4	101.7	93.8	95.8	97.1	97.0	96.2	108.2	114.5	106.1
99.9	112.6	110.1	102.2	99.0	105.5	91.4	100.7	99.4	118.9	111.4	99.0
102.5	101.1	100.6	101.5	91.5	91.8	95.4	94.1	91.7	103.5	117.1	112.8
107.5	104.1	101.8	107.5	94.9	100.2	100.8	98.0	93.8	101.3		101.7
108.6				95.5	100.0		97.8	102.8	89.5	109.0	99.1
90.9	104.9	95.9	98.9	90.7	90.9	96.9	97.7	94.4	92.9	105.8	114.3
104.9	104.8	107.6	100.5	90.5	99.0	99.3	97.4	93.9	140.9	123.2	101.6
100.1	108.3	100.8	95.4	93.4	92.8	101.9	96.2	103.4	137.4	112.8	105.5
		105.4						86.5			86.9
96.3	100.0		100.0	95.6	88.7	95.4	93.5	101.7			86.4
	94.8	111.1	96.6	97.5	95.0	92.5	92.1	115.1	105.4		102.8
82.6	90.4	102.6		108.5	103.1	102.4	105.6	114.0	112.0		97.5
											87.8
				106.7	78.7	104.8	104.8	114.1	96.8		92.7
114.6	109.7	103.6	101.2	95.2	95.2	102.0	97.8				

5-31 农产品生产者价格指数
Producers Price Indices for Farm Products

(上年＝100) (preceding year=100)

指 标	Item	2011	2012	2013	2014	2015	2016
总指数	**General Index**	**111.7**	**103.3**	**101.8**	**100.0**	**99.5**	**106.2**
农业产品	**Grop products**	**105.5**	**103.6**	**101.3**	**100.1**	**96.3**	**100.9**
谷物	Cereals	114.9	105.5	99.6	102.4	97.9	96.4
稻谷	Rice	115.9	107.7	98.3	101.8	99.0	97.9
早籼稻	Early Long Grained Nonglutinous Rice	115.1	111.4	99.1	100.9	96.8	96.7
中籼稻	Mid Long Grained Nonglutinous Rice	117.1	106.1	98.1	102.0	99.3	98.0
晚籼稻	Late Long Grained Nonglutinous Rice	118.5	110.1	96.1	101.9	98.9	98.4
小麦	Wheat	111.5	96.7	105.2	104.8	97.8	90.6
玉米	Corn//Maize	110.6	103.7	102.4	102.8	89.6	94.2
薯类	Tubers	111.0	105.0	116.0	102.0	98.9	115.9
甘薯	Sweet Potato	121.1	99.8	108.8	103.5	96.4	112.6
马铃薯	Potato	104.8	107.6	120.4	101.1	100.0	119.3
油料	Oil-Bearing Crops	117.3	104.3	103.2	99.1	88.2	104.1
花生	Peanuts	118.6	101.4	97.5	95.1	103.9	96.7
油菜籽	Rapeseeds	118.3	104.4	103.6	99.2	85.9	107.9
芝麻	Sesames	103.0	106.4	106.5	103.2	72.1	90.9
豆类	Beans	103.9	107.8	101.2	99.6	96.4	109.5
大豆	Soybean	103.9	107.8	101.2	99.6	96.4	109.5
棉花(籽棉)	Cotton	74.8	97.0	99.5	90.8	88.7	103.0
烤烟叶	Flue-Cured Tobacco	114.0	109.5	102.4	121.3	108.8	100.3
晒烟叶	Sun-Cured Tobacco	125.0					
蔬菜及食用菌	Vegetables and Mushroom	112.2	107.7	106.1	103.1	101.6	103.7
蔬菜	Vegetables	116.4	110.6	104.7	103.7	103.5	106.5
叶菜类蔬菜	Leaf Vegetables	109.8	111.5	103.6	103.5	102.5	101.3
芹菜	Celery	102.1	101.0	102.0	105.6	106.4	104.4
油菜	Rape	107.3	100.0	102.0		100.0	91.3
菠菜	Spinach	110.8	113.1	106.2	108.6	103.0	106.2
苋菜	Amaranth	113.4	120.3	105.0	105.8	104.4	91.9
空心菜	Swamp Morningglory	136.5	107.1	124.3	98.8	106.8	
香菜	Coriander	107.2	109.2	101.0	103.1	103.7	
茼蒿	Chrysanthemum Coronarium	104.5	105.1	112.0	101.0	71.3	
小白菜	Chinese White Cabbage	118.5	114.6	115.9	108.1	102.2	
大白菜	Chinses Cabbage	104.1	101.2	105.9	100.9	100.7	110.2
普通白菜	Cabbage	115.6	124.7	98.0	100.0	102.1	106.6
乌榻菜	Wuta	97.7					
菜心(菜薹)	Flowering Chinese Cabbage	134.6	111.3	90.0	104.9	85.9	
紫菜薹	Purple Tsai-Tai	109.7	120.0	96.9	103.9	98.4	
甘蓝类蔬菜	Cabbage Vegetables	87.0	124.5	97.8	101.5	102.8	103.7
结球甘蓝	Wild Cabbage	82.9	114.3	104.2	86.5	97.0	105.2
花椰菜	Cawliflower	81.4	121.3	98.0	103.6	105.6	102.3
根茎类蔬菜	Root and Tuber Vegetable	100.8	109.4	103.4	105.6	103.2	113.3
白萝卜	Radish	102.3	102.6	102.9	104.8	102.9	100.0
胡萝卜	Carrot	122.6	100.8	107.4	120.0	108.3	105.5
生姜	Ginger	90.4	79.3				
芋头	Taro	115.5				89.0	
山药	Chinese yam	125.0		100.0	110.0	104.2	
瓜菜类蔬菜	Gourd Vegetable	126.8	116.6	108.8	105.9	108.7	106.6
黄瓜	Cucumber	130.1	107.3	108.9	105.4	101.9	112.2
冬瓜	White Gourd	104.4	115.5	108.3	109.4	123.5	95.2

5-31 续表 1 Continued

(上年=100) (preceding year=100)

指　　标	Item	2011	2012	2013	2014	2015	2016
西葫芦	Summer Squash	121.6	116.6	105.3	107.9	97.7	
苦瓜	Balsam Pear	106.7	121.3	107.8	116.6	96.2	
南瓜	Pumpkin	122.9	108.4	107.1	96.3	103.1	
丝瓜	Towed Gourd	124.9	111.4	107.9	95.9	99.4	
瓠瓜	Bottle Gourd	166.7	112.6		88.0	112.7	
豆类蔬菜	Garden Beans	113.0	103.1	108.5	95.5	102.8	108.8
扁豆	Lentils	111.3	95.1	106.7	114.8	98.8	
豇豆	Cowpeas	114.3	108.6	110.2	99.7	101.7	110.5
豌豆	Pea	116.0	108.9	104.6	104.7	116.1	
四季豆	Kidney Beans	112.9	103.0	108.4	95.3	103.3	107.8
茄果类蔬菜	Eggplant,Tomato and Chile,Etc.	114.1	113.7	109.8	91.1	100.4	114.7
茄子	Eggplant	104.9	119.0	104.9	89.5	101.7	112.3
青椒	Sweetbell	108.0	106.9	110.3	95.9	98.0	102.8
辣椒	Chili	117.7	100.0	111.2	88.0	100.0	130.8
西红柿	Tomato	118.0	120.6	103.7	102.1	101.5	117.5
其他茄果类蔬菜	Others	111.4	133.3	117.1		100.5	
莴苣及菊苣类蔬菜	Lettuce Vegetables	108.2	112.9	99.5	113.2	109.5	101.0
生菜	Romaine Lettuce	114.5	111.0	107.3	110.9	106.3	
莴笋	Lettuce	108.2	112.9	99.5	113.2	109.5	101.0
其他莴苣及菊苣类蔬菜	Others	141.0	83.5	102.0		105.0	
葱蒜类蔬菜	Onion and Garlic	144.4	92.0	102.5	106.9	100.7	115.1
大葱	Scallion	109.1	108.5	99.5	91.2	92.5	166.0
细香葱	Shallot	110.9	131.5	92.3	105.0	110.8	
大蒜	Garlic Heat	78.8	93.5	101.7	102.5	115.5	107.7
蒜苗	Garlic Bolt	103.2	98.0	94.4	100.4	105.0	125.8
蒜头	Garlic Heat	113.2	95.5	100.0	108.3	111.1	150.0
韭菜	Fragrant-Flowered Garlic	110.5	97.9	105.1	115.0	101.3	
洋葱	Onion	112.9	98.0	99.5		108.4	
水生蔬菜	Water Vagetable	117.7	108.6	107.3	105.3	107.7	97.3
莲藕	Lotus Root	117.7	108.6	107.3	105.3	107.7	97.3
芦笋	Asparagus	115.7	106.6				
食用菌	Mushroom	101.4	102.9	109.7	101.3	96.4	96.8
平菇	Oyster Mushroom	108.9	120.0	113.5	114.5	97.4	93.7
双孢蘑菇	Common Cultivatea Mushroom	111.0	97.5	91.5		101.9	
香菇	Mushroom	100.4	99.7	112.2	105.4	98.3	95.9
黑木耳	Black Edible Fungus	104.1	107.1	101.9	88.2	90.8	100.5
花卉	Flowers and Plants					107.7	
兰草	Orchid						
秋海棠	Begonia	142.9				101.2	
香樟	Camphor						
银杏	Ginkgo						
玉兰	Magnolia						
水果及坚果	Fruits and Nuts	121.0	105.1	104.4	98.8	102.8	110.1
水果(园林水果)	Garden Fruits	124.2	101.2	106.4	97.9	103.6	109.3
梨	Pear	131.7	112.2	98.9		101.9	
雪花梨	Snowflake Pear	120.7				105.6	
柑橘类水果	Citrus	126.0	86.3	105.2	98.9	109.0	109.1
柑橘	Mandarin Orange	125.5	76.6	104.1	98.4	111.8	104.0
橙	Orange	128.6	75.1	109.9	101.3	102.7	119.8

5-31 续表 2 Continued

(上年=100) (preceding year=100)

指 标	Item	2011	2012	2013	2014	2015	2016
葡萄	Grape	107.4	113.5	104.2	102.3	71.7	108.2
巨峰葡萄	Kyoho Grape	121.1	108.2	131.7	102.3	73.8	108.2
瓜类水果	Melon	118.9	109.6	90.9	93.7	84.8	117.4
西瓜	Watermelon	119.8	114.7	120.1	89.0	80.7	117.4
香瓜	Muskmelon	108.0	105.5	105.0	100.0	104.0	
甜瓜	Muskmelon						
其他瓜类水果	Others	110.1		127.0	95.5		
其他水果	Other Fruits	97.9	80.6	93.0	109.7	103.0	98.4
樱桃	Cherry	119.8	114.6			80.0	
桃	Peach	97.9	90.6	93.0	109.7	103.0	98.4
李子	Plum	115.7	99.2		100.0		
食用坚果	Nuts	89.4	161.3	85.3	108.6	99.3	113.1
核桃	Walnut	84.7	106.6	111.9	105.4	78.9	101.6
山核桃	Hickory	62.7	189.4				
栗子	Chestnut	89.4	161.9	85.2	108.6	100.0	113.5
板栗	Chinese Chestnut	89.4	161.9	85.2	108.6	100.0	113.5
白果	Ginkgo	103.5	140.6				
茶及饮料原料	Tea and Other Beverages	117.1	99.2	98.3	106.0	101.0	90.7
茶叶	Tea	117.1	99.2	98.3	106.0	101.0	90.7
绿茶	Green Tea	117.1	99.2	98.3	106.0	101.0	90.7
中草药材	Chinese Medicinal Materials	81.3	92.2	91.8	96.3	94.2	98.3
党参	Tangshen	180.6	131.7	110.4	58.4	67.8	
黄连	Rhizome of Chinese Goldthread	108.2	66.4	101.3	125.0	90.1	
贝母	Bulb of Chinese Wolfberry	187.3	88.2	104.8	125.5	59.0	
天麻	Tuber of Elevated Gastrodia	67.2	159.7	102.5	92.4	94.7	95.2
大黄、籽黄	Chinese Rhubarb	129.8	101.6	108.6	106.8	93.2	
白术	Largehead Atractyldes	102.8	93.1	96.7	109.0	84.8	
杜仲	Eucommia Ulmoides	129.7	88.1	95.0		95.1	94.2
茯苓	Fuling	82.4	76.2	84.8	96.7	105.9	91.7
云木香	Aucklandia	126.0	94.2	88.0	98.4	82.2	
厚朴	Cortex Magnoliae Officinalis	135.4	98.1	96.9	95.6	84.5	
板蓝根	Root of Commom Baphicanthus	120.0					
黄姜	Turmeric	153.0	128.1				
麦冬	Ophiopogon Japonicus					77.8	
其他中草药材	Others	113.7	110.0	91.6	98.3	92.9	
林业产品	**Forestry Products**	**108.4**	**107.5**	**104.4**	**104.0**	**99.5**	**99.6**
育种和育苗	Breedings and Seedlings	110.0	103.5	108.6	104.6	99.2	100.0
苗木类	Seedlings	110.0	106.5	107.3	108.1	99.2	100.0
杉树树苗	China Fir	110.0	105.6	116.7	108.1	99.9	97.4
柏树树苗	Cypress	116.1	116.4	112.5	111.0	113.7	
松树树苗	Pine Tree	107.6	108.8	100.0	121.7	99.5	100.1
银杏树苗	Ginkgo	120.4	100.0	105.9	108.6	100.1	
杨树类树苗	Poplar	101.0	114.3	115.8	107.9	100.8	
樟树类树苗	Camphor	116.4	110.0	106.7	106.8	97.4	98.4
桂花树苗	Osmanthus Trees	121.5	117.7	105.5	110.7	85.5	
壳斗科类树苗	Fagaceae	102.6					
柑橘树苗	Orange Seedlings	120.0	100.0	100.0	113.0	104.4	
桃树苗	Peach Seedlings	111.1	100.0	100.0	104.2	88.0	
其他果树苗	Others	120.7	106.6	85.7	110.0	99.9	

5-31 续表 3 Continued

(上年＝100) (preceding year=100)

指　　标	Item	2011	2012	2013	2014	2015	2016
毛竹苗	Mao Bamboo	100.0				100.0	
木材采伐产品	Felling and Transport of Wood	107.6	104.3	104.3	105.8	100.3	98.5
原木	Log	107.6	104.3	104.3	105.8	99.9	97.9
红松原木	Korean Pine	106.4				92.4	
落叶松原木	Larch	105.9	105.3	101.3			
马尾松原木	Masson Pine	108.3	104.3	105.2	97.5		
杉木原条	China Fir	108.0	104.6	105.0	105.8	100.9	97.9
其他针叶原木	Other Coniferous	119.7	102.4	100.0		98.1	97.9
杨树原木	Poplar	99.0	97.2	104.3	105.2		
薪材	Firewood	103.1	133.7	112.1	101.1	103.1	104.6
短条及细枝等	Strip and Twigs	85.0	100.0	100.5	98.8	105.4	
竹材采伐产品	Felling and Transport of Bamboo	108.4	102.5	102.0	99.8	91.4	90.7
竹材	Bamboo	108.4	102.5	102.0	99.8	91.4	90.7
毛竹	Mao Bamboo	108.4	102.5	102.0	99.8	91.4	90.7
畜牧业产品	**Animal Husbandry Products**	**128.9**	**98.6**	**99.8**	**98.5**	**107.6**	**117.5**
活牲畜	Live Domestic Animals	132.7	97.7	98.4	94.0	110.3	123.8
猪	Hogs	133.2	97.2	98.0	93.8	110.8	125.1
中猪	Hogs	134.6	88.3	97.1	90.7	117.4	124.2
活牛	Cattle and Buffaloes	110.3	125.8	120.5	102.0	100.8	105.3
活羊	Sheep and Goats	119.0	110.1	111.8	107.7	92.1	87.4
活家禽	Live Poultry	111.2	100.0	101.4	105.2	100.3	95.6
活鸡	Chicken	112.3	99.2	95.8	106.8	99.9	93.4
活鸭	Duck	110.3	99.3	106.3	101.3	100.8	98.6
禽蛋	Poultry Eggs	114.8	101.5	107.2	107.4	97.3	95.5
鸡蛋	Chicken's Eggs	116.4	102.2	106.8	108.2	97.3	98.4
鸭蛋	Duck's Eggs	108.6	99.3	108.9	101.2	96.7	73.0
天然蜂蜜	Natural Honey	120.0	103.8	101.4	105.6		
猪鬃	Bristles	100.0	147.1				
蚕茧	Silkworm Cocoon						
渔业产品	**Fishery Products**	**108.4**	**110.1**	**109.1**	**102.4**	**96.7**	**107.0**
淡水养殖产品	Freshwater Aquatic Products	108.4	110.1	109.1	102.4	96.7	107.0
养殖淡水鱼	Freshwater Fish	107.3	107.3	108.7	102.3	96.3	105.9
鲤鱼	Carp	106.6	99.3	111.0	105.5	99.4	106.5
草鱼	Grass Carp	105.7	105.7	107.5	101.4	94.1	105.8
鳙鱼(胖头鱼)	Variegated Carp	110.2	112.5	106.9	104.7	99.1	100.2
青鱼	Black Carp	117.9	105.6	105.9	108.6	98.1	101.7
鲢鱼	Silver Carp	110.6	108.2	111.1	97.4	95.5	101.6
鲫鱼	Crucian Carp	103.6	108.6	113.0	104.8	97.2	115.0
鳊鲂	Vream	100.3	108.5	102.0	100.8	96.4	114.8
鲶鱼	Oriental Sheatfish	100.0	114.3	100.4	105.4		86.7
鮰鱼	Catfish	141.5	102.7		98.8	93.6	95.0
黄颡鱼	Yellow Catfish	102.4	107.5	101.5	99.9	94.8	106.9
黄鳝	Ricefield Eel	100.6	112.7	113.7	90.9	104.1	111.6
乌鳢	Snakehead	98.9	119.6				87.8
鳖	Turtle	106.0	118.6	112.5		102.9	99.5
泥鳅	Loach			135.2	144.8	104.4	96.5
其他养殖淡水鱼	Other Freshwater Products	109.6	117.4	100.0	107.8	96.6	
淡水养殖虾	Freshwater Shrimps	134.0	104.5	121.1	102.4	98.3	110.2
淡水养殖活河蟹	Freshwater Crab	105.5	110.4	94.1	105.5	103.9	121.5

5-32 农产品集贸市场价格(2016年)

单位: 元/公斤

指　标	Item	1 月 January	2 月 February	3 月 March	4 月 April
粮食类	**Grain**				
籼稻	Nonglutinous Rice	2.62	2.63	2.63	2.63
粳稻	Round-Grained Rice	2.73	2.70	2.70	2.70
小麦	Wheat	2.09	2.11	2.11	2.11
玉米	Corn//Maize	2.30	2.27	2.25	2.26
大豆	Soybean	5.71	5.78	5.85	5.79
籼米	Long-Grained Nonglutinous Rice	4.98	4.99	4.99	4.99
粳米	Polished Round-Grained Rice	5.33	5.34	5.31	5.31
经济作物类	**Economic Crops**				
棉花(籽棉)	Cotton	5.79	6.06	6.06	6.04
花生仁	Peanut	12.37	12.52	12.65	12.78
油菜籽	Rapeseeds	4.11	4.11	4.11	4.11
畜产品类	**Livestock Products**				
活猪	Live Hogs	18.13	18.23	19.16	19.82
仔猪	Piglet	32.38	33.48	40.14	40.92
猪肉	Pork	28.95	28.95	30.00	30.90
活牛	Live Cattle	26.05	26.00	25.65	25.65
牛肉	Beef	65.65	65.10	64.25	64.90
活羊	Live Sheep	24.74	24.34	24.26	24.26
羊肉	Mutton	58.63	56.38	56.13	56.57
活鸡	Live Chickens	17.36	17.46	17.26	17.26
鸡蛋	Chicken's Eggs	10.38	10.26	9.57	9.18
水产品类	**Aquatic Products**				
草鱼	Grass Carp	11.70	11.98	11.80	12.40
鲤鱼	Carp	8.87	8.87	8.76	8.78
链鱼	Silver Carp	7.91	7.66	7.62	7.85
带鱼	Hairtail	24.75	25.05	24.93	24.88
蔬菜类	**Vegetables**				
大白菜	Chinses Cabbage	2.83	3.33	4.58	3.98
黄瓜	Cucumber	8.28	9.40	8.15	5.58
西红柿	Tomato	7.20	8.19	8.33	7.56
菜椒	Sweetbell	6.10	8.28	10.42	7.22
四季豆	Kidney Beans	11.27	16.20	14.56	11.68
水果类	**Fruits**				
红富士苹果	Hongfushi Apples	12.30	12.25	12.20	12.20
香蕉	Bananas	6.08	6.23	5.95	5.95
橙子	Oranges	9.45	9.05	8.56	8.40

Rural Market Fairs Prices of Agricultural Products(2016)

(yuan/kg)

5 月 May	6 月 June	7 月 July	8 月 August	9 月 September	10 月 October	11 月 November	12 月 December
2.63	2.63	2.61	2.58	2.53	2.56	2.59	2.61
2.70	2.66	2.64	2.62	2.64	2.62	2.64	2.68
2.09	2.12	2.11	2.11	2.08	2.13	2.11	2.18
2.26	2.30	2.29	2.13	2.13	2.08	2.06	2.20
5.72	5.77	5.78	5.82	5.76	5.72	5.74	5.79
4.99	4.97	4.97	4.98	4.98	4.96	4.98	4.92
5.31	5.27	5.30	5.30	5.26	5.32	5.36	5.37
6.02	5.96	5.92	6.40	6.50	6.11	6.61	6.76
12.85	13.25	14.00	14.20	13.30	13.40	13.45	13.40
3.97	3.86	3.90	3.97	3.97	4.01	4.00	4.09
20.73	20.49	19.02	18.83	18.61	17.30	17.07	17.48
41.98	40.50	40.54	40.48	38.59	36.19	36.03	36.72
31.20	31.40	30.20	30.60	30.30	29.55	29.45	29.70
25.58	25.71	26.14	26.00	26.43	26.31	26.20	26.85
64.90	65.40	65.40	65.40	65.40	64.67	64.90	65.10
24.18	23.86	23.86	23.86	23.86	24.14	24.14	24.11
59.33	59.80	58.80	58.80	58.60	55.71	55.75	51.56
17.34	17.44	17.34	17.35	17.04	17.04	17.08	17.02
9.13	9.00	9.24	9.36	9.72	9.46	9.63	9.54
12.66	13.20	13.70	14.03	13.00	13.65	13.39	13.73
9.42	9.67	9.72	9.50	9.40	8.28	8.28	8.31
7.98	8.35	8.58	8.85	8.93	9.04	8.77	8.64
24.80	24.80	22.25	22.49	22.73	23.68	22.75	23.18
3.01	2.96	3.85	3.68	4.08	4.06	3.56	3.40
3.82	3.03	5.58	5.93	5.55	5.80	6.26	6.65
5.86	4.28	5.15	5.28	6.09	6.65	7.11	7.51
5.21	3.32	5.30	5.42	6.05	5.85	6.23	6.60
6.40	4.98	7.70	8.07	8.50	8.45	8.70	10.20
12.00	11.90	12.10	11.70	11.50	11.60	11.36	11.45
6.26	6.21	6.01	6.32	6.66	6.16	5.42	5.23
8.50	8.40	8.60	8.80	8.91	8.68	9.27	8.96

5-33 农产品集贸市场价格指数(2016年)

(上年同月=100)

指标	Item	1月 January	2月 February	3月 March	4月 April
粮食类	**Grain**				
籼稻	Nonglutinous Rice	98.1	98.9	98.5	99.8
粳稻	Round-Grained Rice	97.8	97.5	97.5	98.5
小麦	Wheat	93.3	94.6	93.8	99.2
玉米	Corn//Maize	92.4	91.3	89.3	90.4
大豆	Soybean	94.4	95.4	96.9	98.1
籼米	Long-Grained Nonglutinous Rice	102.0	102.8	101.1	104.4
粳米	Polished Round-Grained Rice	102.9	102.8	100.0	100.0
经济作物类	**Economic Crops**				
棉花(籽棉)	Cotton	98.5	105.0	99.5	99.3
花生仁	Peanut	100.0	97.8	99.3	98.9
油菜籽	Rapeseeds	86.6	86.6	86.6	87.8
畜产品类	**Livestock Products**				
活猪	Live Hogs	129.2	131.0	146.3	143.9
仔猪	Piglet	127.1	131.7	156.2	163.9
猪肉	Pork	117.2	116.7	124.8	132.3
活牛	Live Cattle	80.4	78.4	78.0	102.0
牛肉	Beef	100.2	94.9	97.5	103.8
活羊	Live Sheep	93.1	89.9	93.1	95.7
羊肉	Mutton	98.9	91.2	97.7	96.4
活鸡	Live Chickens	103.7	97.1	100.5	98.2
鸡蛋	Chicken's Eggs	87.5	84.8	83.7	90.2
水产品类	**Aquatic Products**				
草鱼	Grass Carp	86.2	84.3	92.0	96.2
鲤鱼	Carp	101.0	93.6	99.9	94.3
链鱼	Silver Carp	105.5	99.4	104.7	102.6
带鱼	Hairtail	101.1	103.9	105.6	109.0
蔬菜类	**Vegetables**				
大白菜	Chinses Cabbage	142.2	118.5	157.9	134.9
黄瓜	Cucumber	104.8	90.4	107.2	85.8
西红柿	Tomato	110.8	89.0	111.1	106.1
菜椒	Sweetbell	82.4	85.4	139.9	87.5
四季豆	Kidney Beans	107.3	121.8	131.2	112.6
水果类	**Fruits**				
红富士苹果	Hongfushi Apples	98.4	89.8	90.6	91.9
香蕉	Bananas	76.5	68.8	71.7	77.4
橙子	Oranges	103.2	91.9	87.8	91.1

Rural Market Fairs Price Indices of Agricultural Products(2016)

(the same month last year=100)

5 月 May	6 月 June	7 月 July	8 月 August	9 月 September	10 月 October	11 月 November	12 月 December
98.8	97.8	96.2	94.5	96.3	98.6	99.9	100.7
98.5	96.1	91.7	92.3	94.1	95.4	96.9	98.1
101.2	100.5	97.7	99.2	98.0	101.9	102.7	104.5
89.2	90.0	90.8	82.6	85.5	85.2	88.6	94.3
94.5	95.5	96.5	98.6	100.2	98.6	100.2	101.6
101.8	100.9	100.4	99.7	100.1	99.2	99.1	98.9
99.4	99.2	99.8	99.2	99.4	99.3	99.8	101.8
95.0	80.4	93.4	100.9	108.0	104.1	113.0	116.5
99.9	110.8	109.7	110.6	103.7	105.2	108.9	108.0
92.6	93.5	92.7	95.0	97.1	99.1	100.5	100.6
142.3	136.6	111.9	105.9	103.9	99.0	102.0	104.7
151.0	140.3	132.3	126.3	117.6	110.7	114.9	121.3
128.4	125.2	107.9	102.3	101.3	102.6	105.5	107.5
101.2	102.0	96.2	97.8	99.5	99.0	100.0	103.9
101.1	100.3	100.8	102.4	101.6	101.5	102.4	103.2
93.3	89.8	89.8	88.7	91.2	91.4	94.9	95.2
98.6	102.7	101.0	100.9	94.3	91.3	98.2	94.1
106.2	103.2	104.5	102.7	98.0	99.5	99.4	99.3
91.1	89.9	94.9	92.4	95.3	95.1	95.8	94.4
97.8	107.9	107.7	110.7	105.6	109.7	109.9	115.2
106.3	99.9	110.5	106.1	104.9	89.1	94.3	93.5
106.5	110.0	112.3	113.6	114.6	115.5	112.6	110.2
99.9	108.1	89.2	91.1	91.6	95.9	91.7	93.4
101.0	81.8	120.3	107.0	107.4	121.6	121.9	121.0
70.7	68.9	128.6	109.8	112.3	121.1	94.7	86.9
99.3	97.9	100.6	88.7	101.2	102.6	105.8	105.8
80.2	68.0	98.1	99.6	115.9	112.9	120.0	117.4
81.0	69.6	91.7	90.9	99.5	103.0	93.0	95.1
91.0	100.0	94.5	88.9	92.1	93.0	92.4	92.7
90.5	89.1	92.7	101.1	114.4	107.3	95.9	93.4
99.9	103.2	102.7	102.3	103.3	88.5	97.7	94.2

5-34 农产品集贸市场价格环比指数(2016年)

(上月＝100)

指　标	Item	1 月 January	2 月 February	3 月 March	4 月 April
粮食类	**Grain**				
籼稻	Nonglutinous Rice	101.1	100.4	100.2	99.9
粳稻	Round-Grained Rice	100.1	98.9	100.1	99.9
小麦	Wheat	100.6	100.7	100.0	100.0
玉米	Corn//Maize	98.8	98.6	99.0	100.7
大豆	Soybean	100.2	101.2	101.2	99.0
籼米	Long-Grained Nonglutinous Rice	100.0	100.1	100.0	100.0
粳米	Polished Round-Grained Rice	100.9	100.2	99.6	100.0
经济作物类	**Economic Crops**				
棉花(籽棉)	Cotton	99.8	104.7	100.0	99.7
花生仁	Peanut	99.7	101.2	101.0	101.0
油菜籽	Rapeseeds	101.3	100.0	100.0	100.0
畜产品类	**Livestock Products**				
活猪	Live Hogs	108.7	100.6	105.1	103.5
仔猪	Piglet	106.9	103.4	119.9	101.9
猪肉	Pork	104.8	100.0	103.6	103.0
活牛	Live Cattle	100.8	99.8	98.7	100.0
牛肉	Beef	104.0	99.2	98.7	101.0
活羊	Live Sheep	97.6	98.4	99.7	100.0
羊肉	Mutton	107.0	96.2	99.6	100.8
活鸡	Live Chickens	101.3	100.6	98.9	100.0
鸡蛋	Chicken's Eggs	102.7	98.9	93.3	95.9
水产品类	**Aquatic Products**				
草鱼	Grass Carp	98.2	102.4	98.5	105.1
鲤鱼	Carp	99.8	100.0	98.7	100.3
链鱼	Silver Carp	100.9	96.8	99.5	103.0
带鱼	Hairtail	99.8	101.2	99.5	99.8
蔬菜类	**Vegetables**				
大白菜	Chinses Cabbage	100.7	117.7	137.5	86.9
黄瓜	Cucumber	108.2	113.5	86.7	68.5
西红柿	Tomato	101.4	113.8	101.7	90.8
菜椒	Sweetbell	108.5	135.7	125.8	69.3
四季豆	Kidney Beans	105.1	143.7	89.9	80.2
水果类	**Fruits**				
红富士苹果	Hongfushi Apples	99.6	99.6	99.6	100.0
香蕉	Bananas	108.6	102.5	95.5	100.0
橙子	Oranges	99.4	95.8	94.6	98.1

Rural Market Fairs Price Chain Index of Agricultural Products(2016)

(preceding month=100)

5 月 May	6 月 June	7 月 July	8 月 August	9 月 September	10 月 October	11 月 November	12 月 December
99.9	99.9	99.3	98.8	98.3	101.1	101.0	100.8
99.9	98.8	99.1	99.1	100.8	99.5	100.8	101.2
99.2	101.2	99.4	100.4	98.2	102.8	98.7	103.4
99.9	101.8	99.3	93.1	100.0	97.9	99.0	106.7
98.8	100.9	100.2	100.7	99.0	99.3	100.3	100.9
100.0	99.8	100.0	100.1	100.2	99.6	100.4	98.8
99.9	99.2	100.6	99.9	99.2	101.2	100.7	100.3
99.7	99.0	99.3	108.1	101.6	94.1	108.2	102.2
100.5	103.1	105.7	101.4	93.7	100.8	100.4	99.6
96.4	97.4	101.0	101.8	100.0	101.1	99.6	102.1
104.6	98.8	92.8	99.0	98.8	93.0	98.7	102.4
102.6	96.5	100.1	99.8	95.3	93.8	99.6	101.9
101.0	100.6	96.2	101.3	99.0	97.5	99.7	100.8
99.7	100.5	101.7	99.5	101.6	99.6	99.6	102.5
100.0	100.8	100.0	100.0	100.0	98.9	100.4	100.3
99.7	98.7	100.0	100.0	100.0	101.2	100.0	99.9
104.9	100.8	98.3	100.0	99.7	95.1	100.1	92.5
100.5	100.6	99.4	100.1	98.2	100.0	100.2	99.6
99.5	98.6	102.7	101.3	103.8	97.3	101.8	99.1
102.1	104.3	103.8	102.4	92.7	105.0	98.1	102.5
107.3	102.6	100.6	97.7	98.9	88.1	100.0	100.4
101.7	104.6	102.8	103.1	100.9	101.2	97.0	98.5
99.7	100.0	89.7	101.1	101.1	104.2	96.1	101.9
75.6	98.3	130.1	95.6	110.9	99.5	87.7	95.5
68.5	79.3	184.2	106.3	93.6	104.5	107.9	106.2
77.5	73.0	120.3	102.5	115.3	109.2	106.9	105.6
72.2	63.7	159.6	102.3	111.6	96.7	106.5	105.9
54.8	77.8	154.6	104.8	105.3	99.4	103.0	117.2
98.4	99.2	101.7	96.7	98.3	100.9	97.9	100.8
105.2	99.2	96.8	105.2	105.4	92.5	88.0	96.5
101.2	98.8	102.4	102.3	101.3	97.3	106.9	96.7

5-35 农产品集贸市场价格及指数

指标	Item	1月 价格 (元/公斤) Price (yuan/kg) 2014	2015	2016	价格变动 (上月=100) Price Movements (preceding month=100) 2014	2015	2016	价格变动 (上年同期=100) Price Movements (preceding year=100) 2014	2015	2016
粮食类	**Grain**									
籼稻	Nonglutinous Rice	2.6	2.7	2.6	100.0	99.9	101.1	95.4	103.9	98.1
粳稻	Round-Grained Rice	2.8	2.8	2.7	99.6	99.6	100.1	97.2	99.9	97.8
小麦	Wheat	2.2	2.2	2.1	99.6	98.3	100.6	104.3	100.0	93.3
玉米	Corn//Maize	2.5	2.5	2.3	100.8	98.0	98.8	101.6	101.3	92.4
大豆	Soybean	6.1	6.1	5.7	102.4	99.3	100.2	99.0	99.8	94.4
籼米	Long-Grained Nonglutinous Rice	4.8	4.9	5.0	99.4	100.4	100.0	100.6	102.2	102.0
粳米	Polished Round-Grained Rice	5.0	5.2	5.3	99.9	101.6	100.9	102.0	104.0	102.9
经济作物类	**Economic Crops**									
棉花(籽棉)	Cotton	7.7	5.9	5.8	98.6	98.1	99.8	99.2	76.3	98.5
花生仁	Peanut	11.9	12.4	12.4	96.8	100.8	99.7	87.5	103.9	100.0
油菜籽	Rapeseeds	4.9	4.8	4.1	100.0	100.0	101.3	101.4	96.9	86.6
畜产品类	**Livestock Products**									
活猪	Live Hogs	13.2	14.0	18.1	83.7	100.2	108.7	76.3	106.1	129.2
仔猪	Piglet	25.0	25.5	32.4	94.9	103.2	106.9	86.2	101.9	127.1
猪肉	Pork	24.8	24.7	29.0	92.5	100.6	104.8	89.5	99.7	117.2
活牛	Live Cattle	32.1	32.4	26.1	100.2	101.4	100.8	107.3	100.8	80.4
牛肉	Beef	66.7	65.5	65.7	104.0	100.5	104.0	111.5	98.2	100.2
活羊	Live Sheep	25.8	26.6	24.7	101.2	101.9	97.6	103.4	102.8	93.1
羊肉	Mutton	55.9	59.3	58.6	99.6	102.1	107.0	96.2	106.1	98.9
活鸡	Live Chickens	14.4	16.7	17.4	99.3	102.7	101.3	98.5	116.4	103.7
鸡蛋	Chicken's Eggs	10.2	11.9	10.4	102.2	96.2	102.7	97.3	115.8	87.5
水产品类	**Aquatic Products**									
草鱼	Grass Carp	14.8	13.6	11.7	100.6	99.1	98.2	112.1	92.0	86.2
鲤鱼	Carp	9.4	8.8	8.9	99.5	101.0	99.8	96.4	93.2	101.0
链鱼	Silver Carp	8.8	7.5	7.9	98.4	99.1	100.9	116.3	85.2	105.5
带鱼	Hairtail	22.9	24.5	24.8	100.8	100.5	99.8	108.6	106.8	101.1
蔬菜类	**Vegetables**									
大白菜	Chinses Cabbage	2.0	2.0	2.8	98.0	82.9	100.7	79.5	100.5	142.2
黄瓜	Cucumber	8.1	7.9	8.3	132.4	107.6	108.2	109.4	98.0	104.8
西红柿	Tomato	8.3	6.5	7.2	110.2	108.3	101.4	121.1	78.2	110.8
菜椒	Sweetbell	8.6	7.4	6.1	109.6	118.4	108.5	127.3	86.2	82.4
四季豆	Kidney Beans	15.2	10.5	11.3	139.1	111.7	105.1	150.3	69.2	107.3
水果类	**Fruits**									
红富士苹果	Hongfushi Apples	10.8	12.5	12.3	106.9	100.5	99.6	113.0	115.7	98.4
香蕉	Bananas	7.0	8.0	6.1	120.9	103.8	108.6	125.0	114.4	76.5
橙子	Oranges	7.6	9.2	9.5	102.1	93.7	99.4	99.0	120.7	103.2

Rural Market Fairs Prices of Agricultural Products and Indices

2月									3 月								
价 格 (元/公斤) Price (yuan/kg)			价格变动						价 格 (元/公斤) Price (yuan/kg)			价格变动					
			(上月=100) Price Movements (preceding month=100)			(上年同期=100) Price Movements (preceding year=100)						(上月=100) Price Movements (preceding month=100)			(上年同期=100) Price Movements (preceding year=100)		
2014	2015	2016	2014	2015	2016	2014	2015	2016	2014	2015	2016	2014	2015	2016	2014	2015	2016
2.6	2.7	2.6	102.3	99.6	100.4	97.9	103.1	98.9	2.7	2.7	2.6	101.9	100.5	100.2	99.5	99.9	98.5
2.8	2.8	2.7	100.6	99.3	98.9	97.9	98.9	97.5	2.9	2.8	2.7	101.4	100.1	100.1	98.6	97.3	97.5
2.2	2.2	2.1	100.3	99.4	100.7	104.4	102.3	94.6	2.3	2.2	2.1	100.9	100.8	100.0	104.9	99.1	93.8
2.5	2.5	2.3	100.2	99.8	98.6	101.6	102.5	91.3	2.4	2.5	2.2	98.9	101.2	99.0	101.2	103.2	89.3
6.0	6.1	5.8	98.8	100.2	101.2	100.6	103.1	95.4	6.0	6.0	5.9	100.0	99.7	101.2	97.1	100.8	96.9
4.8	4.9	5.0	100.5	99.4	100.1	100.2	100.0	102.8	4.8	4.9	5.0	100.5	101.6	100.0	101.3	102.2	101.1
5.0	5.2	5.3	100.4	100.2	100.2	101.0	101.2	102.8	5.0	5.3	5.3	100.6	102.4	99.6	101.6	105.7	100.0
7.4	5.8	6.1	96.5	98.2	104.7	97.1	73.0	105.0	7.5	6.1	6.1	100.6	105.6	100.0	99.0	81.4	99.5
11.8	12.8	12.5	99.2	103.5	101.2	86.1	113.0	97.8	11.3	12.7	12.7	95.8	99.5	101.0	82.5	112.7	99.3
4.9	4.8	4.1	100.0	100.0	100.0	100.5	96.0	86.6	4.9	4.8	4.1	100.0	100.0	100.0	101.4	96.9	86.6
13.0	13.9	18.2	98.4	99.2	100.6	78.9	124.0	131.0	11.8	13.1	19.2	90.9	94.0	105.1	85.7	110.7	146.3
23.6	25.4	33.5	94.6	99.8	103.4	81.5	111.3	131.7	23.1	25.7	40.1	97.6	101.1	119.9	83.0	111.3	156.2
24.3	24.8	29.0	98.0	100.4	100.0	89.4	113.6	116.7	23.2	24.0	30.0	95.3	96.9	103.6	93.0	103.8	124.8
31.1	33.1	26.0	96.9	102.3	99.8	102.3	101.5	78.4	31.2	32.9	25.7	100.2	99.2	98.7	102.9	105.4	78.0
65.8	68.6	65.1	98.7	104.7	99.2	111.0	111.5	94.9	64.0	65.9	64.3	97.3	96.1	98.7	107.4	103.0	97.5
25.4	27.1	24.3	98.5	101.9	98.4	100.9	97.9	89.9	25.6	26.1	24.3	100.8	96.3	99.7	107.5	101.7	93.1
56.4	61.8	56.4	101.0	104.2	96.2	95.1	93.6	91.2	54.0	57.4	56.1	95.7	93.0	99.6	101.6	106.4	97.7
13.9	18.0	17.5	96.5	107.4	100.6	96.7	120.9	97.1	14.0	17.2	17.3	101.1	95.6	98.9	101.1	122.5	100.5
9.9	12.1	10.3	96.2	102.0	98.9	95.6	120.6	84.8	10.1	11.4	9.6	102.2	94.5	93.3	104.0	113.5	83.7
14.2	14.2	12.0	96.0	104.7	102.4	101.5	104.3	84.3	13.9	12.8	11.8	98.4	90.2	98.5	99.6	92.0	92.0
9.0	9.5	8.9	96.0	107.9	100.0	92.2	107.6	93.6	8.6	8.8	8.8	94.7	92.5	98.7	87.8	102.3	99.9
8.5	7.7	7.7	96.1	102.8	96.8	107.8	97.0	99.4	8.0	7.3	7.6	94.3	94.4	99.5	101.0	91.2	104.7
22.8	24.1	25.1	99.5	98.5	101.2	104.1	113.9	103.9	22.8	23.6	24.9	99.8	97.9	99.5	104.6	103.7	105.6
1.9	2.8	3.3	96.0	141.2	117.7	73.6	97.9	118.5	1.7	2.9	4.6	88.4	103.2	137.5	70.6	172.6	157.9
8.9	10.4	9.4	110.0	131.6	113.5	107.1	178.4	90.4	6.9	7.6	8.2	77.8	73.1	86.7	87.8	110.1	107.2
9.0	9.2	8.2	108.3	141.5	113.8	132.9	134.7	89.0	8.2	7.5	8.3	90.7	81.5	101.7	129.5	91.9	111.1
7.5	9.7	8.3	87.8	131.1	135.7	124.3	161.7	85.4	6.5	7.5	10.4	86.3	76.8	125.8	97.3	114.6	139.9
14.2	13.3	16.2	93.3	126.7	143.7	126.7	126.7	121.8	12.3	11.1	14.6	86.9	83.5	89.9	115.0	90.2	131.2
10.9	13.6	12.3	100.9	109.1	99.6	106.0	124.3	89.8	10.7	13.5	12.2	98.2	98.7	99.6	106.4	125.8	90.6
7.2	9.1	6.2	103.0	113.8	102.5	111.0	118.0	68.8	7.2	8.3	6.0	100.6	91.7	95.5	109.9	115.3	71.7
7.8	9.9	9.1	102.8	107.5	95.8	96.1	123.1	91.9	7.8	9.8	8.6	100.0	99.0	94.6	99.0	125.0	87.8

5-35 续表 1

指 标	Item	4月 价格 (元/公斤) Price (yuan/kg) 2014	2015	2016	价格变动 (上月=100) Price Movements (preceding month=100) 2014	2015	2016	(上年同期=100) Price Movements (preceding year=100) 2014	2015	2016
粮食类	**Grain**									
籼稻	Nonglutinous Rice	2.7	2.6	2.6	100.0	98.6	99.9	102.0	98.4	99.8
粳稻	Round-Grained Rice	2.9	2.7	2.7	100.0	98.8	99.9	101.9	96.1	98.5
小麦	Wheat	2.3	2.1	2.1	100.3	94.6	100.0	106.8	93.5	99.2
玉米	Corn//Maize	2.5	2.5	2.3	100.8	99.5	100.7	101.5	101.9	90.4
大豆	Soybean	6.0	5.9	5.8	100.0	97.7	99.0	97.1	98.5	98.1
籼米	Long-Grained Nonglutinous Rice	4.8	4.8	5.0	100.2	96.9	100.0	102.1	98.9	104.4
粳米	Polished Round-Grained Rice	5.1	5.3	5.3	101.4	100.0	100.0	103.2	104.2	100.0
经济作物类	**Economic Crops**									
棉花(籽棉)	Cotton	7.5	6.1	6.0	100.5	99.9	99.7	98.3	80.9	99.3
花生仁	Peanut	11.1	12.9	12.8	98.1	101.5	101.0	80.9	116.7	98.9
油菜籽	Rapeseeds	4.9	4.7	4.1	100.0	98.6	100.0	104.8	95.6	87.8
畜产品类	**Livestock Products**									
活猪	Live Hogs	10.9	13.8	19.8	92.4	105.2	103.5	87.5	126.1	143.9
仔猪	Piglet	22.6	25.0	40.9	97.8	97.2	101.9	87.0	110.6	163.9
猪肉	Pork	21.3	23.4	30.9	91.8	97.2	103.0	89.9	109.8	132.3
活牛	Live Cattle	31.2	34.0	25.7	100.2	103.4	100.0	97.9	108.8	102.0
牛肉	Beef	64.2	62.5	64.9	100.3	94.8	101.0	107.4	97.4	103.8
活羊	Live Sheep	26.2	25.7	24.3	102.3	98.5	100.0	108.7	97.8	95.7
羊肉	Mutton	57.0	52.8	56.6	105.6	91.9	100.8	104.8	92.6	96.4
活鸡	Live Chickens	14.4	17.6	17.3	102.9	102.3	100.0	117.9	121.7	98.2
鸡蛋	Chicken's Eggs	10.2	10.2	9.2	101.4	89.0	95.9	113.9	99.7	90.2
水产品类	**Aquatic Products**									
草鱼	Grass Carp	13.6	12.9	12.4	97.3	100.5	105.1	97.2	95.0	96.2
鲤鱼	Carp	8.5	9.3	8.8	99.6	106.2	100.3	90.6	109.1	94.3
链鱼	Silver Carp	7.7	7.7	7.9	96.6	105.1	103.0	97.1	99.2	102.6
带鱼	Hairtail	22.4	22.8	24.9	98.5	96.7	99.8	104.6	101.8	109.0
蔬菜类	**Vegetables**									
大白菜	Chinses Cabbage	2.9	3.0	4.0	171.4	101.7	86.9	77.4	102.4	134.9
黄瓜	Cucumber	5.8	6.5	5.6	84.1	85.5	68.5	94.3	112.1	85.8
西红柿	Tomato	6.8	7.1	7.6	82.7	95.0	90.8	95.1	105.6	106.1
菜椒	Sweetbell	5.8	8.3	7.2	89.2	110.7	69.3	81.0	142.2	87.5
四季豆	Kidney Beans	10.2	10.4	11.7	82.9	93.5	80.2	88.7	101.7	112.6
水果类	**Fruits**									
红富士苹果	Hongfushi Apples	11.2	13.3	12.2	105.0	98.6	100.0	113.4	118.2	91.9
香蕉	Bananas	8.0	7.7	6.0	110.8	92.6	100.0	124.7	96.3	77.4
橙子	Oranges	9.1	9.2	8.4	116.0	94.6	98.1	111.7	101.9	91.1

Continued

5月									6月								
价格 (元/公斤) Price (yuan/kg)			价格变动						价格 (元/公斤) Price (yuan/kg)			价格变动					
			(上月=100) Price Movements (preceding month=100)			(上年同期=100) Price Movements (preceding year=100)						(上月=100) Price Movements (preceding month=100)			(上年同期=100) Price Movements (preceding year=100)		
2014	2015	2016	2014	2015	2016	2014	2015	2016	2014	2015	2016	2014	2015	2016	2014	2015	2016
2.7	2.7	2.6	99.8	100.9	99.9	104.4	99.5	98.8	2.7	2.7	2.6	100.8	100.9	99.9	106.4	99.7	97.8
2.9	2.7	2.7	100.1	99.9	99.9	102.8	95.9	98.5	2.9	2.8	2.7	100.6	101.3	98.8	105.1	96.6	96.1
2.3	2.1	2.1	101.4	97.3	99.2	112.8	89.7	101.2	2.3	2.1	2.1	99.1	102.0	101.2	108.2	92.3	100.5
2.5	2.5	2.3	101.0	101.2	99.9	102.1	102.1	89.2	2.5	2.6	2.3	99.3	100.9	101.8	101.7	103.8	90.0
6.0	6.1	5.7	100.5	102.5	98.8	97.9	100.5	94.5	6.0	6.0	5.8	100.0	99.8	100.9	98.2	100.3	95.5
4.8	4.9	5.0	100.2	102.6	100.0	103.4	101.2	101.8	4.9	4.9	5.0	100.4	100.6	99.8	104.5	101.4	100.9
5.1	5.3	5.3	100.3	100.5	99.9	104.1	104.5	99.4	5.1	5.3	5.3	100.3	99.5	99.2	105.4	103.6	99.2
7.5	6.3	6.0	100.0	104.2	99.7	96.8	84.3	95.0	7.6	7.4	6.0	100.5	117.0	99.0	99.0	98.1	80.4
11.5	12.9	12.9	103.4	99.5	100.5	84.9	112.2	99.9	11.4	12.0	13.3	99.7	93.0	103.1	87.2	104.7	110.8
4.7	4.3	4.0	95.7	91.5	96.4	100.8	91.4	92.6	4.7	4.1	3.9	99.8	96.4	97.4	98.7	88.2	93.5
13.5	14.6	20.7	123.6	105.8	104.6	106.3	107.9	142.3	13.5	15.0	20.5	99.8	103.0	98.8	97.8	111.4	136.6
25.3	27.8	42.0	112.0	111.3	102.6	94.9	110.0	151.0	26.0	28.9	40.5	102.7	103.8	96.5	93.4	111.2	140.3
23.7	24.3	31.2	111.4	104.1	101.0	100.9	102.6	128.4	23.7	25.1	31.4	100.0	103.2	100.6	96.3	105.9	125.2
31.2	25.3	25.6	99.8	74.4	99.7	99.7	81.0	101.2	31.1	25.2	25.7	99.8	99.7	100.5	100.3	81.0	102.0
65.2	64.2	64.9	101.5	102.7	100.0	110.8	98.5	101.1	64.6	65.2	65.4	99.1	101.6	100.8	107.7	101.0	100.3
25.3	25.9	24.2	96.5	101.0	99.7	103.8	102.4	93.3	25.6	26.6	23.9	101.3	102.5	98.7	106.2	103.6	89.8
57.5	60.2	59.3	100.9	114.0	104.9	106.5	104.7	98.6	57.8	58.3	59.8	100.4	96.8	100.8	109.0	100.9	102.7
14.9	16.3	17.3	103.0	92.9	100.5	113.0	109.8	106.2	14.9	16.9	17.4	100.0	103.5	100.6	110.4	113.6	103.2
11.0	10.0	9.1	107.3	98.5	99.5	121.5	91.5	91.1	10.6	10.0	9.0	97.0	99.9	98.6	118.8	94.3	89.9
13.4	13.0	12.7	99.1	100.5	102.1	96.0	96.4	97.8	13.6	12.2	13.2	100.9	94.5	104.3	97.6	90.2	107.9
8.4	8.9	9.4	98.7	95.3	107.3	93.1	105.3	106.3	8.4	9.7	9.7	99.5	109.2	102.6	95.7	115.5	99.9
7.6	7.5	8.0	98.2	97.9	101.7	99.9	98.9	106.5	7.6	7.6	8.4	100.3	101.3	104.6	92.3	100.0	110.0
22.7	24.8	24.8	101.1	108.7	99.7	105.5	109.5	99.9	22.8	22.9	24.8	100.4	92.4	100.0	103.7	100.8	108.1
2.9	3.0	3.0	100.7	101.0	75.6	84.3	102.8	101.0	3.2	3.6	3.0	108.6	121.5	98.3	106.4	114.9	81.8
4.6	5.4	3.8	79.3	83.1	68.5	112.5	117.4	70.7	4.0	4.4	3.0	87.0	81.5	79.3	121.2	110.0	68.9
6.0	5.9	5.9	88.9	82.8	77.5	107.5	98.3	99.3	4.6	4.4	4.3	76.7	74.1	73.0	115.0	95.0	97.9
4.0	6.5	5.2	69.3	78.8	72.2	74.0	161.7	80.2	3.2	4.9	3.3	78.4	75.1	63.7	78.8	154.9	68.0
5.8	7.9	6.4	56.9	76.1	54.8	79.5	136.2	81.0	5.6	7.2	5.0	96.6	90.6	77.8	112.0	127.9	69.6
12.3	13.2	12.0	109.2	99.3	98.4	121.4	107.5	91.0	13.0	11.9	11.9	105.9	90.3	99.2	124.8	91.7	100.0
8.8	6.9	6.3	110.3	90.0	105.2	124.8	78.6	90.5	8.7	7.0	6.2	98.7	100.7	99.2	130.4	80.2	89.1
9.5	8.5	8.5	105.0	92.3	101.2	120.1	89.6	99.9	10.4	8.1	8.4	109.8	95.7	98.8	137.2	78.1	103.2

5-35 续表 2

指 标	Item	7月 价格 (元/公斤) Price (yuan/kg) 2014	2015	2016	价格变动 (上月=100) Price Movements (preceding month=100) 2014	2015	2016	(上年同期=100) Price Movements (preceding year=100) 2014	2015	2016
粮食类	**Grain**									
籼稻	Nonglutinous Rice	2.7	2.7	2.6	98.8	100.9	99.3	106.7	101.8	96.2
粳稻	Round-Grained Rice	2.9	2.9	2.6	100.3	103.8	99.1	103.9	100.0	91.7
小麦	Wheat	2.3	2.2	2.1	99.8	102.3	99.4	104.7	94.5	97.7
玉米	Corn//Maize	2.5	2.5	2.3	99.4	98.4	99.3	99.9	102.8	90.8
大豆	Soybean	6.1	6.0	5.8	101.5	99.2	100.2	99.5	98.0	96.5
籼米	Long-Grained Nonglutinous Rice	4.9	5.0	5.0	100.2	100.4	100.0	104.7	101.6	100.4
粳米	Polished Round-Grained Rice	5.1	5.3	5.3	100.3	100.0	100.6	105.1	103.3	99.8
经济作物类	**Economic Crops**									
棉花(籽棉)	Cotton	7.6	6.3	5.9	101.1	85.5	99.3	102.6	83.0	93.4
花生仁	Peanut	11.3	12.8	14.0	98.9	106.7	105.7	86.9	112.9	109.7
油菜籽	Rapeseeds	4.7	4.2	3.9	101.4	101.9	101.0	99.1	88.7	92.7
畜产品类	**Livestock Products**									
活猪	Live Hogs	13.8	17.0	19.0	102.6	113.3	92.8	95.2	123.0	111.9
仔猪	Piglet	25.6	30.6	40.5	98.6	106.2	100.1	87.4	119.7	132.3
猪肉	Pork	24.2	28.0	30.2	102.2	111.6	96.2	94.6	115.7	107.9
活牛	Live Cattle	31.0	27.2	26.1	99.6	107.8	101.7	99.9	87.6	96.2
牛肉	Beef	64.9	64.9	65.4	100.4	99.5	100.0	106.7	100.0	100.8
活羊	Live Sheep	25.5	26.6	23.9	99.3	100.0	100.0	101.1	104.3	89.8
羊肉	Mutton	58.0	58.2	58.8	100.4	99.9	98.3	107.4	100.3	101.0
活鸡	Live Chickens	15.2	16.6	17.3	101.9	98.2	99.4	109.7	109.5	104.5
鸡蛋	Chicken's Eggs	11.1	9.7	9.2	104.9	97.3	102.7	119.3	87.4	94.9
水产品类	**Aquatic Products**									
草鱼	Grass Carp	13.5	12.7	13.7	99.6	104.0	103.8	96.6	94.2	107.7
鲤鱼	Carp	8.5	8.8	9.7	101.7	90.9	100.6	93.5	103.3	110.5
链鱼	Silver Carp	7.7	7.6	8.6	100.8	100.7	102.8	87.3	99.9	112.3
带鱼	Hairtail	23.0	24.9	22.3	101.3	108.7	89.7	101.5	108.2	89.2
蔬菜类	**Vegetables**									
大白菜	Chinses Cabbage	3.2	3.2	3.9	100.3	88.4	130.1	95.2	101.3	120.3
黄瓜	Cucumber	4.5	4.3	5.6	111.5	98.6	184.2	103.5	97.3	128.6
西红柿	Tomato	4.7	5.1	5.2	102.6	117.2	120.3	104.9	108.5	100.6
菜椒	Sweetbell	3.3	5.4	5.3	103.7	110.7	159.6	68.9	165.3	98.1
四季豆	Kidney Beans	6.6	8.4	7.7	117.1	117.3	154.6	107.5	128.0	91.7
水果类	**Fruits**									
红富士苹果	Hongfushi Apples	14.0	12.8	12.1	107.9	107.6	101.7	134.9	91.4	94.5
香蕉	Bananas	8.5	6.5	6.0	97.4	93.0	96.8	132.2	76.6	92.7
橙子	Oranges	10.1	8.4	8.6	97.3	102.8	102.4	132.3	82.5	102.7

Continued

8月									9月								
价格 (元/公斤) Price (yuan/kg)			价格变动						价格 (元/公斤) Price (yuan/kg)			价格变动					
			(上月=100) Price Movements (preceding month=100)			(上年同期=100) Price Movements (preceding year=100)						(上月=100) Price Movements (preceding month=100)			(上年同期=100) Price Movements (preceding year=100)		
2014	2015	2016	2014	2015	2016	2014	2015	2016	2014	2015	2016	2014	2015	2016	2014	2015	2016
2.7	2.7	2.6	100.5	100.6	98.8	106.1	101.9	94.5	2.7	2.6	2.5	99.2	96.6	98.3	105.9	99.2	96.3
2.8	2.8	2.6	98.3	98.5	99.1	102.1	100.2	92.3	2.7	2.8	2.6	96.7	98.9	100.8	99.7	102.5	94.1
2.3	2.1	2.1	100.5	98.9	100.4	105.2	93.0	99.2	2.3	2.1	2.1	98.7	99.4	98.2	103.5	93.7	98.0
2.5	2.6	2.1	101.3	102.3	93.1	102.3	103.8	82.6	2.6	2.5	2.1	102.9	96.7	100.0	105.4	97.5	85.5
6.1	5.9	5.8	99.8	98.5	100.7	98.7	96.7	98.6	6.1	5.8	5.8	100.0	97.5	99.0	99.7	94.3	100.2
4.9	5.0	5.0	100.2	100.8	100.1	104.2	102.3	99.7	4.9	5.0	5.0	99.8	99.8	100.2	103.4	102.3	100.1
5.1	5.3	5.3	100.0	100.5	99.9	106.2	103.9	99.2	5.2	5.3	5.3	100.3	98.9	99.2	106.3	102.5	99.4
7.6	6.3	6.4	99.2	100.0	108.1	101.7	83.6	100.9	7.2	6.0	6.5	94.8	94.9	101.6	87.6	83.8	108.0
11.8	12.8	14.2	104.2	100.6	101.4	91.3	108.9	110.6	11.9	12.8	13.3	101.0	99.9	93.7	95.2	107.7	103.7
4.7	4.2	4.0	99.4	99.3	101.8	98.0	88.6	95.0	4.7	4.1	4.0	99.9	97.9	100.0	97.2	86.9	97.1
14.8	17.8	18.8	107.3	104.6	99.0	95.3	119.9	105.9	15.0	17.9	18.6	101.5	100.8	98.8	93.2	119.1	103.9
26.3	32.0	40.5	102.7	104.6	99.8	88.1	121.9	126.3	26.9	32.8	38.6	102.2	102.4	95.3	91.9	122.2	117.6
25.1	29.9	30.6	103.7	106.8	101.3	95.1	119.1	102.3	25.3	29.9	30.3	101.0	100.1	99.0	91.8	118.1	101.3
31.2	26.6	26.0	100.6	97.8	99.5	103.3	85.2	97.8	31.2	26.6	26.4	100.2	100.0	101.6	100.3	85.0	99.5
64.5	63.9	65.4	99.4	98.4	100.0	106.0	99.0	102.4	65.4	64.4	65.4	101.4	100.9	100.0	105.3	98.5	101.6
25.5	26.9	23.9	100.0	101.3	100.0	105.5	105.6	88.7	25.0	26.2	23.9	98.1	97.3	100.0	102.4	104.8	91.2
58.0	58.3	58.8	100.0	100.1	100.0	109.4	100.4	100.9	56.5	62.2	58.6	97.4	106.7	99.7	106.6	110.0	94.3
15.9	16.9	17.4	104.9	101.7	100.1	113.2	106.2	102.7	16.5	17.4	17.0	103.6	102.9	98.2	115.6	105.5	98.0
11.6	10.1	9.4	104.3	104.0	101.3	118.7	87.2	92.4	12.2	10.2	9.7	104.6	100.7	103.8	119.4	83.9	95.3
13.3	12.7	14.0	98.3	99.6	102.4	92.7	95.4	110.7	13.3	12.3	13.0	99.8	97.2	92.7	95.1	92.8	105.6
8.8	9.0	9.5	103.7	101.8	97.7	95.8	101.4	106.1	8.5	9.0	9.4	96.1	100.0	98.9	90.8	105.5	104.9
7.6	7.8	8.9	99.5	102.0	103.1	84.1	102.4	113.6	7.4	7.8	8.9	97.6	100.0	100.9	83.5	104.8	114.6
23.6	24.7	22.5	102.5	99.0	101.1	103.0	104.5	91.1	23.7	24.8	22.7	100.4	100.5	101.1	103.7	104.6	91.6
3.0	3.4	3.7	94.3	107.5	95.6	74.9	115.4	107.0	3.2	3.8	4.1	107.4	110.5	110.9	82.1	118.8	107.4
4.8	5.4	5.9	106.7	124.4	106.3	86.5	113.4	109.8	5.5	4.9	5.6	115.5	91.5	93.6	93.2	89.8	112.3
4.6	6.0	5.3	97.5	116.2	102.5	95.8	129.3	88.7	5.0	6.0	6.1	107.6	101.2	115.3	73.9	121.6	101.2
3.9	5.4	5.4	120.5	100.7	102.3	58.8	138.2	99.6	4.9	5.2	6.1	124.5	96.0	111.6	56.3	106.5	115.9
7.8	8.9	8.1	118.1	105.7	104.8	100.6	114.6	90.9	8.6	8.5	8.5	111.0	96.2	105.3	92.5	99.3	99.5
13.7	13.2	11.7	97.9	102.8	96.7	128.5	96.1	88.9	12.8	12.5	11.5	93.4	94.8	98.3	116.4	97.5	92.1
8.6	6.3	6.3	101.7	96.5	105.2	136.5	72.7	101.1	9.5	5.8	6.7	110.0	93.1	105.4	156.4	61.5	114.4
10.3	8.6	8.8	101.4	102.7	102.3	128.6	83.6	102.3	9.8	8.6	8.9	95.6	100.3	101.3	122.9	87.7	103.3

5-35 续表 3

指 标	Item	10月								
		价 格 (元/公斤) Price (yuan/kg)			价格变动					
					(上月=100) Price Movements (preceding month=100)			(上年同期=100) Price Movements (preceding year=100)		
		2014	2015	2016	2014	2015	2016	2014	2015	2016
粮食类	**Grain**									
籼稻	Nonglutinous Rice	2.7	2.6	2.6	100.2	98.6	101.1	106.1	97.6	98.6
粳稻	Round-Grained Rice	2.8	2.7	2.6	100.9	98.0	99.5	101.1	99.6	95.4
小麦	Wheat	2.3	2.1	2.1	100.3	98.9	102.8	101.9	92.3	101.9
玉米	Corn//Maize	2.5	2.4	2.1	99.4	98.1	97.9	103.1	96.2	85.2
大豆	Soybean	6.1	5.8	5.7	100.3	100.9	99.3	101.3	94.8	98.6
籼米	Long-Grained Nonglutinous Rice	4.9	5.0	5.0	99.8	100.4	99.6	101.5	102.9	99.2
粳米	Polished Round-Grained Rice	5.2	5.4	5.3	100.0	101.4	101.2	103.6	103.9	99.3
经济作物类	**Economic Crops**									
棉花(籽棉)	Cotton	6.3	5.9	6.1	87.4	97.6	94.1	78.6	93.6	104.1
花生仁	Peanut	12.1	12.7	13.4	101.7	99.3	100.8	98.5	105.2	105.2
油菜籽	Rapeseeds	4.8	4.1	4.0	101.3	99.0	101.1	99.1	84.9	99.1
畜产品类	**Livestock Products**									
活猪	Live Hogs	14.7	17.5	17.3	97.5	97.5	93.0	91.8	119.1	99.0
仔猪	Piglet	25.3	32.7	36.2	94.0	99.6	93.8	91.9	129.5	110.7
猪肉	Pork	25.4	28.8	29.6	100.2	96.3	97.5	93.5	113.4	102.6
活牛	Live Cattle	31.3	26.6	26.3	100.2	100.0	99.6	100.8	84.9	99.0
牛肉	Beef	64.8	63.7	64.7	99.1	98.9	98.9	102.3	98.3	101.5
活羊	Live Sheep	26.2	26.4	24.1	105.0	101.0	101.2	99.4	100.7	91.4
羊肉	Mutton	59.0	61.0	55.7	104.4	98.1	95.1	105.7	103.4	91.3
活鸡	Live Chickens	16.5	17.1	17.0	100.3	98.5	100.0	115.9	103.6	99.5
鸡蛋	Chicken's Eggs	12.2	9.9	9.5	100.4	97.5	97.3	121.6	81.5	95.1
水产品类	**Aquatic Products**									
草鱼	Grass Carp	13.2	12.4	13.7	99.2	101.1	105.0	97.0	94.6	109.7
鲤鱼	Carp	8.2	9.3	8.3	97.1	103.7	88.1	90.2	112.7	89.1
链鱼	Silver Carp	7.2	7.8	9.0	96.9	100.5	101.2	82.9	108.8	115.5
带鱼	Hairtail	23.9	24.7	23.7	100.7	99.5	104.2	105.5	103.3	95.9
蔬菜类	**Vegetables**									
大白菜	Chinses Cabbage	2.6	3.3	4.1	80.4	87.9	99.5	78.0	129.8	121.6
黄瓜	Cucumber	5.1	4.8	5.8	92.6	97.0	104.5	84.9	94.1	121.1
西红柿	Tomato	5.4	6.5	6.7	108.1	107.6	109.2	65.6	121.1	102.6
菜椒	Sweetbell	5.2	5.2	5.9	106.1	99.2	96.7	79.9	99.6	112.9
四季豆	Kidney Beans	7.2	8.2	8.5	83.7	96.0	99.4	79.6	113.9	103.0
水果类	**Fruits**									
红富士苹果	Hongfushi Apples	12.4	12.5	11.6	97.1	99.9	100.9	120.7	100.3	93.0
香蕉	Bananas	8.6	5.7	6.2	90.9	98.6	92.5	157.1	66.7	107.3
橙子	Oranges	10.1	9.8	8.7	102.5	113.6	97.3	105.3	97.2	88.5

Continued

11月									12月								
价格(元/公斤) Price (yuan/kg)			价格变动 (上月=100) Price Movements (preceding month=100)			价格变动 (上年同期=100) Price Movements (preceding year=100)			价格(元/公斤) Price (yuan/kg)			价格变动 (上月=100) Price Movements (preceding month=100)			价格变动 (上年同期=100) Price Movements (preceding year=100)		
2014	2015	2016	2014	2015	2016	2014	2015	2016	2014	2015	2016	2014	2015	2016	2014	2015	2016
2.7	2.6	2.6	99.9	99.7	101.0	104.2	97.4	99.9	2.7	2.6	2.6	100.5	100.0	100.8	104.1	96.9	100.7
2.8	2.7	2.6	100.6	99.3	100.8	100.6	98.2	96.9	2.8	2.7	2.7	100.8	100.0	101.2	99.9	97.4	98.1
2.3	2.1	2.1	100.0	97.9	98.7	100.6	90.4	102.7	2.3	2.1	2.2	100.6	101.5	103.4	101.4	91.2	104.5
2.5	2.3	2.1	98.7	95.2	99.0	102.2	92.8	88.6	2.5	2.3	2.2	101.4	100.2	106.7	104.2	91.7	94.3
6.1	5.7	5.7	100.3	98.8	100.3	102.0	93.3	100.2	6.1	5.7	5.8	99.2	99.5	100.9	102.9	93.6	101.6
4.9	5.0	5.0	100.0	100.6	100.4	101.6	103.5	99.1	4.9	5.0	4.9	100.0	99.0	98.8	101.1	102.4	98.9
5.2	5.4	5.4	100.0	100.2	100.7	103.6	104.0	99.8	5.1	5.3	5.4	98.9	98.4	100.3	102.3	103.5	101.8
6.1	5.9	6.6	96.6	99.6	108.2	77.0	96.5	113.0	6.0	5.8	6.8	98.7	99.1	102.2	76.7	96.9	116.5
12.1	12.4	13.5	100.0	97.0	100.4	98.5	102.1	108.9	12.3	12.4	13.4	101.4	100.5	99.6	99.8	101.1	108.0
4.8	4.0	4.0	99.6	98.2	99.6	96.9	83.8	100.5	4.8	4.1	4.1	100.0	102.0	102.1	96.9	85.5	100.6
14.4	16.7	17.1	98.3	95.8	98.7	91.0	116.0	102.0	14.0	16.7	17.5	97.1	99.7	102.4	88.6	119.2	104.7
25.6	31.4	36.0	101.3	95.9	99.6	94.5	122.6	114.9	24.7	30.3	36.7	96.5	96.6	101.9	93.7	122.6	121.3
25.1	27.9	29.5	98.7	96.9	99.7	94.3	111.3	105.5	24.6	27.6	29.7	97.9	98.9	100.8	91.6	112.5	107.5
31.7	26.2	26.2	101.2	98.6	99.6	100.8	82.7	100.0	32.0	25.9	26.9	100.8	98.7	102.5	99.6	80.9	103.9
64.8	63.4	64.9	100.0	99.5	100.4	104.9	97.8	102.4	65.2	63.1	65.1	100.6	99.5	100.3	101.6	96.8	103.2
25.8	25.4	24.1	98.3	96.2	100.0	99.5	98.6	94.9	26.1	25.3	24.1	101.1	99.7	99.9	102.1	97.2	95.2
57.8	56.8	55.8	97.9	93.0	100.1	104.5	98.3	98.2	58.1	54.8	51.6	100.6	96.5	92.5	103.5	94.3	94.1
16.4	17.2	17.1	99.1	100.4	100.2	115.6	104.9	99.4	16.3	17.1	17.0	99.5	99.8	99.6	112.6	105.2	99.3
12.3	10.0	9.6	100.5	101.0	101.8	125.6	81.9	95.8	12.3	10.1	9.5	100.5	100.6	99.1	123.1	82.0	94.4
13.0	12.2	13.4	98.9	97.9	98.1	95.8	93.6	109.9	13.7	11.9	13.7	105.3	97.9	102.5	93.5	87.0	115.2
8.3	8.8	8.3	100.1	94.5	100.0	90.3	106.4	94.3	8.7	8.9	8.3	105.3	101.3	100.4	91.7	102.3	93.5
7.5	7.8	8.8	103.9	99.5	97.0	84.1	104.1	112.6	7.6	7.8	8.6	101.2	100.6	98.5	84.7	103.6	110.2
24.3	24.8	22.8	101.8	100.5	96.1	106.9	102.0	91.7	24.4	24.8	23.2	100.1	100.0	101.9	107.0	101.8	93.4
2.6	2.9	3.6	101.0	87.4	87.7	101.2	112.3	121.9	2.4	2.8	3.4	92.3	96.2	95.5	118.8	117.1	121.0
6.2	6.6	6.3	122.1	138.0	107.9	102.0	106.3	94.7	7.3	7.7	6.7	118.0	115.7	106.2	120.5	104.2	86.9
5.9	6.7	7.1	110.3	103.7	106.9	77.6	113.9	105.8	6.0	7.1	7.5	101.7	105.7	105.6	79.6	118.3	105.8
5.6	5.2	6.2	106.9	100.2	106.5	79.9	93.3	120.0	6.3	5.6	6.6	112.4	108.3	105.9	79.8	89.9	117.4
9.3	9.4	8.7	129.2	114.0	103.0	106.9	100.5	93.0	9.4	10.7	10.2	101.1	114.7	117.2	86.2	114.0	95.1
12.3	12.3	11.4	99.0	98.6	97.9	121.2	100.0	92.4	12.4	12.4	11.5	101.1	100.4	100.8	123.2	99.3	92.7
7.7	5.7	5.4	89.4	98.4	88.0	141.6	73.5	95.9	7.7	5.6	5.2	99.6	99.1	96.5	133.2	73.1	93.4
9.6	9.5	9.3	95.4	96.8	106.9	127.6	98.6	97.7	9.8	9.5	9.0	101.6	100.2	96.7	131.6	97.3	94.2

主要统计指标解释

居民消费价格指数 是反映一定时期内城乡居民所购买的生活消费品价格和服务项目价格变动趋势和程度的相对数，是对城市居民消费价格指数和农村居民消费价格指数进行综合汇总计算的结果。该指数可以观察和分析消费品的零售价格和服务价格变动对城乡居民实际生活费支出的影响程度。

城市居民消费价格指数 是反映一定时期内城市居民家庭所购买的生活消费品价格和服务项目价格变动趋势和程度的相对数。该指数可以观察和分析消费品的零售价格和服务项目价格变动对城镇职工货币工资的影响，作为研究职工生活和确定工资政策的依据。

农村居民消费价格指数 是反映一定时期内农村居民家庭所购买的生活消费品价格和服务项目价格变动趋势和程度的相对数。该指数可以观察农村消费品的零售价格和服务项目价格变动对农村居民生活消费支出的影响，直接反映农民生活水平的实际变化情况，为分析和研究农村居民生活问题提供依据。

商品零售价格指数 是反映一定时期内城乡商品零售价格变动趋势和程度的相对数。商品零售价格的变动直接影响到城乡居民的生活支出和国家的财政收入，影响居民购买力和市场供需的平衡，影响到消费与积累的比例关系。因此，该指数可以从一个侧面对上述经济活动进行观察和分析。

农业生产资料价格指数 指反映一定时期内农业生产资料价格变动趋势和程度的相对数。农业生产资料价格指数分为小农具、饲料、产品畜、役畜、半机械化农具、机械化农具、化学肥料、农药及农药械、农机用油、其他农业生产资料十大类。其编制目的是了解农业生产中物质资料投入价格的变动状况，服务于国民经济核算。1994 年以前，农业生产资料价格指数仅仅是商品零售价格指数的一个类别，此后，从商品零售价格指数中分离出来，单独编制。

农产品生产者价格指数 是反映一定时期内，农产品生产者出售农产品价格水平变动趋势及幅度的相对数。该指数可以客观反映全国农产品生产价格水平和结构变动情况，满足农业与国民经济核算需要。其中某代表品生产价格指数是通过对全部有出售该产品行为的调查单位的个体指数进行几何平均求得的，类价格指数是通过对其所属的类（或代表品）的价格指数进行加权平均求得的。季度累计价格指数的计算方法与分季指数的计算方法相同。

工业生产者出厂价格指数 是反映一定时期内全部工业产品出厂价格总水平的变动趋势和程度的相对数，包括工业企业售给本企业以外所有单位的各种产品和直接售给居民用于生活消费的产品。该指数可以观察出厂价格变动对工业总产值及增加值的影响。

工业生产者购进价格指数 是反映工业企业作为生产投入，而从物资交易市场和能源、原材料生产企业购买原材料、燃料和动力产品时，所支付的价格水平变动趋势和程度的统计指标，是扣除工业企业物质消耗成本中的价格变动影响的重要依据。

目前，我国编制的原材料、燃料和动力购进价格指数所调查的产品包括燃料动力、黑色金属、有色金属、化工、建材等九大类的近 1800 种产品。

固定资产投资价格指数 是反映一定时期内固定资产投资品及项目的价格变动趋势和程度的相对数。固定资产投资额是由建筑安装工程投资完成额、设备工器具购置投资完成额和其他费用投资完成额三部分组成的。编制固定资产投资价格指数应首先分别编制上述三部分投资的价格指数，然后采用加权算术平均法求出固定资产投资价格总指数。

该指数可以准确地反映固定资产投资中涉及的各类投资品和取费项目价格变动趋势和变动幅度，消除按现价计算的固定资产投资指标中的价格变动因素，真实地反映固定资产投资的规模、速度、结构和效益，为国家科学地制定、检查固定资产投资计划并提高宏观调控水平，为完善国民经济核算体系提供科学的、可靠的依据。

房地产价格指数 是反映一定时期内房地产价格变动趋势和程度的相对数，包括新建住宅销售价格指数、二手住宅销售价格指数。

Explanatory Notes on Main Statistical Indicators

Consumer Price Indices reflect the trend and degree of changes in prices of consumer goods and services purchased by urban and rural households during a given period. It can be used to observe and analyze the impact of price changes in consumer goods and services on wages (in monetary terms) of urban and rural staff and workers, and provide basis for policy-making concerning the living cost and wages of staff and workers.

Urban Consumer Price Indices reflect the trend and degree of changes in prices of consumer goods and services purchased by urban households during a given period. It can be used to observe the impact of change in retail prices of consumer goods and service prices in urban areas on the wage of urban workers' money. It provides basis for analysis and research on condition of life in urban areas.

Rural Consumer Price Indices reflect the trend and degree of changes in prices of consumer goods and services purchased by rural households during a given period. It can be used to observe the impact of change in retail prices of consumer goods and service prices in rural areas on living expenditure of rural households, and to show the changes in the living standard of peasants. It provides basis for analysis and research on condition of life in rural areas.

Retail Price Indices reflect the trend and degree of change in retail prices of commodities during a given period. The change in retail prices of commodities directly affect the living expenditure of urban and rural residents, government revenue, purchasing power of residents and the equilibrium of market supply and demand, and the ratio of consumption to accumulation. Therefore, the retail price indices are useful to analyze the changes of the above economic activities.

Price Indices of Means of Agricultural Production reflect the trend and degree of changes in prices of means of agricultural production during a given period. Price indices of means of agricultural production are composed of 10 categories including small farm tools, feeds, domestic animals for meat, draught domestic animals, semi-mechanized farm machinery, mechanized farm machinery, chemical fertilizers, pesticides and spraying machinery, fuels for farm machinery and other means of agricultural production. Compilation of these indices helps to understand the changes in prices of input into agricultural production and facilitate the compilation of national account statistics. Before 1994, price indices of means of agricultural production was a sub-category in the in the retail price indices of commodities, and it has been compiled separately since 1994.

Indices of Producers' Prices for Farm Products reflect the trend and degree of changes in producers' prices received by farmers when they sell farm products during a given period. These indices depict the change in the level and structure of producers' prices of farm products of the country and meet the needs of agriculture statistics and national account statistics. The producers' price index of a given product is calculated through geometrical mean of individual indices of all surveyed units who sell such product, and the indices of a product category is obtained through weighted mean of price indices of all products in the category. Method for calculating accumulative quarterly indices is the same as for calculating the distinctive quarterly indices.

Producer Price Indices for Industrial Producers reflect the trend and degree of changes in general ex-factory prices of all industrial products during a given period, including sales of industrial products by an industrial enterprise to all units outside the enterprise, as well as sales of consumer goods to residents. It can be used to analyze the impact of ex-factory prices on gross output value and value-added of the industrial sector.

Purchasing Price Indices for Industrial Producers reflect changes in the level and degree of prices paid by industrial enterprises when they purchase production input such as raw materials, fuels and power from the market or from other energy or raw materials producing enterprises. These indices provide important basis for measuring the material consumption of industrial enterprises after removing influence of price changes.

At present, close to 1,800 products in 9 categories, including fuels and power, ferrous metals, non-ferrous metals, chemicals, building materials, are covered in China for the survey to produce indices of purchasing prices of raw materials, fuels and power.

Price Indices of Investment in Fixed Assets reflect the trend and degree of changes in prices of investment goods and projects in fixed assets during a given period. The investment in fixed assets consists of three components, namely the investment in construction and installation, the investment in purchases of equipment and instrument, and the investment in other items. Price indices of investment in fixed assets are calculated as the weighted arithmetic mean of the price indices of the three components of investment in fixed assets.

Removing the factor of price change in the aggregates of investment at current prices, this indicator shows the changes in the prices of commodities and fees involved in the investment of fixed assets, and can be used to observe the actual size, growth, structure, and efficiency of investment in fixed assets and provides reliable and scientific data for government planning, management, decision-making, and further improving the current national accounting system.

Price Indices for Real Estate reflect the trend and degree of changes in prices of real estate during a given period, including sales price indices of new houses，sales price indices of second-hand housing.

六 全国及各省、市、区主要指标

Chapter 6

Main Statistics of Provinces (autonomous regions, municipalities) in the Whole Country

资料整理：黄　蓉　盛　坤　熊承煦
张文怡　萧一啸

附录1 全国及各省市区城镇居民家庭人均可支配收入

Per Capita Disposable Income of Urban Households by Provinces and Regions

单位：元 (yuan)

地 区	Region	2011	2012	2013	2014	2015	2016
全 国	**National**	**21809.8**	**24564.7**	**26467.0**	**28843.9**	**31195**	**33616**
北 京	Beijing	32903.0	36468.8	44563.9	48531.8	52859	57275
天 津	Tianjin	26920.9	29626.4	28979.8	31506.0	34101	37110
河 北	Hebei	18292.2	20543.4	22226.7	24141.3	26152	28249
山 西	Shanxi	18123.9	20411.7	22258.2	24069.4	25828	27352
内蒙古	Inner Mongolia	20407.6	23150.3	26003.6	28349.6	30594	32975
辽 宁	Liaoning	20466.8	23222.7	26697.0	29081.7	31126	32876
吉 林	Jilin	17796.6	20208.0	21331.1	23217.8	24901	26530
黑龙江	Heilongjiang	15696.2	17759.8	20848.4	22609.0	24203	25736
上 海	Shanghai	36230.5	40188.3	44873.3	48841.4	52962	57692
江 苏	Jiangsu	26340.7	29677.0	31585.5	34346.3	37173	40152
浙 江	Zhejiang	30970.7	34550.3	37079.7	40392.7	43714	47237
安 徽	Anhui	18606.1	21024.2	22789.3	24838.5	26936	29156
福 建	Fujian	24907.4	28055.2	28173.9	30722.4	33275	36014
江 西	Jiangxi	17494.9	19860.4	22119.7	24309.2	26500	28673
山 东	Shandong	22791.8	25755.2	26882.4	29221.9	31545	34012
河 南	Henan	18194.8	20442.6	21740.7	23672.1	25576	27233
湖 北	Hubei	18373.9	20839.6	22667.9	24852.3	27051	29386
湖 南	Hunan	18844.1	21318.8	24352.0	26570.2	28838	31284
广 东	Guangdong	26897.5	30226.7	29537.3	32148.1	34757	37684
广 西	Guangxi	18854.1	21242.8	22689.4	24669.0	26416	28324
海 南	Hainan	18369.0	20917.7	22411.4	24486.5	26356	28453
重 庆	Chongqing	20249.7	22968.1	23058.2	25147.2	27239	29610
四 川	Sichuan	17899.1	20307.0	22227.5	24232.4	26205	28335
贵 州	Guizhou	16495.0	18700.5	20564.9	22548.2	24580	26743
云 南	Yunnan	18575.6	21074.5	22460.0	24299.0	26373	28611
西 藏	Tibet	16195.6	18028.3	20394.5	22015.8	25457	27802
陕 西	Shaanxi	18245.2	20733.9	22345.9	24365.8	26420	28440
甘 肃	Gansu	14988.7	17156.9	19873.4	21803.9	23767	25693
青 海	Qinghai	15603.3	17566.3	20352.4	22306.6	24542	26757
宁 夏	Ningxia	17578.9	19831.4	21475.7	23284.6	25186	27153
新 疆	Xinjiang	15513.6	17920.7	21091.5	23214.0	26275	28463

附录2 全国及各省市区城镇居民家庭人均可支配收入与支出

Per Capita Disposable Income and Expenditure of Urban Households by Provinces and Regions

单位：元 (yuan)

地 区	Region	人均可支配收入		人均消费支出	
		2015	2016	2015	2016
全 国	**National**	**31195**	**33616**	**21392**	**23079**
北 京	Beijing	52859	57275	36642	38256
天 津	Tianjin	34101	37110	26230	28345
河 北	Hebei	26152	28249	17587	19106
山 西	Shanxi	25828	27352	15819	16993
内蒙古	Inner Mongolia	30594	32975	21876	22744
辽 宁	Liaoning	31126	32876	21557	24996
吉 林	Jilin	24901	26530	17973	19166
黑龙江	Heilongjiang	24203	25736	17152	18145
上 海	Shanghai	52962	57692	36946	39857
江 苏	Jiangsu	37173	40152	24966	26433
浙 江	Zhejiang	43714	47237	28661	30068
安 徽	Anhui	26936	29156	17234	19606
福 建	Fujian	33275	36014	23520	25006
江 西	Jiangxi	26500	28673	16732	17696
山 东	Shandong	31545	34012	19854	21495
河 南	Henan	25576	27233	17154	18088
湖 北	Hubei	27051	29386	18192	20040
湖 南	Hunan	28838	31284	19501	21420
广 东	Guangdong	34757	37684	25673	28613
广 西	Guangxi	26416	28324	16321	17268
海 南	Hainan	26356	28453	18448	19015
重 庆	Chongqing	27239	29610	19742	21031
四 川	Sichuan	26205	28335	19277	20660
贵 州	Guizhou	24580	26743	16914	19202
云 南	Yunnan	26373	28611	17675	18622
西 藏	Tibet	25457	27802	17022	19440
陕 西	Shaanxi	26420	28440	18464	19369
甘 肃	Gansu	23767	25693	17451	19539
青 海	Qinghai	24542	26757	19201	20853
宁 夏	Ningxia	25186	27153	18984	20364
新 疆	Xinjiang	26275	28463	19415	21229

附录3 全国及各省市区农村居民家庭人均可支配收入
Per Capita Disposable Income of country Households by Provinces and Regions

单位：元 (yuan)

地 区	Region	2011	2012	2013	2014	2015	2016
全 国	**National**	**6977.3**	**7916.6**	**9429.6**	**10488.9**	**11421.7**	**12363.4**
北 京	Beijing	14735.7	16475.7	17101.2	18867.3	20568.7	22309.5
天 津	Tianjin	12321.2	14025.5	15352.6	17014.2	18481.6	20075.6
河 北	Hebei	7119.7	8081.4	9187.7	10186.1	11050.5	11919.4
山 西	Shanxi	5601.4	6356.6	7949.5	8809.4	9453.9	10082.5
内蒙古	Inner Mongolia	6641.6	7611.3	8984.9	9976.3	10775.9	11609.0
辽 宁	Liaoning	8296.5	9383.7	10161.2	11191.5	12056.9	12880.7
吉 林	Jilin	7510.0	8598.2	9780.7	10780.1	11326.2	12122.9
黑龙江	Heilongjiang	7590.7	8603.8	9369.0	10453.2	11095.2	11831.9
上 海	Shanghai	16053.8	17803.7	19208.3	21191.6	23205.2	25520.4
江 苏	Jiangsu	10805.0	12202.0	13521.3	14958.4	16256.7	17605.6
浙 江	Zhejiang	13070.7	14551.9	17493.9	19373.3	21125.0	22866.1
安 徽	Anhui	6232.2	7160.5	8850.0	9916.4	10820.7	11720.5
福 建	Fujian	8778.6	9967.2	11404.8	12650.2	13792.7	14999.2
江 西	Jiangxi	6891.6	7829.4	9088.8	10116.6	11139.1	12137.7
山 东	Shandong	8342.1	9446.5	10686.9	11882.3	12930.4	13954.1
河 南	Henan	6604.0	7524.9	8969.1	9966.1	10852.9	11696.7
湖 北	Hubei	6897.9	7851.7	9691.8	10849.1	11843.9	12725.0
湖 南	Hunan	6567.1	7440.2	9028.6	10060.2	10992.5	11930.4
广 东	Guangdong	9371.7	10542.8	11067.8	12245.6	13360.4	14512.2
广 西	Guangxi	5231.3	6007.5	7793.1	8683.2	9466.6	10359.5
海 南	Hainan	6446.0	7408.0	8801.7	9912.6	10857.6	11842.9
重 庆	Chongqing	6480.4	7383.3	8492.5	9489.8	10504.7	11548.8
四 川	Sichuan	6128.6	7001.4	8380.7	9347.7	10247.4	11203.1
贵 州	Guizhou	4145.4	4753.0	5897.8	6671.2	7386.9	8090.3
云 南	Yunnan	4722.0	5416.5	6723.6	7456.1	8242.1	9019.8
西 藏	Tibet	4904.3	5719.4	6553.4	7359.2	8243.7	9093.8
陕 西	Shaanxi	5027.9	5762.5	7092.2	7932.2	8688.9	9396.4
甘 肃	Gansu	3909.4	4506.7	5588.8	6276.6	6936.2	7456.9
青 海	Qinghai	4608.5	5364.4	6461.6	7282.7	7933.4	8664.4
宁 夏	Ningxia	5410.0	6180.3	7598.7	8410.0	9118.7	9851.6
新 疆	Xinjiang	5442.2	6393.7	7846.6	8723.8	9425.1	10183.2

附录4　全国及各省市区农村居民家庭人均可支配收入与支出
Per Capita Disposable Income and Expenditure of country Households by Provinces and Regions

单位：元　(yuan)

地　区	Region	人均可支配收入		人均消费支出	
		2015	2016	2015	2016
全　国	**National**	**11421.7**	**12363.4**	**9222.6**	**10129.8**
北　京	Beijing	20568.7	22309.5	15811.2	17329.0
天　津	Tianjin	18481.6	20075.6	14739.4	15912.1
河　北	Hebei	11050.5	11919.4	9022.8	9798.3
山　西	Shanxi	9453.9	10082.5	7421.2	8028.8
内蒙古	Inner Mongolia	10775.9	11609.0	10637.4	11462.6
辽　宁	Liaoning	12056.9	12880.7	8872.8	9953.1
吉　林	Jilin	11326.2	12122.9	8783.3	9521.4
黑龙江	Heilongjiang	11095.2	11831.9	8391.5	9423.8
上　海	Shanghai	23205.2	25520.4	16152.3	17070.8
江　苏	Jiangsu	16256.7	17605.6	12882.5	14428.2
浙　江	Zhejiang	21125.0	22866.1	16107.7	17358.9
安　徽	Anhui	10820.7	11720.5	8975.2	10287.3
福　建	Fujian	13792.7	14999.2	11960.8	12910.8
江　西	Jiangxi	11139.1	12137.7	8485.6	9128.3
山　东	Shandong	12930.4	13954.1	8747.6	9518.9
河　南	Henan	10852.9	11696.7	7887.4	8586.6
湖　北	Hubei	11843.9	12725.0	9803.1	10938.3
湖　南	Hunan	10992.5	11930.4	9690.6	10629.9
广　东	Guangdong	13360.4	14512.2	11103.0	12414.8
广　西	Guangxi	9466.6	10359.5	7582.0	8351.2
海　南	Hainan	10857.6	11842.9	8210.3	8921.2
重　庆	Chongqing	10504.7	11548.8	8937.7	9954.4
四　川	Sichuan	10247.4	11203.1	9250.6	10191.6
贵　州	Guizhou	7386.9	8090.3	6644.9	7533.3
云　南	Yunnan	8242.1	9019.8	6830.1	7330.5
西　藏	Tibet	8243.7	9093.8	5579.7	6070.3
陕　西	Shaanxi	8688.9	9396.4	7900.7	8567.7
甘　肃	Gansu	6936.2	7456.9	6829.8	7487.0
青　海	Qinghai	7933.4	8664.4	8566.5	9222.2
宁　夏	Ningxia	9118.7	9851.6	8414.9	9138.4
新　疆	Xinjiang	9425.1	10183.2	7697.9	8277.0

附录5 湖北与全国主要分类价格指数
Consumer Price Indices by Category in China and Hubei

(上年=100) (preceding year=100)

指　标	Item	2011		2012		2013	
		全国平均 National Average	湖北 HuBei	全国平均 National Average	湖北 HuBei	全国平均 National Average	湖北 HuBei
居民消费价格指数	**Consumer Price Index**	**105.4**	**105.8**	**102.6**	**102.9**	**102.6**	**102.8**
食品烟酒	Food Tobacco and Alcohol						
粮食	Grain	112.2	116.3	104.0	105.3	104.6	104.1
鲜菜	Fresh Vegetables	100.5	100.2	115.9	114.8	108.1	104.8
畜肉	Meal,Poultry and Processed Products						
水产品	Aquatic Products	112.1	110.7	108.0	111.1	104.2	105.1
蛋	Eggs	114.2	113.7	97.1	98.6	104.9	106.6
鲜果	Fresh Fruits	116.4	124.3	98.8	99.3	107.1	105.6
衣着	Clothing	102.1	103.6	103.1	102.5	102.3	102.2
居住	Residence	105.3	105.8	102.1	102.3	102.8	103.1
生活用品及服务	Daily Necessities and Services						
交通和通信	Transportation and Communication	100.5	101.1	99.9	99.8	99.6	99.4
教育文化和娱乐	Education,Culture and Recreation						
医疗保健	Medicine						
其他用品和服务	Other Supplies and Services						
商品零售价格指数	**Retail Price Index**	**104.9**	**105.6**	**102.0**	**102.6**	**101.4**	**101.8**
食品	Food	111.9	112.1	104.8	105.6	104.7	105.2
饮料、烟酒	Beverages, Tobacco and Liquor	103.3	104.0	103.3	102.9	100.7	101.2
服装、鞋帽	Garments, Shoes and Hats	101.8	103.5	102.9	102.2	102.2	101.7
纺织品	Textiles	105.7	107.0	101.5	100.6	101.0	102.3
家用电器及音像器材	Household Appliances, Music and Video Equipment	96.9	97.3	97.7	98.3	98.3	97.9
文化办公用品	Cultural and Office Appliances	97.6	98.8	98.1	98.9	98.6	99.1
日用品	Articles for Daily Use	102.3	102.6	102.1	102.2	100.8	101.0
体育娱乐用品	Sports and Recreation Articles	100.9	100.3	101.0	100.4	100.7	100.5
交通、通信用品	Transportation and Communication Appliances	96.1	97.0	96.0	96.3	97.3	93.5
家具	Furniture	102.3	103.5	101.3	100.8	101.2	100.8
化妆品	Cosmetics	101.3	101.7	102.2	102.3	101.5	102.0
金银珠宝	Gold, Silver and Jewelry	114.3	115.5	101.0	102.8	91.9	92.3
中西药品及医疗保健用品	Traditional Chinese and Western Medicines and Health Care Articles	103.9	104.2	102.1	103.1	101.3	102.7
书报杂志及电子出版物	Books, Newspapers, Magazines and Electronic Publications	100.8	100.8	101.4	102.9	101.3	101.7
燃料	Fuels	111.1	110.6	102.9	102.9	99.9	100.5
建筑材料及五金电料	Building Materials and Hardware	105.1	104.4	100.3	101.1	100.5	101.3
农业生产资料价格指数	**Price Index of Means of Agricultural Production**	**111.3**	**113.5**	**105.6**	**107.2**	**101.4**	**103.1**

附录5 续表 continued

(上年=100) (preceding year=100)

指　标	Item	2014 全国平均 National Average	2014 湖北 HuBei	2015 全国平均 National Average	2015 湖北 HuBei	2016 全国平均 National Average	2016 湖北 HuBei
居民消费价格指数	**Consumer Price Index**	**102.0**	**102.0**	**101.4**	**101.5**	**102.0**	**102.2**
食品烟酒	Food Tobacco and Alcohol					103.8	104.0
粮食	Grain	103.1	102.8	102.0	101.2	100.5	100.7
鲜菜	Fresh Vegetables	98.5	98.7	107.4	106.7	111.7	116.2
畜肉	Meal,Poultry and Processed Products					111.0	111.2
水产品	Aquatic Products	104.4	100.8	101.8	100.1	104.6	106.4
蛋	Eggs	110.4	109.0	93.0	98.0	96.8	97.6
鲜果	Fresh Fruits	118.0	115.3	96.2	99.0	97.4	97.7
衣着	Clothing	102.4	102.0	102.7	102.7	101.4	102.3
居住	Residence	102.0	103.3	100.7	100.6	101.6	102.8
生活用品及服务	Daily Necessities and Services					100.5	100.4
交通和通信	Transportation and Communication	99.9	100.2	98.3	100.2	98.7	97.2
教育文化和娱乐	Education,Culture and Recreation					101.6	102.2
医疗保健	Medicine					103.8	101.9
其他用品和服务	Other Supplies and Services					102.8	102.8
商品零售价格指数	**Retail Price Index**	**101.0**	**100.9**	**100.1**	**100.5**	**100.7**	**100.8**
食品	Food	103.0	102.3	102.2	102.3	103.9	104.7
饮料、烟酒	Beverages, Tobacco and Liquor	99.9	100.2	101.9	102.1	101.2	101.3
服装、鞋帽	Garments, Shoes and Hats	102.4	101.9	102.8	102.4	101.3	101.9
纺织品	Textiles	100.9	102.2	100.6	101.0	100.5	101.1
家用电器及音像器材	Household Appliances, Music and Video Equipment	98.5	98.2	98.9	97.9	98.2	98.0
文化办公用品	Cultural and Office Appliances	99.0	98.8	99.6	99.9	98.9	99.7
日用品	Articles for Daily Use	100.5	100.9	100.6	100.5	100.2	100.7
体育娱乐用品	Sports and Recreation Articles	100.5	100.1	100.6	100.2	100.4	101.5
交通、通信用品	Transportation and Communication Appliances	98.6	96.3	98.3	97.6	97.8	95.3
家具	Furniture	101.5	101.1	101.1	99.9	100.7	100.6
化妆品	Cosmetics	100.8	100.5	100.6	100.0	101.1	102.0
金银珠宝	Gold, Silver and Jewelry	91.6	91.8	93.3	92.5	106.8	107.3
中西药品及医疗保健用品	Traditional Chinese and Western Medicines and Health Care Articles	101.7	101.6	102.4	103.3	104.1	103.4
书报杂志及电子出版物	Books, Newspapers, Magazines and Electronic Publications	101.1	100.8	102.6	101.4	101.3	99.5
燃料	Fuels	99.2	99.7	87.7	89.9	97.0	96.4
建筑材料及五金电料	Building Materials and Hardware	100.4	101.1	99.1	99.7	100.3	101.3
农业生产资料价格指数	**Price Index of Means of Agricultural Production**	**99.1**	**97.9**	**100.4**	**100.4**	**100.1**	**100.3**

附录6　全国及各省市区居民消费价格指数
Consumer Price Indices by Provinces and Regions

(上年=100)　　(preceding year=100)

地　区	Region	2011		2012		2013		2014		2015		2016	
		指数 Index	排位 Rank	指数 Index	排位 Rank	指数 Index	排位 Rank	指数 Index	排位 Rank	指数 Index	排位 Rank	指数 Index	排位 Rank
全国平均	**National Average**	**105.4**		**102.6**		**102.6**		**102.0**		**101.4**		**102.0**	
北　京	Beijing	105.6	11	103.3	3	103.3	5	101.6	26	101.8	5	101.4	25
天　津	Tianjin	104.9	31	102.7	14	103.1	8	101.9	17	101.7	7	102.1	7
河　北	Hebei	105.7	10	102.6	19	103.0	11	101.7	23	100.9	29	101.5	21
山　西	Shanxi	105.2	24	102.5	22	103.1	8	101.7	23	100.6	30	101.1	31
内蒙古	Inner Mongolia	105.6	13	103.1	7	103.2	6	101.6	26	101.1	24	101.2	30
辽　宁	Liaoning	105.2	26	102.8	10	102.4	24	101.7	23	101.4	17	101.6	18
吉　林	Jilin	105.2	23	102.5	22	102.9	13	102.0	14	101.7	7	101.6	18
黑龙江	Heilongjiang	105.8	7	103.2	4	102.2	29	101.5	31	101.1	24	101.5	21
上　海	Shanghai	105.2	25	102.8	10	102.3	26	102.7	3	102.4	2	103.2	1
江　苏	Jiangsu	105.3	18	102.6	19	102.3	26	102.2	9	101.7	7	102.3	4
浙　江	Zhejiang	105.4	16	102.2	28	102.3	26	102.1	10	101.4	17	101.9	10
安　徽	Anhui	105.6	14	102.3	27	102.4	24	101.6	26	101.3	20	101.8	14
福　建	Fujian	105.3	21	102.4	26	102.5	20	102.0	14	101.7	7	101.7	17
江　西	Jiangxi	105.3	22	102.7	14	102.5	20	102.3	7	101.5	12	102.0	9
山　东	Shandong	105.0	28	102.1	29	102.2	29	101.9	17	101.2	23	102.1	7
河　南	Henan	105.6	12	102.5	22	102.9	13	101.9	17	101.3	20	101.9	10
湖　北	Hubei	105.8	8	102.9	9	102.8	15	102.0	14	101.5	12	102.2	6
湖　南	Hunan	105.5	15	102.0	30	102.5	19	101.9	17	101.4	17	101.9	10
广　东	Guangdong	105.3	19	102.8	10	102.5	20	102.3	7	101.5	12	102.3	4
广　西	Guangxi	105.9	5	103.2	4	102.2	29	102.1	10	101.5	12	101.6	18
海　南	Hainan	106.1	3	103.2	4	102.8	15	102.4	4	101.0	27	102.8	2
重　庆	Chongqing	105.3	20	102.6	19	102.7	18	101.8	22	101.3	20	101.8	14
四　川	Sichuan	105.3	17	102.5	22	102.8	15	101.6	26	101.5	12	101.9	10
贵　州	Guizhou	105.1	27	102.7	14	102.5	20	102.4	4	101.8	5	101.4	25
云　南	Yunnan	104.9	30	102.7	14	103.1	8	102.4	4	101.9	4	101.5	21
西　藏	Tibet	105.0	29			103.6	3	102.9	1	102.0	3	102.5	3
				103.5	2								
陕　西	Shaanxi	105.7	9	102.8	10	103.0	11	101.6	26	101.0	27	101.3	28
甘　肃	Gansu	105.9	6	102.7	14	103.2	7	102.1	10	101.6	11	101.3	28
青　海	Qinghai	106.1	2	103.1	7	103.9	1	102.8	2	102.6	1	101.8	14
宁　夏	Ningxia	106.3	1	102.0	30	103.4	4	101.9	17	101.1	24	101.5	21
新　疆	Xinjiang	105.9	4	103.8	1	103.9	2	102.1	10	100.6	30	101.4	25

附录7 全国及各省市区商品零售价格指数
Retail Price Indices by Provinces and Regions

(上年=100) (preceding year=100)

地区	Region	2011		2012		2013		2014		2015		2016	
		指数 Index	排位 Rank	指数 Index	排位 Rank	指数 Index	排位 Rank	指数 Index	排位 Rank	指数 Index	排位 Rank	指数 Index	排位 Rank
全国平均	**National Average**	**104.9**		**102.0**		**101.4**		**101.0**		**100.1**		**100.7**	
北京	Beijing	103.2	31	100.6	31	99.8	31	99.1	31	98.5	31	98.1	31
天津	Tianjin	104.7	23	103.0	2	101.7	14	100.9	19	100.3	11	100.5	23
河北	Hebei	105.0	15	102.2	15	102.2	8	101.0	15	100.2	12	101.2	5
山西	Shanxi	104.9	17	101.8	22	101.8	10	100.6	28	99.3	30	100.5	23
内蒙古	Inner Mongolia	104.9	18	102.5	7	102.6	4	100.7	26	100.5	7	100.6	21
辽宁	Liaoning	105.0	16	102.2	13	101.6	17	101.0	15	100.5	7	101.0	7
吉林	Jilin	104.9	19	101.7	25	101.6	17	101.2	9	99.8	23	101.3	2
黑龙江	Heilongjiang	104.5	28	102.2	12	101.1	26	100.8	25	100.1	16	101.1	6
上海	Shanghai	104.1	29	101.2	29	100.2	30	100.9	19	101.1	2	100.8	12
江苏	Jiangsu	104.6	26	102.1	18	101.4	22	101.6	4	100.6	6	100.8	12
浙江	Zhejiang	105.5	4	101.9	21	101.0	28	100.9	19	99.9	20	101.0	7
安徽	Anhui	105.3	10	102.1	19	101.3	24	100.4	30	99.7	27	100.8	12
福建	Fujian	104.8	20	101.8	23	101.1	26	101.1	14	99.9	20	100.7	18
江西	Jiangxi	104.8	21	102.1	16	101.5	19	101.2	9	100.5	7	100.6	21
山东	Shandong	104.7	24	101.6	26	101.4	22	101.0	15	100.2	12	101.3	2
河南	Henan	105.7	2	102.3	10	101.9	9	101.0	15	99.8	23	100.3	28
湖北	Hubei	105.6	3	102.6	6	101.8	10	100.9	19	100.5	7	100.8	12
湖南	Hunan	105.5	5	101.7	24	101.7	14	101.2	9	99.9	20	101.0	7
广东	Guangdong	105.1	12	102.2	14	101.0	28	101.4	7	99.6	28	100.8	12
广西	Guangxi	106.0	1	102.3	9	101.2	25	101.4	7	100.1	16	100.4	26
海南	Hainan	105.4	7	102.7	4	101.5	19	101.2	9	99.8	23	101.0	7
重庆	Chongqing	104.7	25	101.6	28	101.8	10	100.9	19	100.2	12	101.3	2
四川	Sichuan	104.6	27	101.6	27	101.7	14	100.6	28	100.2	12	100.8	12
贵州	Guizhou	105.5	6	102.0	20	101.5	19	101.2	9	100.1	16	100.2	30
云南	Yunnan	105.1	13	102.4	8	102.6	5	101.6	4	100.8	5	100.7	18
西藏	Tibet	103.7	30	102.9	3	103.0	2	102.2	1	101.4	1	102.1	1
陕西	Shaanxi	104.8	22	102.3	11	101.8	10	100.7	26	99.8	23	100.3	28
甘肃	Gansu	105.4	8	102.6	5	102.6	5	101.7	2	101.0	3	100.9	11
青海	Qinghai	105.4	9	102.1	17	102.7	3	101.5	6	101.0	3	100.4	26
宁夏	Ningxia	105.3	11	101.0	30	102.4	7	100.9	19	100.1	16	100.7	18
新疆	Xinjiang	105.1	14	103.3	1	103.3	1	101.7	2	99.6	28	100.5	23

附录8 全国和36个大中城市居民消费价格指数
Price Indices of Consumer in China and 36 Large and Medium-sized Cities

(上年=100) (preceding year=100)

地区	Region	2011		2012		2013		2014		2015		2016	
		指数 Index	排位 Rank	指数 Index	排位 Rank	指数 Index	排位 Rank	指数 Index	排位 Rank	指数 Index	排位 Rank	指数 Index	排位 Rank
全国平均	**National Average**	**105.3**		**102.8**		**102.7**		**102.1**		**101.7**		**102.2**	
北京	Beijing	105.6	5	103.3	4	103.3	8	101.6	32	101.8	10	101.4	29
天津	Tianjin	104.9	31	102.7	19	103.1	10	101.9	27	101.7	14	102.1	15
石家庄	Shijiazhuang	105.7	1	102.8	15	102.9	14	102.0	20	101.0	33	101.6	27
太原	Taiyuan	105.4	14	102.1	34	103.1	10	102.2	12	100.4	36	101.2	33
呼和浩特	Hohhot	105.5	8	103.1	7	103.8	2	101.2	36	101.8	10	101.4	29
沈阳	Shenyang	105.4	15	103.0	11	102.5	26	102.2	12	101.2	27	101.7	23
大连	Dalian	105.4	16	103.4	2	102.5	26	102.0	20	101.6	17	101.9	19
长春	Changchun	105.5	9	102.3	31	103.0	13	102.2	12	101.3	24	101.4	29
哈尔滨	Harbin	105.6	6	103.2	5	102.1	35	102.0	20	101.4	21	101.8	21
上海	Shanghai	105.2	25	102.8	14	102.3	31	102.7	5	102.4	2	103.2	1
南京	Nanjing	105.4	17	102.7	23	102.7	19	102.6	8	102.0	7	102.7	3
杭州	Hangzhou	104.8	35	102.5	27	102.5	26	102.0	20	101.8	10	102.6	6
宁波	Ningbo	105.3	23	101.7	36	102.2	34	101.9	27	101.8	10	102.1	15
合肥	Hefei	105.7	2	102.2	32	102.7	19	102.0	20	101.6	17	102.6	6
福州	Fuzhou	104.9	32	102.0	35	102.6	24	101.7	31	101.4	21	102.5	9
厦门	Xiamen	105.2	26	102.1	33	102.3	31	102.2	12	101.7	14	101.7	23
南昌	Nanchang	105.0	28	102.9	13	102.3	31	102.5	10	101.6	17	102.1	15
济南	Jinan	105.4	18	102.4	28	102.8	16	102.2	12	101.9	8	102.7	3
青岛	Qingdao	105.0	29	102.7	21	102.5	26	102.6	8	101.2	27	102.5	9
郑州	Zhengzhou	104.9	33	102.7	22	102.8	16	102.0	20	101.1	30	102.3	13
武汉	Wuhan	105.2	27	102.8	16	102.4	30	101.9	27	101.4	21	102.4	11
长沙	Changsha	105.5	10	102.3	30	102.8	16	102.7	5	101.1	30	101.9	19
广州	Guangzhou	105.5	11	103.0	9	102.6	24	102.3	11	101.7	14	102.7	3
深圳	Shenzhen	105.4	19	102.8	17	102.7	19	102.0	20	102.2	5	102.4	11
南宁	Nanning	105.7	3	102.9	12	102.1	35	101.6	32	101.9	8	101.4	29
海口	Haikou	105.4	20	103.3	3	102.9	14	102.2	12	101.2	27	103.0	2
重庆	Chongqing	105.3	24	102.6	25	102.7	19	101.8	30	101.3	24	101.8	21
成都	Chengdu	105.4	21	103.0	10	103.1	10	101.3	35	101.1	30	102.2	14
贵阳	Guiyang	105.5	12	102.6	24	103.2	9	102.7	5	102.3	4	101.1	34
昆明	Kunming	104.9	34	103.1	8	103.9	1	103.1	1	102.4	2	101.7	23
拉萨	Lasa	105.0	30	103.2	6	103.4	7	103.0	2	102.2	5	102.6	6
西安	Xi'an	105.6	7	102.8	18	102.7	19	101.4	34	100.7	34	100.9	35
兰州	Lanzhou	105.4	22	102.4	29	103.5	4	102.2	12	101.3	24	100.8	36
西宁	Xining	105.7	4	102.7	20	103.8	2	102.8	3	102.5	1	102.1	15
银川	Yinchuan	105.5	13	102.6	26	103.5	4	102.1	19	101.6	17	101.7	23
乌鲁木齐	Urumqi	104.5	36	103.4	1	103.5	4	102.8	3	100.7	34	101.5	28

附录9 全国和36个大中城市商品零售价格指数
Price Indices of Retail in China and 36 Large and Medium-sized Cities

(上年=100) (preceding year=100)

地区	Region	2011		2012		2013		2014		2015		2016	
		指数 Index	排位 Rank	指数 Index	排位 Rank	指数 Index	排位 Rank	指数 Index	排位 Rank	指数 Index	排位 Rank	指数 Index	排位 Rank
全国平均	**National Average**	**104.5**		**101.8**		**101.0**		**100.8**		**99.8**		**100.7**	
北京	Beijing	103.2	36	100.6	36	99.8	36	99.1	35	98.5	36	98.1	36
天津	Tianjin	104.7	18	103.0	1	101.7	11	100.9	21	100.3	9	100.5	27
石家庄	Shijiazhuang	104.9	12	101.9	18	102.1	7	101.2	11	100.2	11	101.7	5
太原	Taiyuan	104.8	16	101.2	33	101.3	19	100.7	26	98.6	35	100.8	15
呼和浩特	Hohhot	104.7	19	101.5	29	101.9	8	98.6	36	99.5	26	101.1	12
沈阳	Shenyang	105.2	6	102.4	11	101.6	14	101.3	10	100.0	18	100.6	24
大连	Dalian	104.4	25	102.5	6	101.0	27	101.0	19	99.5	26	102.0	2
长春	Changchun	104.8	17	101.8	21	101.3	19	101.2	11	99.1	32	101.2	10
哈尔滨	Harbin	104.4	26	102.5	5	101.2	23	101.5	8	100.2	11	101.6	6
上海	Shanghai	104.1	32	101.2	32	100.2	35	100.9	21	101.1	2	100.8	15
南京	Nanjing	104.2	30	101.4	30	101.2	23	102.0	4	100.6	4	100.5	27
杭州	Hangzhou	104.4	27	101.9	19	101.5	16	100.8	24	100.2	11	101.5	7
宁波	Ningbo	105.7	2	101.8	23	101.0	27	100.3	33	100.4	7	101.8	4
合肥	Hefei	105.1	8	101.9	17	101.2	23	100.3	33	99.5	26	100.8	15
福州	Fuzhou	104.0	34	101.1	34	101.0	27	100.6	30	99.4	30	100.7	22
厦门	Xiamen	104.7	20	101.6	27	100.4	34	100.7	26	100.0	18	100.0	33
南昌	Nanchang	105.2	7	102.4	9	101.3	19	101.1	17	100.5	6	100.4	29
济南	Jinan	104.6	23	101.8	22	101.3	19	101.2	11	100.3	9	100.8	15
青岛	Qingdao	104.5	24	101.7	25	101.4	17	102.3	2	100.0	18	102.0	2
郑州	Zhengzhou	104.9	13	102.4	10	101.4	17	101.1	17	99.0	34	100.2	31
武汉	Wuhan	104.7	21	102.3	12	100.9	30	100.5	31	100.0	18	101.3	8
长沙	Changsha	105.4	3	101.5	28	101.2	23	101.7	7	99.6	25	100.9	13
广州	Guangzhou	105.1	9	101.9	20	100.5	33	101.5	8	99.1	32	101.2	10
深圳	Shenzhen	105.3	5	102.4	7	100.7	32	101.0	19	99.7	22	100.3	30
南宁	Nanning	104.9	14	101.7	24	100.8	31	100.7	26	100.4	7	99.8	34
海口	Haikou	105.0	10	102.8	4	101.6	14	101.2	11	100.2	11	100.9	13
重庆	Chongqing	104.7	22	101.6	26	101.8	10	100.9	21	100.2	11	101.3	8
成都	Chengdu	104.3	29	101.4	31	101.7	11	100.4	32	99.5	26	100.8	15
贵阳	Guiyang	105.0	11	102.0	16	101.9	8	101.2	11	99.7	22	99.5	35
昆明	Kunming	104.9	15	102.0	15	102.5	4	101.8	5	100.7	3	100.8	15
拉萨	Lasa	103.9	35	102.9	3	103.5	2	102.3	2	101.5	1	102.4	1
西安	Xi'an	104.4	28	102.3	14	101.7	11	100.7	26	99.7	22	100.1	32
兰州	Lanzhou	105.4	4	102.4	8	102.7	3	101.8	5	100.6	4	100.7	22
西宁	Xining	106.0	1	102.3	13	102.5	4	101.2	11	100.2	11	100.6	24
银川	Yinchuan	104.2	31	100.6	35	102.3	6	100.8	24	100.2	11	100.8	15
乌鲁木齐	Urumqi	104.1	33	102.9	2	103.5	1	102.4	1	99.4	30	100.6	24

附录10 全国及各省市区工业生产者出厂价格指数(2016年)
Producer Price Indices for Industrial Products by Provinces and Regions(2016)

(上年同月=100) (same month of preceding year=100)

地 区	Region	全 年 Annual Year	1 月 January	2 月 February	3 月 March	4 月 April	5 月 May	6 月 June	7 月 July	8 月 August	9 月 September	10 月 October	11 月 November	12 月 December
全 国	**National**	**98.6**	**94.7**	**95.1**	**95.7**	**96.6**	**97.2**	**97.4**	**98.3**	**99.2**	**100.1**	**101.2**	**103.3**	**105.5**
北 京	Beijing	98.1	96.7	96.6	96.6	97.0	97.2	97.7	98.2	98.6	98.9	99.1	99.8	100.7
天 津	Tianjin	97.9	92.0	92.2	93.4	95.0	95.8	95.9	97.2	98.6	100.5	102.3	104.7	108.6
河 北	Hebei	99.9	89.3	90.6	92.8	97.1	98.1	97.1	99.4	101.6	104.0	105.7	110.3	116.3
山 西	Shanxi	96.8	83.9	84.4	86.2	89.6	92.2	92.9	94.4	97.3	101.8	107.7	117.4	120.9
内蒙古	Inner Mongolia	98.9	92.6	92.5	94.1	95.0	96.5	96.4	97.5	99.4	101.5	104.1	108.2	110.8
辽 宁	Liaoning	98.8	94.1	94.3	95.2	96.6	97.4	97.8	98.4	99.8	100.9	101.8	103.4	106.2
吉 林	Jilin	98.4	95.1	95.9	96.2	96.7	97.7	97.9	98.0	98.7	99.5	100.7	101.3	103.6
黑龙江	Heilongjiang	95.1	88.4	90.6	90.0	91.2	92.3	92.7	93.9	94.4	99.0	101.2	102.4	106.4
上 海	Shanghai	98.8	96.7	97.0	97.1	97.3	97.5	97.9	98.4	99.3	99.8	100.7	101.8	102.8
江 苏	Jiangsu	98.1	95.0	95.4	95.8	96.5	96.9	97.0	97.7	98.6	99.3	100.0	101.6	103.9
浙 江	Zhejiang	98.3	96.1	96.3	96.6	97.1	97.1	97.2	98.0	98.8	99.0	99.7	100.9	103.1
安 徽	Anhui	98.5	93.2	93.9	94.8	96.0	96.6	96.9	97.7	99.1	100.1	102.0	105.0	107.8
福 建	Fujian	99.1	96.7	97.2	97.3	97.7	98.0	98.3	99.1	99.8	100.1	100.6	101.7	103.3
江 西	Jiangxi	98.6	93.6	94.7	95.4	96.3	96.7	97.1	98.6	99.8	100.2	100.8	104.2	107.0
山 东	Shandong	98.5	95.1	95.1	95.8	96.5	97.0	97.2	98.1	99.0	99.8	100.8	103.1	104.8
河 南	Henan	99.0	94.6	94.9	95.6	96.4	97.6	98.1	98.9	99.9	100.6	101.8	104.4	106.3
湖 北	Hubei	99.0	96.9	96.8	97.0	97.6	98.0	98.2	98.8	99.3	99.8	100.5	101.6	103.3
湖 南	Hunan	98.9	95.5	96.1	96.4	97.0	97.3	97.6	98.7	99.4	100.0	100.9	102.9	105.1
广 东	Guangdong	99.4	97.5	97.6	97.7	98.0	98.4	98.7	99.4	100.0	100.3	100.7	101.8	103.0
广 西	Guangxi	99.1	95.4	95.8	96.1	96.9	97.1	97.4	98.3	99.0	100.3	101.6	104.4	107.6
海 南	Hainan	96.0	94.4	95.5	92.8	94.9	92.9	92.6	93.5	95.6	96.9	98.2	100.9	104.2
重 庆	Chongqing	98.6	96.4	96.3	96.8	97.2	97.6	98.2	98.7	99.0	99.4	100.2	101.1	102.4
四 川	Sichuan	98.9	96.5	96.6	97.1	97.7	98.3	98.5	98.5	99.0	99.5	100.2	102.0	103.6
贵 州	Guizhou	97.9	94.2	94.0	94.3	94.5	95.8	96.6	97.4	98.1	99.3	100.6	103.8	107.3
云 南	Yunnan	97.6	92.9	93.3	94.2	95.1	96.5	97.1	97.8	98.8	99.5	100.4	102.6	104.2
西 藏	Tibet	102.9	97.8	97.4	96.8	98.5	99.2	100.0	102.4	103.6	105.0	107.1	111.8	116.2
陕 西	Shaanxi	97.6	90.2	90.7	90.9	93.4	94.4	96.2	97.1	97.9	99.5	103.3	108.6	111.1
甘 肃	Gansu	94.9	85.9	87.4	87.8	91.4	91.2	91.7	94.0	96.4	98.8	101.0	105.5	111.4
青 海	Qinghai	98.5	91.5	91.6	92.7	93.3	95.6	96.4	97.9	99.0	99.7	103.8	108.8	113.7
宁 夏	Ningxia	99.1	94.5	94.3	94.9	95.8	96.2	96.3	97.2	98.5	100.1	103.9	108.2	110.0
新 疆	Xinjiang	94.5	83.9	87.1	87.6	89.8	91.5	92.1	94.6	96.1	99.8	101.8	104.6	108.7

附录11 全国及各省市区工业生产者购进价格指数(2016年)
Purchasing Price Indices for Industrial Producers by Provinces and Regions(2016)

(上年同月=100) (same month of preceding year=100)

地 区	Region	全 年 Annual Year	1 月 January	2 月 February	3 月 March	4 月 April	5 月 May	6 月 June	7 月 July	8 月 August	9 月 September	10 月 October	11 月 November	12 月 December
全 国	**National**	**98.0**	**93.7**	**94.2**	**94.8**	**95.6**	**96.2**	**96.6**	**97.4**	**98.3**	**99.4**	**100.9**	**103.5**	**106.3**
北 京	Beijing	98.5	95.7	96.8	96.5	97.2	97.4	97.5	97.5	98.3	99.6	100.3	102.4	103.7
天 津	Tianjin	98.3	92.0	93.2	93.6	95.3	95.9	96.4	97.9	99.4	100.9	102.3	105.2	108.9
河 北	Hebei	98.3	90.2	90.6	91.7	93.5	95.2	95.9	97.1	98.4	100.7	104.3	109.7	113.9
山 西	Shanxi	98.1	91.3	91.0	91.8	93.2	94.5	95.4	96.2	97.6	99.7	104.3	110.3	114.2
内蒙古	Inner Mongolia	97.4	95.3	95.1	95.3	95.6	95.5	95.9	96.4	96.7	98.3	99.9	101.9	103.8
辽 宁	Liaoning	97.9	93.4	93.1	94.2	95.1	96.1	96.8	98.0	98.7	99.7	101.1	103.3	105.7
吉 林	Jilin	97.8	96.2	96.7	96.5	96.8	96.9	96.9	97.3	97.6	98.3	99.2	100.3	101.5
黑龙江	Heilongjiang	96.0	89.7	90.6	91.0	92.4	94.5	94.9	95.7	95.8	98.6	100.6	102.4	106.5
上 海	Shanghai	97.7	91.4	91.8	92.7	94.6	94.9	96.0	98.4	99.5	100.0	101.0	105.5	108.2
江 苏	Jiangsu	98.0	92.4	93.1	94.2	95.6	96.0	96.1	97.3	98.6	99.9	101.3	104.5	108.2
浙 江	Zhejiang	97.8	93.3	93.4	94.1	95.2	95.8	96.3	97.3	98.4	99.5	100.8	103.4	106.9
安 徽	Anhui	98.4	92.9	93.9	94.9	95.5	95.9	96.5	97.7	98.8	100.1	101.7	105.4	108.6
福 建	Fujian	98.0	94.1	95.1	95.1	95.8	96.8	97.1	97.8	98.4	99.4	100.3	102.1	103.9
江 西	Jiangxi	97.7	94.3	94.9	95.1	95.4	96.0	96.2	97.2	98.5	98.5	99.7	102.4	105.1
山 东	Shandong	98.0	94.4	94.7	95.0	95.6	96.0	96.6	97.3	98.3	99.3	100.8	103.0	105.5
河 南	Henan	99.2	94.9	95.9	97.1	97.4	97.9	98.1	98.2	98.8	99.9	101.8	104.4	106.7
湖 北	Hubei	98.3	94.6	94.7	95.4	96.4	96.8	96.8	97.2	98.1	99.3	101.1	103.6	106.5
湖 南	Hunan	98.0	93.9	94.4	95.1	95.6	96.1	96.3	97.2	98.2	99.4	100.7	103.3	106.0
广 东	Guangdong	98.0	95.3	95.6	95.8	96.1	96.4	96.8	97.5	98.2	98.9	100.2	102.0	103.6
广 西	Guangxi	98.3	95.0	95.1	95.9	96.4	96.6	97.1	97.8	98.6	99.6	100.9	102.7	104.5
海 南	Hainan	94.8	91.1	90.5	87.8	89.9	89.6	93.9	97.6	96.9	95.5	98.9	100.6	106.2
重 庆	Chongqing	98.4	96.3	96.2	96.7	97.0	97.4	97.9	98.2	98.6	98.9	99.7	100.9	102.5
四 川	Sichuan	98.8	96.2	96.4	96.2	96.8	97.2	97.6	98.0	98.6	99.4	100.8	102.9	105.9
贵 州	Guizhou	98.5	96.0	95.8	96.0	96.5	96.7	97.5	97.4	97.6	98.1	100.2	103.4	107.2
云 南	Yunnan	95.9	92.0	93.0	93.4	93.4	93.8	93.6	94.8	96.1	96.8	98.2	101.4	105.4
西 藏	Tibet													
陕 西	Shaanxi	95.9	94.4	93.9	93.7	93.8	94.6	94.6	94.9	94.9	96.2	97.8	99.8	102.1
甘 肃	Gansu	94.6	85.3	88.1	89.1	88.8	91.5	93.0	93.8	95.8	99.3	101.7	103.3	108.4
青 海	Qinghai	96.2	92.4	91.4	92.9	93.4	94.4	95.8	96.3	95.9	96.7	98.8	101.1	105.8
宁 夏	Ningxia	96.9	90.8	90.7	91.3	92.8	94.0	94.4	95.9	96.1	97.9	101.6	107.3	112.1
新 疆	Xinjiang	95.5	86.9	88.6	90.8	92.0	93.4	94.9	95.6	96.3	98.4	101.4	103.3	106.3

附录12 全国及各省市区工业生产者出厂价格指数
Producer Price Indices for Industrial Products by Provinces and Regions

(上年＝100) (preceding year=100)

地　区	Region	2011	2012	2013	2014	2015	2016
全　国	**National**	**106.0**	**98.3**	**98.1**	**98.1**	**94.8**	**98.6**
北　京	Beijing	102.3	98.4	97.4	99.1	96.9	98.1
天　津	Tianjin	103.8	97.0	97.0	96.3	90.3	97.9
河　北	Hebei	107.7	94.7	96.6	95.2	89.1	99.9
山　西	Shanxi	107.5	94.5	90.7	91.4	87.7	96.8
内蒙古	Inner Mongolia	107.8	100.2	97.0	97.3	94.0	98.9
辽　宁	Liaoning	106.5	99.9	99.0	98.2	93.9	98.8
吉　林	Jilin	105.4	99.1	98.7	99.1	95.3	98.4
黑龙江	Heilongjiang	112.0	100.0	98.0	97.1	86.0	95.1
上　海	Shanghai	102.9	98.4	98.2	98.9	96.1	98.8
江　苏	Jiangsu	106.2	97.1	98.0	98.3	95.3	98.1
浙　江	Zhejiang	105.0	97.3	98.2	98.8	96.4	98.3
安　徽	Anhui	108.3	98.3	98.2	97.4	93.9	98.5
福　建	Fujian	103.9	98.7	98.4	98.6	97.0	99.1
江　西	Jiangxi	111.3	96.5	98.5	97.8	93.7	98.6
山　东	Shandong	106.0	98.4	98.4	98.4	95.2	98.5
河　南	Henan	107.2	99.4	98.5	98.1	95.4	99.0
湖　北	Hubei	106.6	100.3	99.2	98.4	96.7	99.0
湖　南	Hunan	108.5	99.1	98.5	98.4	96.3	98.9
广　东	Guangdong	103.7	99.5	98.8	98.9	96.8	99.4
广　西	Guangxi	108.5	97.8	98.2	98.4	97.0	99.1
海　南	Hainan	108.8	100.8	99.5	97.6	89.8	96.0
重　庆	Chongqing	103.8	99.9	98.0	98.3	97.2	98.6
四　川	Sichuan	107.3	98.6	98.7	98.7	96.4	98.9
贵　州	Guizhou	105.4	101.0	97.4	98.3	96.1	97.9
云　南	Yunnan	104.7	97.9	97.5	97.8	94.9	97.6
西　藏	Tibet	104.3	99.7	99.8	99.0	93.2	102.9
陕　西	Shaanxi	107.2	100.7	97.3	97.1	90.8	97.6
甘　肃	Gansu	111.0	96.8	96.9	96.7	87.0	94.9
青　海	Qinghai	107.4	96.9	97.0	96.1	93.1	98.5
宁　夏	Ningxia	109.5	97.4	96.0	96.3	93.7	99.1
新　疆	Xinjiang	114.8	96.9	96.5	96.2	82.4	94.5

附录13 全国及各省市区固定资产投资价格指数(2016年)

Price Indices of Investment in Fixed Assets by Provinces and Regions(2016)

(上年＝100) (preceding year=100)

地 区	Region	固定资产投资 Investment in Fixed Assets	建筑安装工程 Construction and Installation	设备、工器具 Purchase of Equipment, Tools and Instruments	其他费用 Others
全 国	**National**	**99.4**	**99.4**	**98.9**	**100.5**
北 京	Beijing	99.7	98.8	99.0	100.7
天 津	Tianjin	99.4	98.9	98.8	101.2
河 北	Hebei	99.4	99.4	98.7	100.8
山 西	Shanxi	100.0	100.5	98.9	99.9
内蒙古	Inner Mongolia	99.5	99.6	98.9	100.6
辽 宁	Liaoning	99.2	99.1	98.8	100.9
吉 林	Jilin	98.7	98.6	98.7	100.0
黑龙江	Heilongjiang	99.4	99.4	99.0	100.7
上 海	Shanghai	99.6	99.3	99.7	100.2
江 苏	Jiangsu	98.8	98.3	98.7	102.1
浙 江	Zhejiang	99.5	99.3	98.9	100.5
安 徽	Anhui	99.2	99.3	98.5	100.2
福 建	Fujian	100.0	99.8	100.0	100.7
江 西	Jiangxi	100.0	100.3	98.7	100.5
山 东	Shandong	99.1	99.1	98.7	100.0
河 南	Henan	99.2	99.1	98.6	100.7
湖 北	Hubei	100.1	100.2	99.1	100.7
湖 南	Hunan	100.4	100.7	99.4	100.7
广 东	Guangdong	100.3	100.4	99.3	100.7
广 西	Guangxi	99.5	99.4	99.4	100.0
海 南	Hainan	100.1	100.4	98.9	99.6
重 庆	Chongqing	99.8	100.1	98.9	99.8
四 川	Sichuan	98.6	98.3	99.2	100.9
贵 州	Guizhou	100.1	100.1	98.6	101.0
云 南	Yunnan	98.9	98.5	98.8	100.6
陕 西	Shaanxi	99.9	99.8	98.9	101.3
甘 肃	Gansu	98.7	98.5	99.4	100.4
青 海	Qinghai	99.6	99.6	99.1	101.0
宁 夏	Ningxia	99.6	99.5	99.0	100.8
新 疆	Xinjiang	99.9	99.9	99.3	101.7

附录14 全国及各省市区固定资产投资价格指数
Price Indices of Investment in Fixed Assets by Provinces and Regions

(上年＝100) (preceding year=100)

地区	Region	2010	2011	2012	2013	2014	2015	2016
全国	**National**	**103.6**	**106.6**	**101.1**	**100.3**	**100.5**	**98.2**	**99.4**
北京	Beijing	102.5	105.7	101.3	99.9	100.0	97.6	99.7
天津	Tianjin	102.6	105.7	100.0	99.5	100.5	99.9	99.4
河北	Hebei	103.7	105.5	100.3	99.9	100.2	98.0	99.4
山西	Shanxi	103.7	105.5	101.2	100.5	99.6	98.2	100.0
内蒙古	Inner Mongolia	105.4	106.3	101.6	99.6	99.8	98.0	99.5
辽宁	Liaoning	103.3	106.6	101.0	100.0	99.7	97.9	99.2
吉林	Jilin	102.4	105.6	100.4	100.0	100.2	97.6	98.7
黑龙江	Heilongjiang	105.2	107.5	100.8	100.1	100.0	99.0	99.4
上海	Shanghai	103.8	106.5	99.4	100.2	100.5	97.0	99.6
江苏	Jiangsu	105.1	106.8	98.6	100.5	101.1	96.2	98.8
浙江	Zhejiang	104.7	107.5	99.2	100.0	100.6	97.4	99.5
安徽	Anhui	105.4	108.1	101.0	100.2	100.3	96.9	99.2
福建	Fujian	103.3	106.2	100.3	100.1	100.4	98.3	100.0
江西	Jiangxi	104.8	108.4	101.0	100.4	100.1	96.8	100.0
山东	Shandong	103.6	106.8	100.8	100.4	100.3	97.7	99.1
河南	Henan	103.5	107.4	101.0	99.9	100.0	97.6	99.2
湖北	Hubei	104.7	107.3	101.8	100.5	101.0	99.4	100.1
湖南	Hunan	104.0	107.2	101.7	101.3	101.5	100.4	100.4
广东	Guangdong	103.0	105.5	101.5	101.4	101.5	99.0	100.3
广西	Guangxi	103.0	106.2	100.6	100.1	101.6	98.8	99.5
海南	Hainan	105.2	106.4	102.0	99.3	100.6	99.4	100.1
重庆	Chongqing	102.1	105.9	101.8	100.5	100.3	98.2	99.8
四川	Sichuan	102.5	105.2	101.0	100.4	100.5	97.9	98.6
贵州	Guizhou	102.7	105.4	101.5	100.9	101.1	98.4	100.1
云南	Yunnan	102.7	104.6	101.4	101.1	101.0	99.1	98.9
陕西	Shaanxi	103.6	105.9	102.6	102.0	101.1	98.8	99.9
甘肃	Gansu	103.5	104.7	102.1	100.4	100.1	97.7	98.7
青海	Qinghai	103.8	106.5	102.2	101.5	100.9	98.2	99.6
宁夏	Ningxia	104.2	107.5	101.5	99.8	100.8	97.5	99.6
新疆	Xinjiang	104.6	107.1	100.6	100.5	100.3	98.3	99.9

附录15　全国粮食作物播种面积
Sown Area of Grain Crops by Regions

单位：千公顷　　　　(1000 hectares)

年　份 Year	粮食作物播种面积 Sown Area of Grain Crops	稻　谷 Rice	小　麦 Wheat	玉　米 Corn	大　豆 Soybean	薯　类 Tubers
1949	109959	25709	12515	12915	8319	7011
1952	123979	28382	24780	12566	11679	8688
1957	133633	32241	27542	14943	12748	10495
1962	121621	26935	24075	12819	9504	12171
1965	119627	29825	24709	15671	8593	11175
1970	119267	32358	25458	15831	7985	10717
1975	121062	35729	27661	18598	6999	10969
1979	119263	33873	29357	20133	7247	10952
1980	117234	33878	28844	20087	7226	10153
1981	114958	33295	28307	19425	8024	9620
1982	113462	33071	27955	18543	8419	9370
1983	114047	33136	29050	18824	7567	9402
1984	112884	33178	29576	18537	7286	8988
1985	108845	32070	29218	17694	7718	8572
1986	110933	32266	29616	19124	8295	8685
1987	111268	32193	28798	20212	8445	8868
1988	110123	31987	28785	19692	8120	9054
1989	112205	32700	29841	20353	8057	9097
1990	113466	33064	30753	21401	7560	9121
1991	112314	32590	30948	21574	7041	9078
1992	110560	32090	30496	21044	7221	9057
1993	110509	30355	30235	20694	9454	9220
1994	109544	30171	28981	21152	9222	9270
1995	110060	30744	28860	22776	8127	9519
1996	112548	31406	29611	24498	7471	9797
1997	112912	31765	30057	23775	8346	9785
1998	113787	31214	29774	25239	8500	10000
1999	113161	31283	28855	25904	7962	10355
2000	108463	29962	26653	23056	9307	10538
2001	106080	28812	24664	24282	9482	10217
2002	103891	28202	23908	24634	8720	9881
2003	99410	26508	21997	24068	9313	9702
2004	101606	28379	21626	25446	9589	9457
2005	104278	28847	22793	26358	9591	9503
2006	105068	28938	23723	28463	9304	7877
2007	105748	28919	23831	29478	8754	8082
2008	106793	29241	23617	29864	9127	8427
2009	108986	29627	24291	31183	9190	8636
2010	109876	29873	24257	32500	8516	8750
2011	110573	30057	24270	33542	7889	8906
2012	111205	30137	24268	35030	7172	8881
2013	111956	30312	24117	36318	6791	8963
2014	112723	30310	24069	37123	6800	8940
2015	113343	30216	24141	38119	6506	8839
2016	113034	30178	24187	36768	7202	8941

附录16 全国粮食作物总产量
Total Output of Grain Crops by Regions

单位：万吨 (10000 tons)

年份 Year	粮食作物总产量 Total Output of Grain Crops	稻谷 Rice	小麦 Wheat	玉米 Corn	大豆 Soybean	薯类 Tubers
1949	11318	4865	1381	1242	509	985
1952	16392	6843	1813	1685	952	1633
1957	19505	8678	2364	2144	1005	2192
1962	15441	6299	1667	1626	651	2345
1965	19453	8772	2522	2366	614	1986
1970	23996	10999	2919	3303	871	2668
1975	28452	12556	4531	4722	724	2857
1979	33212	14375	6273	6004	746	2846
1980	32056	13991	5521	6260	794	2873
1981	32502	14396	5964	5921	933	2597
1982	35450	16160	6847	6056	903	2705
1983	38728	16887	8139	6821	976	2925
1984	40731	17826	8782	7341	970	2848
1985	37911	16857	8581	6383	1050	2604
1986	39151	17222	9004	7086	1161	2534
1987	40298	17426	8590	7924	1247	2821
1988	39408	16911	8543	7735	1165	2697
1989	40755	18013	9081	7893	1023	2730
1990	44624	18933	9823	9682	1100	2743
1991	43529	18381	9595	9877	971	2716
1992	44266	18622	10159	9538	1030	2844
1993	45649	17751	10639	10270	1531	3181
1994	44510	17593	9930	9928	1600	3025
1995	46662	18523	10221	11199	1350	3263
1996	50454	19510	11057	12747	1322	3536
1997	49417	20073	12329	10431	1473	3192
1998	51230	19871	10973	13295	1515	3604
1999	50839	19849	11388	12809	1425	3641
2000	46218	18791	9964	10600	1541	3685
2001	45264	17758	9387	11409	1541	3563
2002	45706	17454	9029	12131	1651	3666
2003	43070	16066	8649	11583	1539	3513
2004	46947	17909	9195	13029	1740	3558
2005	48402	18059	9745	13937	1635	3469
2006	49804	18172	10847	15160	1508	2701
2007	50160	18603	10930	15230	1273	2808
2008	52871	19190	11246	16591	1554	2980
2009	53082	19510	11512	16397	1498	2995
2010	54648	19576	11518	17725	1508	3114
2011	57121	20100	11740	19278	1449	3273
2012	58958	20424	12102	20561	1302	3279
2013	60194	20361	12193	21849	1195	3329
2014	60703	20651	12621	21565	1215	3336
2015	62144	20823	13019	22463	1179	3326
2016	61625	20708	12885	21955	1294	3356

附录17 全国及各省市区粮食作物播种面积
Sown Area of Grain Crops by Provinces and Regions

单位：千公顷 (1000 hectares)

地区	Region	2011	2012	2013	2014	2015	2016	2016年比2015年增长 Increase Rate in 2016 over 2015	
								绝对数 Value	%
全国	**National**	**110573.02**	**111204.59**	**111955.60**	**112722.60**	**113342.93**	**113034.5**	**-308.45**	**-0.3**
北京	Beijing	209.38	193.87	158.90	120.20	104.45	87.3	-17.12	-16.4
天津	Tianjin	310.79	322.92	332.80	345.80	350.04	357.3	7.21	2.1
河北	Hebei	6286.11	6302.37	6315.90	6332.00	6392.48	6327.4	-65.07	-1.0
山西	Shanxi	3287.85	3291.50	3274.30	3286.40	3287.19	3241.4	-45.77	-1.4
内蒙古	Inner Mongolia	5561.50	5589.40	5617.30	5651.00	5726.67	5784.8	58.12	1.0
辽宁	Liaoning	3169.80	3217.35	3226.40	3235.10	3297.42	3231.4	-66.02	-2.0
吉林	Jilin	4545.05	4610.30	4789.90	5000.70	5077.95	5021.7	-56.29	-1.1
黑龙江	Heilongjiang	11502.93	11519.54	11564.40	11696.40	11765.23	11804.7	39.51	0.3
上海	Shanghai	186.34	187.61	168.50	164.90	161.94	140.1	-21.88	-13.5
江苏	Jiangsu	5319.20	5336.56	5360.80	5376.10	5424.64	5432.7	8.06	0.1
浙江	Zhejiang	1254.13	1251.55	1253.70	1266.80	1277.85	1255.4	-22.45	-1.8
安徽	Anhui	6621.54	6622.00	6625.30	6628.90	6632.90	6644.5	11.60	0.2
福建	Fujian	1226.79	1201.13	1202.10	1197.70	1193.22	1176.7	-16.49	-1.4
江西	Jiangxi	3650.07	3675.93	3690.90	3697.30	3705.60	3686.2	-19.39	-0.5
山东	Shandong	7145.82	7202.33	7294.60	7440.00	7492.10	7511.5	19.35	0.3
河南	Henan	9859.87	9985.15	10081.80	10209.80	10267.15	10286.2	19.00	0.2
湖北	Hubei	4122.07	4180.05	4258.40	4370.40	4466.03	4436.9	-29.16	-0.7
湖南	Hunan	4879.58	4908.04	4936.60	4975.10	4944.65	4890.6	-54.05	-1.1
广东	Guangdong	2530.43	2540.18	2507.60	2507.00	2505.84	2509.3	3.49	0.1
广西	Guangxi	3072.81	3069.10	3076.00	3067.70	3059.34	3023.6	-35.73	-1.2
海南	Hainan	430.60	438.61	421.80	394.00	375.63	360.4	-15.25	-4.1
重庆	Chongqing	2259.41	2259.61	2253.90	2242.50	2233.96	2250.1	16.09	0.7
四川	Sichuan	6440.50	6468.20	6469.90	6467.40	6453.90	6453.9		
贵州	Guizhou	3055.56	3054.28	3118.40	3138.40	3114.91	3113.3	-1.65	-0.1
云南	Yunnan	4326.90	4399.57	4499.40	4508.20	4487.30	4481.2	-6.13	-0.1
西藏	Tibet	170.15	170.86	175.90	176.40	178.89	182.9	4.05	2.3
陕西	Shaanxi	3134.87	3127.53	3105.10	3076.50	3073.52	3068.7	-4.81	-0.2
甘肃	Gansu	2833.65	2839.40	2858.70	2842.50	2849.63	2814.0	-35.68	-1.3
青海	Qinghai	279.41	280.18	280.00	280.10	277.06	281.1	3.99	1.4
宁夏	Ningxia	852.44	828.30	801.60	771.30	770.42	778.3	7.90	1.0
新疆	Xinjiang	2047.48	2131.17	2234.80	2255.90	2395.02	2401.1	6.11	0.3
湖北居全国位次	**Order of Precedence of Hubei in the Country**	**12**	**12**	**12**	**12**	**12**	**12**		

附录18 全国及各省市区粮食作物总产量

Total Output of Grain Crops by Provinces and Regions

单位：万吨 (10000 tons)

地区	Region	2011	2012	2013	2014	2015	2016	2016年比2015年增长 Increase Rate in 2016 over 2015	
								绝对数 Value	%
全国	**National**	**57120.90**	**58957.97**	**60193.80**	**60702.61**	**62143.92**	**61625.05**	**-518.87**	**-0.8**
北京	Beijing	121.80	113.77	96.10	63.94	62.64	53.69	-8.94	-14.3
天津	Tianjin	161.80	161.76	174.70	175.95	181.75	196.37	14.62	8.0
河北	Hebei	3172.60	3246.60	3365.00	3360.17	3363.81	3460.24	96.42	2.9
山西	Shanxi	1193.00	1274.10	1312.80	1330.78	1259.57	1318.51	58.94	4.7
内蒙古	Inner Mongolia	2387.50	2528.50	2773.00	2753.01	2827.01	2780.25	-46.76	-1.7
辽宁	Liaoning	2035.50	2070.50	2195.60	1753.90	2002.50	2100.63	98.13	4.9
吉林	Jilin	3171.00	3343.00	3551.00	3532.84	3647.04	3717.21	70.17	1.9
黑龙江	Heilongjiang	5570.70	5761.49	6004.10	6242.19	6323.96	6058.50	-265.46	-4.2
上海	Shanghai	122.00	122.39	114.20	112.54	112.08	99.16	-12.92	-11.5
江苏	Jiangsu	3307.80	3372.48	3423.00	3490.62	3561.34	3466.01	-95.33	-2.7
浙江	Zhejiang	781.60	769.80	734.00	757.41	752.23	752.20	-0.03	0.0
安徽	Anhui	3135.50	3289.10	3279.60	3415.83	3538.12	3417.40	-120.72	-3.4
福建	Fujian	672.80	659.30	664.40	667.03	661.10	650.87	-10.23	-1.5
江西	Jiangxi	2052.80	2084.80	2116.10	2143.50	2148.71	2138.11	-10.60	-0.5
山东	Shandong	4426.30	4511.40	4528.20	4596.60	4712.70	4700.71	-11.99	-0.3
河南	Henan	5542.50	5638.60	5713.70	5772.30	6067.10	5946.60	-120.50	-2.0
湖北	Hubei	2388.50	2441.81	2501.30	2584.17	2703.28	2554.12	-149.16	-5.5
湖南	Hunan	2939.40	3006.50	2925.70	3001.26	3002.93	2953.20	-49.73	-1.7
广东	Guangdong	1361.00	1396.33	1315.90	1357.34	1358.13	1360.22	2.09	0.2
广西	Guangxi	1429.90	1484.90	1521.80	1534.41	1524.75	1521.30	-3.45	-0.2
海南	Hainan	188.00	199.50	190.90	186.60	183.99	177.86	-6.13	-3.3
重庆	Chongqing	1126.90	1138.54	1148.10	1144.54	1154.89	1166.00	11.11	1.0
四川	Sichuan	3291.60	3315.00	3387.10	3374.90	3442.80	3483.50	40.70	1.2
贵州	Guizhou	876.90	1079.50	1030.00	1138.50	1180.00	1192.38	12.38	1.0
云南	Yunnan	1673.60	1749.10	1824.00	1860.70	1876.36	1902.89	26.53	1.4
西藏	Tibet	93.70	94.89	96.20	97.97	100.63	101.91	1.28	1.3
陕西	Shaanxi	1194.70	1245.10	1215.80	1197.78	1226.79	1228.29	1.50	0.1
甘肃	Gansu	1014.60	1109.70	1138.90	1158.65	1171.13	1140.59	-30.54	-2.6
青海	Qinghai	103.40	101.50	102.40	104.81	102.72	103.45	0.73	0.7
宁夏	Ningxia	358.90	375.00	373.40	377.90	372.60	370.60	-2.00	-0.5
新疆	Xinjiang	1224.70	1273.00	1377.00	1414.47	1521.26	1512.28	-8.99	-0.6
湖北居全国位次	**Order of Precedence of Hubei in the Country**	**10**	**11**	**11**	**11**	**11**	**11**		

附录19　全国及各省市区稻谷播种面积
Sown Area of Rice by Provinces and Regions

单位：千公顷　　　　　　　　　　　　　　　　　　　　　　　　　(1000 hectares)

地　区	Region	2011	2012	2013	2014	2015	2016	2016年比2015年增长 Increase Rate in 2016 over 2015	
								绝对数 Value	%
全　国	**National**	**30057.04**	**30137.11**	**30311.70**	**30309.90**	**30215.74**	**30178.24**	**-37.49**	**-0.1**
北　京	Beijing	0.23	0.20	0.20	0.20	0.20	0.17	-0.03	-13.7
天　津	Tianjin	14.24	14.60	16.80	16.40	15.38	17.68	2.29	14.9
河　北	Hebei	83.02	85.92	86.80	84.80	84.79	81.52	-3.27	-3.9
山　西	Shanxi	1.02	1.01	1.00	0.90	0.70	0.70		
内蒙古	Inner Mongolia	89.96	89.33	75.90	78.10	78.91	98.44	19.53	24.8
辽　宁	Liaoning	659.60	661.80	649.20	562.10	544.93	562.53	17.59	3.2
吉　林	Jilin	691.25	701.19	726.70	747.10	761.71	780.67	18.96	2.5
黑龙江	Heilongjiang	2945.55	3069.76	3175.60	3205.50	3147.82	3203.33	55.51	1.8
上　海	Shanghai	106.08	105.09	101.90	98.40	97.81	95.13	-2.68	-2.7
江　苏	Jiangsu	2248.63	2254.22	2265.70	2271.70	2291.59	2294.82	3.23	0.1
浙　江	Zhejiang	894.77	832.59	828.70	824.20	822.47	818.34	-4.13	-0.5
安　徽	Anhui	2230.82	2215.05	2214.10	2217.30	2234.92	2265.50	30.58	1.4
福　建	Fujian	845.34	827.60	817.50	804.50	788.96	769.39	-19.57	-2.5
江　西	Jiangxi	3317.71	3328.33	3338.00	3339.50	3342.40	3316.31	-26.09	-0.8
山　东	Shandong	124.54	123.87	123.10	122.40	116.28	105.76	-10.52	-9.0
河　南	Henan	638.00	648.16	641.30	649.70	656.00	655.00	-1.00	-0.2
湖　北	Hubei	2036.16	2017.88	2101.20	2144.00	2188.46	2130.97	-57.49	-2.6
湖　南	Hunan	4066.30	4095.12	4085.00	4120.70	4114.10	4085.50	-28.60	-0.7
广　东	Guangdong	1940.92	1949.38	1908.80	1893.30	1887.30	1888.60	1.30	0.1
广　西	Guangxi	2078.53	2057.60	2046.60	2026.20	1983.90	1959.82	-24.08	-1.2
海　南	Hainan	318.58	324.39	311.90	312.20	299.32	289.13	-10.19	-3.4
重　庆	Chongqing	686.49	687.00	688.70	689.70	688.32	692.05	3.73	0.5
四　川	Sichuan	2007.90	1997.80	1990.70	1991.80	1990.80	1990.00	-0.80	0.0
贵　州	Guizhou	681.49	682.95	684.50	682.00	675.14	674.26	-0.88	-0.1
云　南	Yunnan	1073.45	1082.87	1152.70	1144.70	1134.80	1130.00	-4.80	-0.4
西　藏	Tibet	1.00	0.97	1.00	1.00	0.94	1.02	0.08	8.9
陕　西	Shaanxi	120.93	123.33	123.70	123.40	122.80	122.72	-0.08	-0.1
甘　肃	Gansu		5.57	5.30	5.10	4.47	4.65	0.18	4.0
青　海	Qinghai								
宁　夏	Ningxia	83.94	84.30	82.10	78.10	74.34	75.05	0.71	1.0
新　疆	Xinjiang	70.59	69.23	67.30	75.10	66.17	69.18	3.01	4.5
湖北居全国位次	**Order of Precedence of Hubei in the Country**	**7**	**7**	**6**	**6**	**6**	**6**		

附录20 全国及各省市区稻谷产量
Output of Rice by Provinces and Regions

单位：万吨 (10000 tons)

地区	Region	2011	2012	2013	2014	2015	2016	2016年比2015年增长 Increase Rate in 2016 over 2015 绝对数 Value	%
全国	**National**	**20100.09**	**20423.59**	**20361.20**	**20650.74**	**20822.52**	**20707.51**	**-115.01**	**-0.6**
北京	Beijing	0.15	0.13	0.10	0.13	0.14	0.12	-0.02	-16.8
天津	Tianjin	10.72	11.18	12.90	12.14	11.35	13.36	2.01	17.7
河北	Hebei	60.18	49.82	58.80	54.15	54.53	54.72	0.19	0.4
山西	Shanxi	0.50	0.60	0.70	0.62	0.47	0.49	0.02	4.3
内蒙古	Inner Mongolia	77.88	73.26	56.00	52.36	53.16	63.15	9.99	18.8
辽宁	Liaoning	505.10	507.80	506.90	451.50	467.70	484.59	16.89	3.6
吉林	Jilin	623.50	532.03	563.30	587.62	630.10	654.10	24.00	3.8
黑龙江	Heilongjiang	2062.08	2171.18	2220.60	2251.05	2199.68	2255.30	55.62	2.5
上海	Shanghai	88.88	89.13	86.80	84.10	84.10	81.81	-2.29	-2.7
江苏	Jiangsu	1864.16	1900.07	1922.30	1912.00	1952.49	1931.39	-21.10	-1.1
浙江	Zhejiang	649.03	608.26	580.20	590.11	578.10	593.75	15.65	2.7
安徽	Anhui	1387.08	1393.50	1362.30	1394.55	1459.34	1401.80	-57.54	-3.9
福建	Fujian	514.15	503.78	502.00	497.06	485.03	471.47	-13.56	-2.8
江西	Jiangxi	1950.10	1976.00	2004.00	2025.15	2027.20	2012.60	-14.60	-0.7
山东	Shandong	103.96	103.38	103.60	101.01	95.10	88.08	-7.02	-7.4
河南	Henan	474.50	492.55	485.80	528.60	531.52	542.15	10.63	2.0
湖北	Hubei	1616.91	1651.38	1676.60	1729.47	1810.72	1693.52	-117.20	-6.5
湖南	Hunan	2575.40	2631.63	2561.50	2634.00	2644.81	2602.30	-42.51	-1.6
广东	Guangdong	1096.90	1126.57	1045.00	1091.64	1088.42	1087.06	-1.36	-0.1
广西	Guangxi	1084.10	1142.00	1156.20	1166.12	1137.83	1137.25	-0.58	-0.1
海南	Hainan	145.11	155.76	149.80	155.45	153.29	149.13	-4.16	-2.7
重庆	Chongqing	493.50	498.00	503.10	503.19	506.36	510.55	4.19	0.8
四川	Sichuan	1527.10	1536.10	1549.50	1526.50	1552.60	1558.20	5.60	0.4
贵州	Guizhou	303.93	402.43	361.30	403.24	417.54	430.48	12.94	3.1
云南	Yunnan	668.67	644.60	667.90	666.10	659.70	671.90	12.20	1.8
西藏	Tibet	0.60	0.54	0.60	0.47	0.45	0.51	0.06	12.3
陕西	Shaanxi	84.50	87.35	91.00	90.87	91.85	91.93	0.08	0.1
甘肃	Gansu		3.91	3.80	3.54	3.12	3.12		
青海	Qinghai								
宁夏	Ningxia	70.76	71.30	68.90	61.84	60.75	63.00	2.25	3.7
新疆	Xinjiang	60.64	59.36	59.80	76.17	65.08	59.68	-5.40	-8.3
湖北居全国位次	**Order of Precedence of Hubei in the Country**	**5**	**5**	**5**	**5**	**5**	**5**		

附录21 全国及各省市区小麦播种面积
Sown Area of Wheat by Provinces and Regions

单位：千公顷 (1000 hectares)

地 区	Region	2011	2012	2013	2014	2015	2016	2016年比2015年增长 Increase Rate in 2016 over 2015	
								绝对数 Value	%
全 国	**National**	**24270.38**	**24268.28**	**24117.30**	**24069.42**	**24141.37**	**24186.85**	**45.48**	**0.2**
北 京	Beijing	58.14	52.20	36.20	23.58	20.78	15.91	-4.88	-23.5
天 津	Tianjin	112.27	113.12	110.40	110.66	109.18	110.91	1.73	1.6
河 北	Hebei	2396.05	2409.97	2377.70	2342.74	2318.87	2313.90	-4.97	-0.2
山 西	Shanxi	710.13	688.97	677.50	673.87	675.09	672.94	-2.15	-0.3
内蒙古	Inner Mongolia	567.89	609.58	571.20	563.48	564.08	593.40	29.32	5.2
辽 宁	Liaoning	6.90	6.80	5.60	5.80	5.55	5.80	0.25	4.5
吉 林	Jilin	3.18			0.36	0.26	0.27	0.01	3.8
黑龙江	Heilongjiang	297.81	210.06	133.00	145.68	71.05	79.73	8.68	12.2
上 海	Shanghai	59.81	56.63	44.40	43.92	45.47	32.59	-12.88	-28.3
江 苏	Jiangsu	2112.41	2132.56	2146.90	2159.93	2178.83	2189.85	11.02	0.5
浙 江	Zhejiang	72.63	74.49	75.50	82.12	89.80	76.59	-13.21	-14.7
安 徽	Anhui	2383.00	2415.51	2432.90	2434.50	2457.00	2446.90	-10.10	-0.4
福 建	Fujian	2.76	2.51	2.30	2.31	2.09	1.95	-0.14	-6.8
江 西	Jiangxi	10.89	11.85	11.80	12.00	12.20	12.30	0.10	0.8
山 东	Shandong	3593.53	3625.87	3673.30	3740.23	3799.83	3830.27	30.44	0.8
河 南	Henan	5323.33	5340.00	5366.70	5406.67	5425.66	5465.66	40.00	0.7
湖 北	Hubei	1013.61	1065.50	1094.80	1074.33	1093.43	1108.27	14.84	1.4
湖 南	Hunan	40.40	35.25	32.30	30.60	29.39	19.20	-10.19	-34.7
广 东	Guangdong	1.00	0.93	0.90	0.93	0.91	0.91		
广 西	Guangxi	1.48	1.50	1.80	1.43	5.09	6.35	1.26	24.8
海 南	Hainan								
重 庆	Chongqing	138.36	125.40	107.60	86.98	69.70	59.83	-9.87	-14.2
四 川	Sichuan	1259.30	1234.10	1216.00	1170.70	1119.00	1088.00	-31.00	-2.8
贵 州	Guizhou	257.62	259.76	251.80	251.50	248.68	241.70	-6.98	-2.8
云 南	Yunnan	437.90	442.20	437.30	434.40	432.70	430.30	-2.40	-0.6
西 藏	Tibet	37.60	37.73	37.80	36.92	36.33	36.55	0.22	0.6
陕 西	Shaanxi	1136.67	1127.60	1094.80	1082.87	1085.60	1082.60	-3.00	-0.3
甘 肃	Gansu	861.60	833.93	811.70	792.50	794.80	762.33	-32.47	-4.1
青 海	Qinghai	94.03	94.23	95.40	88.58	88.21	86.27	-1.94	-2.2
宁 夏	Ningxia	202.10	179.00	148.80	127.47	122.45	126.19	3.74	3.1
新 疆	Xinjiang	1077.98	1081.04	1121.00	1142.35	1239.33	1289.38	50.05	4.0
湖北居全国位次	**Order of Precedence of Hubei in the Country**	**9**	**9**	**8**	**8**	**8**	**7**		

附录22 全国及各省市区小麦产量
Output of Wheat by Provinces and Regions

单位：万吨 (10000 tons)

地 区	Region	2011	2012	2013	2014	2015	2016	2016年比2015年增长 Increase Rate in 2016 over 2015	
								绝对数 Value	%
全 国	**National**	**11740.09**	**12102.32**	**12192.60**	**12620.84**	**13018.52**	**12884.50**	**-134.02**	**-1.0**
北 京	Beijing	28.39	27.45	18.70	12.21	11.12	8.55	-2.58	-23.2
天 津	Tianjin	54.20	55.76	57.30	58.62	59.83	60.89	1.06	1.8
河 北	Hebei	1276.12	1337.74	1387.20	1429.90	1435.00	1433.25	-1.75	-0.1
山 西	Shanxi	240.30	259.18	230.70	259.11	271.43	273.41	1.98	0.7
内蒙古	Inner Mongolia	170.94	188.42	180.40	153.90	158.26	169.90	11.64	7.4
辽 宁	Liaoning	3.70	3.20	2.70	2.80	2.68	2.20	-0.48	-17.9
吉 林	Jilin	1.34			0.14	0.10	0.10	0.00	-4.6
黑龙江	Heilongjiang	103.80	70.02	38.90	46.60	21.78	29.02	7.24	33.2
上 海	Shanghai	24.11	22.56	17.60	18.64	19.92	12.09	-7.83	-39.3
江 苏	Jiangsu	1023.15	1048.76	1101.30	1160.40	1174.04	1119.55	-54.49	-4.6
浙 江	Zhejiang	27.02	27.10	27.80	30.95	35.13	25.39	-9.74	-27.7
安 徽	Anhui	1215.70	1294.00	1332.00	1393.55	1411.00	1385.90	-25.10	-1.8
福 建	Fujian	0.80	0.72	0.70	0.68	0.61	0.55	-0.06	-9.7
江 西	Jiangxi	2.19	2.28	2.50	2.56	2.62	2.60	-0.02	-0.8
山 东	Shandong	2103.92	2179.50	2218.80	2263.84	2346.60	2344.59	-2.01	-0.1
河 南	Henan	3123.00	3177.35	3226.40	3329.00	3501.00	3466.00	-35.00	-1.0
湖 北	Hubei	344.78	370.78	416.80	421.60	420.93	428.22	7.29	1.7
湖 南	Hunan	10.20	8.56	11.00	10.33	9.36	5.90	-3.46	-37.0
广 东	Guangdong	0.30	0.30	0.30	0.30	0.30	0.30		
广 西	Guangxi	0.21	0.20	0.30	0.20	0.88	1.05	0.17	19.3
海 南	Hainan								
重 庆	Chongqing	42.39	38.45	33.70	26.96	22.85	19.64	-3.21	-14.1
四 川	Sichuan	436.00	437.00	421.30	423.20	426.30	413.40	-12.90	-3.0
贵 州	Guizhou	50.38	52.39	51.50	61.50	61.67	59.74	-1.93	-3.1
云 南	Yunnan	98.87	88.30	80.50	83.60	90.60	89.40	-1.20	-1.3
西 藏	Tibet	24.91	24.57	24.10	23.73	23.39	23.05	-0.34	-1.4
陕 西	Shaanxi	410.90	435.50	389.80	417.24	458.10	445.03	-13.07	-2.9
甘 肃	Gansu	247.50	278.50	235.90	271.60	281.00	267.77	-13.23	-4.7
青 海	Qinghai	35.36	35.20	36.00	34.86	34.12	33.06	-1.06	-3.1
宁 夏	Ningxia	62.98	62.00	46.30	40.55	39.64	40.89	1.25	3.2
新 疆	Xinjiang	576.64	576.54	602.10	642.27	698.25	723.06	24.81	3.6
湖北居全国位次	**Order of Precedence of Hubei in the Country**	**9**	**9**	**8**	**8**	**9**	**8**		

附录23　全国及各省市区玉米播种面积
Sown Area of Corn by Provinces and Regions

单位：千公顷　　　　(1000 hectares)

地　区	Region	2011	2012	2013	2014	2015	2016	2016年比2015年增长 Increase Rate in 2016 over 2015	
								绝对数 Value	%
全　国	**National**	**33541.67**	**35029.82**	**36318.40**	**37123.39**	**38119.31**	**36767.69**	**-1351.62**	**-3.5**
北　京	Beijing	140.51	132.02	114.50	88.62	76.29	65.24	-11.05	-14.5
天　津	Tianjin	169.01	179.33	191.70	202.80	214.75	218.44	3.69	1.7
河　北	Hebei	3035.78	3049.14	3108.80	3170.88	3248.08	3191.05	-57.03	-1.8
山　西	Shanxi	1646.71	1668.97	1670.00	1676.53	1676.86	1624.75	-52.11	-3.1
内蒙古	Inner Mongolia	2669.64	2833.68	3170.60	3372.18	3407.24	3208.80	-198.44	-5.8
辽　宁	Liaoning	2134.60	2206.67	2245.60	2330.07	2416.80	2258.93	-157.87	-6.5
吉　林	Jilin	3134.22	3284.34	3499.10	3696.60	3799.96	3656.87	-143.09	-3.8
黑龙江	Heilongjiang	4587.40	5190.60	5447.50	5440.19	5821.12	5217.36	-603.77	-10.4
上　海	Shanghai	4.21	3.82	3.60	3.95	3.43	3.06	-0.38	-11.0
江　苏	Jiangsu	414.34	418.90	426.40	436.10	451.68	444.21	-7.48	-1.7
浙　江	Zhejiang	30.94	61.97	63.40	66.52	69.51	69.49	-0.02	0.0
安　徽	Anhui	818.82	822.53	845.10	852.40	881.55	876.20	-5.35	-0.6
福　建	Fujian	42.58	45.35	47.90	49.55	51.47	52.04	0.57	1.1
江　西	Jiangxi	25.65	28.05	29.50	29.87	30.28	30.30	0.02	0.1
山　东	Shandong	2995.87	3018.06	3060.70	3126.47	3173.80	3206.93	33.13	1.0
河　南	Henan	3025.00	3100.00	3203.30	3283.86	3343.86	3316.86	-27.00	-0.8
湖　北	Hubei	549.66	593.34	573.50	642.38	687.85	661.70	-26.15	-3.8
湖　南	Hunan	327.10	342.00	344.20	345.65	348.36	349.50	1.14	0.3
广　东	Guangdong	173.13	172.50	176.70	177.18	178.96	180.93	1.97	1.1
广　西	Guangxi	565.88	580.50	587.60	584.00	622.60	609.34	-13.26	-2.1
海　南	Hainan	23.54	27.52	27.70					
重　庆	Chongqing	466.93	468.39	466.70	467.87	470.84	475.25	4.41	0.9
四　川	Sichuan	1363.10	1371.10	1378.00	1381.20	1402.00	1399.00	-3.00	-0.2
贵　州	Guizhou	787.79	775.15	778.40	787.47	763.22	740.32	-22.90	-3.0
云　南	Yunnan	1409.00	1456.91	1505.10	1525.70	1517.30	1513.20	-4.10	-0.3
西　藏	Tibet	4.15	4.35	4.30	4.16	4.53	4.70	0.17	3.9
陕　西	Shaanxi	1177.80	1167.40	1166.20	1153.73	1151.68	1150.21	-1.47	-0.1
甘　肃	Gansu	838.73	902.67	976.10	1000.91	1014.15	1000.82	-13.33	-1.3
青　海	Qinghai	20.47	22.94	23.30	27.00	27.50	26.62	-0.88	-3.2
宁　夏	Ningxia	231.10	245.90	262.00	288.75	301.77	296.90	-4.87	-1.6
新　疆	Xinjiang	728.00	855.72	920.80	910.80	961.87	918.68	-43.19	-4.5
湖北居全国位次	**Order of Precedence of Hubei in the Country**	**17**	**16**	**17**	**16**	**14**	**16**		

附录24 全国及各省市区玉米产量
Output of Corn by Provinces and Regions

单位：万吨 (10000 tons)

地区	Region	2011	2012	2013	2014	2015	2016	2016年比2015年增长 Increase Rate in 2016 over 2015 绝对数 Value	%
全国	**National**	**19278.11**	**20561.41**	**21848.90**	**21564.63**	**22463.16**	**21955.15**	**-508.01**	**-2.3**
北京	Beijing	90.34	83.58	75.20	50.04	49.45	43.19	-6.26	-12.7
天津	Tianjin	94.38	92.45	102.10	101.40	107.34	118.10	10.76	10.0
河北	Hebei	1639.64	1649.51	1703.90	1670.70	1670.36	1753.64	83.28	5.0
山西	Shanxi	854.60	903.87	955.50	938.11	862.74	888.89	26.15	3.0
内蒙古	Inner Mongolia	1632.13	1784.39	2069.70	2186.07	2250.78	2139.80	-110.98	-4.9
辽宁	Liaoning	1360.30	1423.50	1563.20	1170.50	1403.50	1465.64	62.14	4.4
吉林	Jilin	2339.00	2578.78	2775.70	2733.50	2805.73	2833.00	27.27	1.0
黑龙江	Heilongjiang	2675.78	2887.94	3216.40	3343.42	3544.14	3127.40	-416.74	-11.8
上海	Shanghai	2.78	2.52	2.50	2.62	2.10	2.09	-0.01	-0.4
江苏	Jiangsu	226.17	230.20	216.40	238.97	252.18	233.91	-18.27	-7.2
浙江	Zhejiang	14.59	29.13	26.80	30.09	31.07	30.45	-0.62	-2.0
安徽	Anhui	362.58	427.50	426.00	465.50	496.27	462.00	-34.27	-6.9
福建	Fujian	16.62	18.01	19.30	20.33	21.46	21.77	0.31	1.4
江西	Jiangxi	10.49	12.58	12.00	12.25	12.80	13.00	0.20	1.6
山东	Shandong	1978.67	1994.51	1967.10	1988.34	2050.90	2064.95	14.05	0.7
河南	Henan	1696.50	1747.75	1796.50	1732.05	1853.65	1745.92	-107.73	-5.8
湖北	Hubei	276.20	282.56	270.80	293.65	332.89	296.61	-36.28	-10.9
湖南	Hunan	188.50	197.25	185.00	188.60	188.83	188.70	-0.13	-0.1
广东	Guangdong	78.94	79.70	81.60	76.86	77.85	80.96	3.11	4.0
广西	Guangxi	244.72	250.60	266.00	266.40	280.68	278.57	-2.11	-0.8
海南	Hainan	10.30	11.34	12.10					
重庆	Chongqing	257.00	256.26	258.10	255.97	259.73	264.69	4.96	1.9
四川	Sichuan	701.60	701.30	762.40	751.90	765.70	793.20	27.50	3.6
贵州	Guizhou	243.71	342.25	298.00	313.81	324.08	324.38	0.30	0.1
云南	Yunnan	598.22	700.00	734.20	743.30	747.30	756.50	9.20	1.2
西藏	Tibet	2.75	2.62	2.50	2.39	0.84	2.75	1.91	227.3
陕西	Shaanxi	550.70	566.90	586.70	539.57	543.08	545.39	2.31	0.4
甘肃	Gansu	425.60	504.10	571.50	564.48	577.15	560.56	-16.59	-2.9
青海	Qinghai	15.19	17.00	16.40	18.65	18.63	18.07	-0.56	-3.0
宁夏	Ningxia	172.43	191.20	206.20	224.08	226.88	216.16	-10.72	-4.7
新疆	Xinjiang	517.67	592.11	669.00	641.09	705.05	684.87	-20.18	-2.9
湖北居全国位次	**Order of Precedence of Hubei in the Country**	**15**	**16**	**16**	**16**	**15**	**16**		

附录25 全国及各省市区粮食作物单位面积产量
Output of Grain Crops Per Hectare by Provinces and Regions

单位：公斤/公顷 (kg/hectare)

地　区	Region	2011	2012	2013	2014	2015	2016	2016年比2015年增长 Increase Rate in 2016 over 2015(%)
全　国	**National**	**5165.89**	**5301.76**	**5376.60**	**5385.13**	**5482.82**	**5451.88**	**-0.6**
北　京	Beijing	5815.74	5868.40	6049.00	5320.36	5996.57	6148.24	2.5
天　津	Tianjin	5207.05	5009.29	5249.90	5087.88	5192.15	5496.65	5.9
河　北	Hebei	5047.00	5151.40	5327.80	5306.65	5262.14	5468.65	3.9
山　西	Shanxi	3628.51	3870.88	4009.40	4049.38	3831.75	4067.69	6.2
内蒙古	Inner Mongolia	4292.93	4523.74	4936.50	4871.72	4936.57	4806.14	-2.6
辽　宁	Liaoning	6421.54	6435.43	6805.10	5421.41	6072.94	6500.68	7.0
吉　林	Jilin	6976.83	7251.16	7413.60	7064.67	7182.10	7402.35	3.1
黑龙江	Heilongjiang	4842.77	5001.49	5191.90	5336.84	5375.13	5132.26	-4.5
上　海	Shanghai	6544.49	6523.64	6774.10	6826.40	6920.87	7079.27	2.3
江　苏	Jiangsu	6218.53	6319.58	6385.30	6492.88	6565.12	6379.90	-2.8
浙　江	Zhejiang	6232.20	6150.77	5854.10	5978.84	5886.71	5991.72	1.8
安　徽	Anhui	4735.31	4966.93	4950.10	5152.92	5334.20	5143.20	-3.6
福　建	Fujian	5484.23	5488.99	5526.90	5569.05	5540.46	5531.17	-0.2
江　西	Jiangxi	5623.97	5671.49	5733.40	5797.42	5798.55	5800.29	0.0
山　东	Shandong	6194.24	6263.81	6207.60	6178.19	6290.22	6258.06	-0.5
河　南	Henan	5621.27	5646.99	5667.30	5653.67	5909.23	5781.17	-2.2
湖　北	Hubei	5794.49	5841.58	5873.80	5912.96	6052.97	5756.58	-4.9
湖　南	Hunan	6023.78	6125.66	5926.70	6032.51	6073.09	6038.52	-0.6
广　东	Guangdong	5378.33	5496.97	5247.60	5414.18	5419.86	5420.65	0.0
广　西	Guangxi	4653.50	4838.23	4947.30	5001.86	4983.92	5031.40	1.0
海　南	Hainan	4366.93	4548.44	4525.80	4736.04	4898.27	4935.53	0.8
重　庆	Chongqing	4987.59	5038.69	5094.00	5103.80	5169.69	5182.12	0.2
四　川	Sichuan	5110.78	5125.07	5235.20	5218.33	5334.45	5397.51	1.2
贵　州	Guizhou	2869.85	3534.38	3302.90	3627.70	3788.23	3830.00	1.1
云　南	Yunnan	3867.90	3975.62	4053.90	4127.37	4181.49	4246.41	1.6
西　藏	Tibet	5508.67	5553.67	5467.10	5553.85	5625.24	5570.73	-1.0
陕　西	Shaanxi	3811.01	3981.09	3915.50	3893.27	3991.49	4002.63	0.3
甘　肃	Gansu	3580.54	3908.22	3984.00	4076.22	4109.76	4053.34	-1.4
青　海	Qinghai	3699.22	3622.67	3656.50	3741.88	3707.50	3680.84	-0.7
宁　夏	Ningxia	4210.85	4527.35	4658.20	4899.33	4836.32	4761.54	-1.5
新　疆	Xinjiang	5981.50	5973.24	6161.60	6270.23	6351.78	6298.18	-0.8
湖北居全国位次	**Order of Precedence of Hubei in the Country**	**10**	**10**	**9**	**8**	**8**	**11**	

附录26　全国及各省市区稻谷单位面积产量
Output of Rice Per Hectare by Provinces and Regions

单位：公斤/公顷　　(kg/hectare)

地　区	Region	2011	2012	2013	2014	2015	2016	2016年比2015年增长 Increase Rate in 2016 over 2015(%)
全　国	**National**	**6687.32**	**6776.89**	**6717.30**	**6813.21**	**6891.28**	**6861.74**	**-0.4**
北　京	Beijing	6521.74	6443.91	6912.00	6943.11	6971.44	6720.98	-3.6
天　津	Tianjin	7528.09	7657.53	7685.90	7414.50	7378.29	7557.12	2.4
河　北	Hebei	7248.86	5798.42	6768.00	6382.60	6430.76	6712.46	4.4
山　西	Shanxi	4901.96	5940.59	6836.70	6888.89	6714.29	7000.00	4.3
内蒙古	Inner Mongolia	8657.42	8201.08	7380.70	6704.31	6736.52	6415.08	-4.8
辽　宁	Liaoning	7657.67	7673.01	7807.90	8032.38	8582.70	8614.52	0.4
吉　林	Jilin	9019.90	7587.48	7751.40	7865.70	8272.24	8378.70	1.3
黑龙江	Heilongjiang	7000.66	7072.81	6992.60	7022.52	6987.94	7040.48	0.8
上　海	Shanghai	8378.58	8481.30	8521.10	8544.30	8598.03	8599.95	0.0
江　苏	Jiangsu	8290.19	8428.95	8484.30	8416.64	8520.23	8416.32	-1.2
浙　江	Zhejiang	7253.60	7305.64	7001.20	7159.70	7028.87	7255.54	3.2
安　徽	Anhui	6217.82	6291.05	6152.80	6289.32	6529.72	6187.60	-5.2
福　建	Fujian	6082.16	6087.18	6140.80	6178.55	6147.68	6127.85	-0.3
江　西	Jiangxi	5877.85	5936.91	6003.70	6064.32	6065.10	6068.79	0.1
山　东	Shandong	8347.52	8345.85	8416.30	8252.45	8178.53	8328.29	1.8
河　南	Henan	7437.30	7599.20	7574.90	8136.44	8102.44	8277.10	2.2
湖　北	Hubei	7940.98	8183.74	7979.60	8066.75	8273.95	7947.18	-3.9
湖　南	Hunan	6333.52	6426.26	6270.50	6392.10	6428.65	6369.60	-0.9
广　东	Guangdong	5651.44	5779.12	5474.70	5765.87	5767.07	5755.90	-0.2
广　西	Guangxi	5215.71	5550.16	5649.30	5755.09	5735.32	5802.83	1.2
海　南	Hainan	4554.90	4801.55	4804.50	4979.34	5121.29	5157.97	0.7
重　庆	Chongqing	7188.79	7248.95	7305.20	7296.00	7356.47	7377.39	0.3
四　川	Sichuan	7605.46	7688.96	7783.70	7663.92	7798.87	7830.15	0.4
贵　州	Guizhou	4459.79	5892.53	5278.70	5912.96	6184.50	6384.48	3.2
云　南	Yunnan	6229.17	5952.70	5794.20	5818.99	5813.36	5946.02	2.3
西　藏	Tibet	6000.00	5567.01	5789.50	4747.47	4787.23	4936.20	3.1
陕　西	Shaanxi	6987.32	7082.43	7351.30	7362.66	7479.64	7491.04	0.2
甘　肃	Gansu		7019.75	7243.30	6887.16	6979.87	6709.68	-3.9
青　海	Qinghai							
宁　夏	Ningxia	8429.61	8457.89	8387.50	7923.13	8171.91	8394.40	2.7
新　疆	Xinjiang	8590.45	8574.32	8889.90	10147.88	9835.27	8626.77	-12.3
湖北居全国位次	**Order of Precedence of Hubei in the Country**	**8**	**7**	**6**	**6**	**5**	**9**	

附录27 全国及各省市区小麦单位面积产量
Output of Wheat Per Hectare by Provinces and Regions

单位：公斤/公顷 (kg/hectare)

地区	Region	2011	2012	2013	2014	2015	2016	2016年比2015年增长 Increase Rate in 2016 over 2015(%)
全国	**National**	**4837.21**	**4986.89**	**5055.60**	**5243.52**	**5392.62**	**5327.07**	**-1.2**
北京	Beijing	4883.04	5257.87	5171.90	5176.66	5352.89	5373.93	0.4
天津	Tianjin	4827.65	4929.28	5189.30	5297.31	5479.71	5490.16	0.2
河北	Hebei	5325.93	5550.86	5834.20	6103.54	6188.37	6194.09	0.1
山西	Shanxi	3383.89	3761.85	3405.60	3845.10	4020.65	4062.92	1.1
内蒙古	Inner Mongolia	3010.05	3090.99	3158.20	2731.24	2805.60	2863.16	2.1
辽宁	Liaoning	5362.32	4705.88	4857.10	4827.59	4828.83	3793.10	-21.4
吉林	Jilin	4213.84			4005.00	4030.20	3703.70	-8.1
黑龙江	Heilongjiang	3485.44	3333.32	2923.30	3198.64	3065.19	3639.24	18.7
上海	Shanghai	4031.10	3983.75	3975.70	4244.33	4380.57	3709.73	-15.3
江苏	Jiangsu	4843.51	4917.83	5129.70	5372.40	5388.40	5112.45	-5.1
浙江	Zhejiang	3720.00	3638.07	3685.10	3768.87	3912.05	3315.05	-15.3
安徽	Anhui	5101.56	5357.05	5475.10	5724.18	5742.78	5663.90	-1.4
福建	Fujian	2883.38	2874.19	2940.00	2930.57	2919.23	2827.20	-3.2
江西	Jiangxi	2011.02	1924.05	2113.80	2133.33	2147.54	2113.82	-1.6
山东	Shandong	5854.74	6010.97	6040.40	6052.68	6175.53	6121.21	-0.9
河南	Henan	5866.63	5950.09	6012.00	6157.21	6452.67	6341.41	-1.7
湖北	Hubei	3401.51	3479.87	3807.10	3924.31	3849.61	3863.86	0.4
湖南	Hunan	2524.75	2428.37	3396.30	3375.82	3184.76	3072.92	-3.5
广东	Guangdong	3000.00	3225.81	3440.90	3225.81	3296.70	3296.70	
广西	Guangxi	1418.92	1333.33	1452.50	1398.60	1728.88	1653.54	-4.4
海南	Hainan							
重庆	Chongqing	3063.40	3066.30	3132.00	3099.09	3279.14	3283.09	0.1
四川	Sichuan	3462.24	3541.04	3464.60	3614.93	3809.65	3799.63	-0.3
贵州	Guizhou	1955.59	2016.86	2045.80	2445.33	2479.89	2471.66	-0.3
云南	Yunnan	2257.82	1996.83	1841.70	1924.49	2093.83	2077.62	-0.8
西藏	Tibet	6625.00	6512.06	6366.00	6427.41	6438.21	6306.89	-2.0
陕西	Shaanxi	3614.96	3862.19	3560.50	3853.09	4219.79	4110.75	-2.6
甘肃	Gansu	2872.56	3339.61	2906.30	3427.13	3535.48	3512.52	-0.6
青海	Qinghai	3760.50	3735.54	3768.60	3935.43	3868.04	3832.15	-0.9
宁夏	Ningxia	3116.27	3463.69	3112.00	3181.14	3237.24	3240.35	0.1
新疆	Xinjiang	5349.26	5333.20	5371.00	5622.36	5634.09	5607.81	-0.5
湖北居全国位次	**Order of Precedence of Hubei in the Country**	**18**	**17**	**12**	**14**	**17**	**12**	

附录28　全国及各省市区玉米单位面积产量
Output of Corn Per Hectare by Provinces and Regions

单位：公斤/公顷 (kg/hectare)

地　区	Region	2011	2012	2013	2014	2015	2016	2016年比2015年增长 Increase Rate in 2016 over 2015(%)
全　国	**National**	**5747.51**	**5869.69**	**6015.90**	**5808.91**	**5892.86**	**5971.32**	**1.3**
北　京	Beijing	6429.44	6330.90	6567.00	5646.45	6481.65	6620.55	2.1
天　津	Tianjin	5584.28	5155.30	5329.00	5000.03	4998.45	5406.50	8.2
河　北	Hebei	5401.05	5409.75	5481.00	5268.88	5142.60	5495.50	6.9
山　西	Shanxi	5189.74	5415.74	5721.20	5595.55	5144.97	5470.93	6.3
内蒙古	Inner Mongolia	6113.70	6297.08	6527.80	6482.65	6605.89	6668.54	0.9
辽　宁	Liaoning	6372.62	6450.91	6961.20	5023.46	5807.27	6488.20	11.7
吉　林	Jilin	7462.77	7851.73	7932.70	7394.62	7383.56	7747.06	4.9
黑龙江	Heilongjiang	5832.89	5563.79	5904.40	6145.77	6088.42	5994.22	-1.5
上　海	Shanghai	6603.33	6596.86	6997.20	6632.91	6117.81	6843.00	11.9
江　苏	Jiangsu	5458.56	5495.34	5076.10	5479.71	5583.11	5265.75	-5.7
浙　江	Zhejiang	4715.58	4700.66	4220.80	4523.45	4470.00	4381.93	-2.0
安　徽	Anhui	4428.08	5197.38	5040.80	5461.05	5629.52	5272.77	-6.3
福　建	Fujian	3903.67	3970.90	4017.10	4103.18	4169.61	4183.08	0.3
江　西	Jiangxi	4089.67	4484.85	4053.50	4101.10	4227.21	4290.43	1.5
山　东	Shandong	6604.66	6608.58	6427.10	6359.70	6461.98	6439.02	-0.4
河　南	Henan	5608.26	5637.90	5608.20	5274.43	5543.44	5263.77	-5.0
湖　北	Hubei	5024.92	4762.19	4721.30	4571.28	4839.61	4482.54	-7.4
湖　南	Hunan	5762.76	5767.54	5374.50	5456.39	5420.54	5399.14	-0.4
广　东	Guangdong	4559.58	4620.29	4620.40	4337.96	4350.13	4474.66	2.9
广　西	Guangxi	4324.59	4316.97	4526.00	4561.64	4508.19	4571.67	1.4
海　南	Hainan	4375.53	4121.04	4362.00				
重　庆	Chongqing	5504.04	5471.12	5529.50	5470.96	5516.23	5569.37	1.0
四　川	Sichuan	5147.09	5114.87	5532.70	5443.82	5461.48	5669.76	3.8
贵　州	Guizhou	3093.59	4415.27	3829.00	3985.04	4246.22	4381.62	3.2
云　南	Yunnan	4245.71	4804.69	4878.10	4871.86	4925.20	4999.34	1.5
西　藏	Tibet	6626.51	6022.99	5763.90	5745.19	1854.30	5843.30	215.1
陕　西	Shaanxi	4675.67	4856.09	5031.00	4676.74	4715.55	4741.66	0.6
甘　肃	Gansu	5074.34	5584.54	5854.80	5639.67	5690.97	5601.01	-1.6
青　海	Qinghai	7420.62	7410.64	7054.50	6907.41	6774.55	6788.13	0.2
宁　夏	Ningxia	7461.13	7775.52	7871.30	7760.35	7518.31	7280.57	-3.2
新　疆	Xinjiang	7110.85	6919.44	7265.60	7038.76	7329.99	7454.94	1.7
湖北居全国位次	**Order of Precedence of Hubei in the Country**	**21**	**24**	**24**	**24**	**22**	**25**	

附录29 全国及各省市区棉花产量
Output of Cotton by Provinces and Regions

单位：万吨 (10000 tons)

地区	Region	2011	2012	2013	2014	2015	2016	2016年比2015年增长 Increase Rate in 2016 over 2015	
								绝对数 Value	%
全国	**National**	**659.69**	**683.60**	**629.90**	**617.83**	**560.34**	**529.95**	**-30.39**	**-5.42**
北京	Beijing	0.05	0.03	0.02	0.01	0.01	0.01	0.00	-41.80
天津	Tianjin	7.06	5.76	4.85	3.82	2.56	2.33	-0.23	-9.00
河北	Hebei	65.34	56.44	45.68	43.10	37.34	29.95	-7.39	-19.80
山西	Shanxi	6.67	4.70	3.06	2.36	1.45	1.03	-0.42	-28.80
内蒙古	Inner Mongolia	0.23	0.16	0.16	0.15	0.02	0.02	0.01	40.60
辽宁	Liaoning	0.07	0.06	0.10	0.01	0.02	0.02	0.00	5.84
吉林	Jilin	1.21	0.80	0.58	0.08				
黑龙江	Heilongjiang								
上海	Shanghai	0.36	0.38	0.39	0.12	0.04	0.03	-0.01	-13.76
江苏	Jiangsu	24.68	22.05	20.93	15.95	11.69	7.38	-4.31	-36.83
浙江	Zhejiang	3.11	2.99	2.80	2.48	1.99	1.65	-0.34	-16.96
安徽	Anhui	37.80	29.40	25.11	26.33	23.37	18.46	-4.91	-21.00
福建	Fujian	0.01	0.01	0.01	0.01	0.01	0.01		
江西	Jiangxi	14.29	15.22	13.09	13.37	11.52	7.33	-4.19	-36.39
山东	Shandong	78.46	69.85	62.10	66.50	53.69	54.83	1.14	2.12
河南	Henan	38.24	25.69	18.97	14.69	12.60	9.75	-2.85	-22.62
湖北	Hubei	52.58	54.53	45.97	35.95	29.76	18.85	-10.91	-36.67
湖南	Hunan	23.58	25.06	19.80	12.90	14.46	12.27	-2.19	-15.12
广东	Guangdong								
广西	Guangxi	0.23	0.22	0.24	0.25	0.25	0.25	0.00	1.04
海南	Hainan								
重庆	Chongqing		0.01	0.01					
四川	Sichuan	1.46	1.33	1.31	1.24	0.98	0.88	-0.10	-9.93
贵州	Guizhou	0.11	0.12	0.10	0.11	0.12	0.12	0.00	3.92
云南	Yunnan		0.05	0.04	0.03	0.01	0.01	0.00	-19.73
西藏	Tibet								
陕西	Shaanxi	6.74	6.72	5.79	4.22	3.86	3.38	-0.48	-12.37
甘肃	Gansu	7.60	8.10	7.05	6.44	4.25	1.99	-2.26	-53.22
青海	Qinghai								
宁夏	Ningxia								
新疆	Xinjiang	289.77	353.95	351.75	367.72	350.30	359.38	9.08	2.59
湖北居全国位次	**Order of Precedence of Hubei in the Country**	**4**	**4**	**3**	**4**	**4**	**4**		

附录30 全国及各省市区油菜籽产量
Output of Rapeseeds by Provinces and Regions

单位：万吨 (10000 tons)

地区	Region	2011	2012	2013	2014	2015	2016	2016年比2015年增长 Increase Rate in 2016over 2015	
								绝对数 Value	%
全国	**National**	**1342.56**	**1400.73**	**1445.80**	**1477.22**	**1493.07**	**1454.56**	**-38.51**	**-2.6**
北京	Beijing								
天津	Tianjin					0.01	0.02	0.02	301.9
河北	Hebei	3.02	2.97	3.55	3.21	2.97	3.10	0.13	4.3
山西	Shanxi	0.59	0.66	0.72	0.58	0.67	0.83	0.16	24.3
内蒙古	Inner Mongolia	24.02	30.67	33.73	39.60	41.75	41.46	-0.28	-0.7
辽宁	Liaoning	0.08	0.09	0.12	0.19	0.22	0.14	-0.08	-34.9
吉林	Jilin								
黑龙江	Heilongjiang	0.13	0.11	0.05	0.06		0.05	0.05	
上海	Shanghai	1.64	1.51	1.28	1.05	0.96	0.69	-0.27	-28.2
江苏	Jiangsu	105.25	109.13	113.26	110.06	106.34	93.60	-12.74	-12.0
浙江	Zhejiang	33.59	32.09	31.67	25.90	25.12	22.93	-2.19	-8.7
安徽	Anhui	122.78	134.32	130.05	127.75	126.29	116.83	-9.46	-7.5
福建	Fujian	1.59	1.68	1.78	1.82	1.88	1.95	0.06	3.4
江西	Jiangxi	66.66	68.75	70.43	72.35	73.94	71.81	-2.13	-2.9
山东	Shandong	2.19	2.08	2.42	2.45	2.44	2.30	-0.15	-5.9
河南	Henan	77.32	87.61	89.80	86.39	86.10	81.67	-4.43	-5.1
湖北	Hubei	220.39	230.03	250.47	257.16	255.19	241.63	-13.56	-5.3
湖南	Hunan	181.96	178.57	194.61	202.65	210.81	210.57	-0.24	-0.1
广东	Guangdong	0.79	0.81	0.79	0.79	0.85	0.89	0.04	4.9
广西	Guangxi	1.61	2.01	1.90	2.50	2.62	2.79	0.17	6.3
海南	Hainan								
重庆	Chongqing	35.14	37.71	40.10	43.97	46.73	49.19	2.47	5.3
四川	Sichuan	214.37	222.09	224.04	233.12	238.53	241.15	2.62	1.1
贵州	Guizhou	71.81	78.18	81.78	86.69	89.03	90.25	1.22	1.4
云南	Yunnan	51.84	53.50	50.69	54.93	56.07	58.66	2.59	4.6
西藏	Tibet	6.33	6.30	6.34	6.34	6.37	6.17	-0.20	-3.1
陕西	Shaanxi	38.36	39.94	39.67	41.56	43.19	42.39	-0.79	-1.8
甘肃	Gansu	33.14	33.93	33.16	34.53	33.97	34.23	0.26	0.8
青海	Qinghai	32.69	34.53	31.93	31.04	30.06	29.62	-0.44	-1.5
宁夏	Ningxia		0.28	0.18	0.23	0.19	0.26	0.07	36.0
新疆	Xinjiang	15.18	11.20	11.29	10.31	10.79	9.38	-1.41	-13.1
湖北居全国位次	**Order of Precedence of Hubei in the Country**	**1**	**1**	**1**	**1**	**1**	**1**		

Output of Rapeseeds by Provinces and Regions